Veränderung und Innovativität in der deutschen Kreditwirtschaft

Sozialökonomische Schriften

Herausgegeben von
Bert Rürup und Werner Sesselmeier

Band 51

Zu Qualitätssicherung und Peer Review der vorliegenden Publikation

Die Qualität der in dieser Reihe erscheinenden Arbeiten wird vor der Publikation durch einen Herausgeber der Reihe geprüft.

Notes on the quality assurance and peer review of this publication

Prior to publication, the quality of the work published in this series is reviewed by one of the editors of the series.

Tanja Leicht

Veränderung und Innovativität in der deutschen Kreditwirtschaft

Eine institutionenökonomische Analyse im Kontext der Vereinbarkeit von Beruf und Familie

PL ACADEMIC RESEARCH

Bibliografische Information der Deutschen Nationalbibliothek
Die Deutsche Nationalbibliothek verzeichnet diese Publikation in der Deutschen Nationalbibliografie; detaillierte bibliografische Daten sind im Internet über http://dnb.d-nb.de abrufbar.
Zugl.: Landau (Pfalz), Univ., Koblenz-Landau, Diss., 2016
Die Dissertation wurde vom Fachbereich 6 der Universität Koblenz-Landau zur Erlangung des akademischen Grades einer Doktorin der Staatswissenschaften angenommen. Datum der Disputation: 25.04.2016

Lan 1
ISBN 978-3-631-67277-8 (Print)
E-ISBN 978-3-653-06887-0 (E-PDF)
E-ISBN 978-3-631-69501-2 (EPUB)
E-ISBN 978-3-631-69502-9 (MOBI)
DOI 10.3726/978-3-653-06887-0

PL Academic Research ist ein Imprint der Peter Lang GmbH.

Peter Lang – Frankfurt am Main · Bern · Bruxelles · New York · Oxford · Warszawa · Wien

Diese Publikation wurde begutachtet.

www.peterlang.com

Inhaltsverzeichnis

Abbildungsverzeichnis 9

Tabellenverzeichnis 13

Abkürzungsverzeichnis 17

Teil I: Grundproblematik 19

1 Einleitung 19
  1.1 Ausgangslage 19
  1.2 Vorgehensweise 24

Teil II: Theoretische Analyse 27

2 Change Management, Innovativität und Flexibilität 27
  2.1 Begriffslegung 27
    2.1.1 Definition von Change Management 27
    2.1.2 Definition von Innovation und Innovativität 29
    2.1.3 Definition von Flexibilität 31
  2.2 Theorie des Change Managements 31
    2.2.1 Ursachen für Veränderungen 32
    2.2.2 Akteure in Veränderungsprozessen 33

3 Strukturmerkmale von Organisationen und deren Veränderungsbezug 35
  3.1 Ansätze zur Erklärung von Organisationsstrukturen 36
    3.1.1 Monovariate Ansätze 36
    3.1.2 Multivariater oder Situativer Ansatz 39
  3.2 Ableitung forschungsrelevanter Strukturmerkmale 48
    3.2.1 Macht in Organisationen 49
    3.2.2 Partizipation 50
    3.2.3 Organisationsstruktur und Leitungsspanne 50
    3.2.4 Entscheidungsdelegation 51
    3.2.5 Spezialisierung 51
    3.2.6 Koordination: Standardisierung und Planung 52
    3.2.7 Formalisierung 53
  3.3. Zwischenfazit 54

4 Institutionenökonomische Grundlagen 60
  4.1 Institutionenökonomische Ansätze 61

4.1.1 Prinzipal-Agenten-Theorie ... 61
4.1.2 Transaktionskostenansatz ... 64
4.1.3 Verfügungsrechteansatz ... 65
4.2 Zwischenfazit ... 67

5 Darstellung der deutschen Bankenlandschaft ... 69
5.1 Das deutsche Bankensystem ... 69
5.2 Kreditgenossenschaften ... 73
5.2.1 Das deutsche Genossenschaftswesen ... 74
5.2.2 Der genossenschaftliche FinanzVerbund ... 78
5.2.3 Willensbildung und Zielfindung ... 81
5.3 Sparkassen ... 87
5.3.1 Der deutsche Sparkassensektor ... 88
5.3.2 Der Finanzverbund der Sparkassen ... 90
5.3.3 Willensbildung und Zielfindung ... 92
5.4 Kreditbanken ... 102
5.4.1 Die deutschen Kreditbanken ... 102
5.4.2 Willensbildung und Zielfindung in Aktiengesellschaften ... 105
5.4.3 Willensbildung und Zielfindung in Gesellschaften mit beschränkter Haftung ... 107
5.5 Zwischenfazit: Vergleich der Sektoren der Kreditinstitute ... 111

6 Zentrale Ergebnisse und Hypothesenbildung ... 122
6.1 Zusammenführung der Erkenntnisse ... 122
6.2 Formulierung der Hypothesen ... 126

Teil III: Empirische Untersuchung ... 137

7 Methodik und Untersuchungsdesign ... 137
7.1 Schriftliche Befragung und Pretest ... 137
7.2 Erläuterung zur Auswertung ... 138
7.3 Beschreibung der Stichprobe ... 141

8 Analyse der Ergebnisse ... 145
8.1 Indikatoren für Unternehmensveränderungen ... 145
8.1.1 Innovativität ... 146
8.1.2 Flexibilität ... 152
8.1.3 Innovativität und Flexibilität ... 154
8.1.4 Kommunikations- und Informationswege ... 155
8.2 Überprüfung der Situationsvariablen ... 159
8.2.1 Größe ... 159

8.2.2 Rechtsform ... 162
8.3 Überprüfung der Strukturmerkmale ... 165
8.3.1 Macht: Organisationsstruktur und Leitungsspanne ... 166
8.3.2 Macht: Entscheidungsdelegation ... 169
8.3.3 Macht: Partizipation ... 171
8.3.4 Spezialisierung ... 173
8.3.5 Koordination: Planung ... 176
8.3.6 Koordination: Standardisierung ... 180
8.3.7 Formalisierung ... 181
8.4 Indikatoren der Umsetzung der Vereinbarkeit von Beruf und Familie ... 183
8.4.1 Angebot der Partnermonate in den Kreditinstituten vor der gesetzlichen Einführung ... 183
8.4.2 Erstmalige Wahrnehmung der Partnermonate in den Kreditinstituten ... 187
8.4.3 Häufigkeit der Wahrnehmung der Elternzeit ... 190
8.4.4 Akzeptanz der Maßnahmen zur Vereinbarkeit von Beruf und Familie ... 193
8.4.5 Unterstützer und Behinderer der Maßnahmen ... 195
8.4.6 Diskussion Demographie ... 199

9 Diskussion der zentralen Ergebnisse ... 202
9.1 Diskussion der Methodik und der Stichprobe ... 202
9.1.1 Diskussion der Methodik ... 202
9.1.2 Diskussion der Stichprobe ... 203
9.2 Diskussion der Ergebnisse ... 204
9.2.1 Diskussion der Strukturmerkmale ... 204
9.2.2 Diskussion der Innovativität ... 210
9.2.3 Diskussion der Flexibilität ... 215
9.2.4 Diskussion der Kommunikations- und Informationswege ... 217
9.2.5 Diskussion der Größe der Kreditinstitute ... 220
9.2.6 Diskussion der Vereinbarkeit von Beruf und Familie ... 222
9.3 Implikationen für die Forschung ... 228

Teil IV: Schlussbetrachtung ... 231

Literaturverzeichnis ... 235

Anhang: Fragebogen ... 261

Abbildungsverzeichnis

Abbildung 1: Aufbau der Arbeit ... 25
Abbildung 2: Situativer Ansatz ... 40
Abbildung 3: Dimensionen der internen und externen Organisationssituation ... 41
Abbildung 4: Zusammenhänge zwischen den Strukturdimensionen ... 44
Abbildung 5: Graphische Darstellung des Aston-Konzeptes ... 45
Abbildung 6: Anzahl und Marktanteile der Kreditinstitute im Jahr 2014 ... 71
Abbildung 7: Kreditinstitute nach Größenklassen des Geschäftsvolumens ... 72
Abbildung 8: Anzahl der Bankstellen nach Kreditinstitutsgruppen ... 73
Abbildung 9: Grundprinzipien des Genossenschaftswesens ... 78
Abbildung 10: Der genossenschaftliche FinanzVerbund ... 80
Abbildung 11: Willensbildung in Kreditgenossenschaften ... 82
Abbildung 12: Partizipationsmöglichkeiten der Mitglieder in Genossenschaften ... 84
Abbildung 13: Grundprinzipien des Sparkassensektors ... 89
Abbildung 14: Die Sparkassen-Finanzgruppe ... 91
Abbildung 15: Willensbildung in Sparkassen ... 94
Abbildung 16: Anzahl der Kreditbanken nach Rechtsform im Jahr 2014 ... 103
Abbildung 17: Willensbildung in Aktiengesellschaften ... 106
Abbildung 18: Willensbildung in Gesellschaften mit beschränkter Haftung ... 109
Abbildung 19: Verfügungsrechte der Eigentümer der Bankengruppen ... 112
Abbildung 20: Themenbereiche der Hypothesen ... 127
Abbildung 21: Verteilung der Zertifikatsträger „Audit Beruf und Familie" nach Sektor der Kreditinstitute ... 144
Abbildung 22: Angebotene Maßnahmen zur Vereinbarkeit von Beruf und Familie nach Sektor der Kreditinstitute ... 148
Abbildung 23: Angebotene Maßnahmen zur Vereinbarkeit von Beruf und Familie nach Rechtsform der Kreditinstitute ... 151
Abbildung 24: Mittelwertsvergleich der Einschätzung der Flexibilität der Bankengruppen ... 153
Abbildung 25: Mittelwertsvergleich der Einschätzung der Flexibilität nach Rechtsform ... 153
Abbildung 26: Mittelwertsvergleich der Nutzung der Kommunikations- und Informationswege der Bankengruppen ... 156

Abbildung 27: Mittelwertsvergleich der Nutzung der Kommunikations- und Informationswege nach Rechtsformen ... 157
Abbildung 28: Anzahl der Mitarbeiter nach Kreditinstituten ... 160
Abbildung 29: Anzahl der Mitarbeiter nach Rechtsform ... 161
Abbildung 30: Dezentrale Planung nach Rechtsform ... 165
Abbildung 31: Leitungsspanne der Kreditinstitute nach Bankensektor ... 166
Abbildung 32: Anteil flacher Hierarchieebenen nach Rechtsform ... 167
Abbildung 33: Verteilung flacher Hierarchieebenen nach Anzahl der Mitarbeiter ... 168
Abbildung 34: Mittelwertsvergleich der Partizipation nach Sektor der Kreditinstitute ... 172
Abbildung 35: Mittelwertsvergleich der Arbeitsteilung nach Sektor der Kreditinstitute ... 174
Abbildung 36: Dezentrale Planung nach Sektor der Kreditinstitute ... 177
Abbildung 37: Mittelwertsvergleich der Planung der Maßnahmen nach Einschätzung der Innovativität ... 178
Abbildung 38: Mittelwertsvergleich der Planung der Maßnahmen nach Angebot der Maßnahmen zur Vereinbarkeit von Beruf und Familie ... 178
Abbildung 39: Mittelwertsvergleich der Planung der Maßnahmen nach Einschätzung der Flexibilität ... 179
Abbildung 40: Mittelwertsvergleich der Standardisierung nach Sektor der Kreditinstitute ... 180
Abbildung 41: Mittelwertsunterschiede der Einschätzung der Flexibilität nach Sektor der Kreditinstitute ... 182
Abbildung 42: Angebot der Partnermonate vor dem Stichtag 01.01.2007 .. 184
Abbildung 43: Mittelwertsunterschiede des Angebotes der Partnermonate schon vor dem Stichtag und der Einschätzung der Innovativität ... 185
Abbildung 44: Mittelwertsunterschiede des Angebotes der Partnermonate schon vor dem Stichtag und dem Angebot der Maßnahmen ... 186
Abbildung 45: Mittelwertsunterschiede des Angebotes der Partnermonate und der Einschätzung der Flexibilität ... 186
Abbildung 46: Zeitpunkt der erstmaligen Wahrnehmung der Partnermonate ... 188
Abbildung 47: Häufigkeit der Wahrnehmung der Partnermonate nach Kreditinstituten ... 191
Abbildung 48: Akzeptanz der Maßnahmen nach Bankengruppen ... 193

Abbildung 49: Personengruppen der Unterstützer 196
Abbildung 50: Personengruppen der Behinderer 197
Abbildung 51: Mittelwertsunterschiede der Unterstützer nach Sektor der Kreditinstitute 198
Abbildung 52: Zeitpunkte der erstmaligen Diskussion des Themas „Demographischer Wandel“ nach Sektor der Kreditinstitute 200
Abbildung 53: Zeitpunkte der erstmaligen Diskussion des Themas „Demographischer Wandel“ nach Rechtsform 201

Tabellenverzeichnis

Tabelle 1: Organische und mechanistische Organisationsstrukturen ... 38
Tabelle 2: Begriffsklärung der Strukturdimensionen und -merkmale ... 42
Tabelle 3: Korrelationskoeffizienten ausgewählter Strukturdimensionen ... 46
Tabelle 4: Korrelationskoeffizienten ausgewählter Kontext- und Strukturvariablen ... 47
Tabelle 5: Innovative und flexible Organisationsstrukturen ... 55
Tabelle 6: Arten der Informationsasymmetrie – Problemtypen von Agency-Beziehungen ... 63
Tabelle 7: Die Ansätze der Neuen Institutionenökonomik ... 68
Tabelle 8: Anreiz-Beitrags-System in Kreditgenossenschaften ... 87
Tabelle 9: Problemstellungen bei Verwaltungsratsmitgliedern ... 100
Tabelle 10: Institutionelle Einwirkungs- und Kontrollmechanismen auf das Verhalten der Vorstände ... 114
Tabelle 11: Marktliche Kontrollmechanismen ... 115
Tabelle 12: Struktureller Vergleich der Bankengruppen ... 117
Tabelle 13: Situationsdimension Größe nach Bankengruppen im Jahr 2014 ... 122
Tabelle 14: Ausprägungen der Strukturmerkmale der Bankengruppen ... 124
Tabelle 15: Vergleichende Einordnung der Bankengruppen hinsichtlich Veränderung, Innovativität und Flexibilität ... 125
Tabelle 16: Realisierte Stichprobe nach Sektor und Rechtsform ... 143
Tabelle 17: Anzahl der Mitarbeiter nach Sektor der Kreditinstitute ... 144
Tabelle 18: Ergebnisse der p-Werte der t-Tests für die Einschätzung der Innovativität nach Sektor des Kreditinstitutes ... 147
Tabelle 19: Ergebnisse der p-Werte der t-Tests für die Angebotenen Maßnahmen nach Sektor des Kreditinstitutes ... 149
Tabelle 20: Ergebnisse der p-Werte der t-Tests für die Einschätzung der Innovativität nach Rechtsform ... 149
Tabelle 21: Ergebnisse der p-Werte der t-Tests für die angebotenen Maßnahmen nach Rechtsform ... 150

Tabelle 22: Ergebnisse der p-Werte der t-Tests für die Nutzung der Kommunikations- und Informationswege nach Sektor des Kreditinstitutes ... 156
Tabelle 23: Ergebnisse der p-Werte der t-Tests für die Nutzung der Kommunikations- und Informationswege nach Rechtsform der Kreditinstitute ... 157
Tabelle 24: Spearman-Rangkorrelationskoeffizienten für das Item „Größe der Kreditinstitute“ ... 161
Tabelle 25: Ergebnisse der p-Werte der t-Tests für die Entscheidungsdelegation nach Rechtsform ... 163
Tabelle 26: Ergebnisse der p-Werte der t-Tests für die Arbeitsteilung nach Rechtsform ... 164
Tabelle 27: Ergebnisse der p-Werte der t-Tests für die Standardisierung nach Rechtsform ... 164
Tabelle 28: Ergebnisse der p-Werte der t-Tests für die Einschätzung der Entscheidungsdelegation nach Sektor des Kreditinstitutes ... 170
Tabelle 29: Pearson-Korrelationskoeffizienten der Partizipation ... 172
Tabelle 30: Ergebnisse der p-Werte der t-Tests für die Arbeitsteilung nach Sektor des Kreditinstitutes ... 174
Tabelle 31: Pearson-Korrelationskoeffizienten der Spezialisierung ... 175
Tabelle 32: Pearson-Korrelationskoeffizienten der Standardisierung ... 181
Tabelle 33: Pearson-Korrelationskoeffizienten der Formalisierung ... 183
Tabelle 34: Ergebnisse der p-Werte der t-Tests für die Wahrnehmung der Partnermonate nach Sektor der Kreditinstitute ... 189
Tabelle 35: Pearson-Korrelationskoeffizienten der erstmaligen Wahrnehmung der Partnermonate ... 189
Tabelle 36: Spearman-Rangkorrelationskoeffizienten der Häufigkeit der Wahrnehmung der Partnermonate ... 192
Tabelle 37: Spearman-Rangkorrelationskoeffizienten der Akzeptanz der Maßnahmen ... 194
Tabelle 38: Ergebnisse der p-Werte der t-Tests für die Unterstützer der Maßnahmen nach Sektor des Kreditinstitutes ... 198
Tabelle 39: Pearson-Korrelationskoeffizienten der Unterstützer der Maßnahmen ... 199
Tabelle 40: Effekte der Strukturmerkmale der Sektoren der Kreditinstitute ... 205
Tabelle 41: Effekte der Strukturmerkmale und der Rechtsform ... 206
Tabelle 42: Effekte der Bankengruppen und der Innovativität ... 211

Tabelle 43: Effekte der Innovativität und der Strukturmerkmale 213
Tabelle 44: Effekte der Flexibilität und der Strukturmerkmale 217
Tabelle 45: Effekte der Kommunikations- und Informationswege und der Strukturmerkmale 219
Tabelle 46: Effekte der Größe und der Variablen der Unternehmensveränderung 221
Tabelle 47: Effekte der „Vereinbarkeit von Beruf und Familie“ und des Sektors der Kreditinstitute 223
Tabelle 48: Effekte der Innovativität und der Indikatoren der „Vereinbarkeit von Beruf und Familie“ 224

Abkürzungsverzeichnis

Abb.	Abbildung
AdöR	Anstalt des öffentlichen Rechts
AG	Aktiengesellschaft
AGVBanken	Arbeitgeberverband des privaten Bankgewerbes
AktG	Aktiengesetz
AVR	Arbeitgeberverband der Deutschen Volksbanken und Raiffeisenbanken e. V.
BMFSFJ	Bundesministerium für Familie, Senioren, Frauen und Jugend
BVR	Bundesverband der Deutschen Volksbanken und Raiffeisenbanken
bspw.	beispielsweise
CIR	Cost Income Ratio
DGFP	Deutsche Gesellschaft für Personalführung e. V.
DSGV	Finanzgruppe Deutscher Sparkassen- und Giroverband
eG	eingetragene Genossenschaft
etc.	et cetera
GenG	Genossenschaftsgesetz
GmbH	Gesellschaft mit beschränkter Haftung
Mio.	Millionen
NIÖ	Neue Institutionenökonomik
RORWA	Return on Risk Weighted Assets
SVR	Sachverständigenrat zur Beurteilung der gesamtwirtschaftlichen Entwicklung
Tab.	Tabelle
u. a.	unter anderem, und andere(s)
vs.	versus

Teil I: Grundproblematik

1 Einleitung

1.1 Ausgangslage

Gegenstand der Untersuchung ist der Umgang der im Dreisäulensystem der deutschen Kreditwirtschaft beheimateten Kreditinstitute mit Unternehmensveränderungen im Wirtschaftsgeschehen. Die vorliegende Arbeit hat das Ziel, Unterschiede in der aktiven Gestaltung von Veränderungsprozessen und der Innovativität in den drei Banksektoren herauszuarbeiten. Bezugspunkt der Analyse ist der nicht nur im Bankensektor zentrale Veränderungsprozess der Vereinbarkeit von Beruf und Familie.

Das Dreisäulensystem des deutschen Bankensektors ist historisch gewachsen. Es untergliedert sich in die Säulen der privatwirtschaftlichen (Kreditbanken), der gemeinwirtschaftlichen bzw. gemeinnützigen, öffentlich-rechtlichen (Sparkassen) sowie der genossenschaftlichen (Kreditgenossenschaften) Kreditinstitute.[1] Die zentralen Merkmale zur Unterscheidung dieser Institutsgruppen sind „die Rechtsform, die Bilanzsumme, die Mitarbeiterzahl, die Ausrichtung des Aktivgeschäfts und des Passivgeschäfts, der Geschäftszweck sowie die Eigentümerstruktur" (SVR, 2008, S. 84).[2] Die Betrachtung der Mitarbeiterzahl beispielsweise zeigt, dass bei einer Gesamtanzahl von 1.990 Kreditinstituten im Jahr 2014 (Bankenverband, 2015) das gesamte Kreditgewerbe Arbeitgeber für 640.050 Beschäftigte (AGVBanken, 2015a) gewesen ist. Gemessen an der Beschäftigtenzahl des gesamten deutschen Arbeitsmarktes im Jahr 2015 von durchschnittlich 43,0 Millionen Menschen[3] (Statistisches Bundesamt, 2016) sind dies knapp 1,5 % aller Erwerbstätigen in Deutschland. Hiervon waren im Jahr 2015 46 % der Mitarbeiter aller Kreditinstitute in der öffentlich-rechtlichen Säule und etwas mehr als 25 % bei der Säule der Kreditbanken sowie der Säule der Kreditgenossenschaften beschäftigt (AGVBanken, 2015a).

---

1 Siehe weiterführend Abschnitt 5.1.

2 Beispielhaft haben die Kreditgenossenschaften und Sparkassen vor allem in den ländlichen Regionen sehr hohe Marktanteile, während die Großbanken verstärkt in den Ballungsregionen vertreten sind (Tolkmitt, 2007).

3 Die Zahl beinhaltet die Erwerbstätigen mit Wohnort in Deutschland. Hiervon entfallen im Jahr 2015 74,1 % auf die gesamte Dienstleistungsbranche (Statistisches Bundesamt, 2016).

In der heutigen Zeit bleibt nahezu keine Organisation von den sich schnell verändernden wirtschaftlichen und kulturellen Gegebenheiten unberührt. Neben dem alltäglichen Wettbewerbsdruck erfordern insbesondere die langfristig angelegten Trends – die sogenannten „Megatrends"[4] – zur Sicherung der Wettbewerbsfähigkeit und Existenz aktive Veränderungsprozesse in den Kreditinstituten. Eine der größten Herausforderungen für die Kreditinstitute stellt der Demographische Wandel dar.[5] Ausgangspunkt des Demographischen Wandels ist die Entwicklung der Bevölkerung. Diese wird durch die Faktoren „Migration, Fertilität und Mortalität" (Sesselmeier, 2008, S. 171) determiniert. Für Deutschland bedeutet dies aktuell die Schrumpfung und Überalterung der Bevölkerung in Kombination mit einer vergleichsweise niedrigen Anzahl an Geburten. Die nachfolgenden Zahlen verdeutlichen die Problematik: Gemäß der 13. koordinierten Bevölkerungsvorausberechnung (Statistisches Bundesamt, 2015) hält sich die Geburtenrate bis zum Jahr 2060 konstant bei 1,4 Kindern je Frau[6] während die Lebenserwartung weiter ansteigt.[7] Dies bringt eine Veränderung der Struktur des Alters der Bevölkerung mit sich, bei welcher die Anzahl der Kinder deutlich geringer ist, als die der Erwachsenen (Sesselmeier, 2008). Hieraus resultiert das „Problem von zu

---

4 „Megatrends" sind langfristige, über einen Zeitraum von Jahrzehnten beobachtbare und übergreifende Transformationsprozesse. Zu den „Megatrends" zählen u. a. der Wandel der Arbeitswelt, die fortschreitende Automatisierung sowie die Technisierung. Weiterhin gibt es Megatrends, welche einen kulturellen Fokus haben. Zu diesen zählen die Feminisierung (Veränderung der Rollenverteilung: der Anteil der Frauen mit gehobener Bildung steigt; steigende Partizipation von Frauen in der Arbeitswelt), die Mobilität (der Mensch wird zeitlich und räumlich flexibler) und die Individualisierung (Veränderung der traditionellen Familienstruktur und Lebensweisen; Trend zur Selbstverwirklichung. Eine steigende Anzahl von Single-Haushalten und Patchwork Familien).

5 Die Herausforderungen betreffen nicht nur die Kreditbranche, sondern die gesamte deutsche Wirtschaft. Bereits zwischen 1992 und 2002 bestand im Bundestag eine Enquéte-Kommission „Demographischer Wandel – Herausforderungen unserer älter werdenden Gesellschaft an den Einzelnen und die Politik". Im Jahr 2002 legte die Enquéte-Kommission ihren Abschlussbericht der Auswirkungen des Demographischen Wandels auf den Einzelnen und die Gesellschaft vor. Er umfasste die Themen der Alterung und Schrumpfung der Bevölkerung sowie der anwachsenden Migrationsströme.

6 Das Niveau der Bestandserhaltung liegt jedoch bei 2,1 Kindern je Frau (Statistisches Bundesamt, 2015).

7 Der Trend zu einer gesundheitsbewussten Lebensweise und die Fortschritte im medizinischen Sektor führen zudem zu einer gestiegenen Lebenserwartung (Breyer et al., 2013). Gemäß dem Statistischen Bundesamt (2015) wird bis zum Jahr 2060 ein Anstieg der Lebenserwartung bei Jungen um 7 Jahre und bei Mädchen um 6 Jahre prognostiziert.

wenigen potenziellen Eltern“ (Sesselmeier, 2008, S. 173). Die Erwerbsbevölkerung im Alter von 20 bis 64 Jahren ist hiervon besonders betroffen. Die Zahl der Erwerbstätigen wird je nach Wanderungssaldo um 23 % von 49,2 Mio. im Jahr 2013 auf 38 Mio. Erwerbstätige im Jahr 2060 sinken (Statistisches Bundesamt, 2015).[8] Zusammenfassend heißt dies perspektivisch: wenige junge Menschen, viele alte Menschen und wenige Erwerbstätige.

Durch die vorgenannten Faktoren entsteht in der Folge ein Wandel in der Arbeitswelt. Die älter werdende Bevölkerung wirkt auf die „Zusammensetzung des Erwerbspersonen-Potenzials und damit auf Arbeitswelt und Arbeitsmarktbilanz“ (Kistler & Hilpert, 2001, S. 3).[9] Unter gesundheitlichen Gesichtspunkten rückt der Erhalt der Beschäftigungsfähigkeit älterer Arbeitnehmer in den Vordergrund. Das Durchschnittsalter der Belegschaft steigt und gleichermaßen kann der Arbeitskräftebedarf mit jüngeren Arbeitskräften nur schwer gedeckt werden. Der Rückgang der jungen Generationen führt dazu, dass eine geringe Anzahl an Personen in das spätere Erwerbsleben aufrückt. Dementsprechend fließt nicht mehr genug Wissen aus den staatlichen Bildungssystemen in die Unternehmen. Dadurch sinkt möglicherweise die Chance auf neue und kreative Ideen und das Innovationspotenzial in der Bundesrepublik Deutschland leidet (Kistler & Hilpert, 2001; SVR, 2015). Der SVR konstatiert in seinem Jahresgutachten 2015/16, dass aufgrund dieser Auswirkungen des Demographischen Wandels auf den Arbeitsmarkt „die Wettbewerbsfähigkeit der Unternehmen und damit der materielle Wohlstand gefährdet sind“ (SVR, 2015, S. 284).

Bezogen auf die Bankenlandschaft trifft der Demographische Wandel diese in zweierlei Hinsicht: Auf der einen Seite bedingt dieser eine veränderte Kundenstruktur mit ebenfalls veränderten Bedürfnissen, und auf der anderen Seite betrifft der Demographische Wandel auch die eigenen Mitarbeiter der Kreditinstitute. Bei der Betrachtung der Altersstrukturen der Bankangestellten der Kreditinstitute wird die Brisanz der Thematik deutlich. Der Anteil der über 50-Jährigen betrug im Jahr 2014 im Durchschnitt der Institutsgruppen ca. 32 %.[10] Dies bedeutet,

---

8 Bei einem geringeren Saldo der Zuwanderung wird sogar ein Rückgang um 30 % auf 34 Mio. Erwerbstätige im Jahr 2060 prognostiziert (Statistisches Bundesamt, 2015).

9 Der aktuelle Forschungsstand zu den Folgen der Alterung der Bevölkerung für den Arbeitsmarkt und daraus resultierend zu den Folgen für die Arbeitsorganisation in den Unternehmen findet sich bei Brussig (2015).

10 Eigene Berechnung. Anteil der über 50-Jährigen: Privates Bankgewerbe 29,8 % (AGV-Banken, 2015d), öffentlich-rechtliche Kreditinstitute 32,51 % (DSGV, 2014), Kreditgenossenschaften 33,9 % (Die Veröffentlichung der Zahl für die genossenschaftliche Bankengruppe erfolgt mit dem Einverständnis des BVR).

dass knapp ein Drittel aller Arbeitskräfte zu diesem Zeitpunkt älter als 50 Jahre gewesen ist. Untermauert werden die Ausmaße des Demographischen Wandels für die Kreditinstitute weiterhin bei einer Betrachtung des Anteils der weiblichen Beschäftigten. Dieser beträgt im Jahr 2014 im privaten Bankgewerbe 49,24 % (AGVBanken, 2015c), bei den Kreditgenossenschaften 57,5 % (AVR, 2015) und bei den öffentlich-rechtlichen Kreditinstituten 62,76 % (DSGV, 2014). Im Schnitt aller Bankengruppen[11] ergibt sich ein Anteil weiblicher Beschäftigter von 56,5 %. In der Konsequenz steigt der Ersatzbedarf zum einen durch das künftige Ausscheiden älterer Mitarbeiter und auf der anderen Seite durch den hohen Anteil an weiblichen Beschäftigten, welcher oftmals einen temporären Wegfall der Arbeitskraft für Familienpflegezeiten in Kombination mit veränderten Anforderungen an den Arbeitgeber (bspw. hinsichtlich flexibler Arbeitszeitmodelle) bedeutet. Die Banken stehen hier auf dem Arbeitsmarkt in Konkurrenz um das Personal mit den Wettbewerbern und müssen ihren vorhandenen Personalbestand aktiv managen. Gelingt ihnen dies nicht, kann dies deren Wettbewerbsfähigkeit und langfristig deren Existenz bedrohen.

Wie in den vorangegangenen Ausführungen skizziert, verändern sich die Anforderungen an Unternehmen und erfordern somit deren Anpassungsfähigkeit. Die vorliegende Untersuchung setzt an dieser Stelle an. Im Kern der Arbeit steht die forschungsleitende Frage, inwiefern sich die Bankengruppen des Dreisäulensystems hinsichtlich der aktiven und innovativen Begegnung mit Unternehmensveränderungen voneinander unterscheiden. Die Tatsache, dass drei unterschiedliche Bankengruppen existieren, legt auch Unterschiede in deren Umgang mit den Veränderungen der Markt- und Rahmenbedingungen nahe.

Das übergeordnete Ziel dieser Arbeit ist die Erkenntnis darüber, welche Sektoren der Kreditinstitute vermeintlich günstigere strukturelle Voraussetzungen für die Unternehmensveränderungen der Vereinbarkeit von Beruf und Familie haben, und welche Bankengruppen in der Bewältigung dieser Unternehmensveränderung bisher erfolgreicher und innovativer sind, als andere Bankengruppen. Die gewonnenen Erkenntnisse liefern einen Überblick über die bestehenden Unterschiede zwischen den Sektoren der Kreditinstitute und können als grundlegendes Element zur Planung einer Umsetzung von Veränderungsprozessen genutzt werden.

11 Inhaltlich sind die Gruppen der Sparkassen, Kreditgenossenschaften und der Kreditbanken enthalten. Unter dem Begriff „Bankengruppen" wird im Folgenden auch der „Sektor der Kreditinstitute" verstanden. Die Begriffe werden synonym verwendet.

Das erste Forschungsziel der vorliegenden Arbeit ist daher die Analyse und Erklärung einleitend genannter potenzieller struktureller Merkmalsunterschiede zwischen den Sektoren der Kreditinstitute des Dreisäulensystems.

Das zweite Forschungsziel ist die Beantwortung der Frage, inwiefern sich die Sektoren der Kreditinstitute daraus folgend hinsichtlich ihres Umganges mit den vorstehend genannten Herausforderungen des Arbeitsmarktes – insbesondere denen der Vereinbarkeit von Beruf und Familie – unterscheiden.

In der Abgrenzung des Untersuchungsfeldes wird in der vorliegenden Forschungsarbeit der „Megatrend" des Demographischen Wandels und anhand dieses Trends das Thema der „Vereinbarkeit von Beruf und Familie" zum Vergleich der Kreditinstitute hinsichtlich Unternehmensveränderungen gewählt.[12] Die Arbeit beschränkt sich darauf, die Auswirkungen des Demographischen Wandels (speziell im Bereich der Vereinbarkeit von Beruf und Familie) auf die Prozesse innerhalb der Banken zu beleuchten. Eine Betrachtung der Auswirkungen auf die externe Unternehmensumwelt findet nicht statt.

Die Auswahl des Veränderungsprozesses des Demographischen Wandels basiert nicht nur auf dem angeführten theoretischen Hintergrund sondern einer hohen Priorität des Themas für alle Kreditinstitute des Dreisäulensystems. Das deutsche Kreditgewerbe hat die Vereinbarkeit von Beruf und Familie als relevantes Thema und als wesentliche Herausforderung der kommenden Jahre für die gesamte Branche benannt. Darüber hinaus konstatierten alle Verbände der deutschen Kreditwirtschaft das gemeinsame Ziel der Bewältigung der Anforderungen der „Vereinbarkeit von Beruf und Familie" für das deutsche Kreditgewerbe in einer Pressemitteilung vom 16.12.2011 (Bankenverband, AGVBanken, 2011). Das Thema wurde nicht nur als elementar in der Praxis angenommen, die Spitzenverbände der Kreditbranche, sowie das Netzwerkbüro „Erfolgsfaktor Familie" brachten mit dem Bundesfamilienministerium gemeinsam ein Dokument heraus, in welchem sie sich auf die Entwicklung individueller Angebote für die Beschäftigten zur Mitarbeiterbindung einigten. Die Mitarbeiter sollen sich frei jeder Sorgen der Elternschaft oder Pflege von Angehörigen auf ihre Tätigkeiten fokussieren können. Dies soll schnelle Wiedereinstiege und den Erhalt von Wissen ermöglichen (BMFSFJ, 2011).

12 Von der Wahl gesetzlich initiierter Veränderungsprozesse zur Untersuchung des Umgangs der Kreditinstitute mit Unternehmensveränderungen wird bewusst abgesehen, da deren Schnelligkeit oder Initiative der Umsetzung bei den Kreditinstituten keine Frage der Innovativität oder der Freiwilligkeit darstellt.

1.2 Vorgehensweise

Zielsetzung des nachfolgenden Teils II der Arbeit ist die Darstellung wesentlicher Informationen zu dem Untersuchungsobjekt des deutschen Bankensektors und die Ableitung wegweisender Implikationen für die Konzeption der Untersuchung. In der theoretischen Analyse wird zunächst die wissenschaftliche Basis für die Beantwortung der Forschungsfrage gelegt. Hierzu werden in Abschnitt 2 die grundlegenden Begrifflichkeiten des Change Management, der Innovativität und der Flexibilität definiert. Danach folgt ein kurzer Überblick über die Theorie des Change Managements. Abschnitt 3 beschäftigt sich in einem ersten Schritt mit der Beantwortung der Frage, wie in der Forschung Strukturen von Organisationen sachgerecht miteinander verglichen werden können. Der Abschnitt beinhaltet die wissenschaftlichen Forschungsansätze zur Erklärung von Organisationsstrukturen. Weiterhin wird analysiert, welche Merkmale von Strukturen in der Wissenschaft geeignet erscheinen, Veränderungsfähigkeit, Innovativität und Flexibilität von Organisationen mit Blick auf den Untersuchungsgegenstand zu analysieren, und zu unterscheiden. Im Ergebnis des Abschnitts steht die Erarbeitung optimaler Strukturausprägungen für erfolgreiche Unternehmensveränderungen. Der Abschnitt schließt weiterhin mit einem Zwischenfazit zum Thema Change Management. In Abschnitt 4 werden die grundlegenden theoretischen Ansätze der Institutionenökonomik für die spätere Analyse potenzieller Unterschiede zwischen den Bankengruppen betrachtet. Ziel des Abschnitts 5 ist die Beschreibung und Analyse des Untersuchungsobjektes der deutschen Kreditinstitute. Zunächst wird das deutsche Bankensystem beschrieben. Weiterhin findet eine detaillierte Beschreibung der einzelnen Sektoren der Kreditinstitute: der Sparkassen, der Kreditgenossenschaften und der Kreditbanken statt. Die Analyse schließt mit einem zusammenfassenden Vergleich der Bankengruppen auf Basis institutionenökonomischer Grundlagen. Im letzten Teil der theoretischen Analyse werden in Abschnitt 6 die gewonnen Erkenntnisse der vorangegangenen Abschnitte zusammengeführt und die Hypothesen abgeleitet.

Teil III der Forschungsarbeit beinhaltet die empirische Überprüfung der aufgestellten Hypothesen zur Beantwortung der Forschungsfragen. Hierzu wird zunächst in Abschnitt 7 das Untersuchungsdesign beschrieben. Inhalte sind die Beschreibung der in der Arbeit angewendeten Methodik zur Hypothesenüberprüfung, Erläuterungen zur Auswertung und die Beschreibung der Stichprobe. In Abschnitt 8 erfolgt die Beschreibung der Ergebnisse der statistischen Auswertung forschungsrelevanter Zusammenhänge und Unterschiede. Hierfür werden zunächst die Indikatoren für Unternehmensveränderung analysiert. Dem schließt sich die Beschreibung der empirischen Ergebnisse der Situationsvariablen „Größe“

und „Rechtsform“ der Kreditinstitute an. Im Anschluss werden die statistischen Ergebnisse der Strukturmerkmale berichtet. Zuletzt findet eine Beschreibung der Überprüfung der Indikatoren der Umsetzung der Vereinbarkeit von Beruf und Familie statt. Die Diskussion der zentralen Ergebnisse erfolgt in Abschnitt 9. Zuletzt werden die Implikationen für künftige Forschungsarbeiten aufgezeigt.

In Teil IV der vorliegenden Forschungsarbeit werden die Ergebnisse noch einmal zusammengefasst. Der Aufbau der Arbeit mit den Untersuchungsschritten ist in Abbildung 1 dargestellt.

Abbildung 1: Aufbau der Arbeit

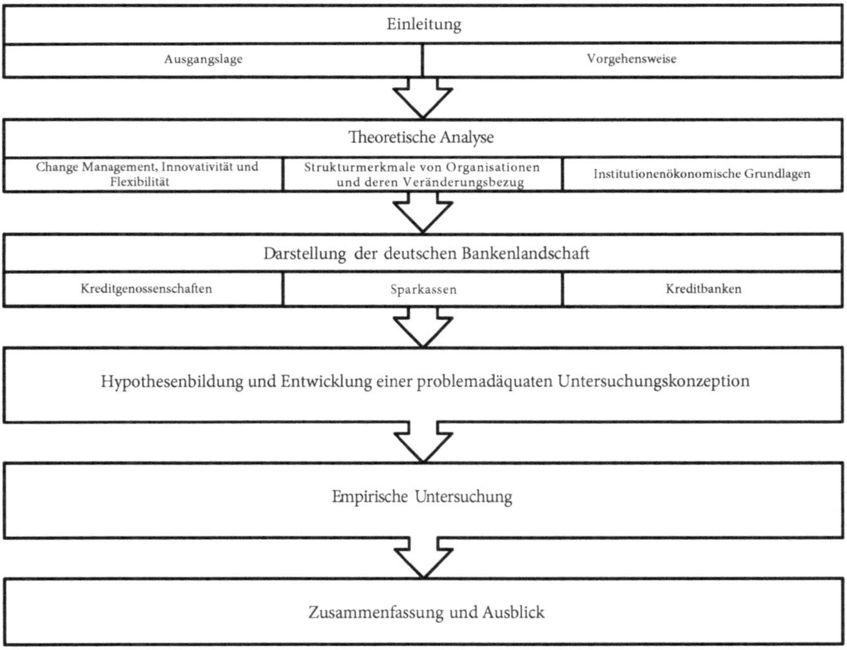

Quelle: Eigene Darstellung.

Teil II: Theoretische Analyse

2 Change Management, Innovativität und Flexibilität

Grundsätzlich verfolgen Organisationen zur Sicherung des „Überlebens" das Ziel der Stabilität. Dies bedingt die Fähigkeit der Individuen und Unternehmen zu Anpassung, Wandel und Evolution (Häfele, 2009). In der Forschung wird angenommen, dass ca. 70 Prozent der Veränderungsvorhaben scheitern (Cameron & Green, 2009; Higgs & Rowland, 2005; Mohr, 1997).[13] Aus Sicht der Unternehmen ist der Stellenwert des Change Managements in den vergangenen Jahren gestiegen und wird künftig in der Einschätzung noch bedeutsamer werden (Capgemini, 2007),[14] da Misserfolge existenzgefährdend für ein Unternehmen sein können. Spezialisten betrachten ein erfolgreiches Change Management als „eine der wichtigsten unternehmerischen Kernkompetenzen" (Greif et al., 2004, S. 11). Der folgende Abschnitt beinhaltet eine Abgrenzung der zentralen Begrifflichkeiten.

2.1 Begriffslegung

2.1.1 Definition von Change Management

Der Begriff Change Management selbst stammt aus dem Angelsächsischen und in zeitlicher Betrachtung aus den neunziger Jahren (Kraus et al., 2004). Er konzentriert sich „auf Geschäftsprozesse und die Wertschöpfung für die Kunden" (Bornewasser, 2009, S. 186) und hat somit einen ökonomischen Fokus (Bornewasser, 2009). Der Begriff Change Management, welcher in englischen For-

---

13 Nach einer Studie der DGFP (2010) wurden bei geplanten Change Prozessen nur zu 17 Prozent ausnahmslos alle Ziele erreicht. Studien belegen, dass eine defizitäre Information und Kommunikation ein zentraler Auslöser für das Scheitern der Veränderungsvorhaben ist (Watzlawick et al., 2000; Die Akademie, 1999). Gemäß der „Change Management Studie 2011/2012" von Kienbaum (2012) scheitern Veränderungsvorhaben häufig an den Topmanagern. Dies wird auf mangelnde Fähigkeit zur Selbstkritik, fehlendes Feedback und eine nicht ausreichende Risikoanalyse zurückgeführt. Im Ergebnis der Studie werden Erfolgsfaktoren identifiziert. Zu diesen zählen Koordination, Kommunikation, Feedback, Partizipation, sowie Monitoring. Befragt wurden Topmanager, Projektleiter und Führungskräfte (n = 350).

14 Während in einer Studie von Capgemini im Jahr 2005 noch 29 Prozent der befragten Unternehmen (n = 122) das Thema als „sehr wichtig" eingestuft haben, waren dies im Jahr 2007 bereits 36 Prozent. Befragt wurden Manager aus mittelständischen bis großen deutschen, österreichischen und schweizerischen Unternehmen (Capgemini, 2007).

schungsarbeiten verwendet wird, findet sich im Deutschen u. a. in den Begriffen Veränderungsmanagement und Unternehmensveränderung wieder (Pescher, 2010; Stock-Homburg, 2007). In der vorliegenden Arbeit werden die Begriffe synonym verwendet. In der Literatur existiert bisher keine einheitliche Begriffsdefinition (Pescher, 2010; Klug, 2009; Capgemini, 2003; Quattrone & Hopper, 2001). Oftmals ist Change Management ein übergeordneter Begriff des Managements von Veränderungen in Organisationen (Klug, 2009). Dabei wird das Thema des Wandels mit Begriffen wie Business Reengineering, Organisationsentwicklung und Transition Management in Verbindung gebracht (Doppler et al., 2011; Inversini von Tramelan, 2005). Häufig findet eine Fokussierung einzelner Aspekte und Dimensionen der Unternehmensveränderung statt. So gibt beispielsweise Capgemini (2003) im Rahmen einer Studie die Definitionsvarianten der Planungs-, Stakeholder-, Ergebnis-, Prozess-, System- und Ursachenorientierung vor und weist so auf die Komplexität der Thematik hin. Im Ergebnis zeigten die dort befragten Experten ein heterogenes Verständnis des Begriffes des Change Managements. In der Literatur sind u. a. nachfolgende Definitionen und Auffassungen des Begriffes zu finden:[15]

- Nach Kraus et al. ist Change Management „ein Überbegriff für professionelles Management von Veränderungen […] es subsumiert einzelne Konzepte, die sich durchaus ergänzen oder auch widersprechen können" (Kraus et al., 2004, S. 15).
- Change Management bedeutet „Veränderungsprozesse auf Unternehmens- und persönlicher Ebene zu planen, zu initiieren, zu realisieren, zu reflektieren und zu stabilisieren […]. Change Management zielt auf planmäßige mittel- bis langfristig wirksame Veränderung von Verhaltensmustern und Fähigkeiten ab, um zielgerichtet Prozesse und Kommunikationsstrukturen zu optimieren. Dafür ist eine ganzheitliche Betrachtungsweise der Organisation notwendig (Kostka & Mönch, 2006, S. 7 f.). Weiterhin konstatieren diese: „Im Zentrum aller Aktivitäten steht der Mensch […], denn tief greifende Veränderungen sind von der Verhaltensänderung jedes Einzelnen abhängig" (Kostka & Mönch, 2006, S. 19).
- Lindinger und Goller konstatieren, dass „Change Management […] die Summe aller bewussten Konzepte und Methoden zur Steuerung und Begleitung von Veränderungsprozessen in Organisationen" (Lindinger & Goller, 2004, S. 27) bildet.

15 Diese Darstellung ist nicht vollständig. Sie dient der exemplarischen Darstellung verschiedener Interpretationen des Begriffes Change Management.

- Stock-Homburg beschreibt in Anlehnung an Wischnevsky und Damanpour (2006) Unternehmensveränderungen als „kontinuierliche, radikale und transformationale Modifikationen von Unternehmen auf der Makro- bzw. der Mikroebene“ (Stock-Homburg, 2007, S. 798).

Einen umfassenden Überblick über die vorherrschenden Definitionen des Change Managements in der Forschungsliteratur gibt Pescher (2010). Dabei werden die Definitionen hinsichtlich der inhaltlichen Perspektive nach allgemeinen Definitionen, Definitionen zum Auslöser, dem Motiv, der Intensität, der Vorsätzlichkeit und der Ebene von Veränderungen gegliedert. Unternehmensveränderungen werden im Ergebnis als „simultane Transformation mehrerer organisationaler Elemente (bspw. Strategie, Prozesse), die verschiedene Ebenen des Unternehmens betrifft“ (Pescher, 2010, S. 12) definiert.

In der Literatur wird mit dem Begriff der Veränderung auch häufig der Begriff der Innovation in Verbindungen gebracht (Hornung, 2014). Hinsichtlich des Zusammenhanges von Wandel und Innovation konstatiert Hornung (2014), dass „mit steigendem Grad der Neuigkeit Wandel und Veränderung zu einer Innovation werden“ (Hornung, 2014, S. 7). Frese (1992) bemerkt, dass Innovationen Veränderungen sind, welche in ihrer Form neuartig für die betreffende Organisation sind. Aus diesem Grund wird nachfolgend der Begriff der Innovation näher betrachtet.

2.1.2 Definition von Innovation und Innovativität

Das Wort Innovation ist aus dem lateinischen vom Begriff „innovare“ abgeleitet und heißt wörtlich übersetzt Neuerung oder Erneuerung. Eine allgemein gültige Definition von Innovation existiert nicht (Hauschildt & Salomo, 2011; Tornatzky & Klein, 1982).

Die Bedeutung des Begriffes der Innovation prägte vor allen Dingen Schumpeter (1961; 1911). Nach Schumpeter (1961) ist Innovation die Umsetzung einer Neuheit technischer oder organisatorischer Natur, nicht allein ihre Schöpfung. Dreher et al. (2006) verstehen unter organisatorischen Innovationen Neuheiten immaterieller Art in den Bereichen des strategischen Managements, der organisatorischen Gestaltung sowie der Prozesse. Die vorliegende Arbeit folgt demnach der Festlegung, dass Innovationen nicht nur technische Neuerungen, sondern auch organisatorische Innovationen einschließen.

In der Literatur sind u. a. nachfolgende Definitionen und Auffassungen der Begriffe Innovation zu finden, denen per Definition allen der Faktor der „Neuartigkeit“ gemeinsam ist:

- „An *innovation* is an idea, practice, or object that is percieved as new by an individual or other unit of adoption" (Rogers, 1983, S. 11).
- Gemäß Aregger (1976) ist eine Innovation „eine *signifikante Änderung* im Status quo eines sozialen Systems, welche gestützt auf neue Erkenntnisse, soziale Verhaltensweisen, Materialien und Maschinen, eine direkte und/oder indirekte *Verbesserung* innerhalb und/oder außerhalb des Systems zum Ziele hat. Die Systemziele selbst können auch Gegenstand der Innovation sein" (Aregger, 1976, S. 118).
- Nach Vahs und Brem (2013) wird Innovation als „zielgerichtete Durchsetzung von neuen technischen, wirtschaftlichen, organisatorischen und sozialen Problemlösungen verstanden, die darauf gerichtet sind, die Unternehmensziele auf neuartige Weise zu erreichen" (Vahs & Brem, 2013, S. 1). Es geht dabei um „die erstmalige wirtschaftliche Umsetzung einer neuen Idee, das heißt hier geht es um die ökonomische Optimierung der Wissensverwertung und damit um den wirtschaftlichen Erfolg" (Vahs & Brem, 2013, S. 21).
- Gemäß Kieser und Walgenbach (2010) beinhalten Innovationen die Ausarbeitung und Umsetzung von Lösungen, welche in der Form in der Organisation noch nicht vorkamen.
- Frese (1992) konstatiert, dass Innovationen Veränderungen sind, welche in ihrer Form neuartig für die betreffende Organisation sind.

In einigen theoretischen Arbeiten werden Innovationen kategorisiert. Frese (1992) unterteilt Innovationen in Programm-, Verfahrens- und Strukturinnovationen. Eine Kategorisierung von Innovationen nehmen auch Stern und Jaberg (2007) vor. Im Wesentlichen werden dort neben Produkt- und Prozessinnovationen auch Marktinnovationen sowie organisatorische, soziale und kulturelle Innovationen differenziert. Hauschildt und Salomo (2011) unterscheiden Produkt- und Prozessinnovationen.[16] Sie konstatieren jedoch, dass im Rahmen von Dienstleistungsinnovationen Produkt- und Prozessinnovationen ohnehin eine Einheit bilden.

In der Wissenschaft werden die Begriffe Innovativität und Innovationsfähigkeit teilweise synonym verwendet (Schön, 2001), dies wird auch in der vorliegenden Arbeit so gehandhabt. Unter Innovativität wird die Fähigkeit eines Unternehmens, Innovationen hervorzubringen, bzw. innovative Lösungen zu finden, verstanden.

---

16 Diese Unterteilung findet sich auch bei Totterdell et al. (2002). Prozessinnovationen beinhalten die Veränderung von Abläufen im Unternehmen, wohingegen Produktinnovationen die Erhöhung der Qualität oder die Vergünstigung eines Produktes durch eine neue Zusammensetzung der Produktionsfaktoren zur Folge haben (Hauschildt & Salomo, 2011).

Innovativität ist das Produkt aus Innovationsbereitschaft, Innovationsfähigkeit und Innovationsmöglichkeit (Behrends, 2001). Es wird weiterhin der Auffassung von Frese (2005) gefolgt, dass Innovationen selbst Veränderungen sind.

2.1.3 Definition von Flexibilität

Eine weitere wichtige Größe bei Veränderungen ist die Ausprägung der Flexibilität, da diese Innovationen fördert (Elke, 1999; Kieser & Walgenbach, 2010). Aus diesem Grund wird nachfolgend der Begriff der Flexibilität definiert.

- Flexibilität ist „die Fähigkeit einer Organisation, sich in ihrem Inneren vollziehenden (internen) oder in ihrer Umwelt ereignenden (externen) Änderungen anzupassen. F. ist eine wichtige Voraussetzung für die innere Stabilität, den Fortbestand und den Erfolg einer Organisation“ (Fuchs-Heinritz, et al., 1994, S. 206).
- Nach Vobruba beinhaltet Flexibilität „die Möglichkeit eines Handlungssystems, einen Vorrat an Handlungsalternativen rasch abzurufen. Der Flexibilitätsgrad bezeichnet die Menge an Handlungsalternativen [...]. Flexibilität wird im Rahmen von Relationen zwischen individuellen und kollektiven Akteuren und ihrer Umwelt wirksam“ (Vobruba, 2006b, S. 2660). Er definiert Flexibilität weiterhin als „die Bereitschaft und Fähigkeit von Institutionen, sich auf rasch wechselnde Anforderungen von Akteuren einzustellen“ (Vobruba, 2006b, S. 2660).
- Sowohl Burmann (2002), als auch Vobruba (2006a) definieren Flexibilität als Potenzial – als Fähigkeit zum Handeln.
- Flexibilität bemächtigt Organisationen zu schnellen Reaktionen und Entscheidungen und der Generierung von Lösungsansätzen (Kieser & Walgenbach, 2010).

Zusammenfassend wird im Folgenden unter Flexibilität die Ausprägung der Anpassungsfähigkeit an sich verändernde Umweltbedingungen verstanden. Die Begriffe Flexibilität und Anpassungsfähigkeit werden synonym verwendet.[17]

2.2 Theorie des Change Managements

Die Definition der Begrifflichkeiten des vergangenen Abschnitts hat den starken Zusammenhang von Veränderung, Innovativität und Flexibilität gezeigt. Da Innovationen per Definition ihrerseits selbst Veränderungen sind (Abschnitt 2.1.2) und der Faktor Flexibilität wiederum Innovation und somit Veränderung fördert (Abschnitt 2.1.3), wird im folgenden Abschnitt 2.2 grundlegend die Theorie des Change Managements (der Unternehmensveränderung) betrachtet. Dabei

17 Die synonyme Verwendung beider Begriffe ist auch in der Literatur üblich (Bünting, 1995; Burmann, 2002).

ist konkret von Interesse, was ursächlich für besagte Veränderungsprozesse ist und welche Akteure in Veränderungsprozessen von Bedeutung sind. Aus diesem Grund wird innerhalb der Change Management Theorien nachfolgend ausschließlich auf diese beiden Punkte eingegangen.

2.2.1 Ursachen für Veränderungen

Nachfolgend werden die Auslöser, die Entstehung und die Ursachen für Veränderungen betrachtet.[18]

Aus theoretischer Sicht kategorisiert Tichy (1983) die Veränderungsursachen. Diese werden in vier Kategorien unterteilt und sind als Indikatoren des Veränderungsbedarfes zu verstehen. In der Kategorie „Environment" sind Auslöser, wie steigender Wettbewerbsdruck, Faktorkosten und Verfügbarkeit, Inflation oder rechtliche Aspekte beinhaltet. „Diversification" bezeichnet den strukturellen Wandel in der Organisation aufgrund des Eintritts in neue Geschäftsfelder. „Technology" umfasst Veränderungsauslöser aufgrund technischer Entwicklungen, welche auf das Unternehmen wirken. Auslöser mit Bezug auf den Humanfaktor beinhaltet die Kategorie „People". Da Unternehmen sich aktiv in ihrer Umwelt bewegen und diese mit formen (Mintzberg, 1979), ist bei der Betrachtung von organisationalen Veränderungen nicht nur die interne Betrachtung des Unternehmens, sondern auch die Dynamik der Umwelt von Bedeutung (Hatum & Pettigrew, 2006).

Klug (2009) definiert externe und interne Anlässe für Veränderungsprozesse. Zu den externen Anlässen gehören u. a. Innovationen im Bereich der Informatik und Telekommunikation, die daraus folgend knapper werdende Zeit, Globalisierung und die gestiegene Komplexität und Dynamik.[19] Interne Veränderungsanlässe sind oftmals nicht eindeutig zuzuordnen, da die Abgrenzung zu den externen Veränderungsprozessen nicht klar gezogen werden kann.[20]

Woodward und Hendry (2004) analysieren im Rahmen ihrer Forschung ebenfalls die Anlässe von organisationalen Veränderungen.[21] Die Hauptauslöser für den Wandel sind externer Natur. Genannt werden der gestiegene Wettbewerbs-

---

18 Diese Betrachtung findet in der Literatur mittels der Analyse von veränderungsauslösenden Faktoren statt. Beispielhaft sei hier die empirische Forschung von Kirsch et al. (1979) genannt, welche die Relevanz von veränderungsauslösenden Faktoren untersuchen. Weiterführend siehe auch Levy und Merry (1986), Staehle (1999).

19 Komplexität und Dynamik sind in der Literatur in dem Begriff „Dynaxity" vereint (Rieckmann, 2000).

20 Gemäß Simon (2003) beziehen sich interne Anlässe bspw. auf Prozesse, Mitarbeiter, das Management den Markt und die Produkte.

21 Befragung von Führungskräften (n=198).

druck, veränderte Kundenbedürfnisse und technologische Entwicklungen. Auch Neuerungen politischer und gesetzlicher Rahmenbedingungen sowie der Wechsel des Managements werden als Veränderungsauslöser thematisiert. Gemäß einer Befragung von Capgemini (2010) nach den Gründen für künftige Veränderungen in Unternehmen stehen Restrukturierung und Reorganisation gefolgt von Programmen zur Kostensenkung an oberster Stelle. Auch in dieser Studie werden Themen wie die Veränderung der Kundenbedürfnisse, strategische Neuausrichtungen als Ursachen angegeben. Im Bereich der Banken und Versicherungen wurde die Studie im Jahre 2003 detaillierter nach den Branchen untergliedert. Die drei Hauptursachen für Veränderungen in der Finanzbranche liegen danach in der Reorganisation und Restrukturierung, in einer geänderten Unternehmensstrategie und in externen Veränderungsauslösern[22] (Capgemini, 2003).

2.2.2 Akteure in Veränderungsprozessen

Da die Ursachen für den Misserfolg von Veränderungsprozessen oftmals in Barrieren im mentalen oder kulturellen Bereich liegen (Kostka & Mönch, 2002), liegt der Fokus in der Change Management Forschung vermehrt auf den Akteuren (Brettel et al., 2002; Kristof, 2010). Innerhalb des Wandelprozesses sind verschiedene Gruppen von Akteuren zu unterscheiden (Kristof, 2010).[23] Zu den internen Veränderungsakteuren in einer Organisation zählen das Management, die Führungskräfte, die Spezialisten, der Aufsichtsrat, der Betriebsrat und die Mitarbeiter, während zu den externen Veränderungsakteuren je nach Art des Wandels die Berater, Kunden und Lieferanten gezählt werden (Scherm & Pietsch, 2007; Capgemini, 2003). Diese Akteure haben in den Veränderungsprozessen grundsätzlich entweder eine aktive (prozessbezogene) oder passive (beteiligte) Position (Scherm & Pietsch, 2007). Dem Topmanagement kommt die Rolle eines wesentlichen Akteurs im Rahmen der Veränderungen zu. Gemäß einer Studie von Capgemini (2003)[24] haben das Topmanagement, Senior-Management, das Middle-Management und die Mitarbeiter von Unternehmen die größte Bedeutung bei der Ausgestaltung von Change Prozessen.[25]

---

22 Genannt werden hier u. a. die Einführung von Basel II und der Euro (Capgemini, 2003).

23 Unter Akteuren versteht Kristof (2010) sowohl Individuen als auch Institutionen. In der vorliegenden Arbeit werden unter Akteuren Individuen verstanden.

24 Schriftliche Befragung von Führungskräften aus großen deutschen, österreichischen und schweizerischen Unternehmen von Juli bis September 2003 (n = 91, darunter neun DAX30-Unternehmen).

25 Als weitere Stakeholder der Veränderungsprozesse werden hier der Vorstandsvorsitzende, Betriebsrat, Personalvorstand, Aufsichtstrat, Investoren und Gewerkschaften genannt.

Eine generelle Klassifikation der Akteure in Veränderungsprozessen stammt von Tichy (1974). Er typisiert die Akteure in Veränderungsprozessen in:

- den outside pressure type: er verursacht durch die Druckausübung von außen den Wandel
- den organization development type: er versucht gemeinsam mit der Organisation Lösungen zu erarbeiten
- den analysis for the top type: dieser versucht, die Effektivität des Systems zu verbessern. Er fungiert als Experte und versucht das Top-Management von seiner Lösung zu überzeugen
- den people change technology type: er nimmt Einfluss auf das System über Verhaltensmodifikationen und Konzentration auf individuelle Arbeiten in der Organisation.

Wichtige Akteure bei Veränderungsprozessen sind weiterhin die sogenannten Change Agents.[26] Change Agents sind „Personen oder Gruppierungen, die sich in irgendeiner Form darum bemühen, dass es innerhalb eines Systems zu einem Wandel kommt. Innerhalb solcher Veränderungsprozesse sind unterschiedliche Typen von Change Agents mit jeweils spezifischen Funktionen notwendig" (Baitsch, 1986, S. 60). Dies sind definierte Personen, welche aus unterschiedlichen Unternehmensebenen kommen und unterschiedliche Rollen und Verantwortlichkeiten bei der Veränderung haben (Kotter, 1995). „Change agents can be teams; they can be "empowered" workers; the may even play all the parts – envisioning, implementing, as well as receiving – for many times they are driving forward their own changes as well as others" (Jick & Peiperl, 2011, S. 406). Change Agents stehen in ihrer Aufgabe oftmals politischen Begehrlichkeiten gegenüber, auf welche sie reagieren müssen (Buchanan & Boddy, 1992). In der Literatur herrscht Uneinigkeit, ob der Change Agent nur ein externer Berater[27] sein kann, oder ebenfalls eine

26 Gemäß Witte ist der Change Agent Ansatz auf Lippitt et al. (1958) zurückzuführen. Er definiert diesen als einen „Experten (...) der andere Menschen zu einem Sinneswandel (...) veranlasst" (Witte, 1973, S. 13).

27 Der Einsatz externer Berater ist bezeichnend für das Veränderungsmanagement (Janes et al., 2001). Diese werden zur Einsparung von Transaktionskosten hinzugezogen. Die Investitionen in die somit eingekauften spezifischen Kenntnisse sind im Idealfall niedriger, als die Transaktionskosten ohne Beratereinsatz (Fackelmann, 2008). „Veränderungsprozesse werden häufig von Organisationsberatern begleitet. Insofern ist der Machtgebrauch in Prinzipal-Agenten-Beziehungen hier von hoher Relevanz" (Fackelmann, 2008, S. 157). „Neu ist die Erkenntnis, dass Machtstrategien und – taktiken als Sekundärmechanismen zur Lösung von Agenturproblemen betrachtet werden können" (Saam, 2002, S. 262).

organisationsinterne Funktion haben kann (Wabnitz, 1978; Scherm & Pietsch, 2007; Ottaway, 1983).

Zur Klassifikation der Rollen der Change Agents wird in der Literatur das Promotorenmodell von Witte (1973) herangezogen. Witte (1973) geht grundlegend davon aus, dass bei Innovationsprozessen Fähigkeiten und Bereitwilligkeit Betroffener zur Problemlösung beizutragen, eine geringe Ausprägung haben. Zur Überwindung dieser Hindernisse werden Promotoren benötigt. Er differenziert Macht- und Fachpromotoren. Machtpromotoren treiben die Durchsetzung von Innovationen durch eine hierarchische Stellung und Einflussnahme durch Sanktionen voran. Machtpromotoren werden somit auf der oberen Führungsebene gesehen. Die formale Macht allein ist jedoch nicht ausreichend. Bei den sogenannten Fachpromotoren ist der Rang nicht von Bedeutung, sie treiben den Prozess durch ihr detailliertes Expertenwissen voran.[28] Hauschildt (1991) ergänzt das Modell von Witte (1973) um den Prozesspromotor, dessen Aufgabe die Moderation, Kommunikation und Koordination zwischen den anderen beiden Promotoren und das Management der Beziehungen zu Partnern, Beratern und Widersachern ist.[29]

3 Strukturmerkmale von Organisationen und deren Veränderungsbezug

In der vorliegenden Arbeit besteht die Annahme, dass sich Kreditinstitute in Deutschland hinsichtlich ihrer struktureller Gegebenheiten maßgeblich unterscheiden. Es wird weiterhin vermutet, dass jene zu untersuchenden strukturellen Unterschiede zwischen den Bankengruppen gleichermaßen Unterschiede in der Begegnung mit und dem Erfolg von Veränderungs- und Innovationsprozessen mit sich bringen.

Der nachfolgende Abschnitt soll grundlegend Transparenz darüber schaffen, wie sich formale Strukturen von Organisationen zusammensetzen und wie sich Unterschiede in selbigen mittels theoretischer Ansätze erklären lassen. Am Ende des Abschnittes soll die Frage beantwortet werden, welche strukturellen Ausprägungen gute Voraussetzungen für Veränderung und Innovation bieten.

---

28 Witte (1973) zieht die Chance in Betracht, dass ein Akteur beide Rollen zugleich einnimmt, befürwortet dies jedoch zugunsten der Entscheidungsqualität nicht.

29 In der Literatur wird in diesem Zusammenhang auch von Beziehungspromotoren gesprochen (Gemünden & Walter, 1996).

3.1 Ansätze zur Erklärung von Organisationsstrukturen

Im Folgenden werden in einem ersten Schritt die Ansätze zur Erklärung von Organisationsstrukturen dargestellt. Zunächst werden in Abschnitt 3.1.1 sogenannte „monovariate Ansätze" vorgestellt. Bei diesen monovariaten Ansätzen gilt jeweils eine Variable als maßgebend für die formale Struktur der Organisation. Danach wird in Abschnitt 3.1.2 der Situative Ansatz betrachtet, welcher der Kategorie der multivariaten Ansätze zuzuordnen ist. Bei den multivariaten Ansätzen werden im Gegensatz zu den monovariaten Ansätzen mehrere Variablen als maßgebend für die Organisationsstruktur angenommen (Bea & Göbel, 2006).

3.1.1 Monovariate Ansätze

Im Rahmen der monovariaten Ansätze steht die Erforschung der Faktoren der Organisationsgröße (Caplow, 1956; Blau & Schoenherr, 1971) und der Umwelt (Burns & Stalker, 1961; 1971; Lawrence & Lorsch, 1967) im Vordergrund. Der Vollständigkeit wegen sind an dieser Stelle die Arbeiten von Woodward (1965; 1980) genannt, welche die Einflussgröße der Technologie untersuchen. Woodwards Konzepte zur Technologie werden an dieser Stelle aber nicht weiter berichtet, da sie gemäß ihrem Untersuchungsdesign allein auf Fertigungsorganisationen bezogen, und für vorliegende Arbeit somit nicht relevant sind.[30]

Ansätze zur Organisationsgröße

Die Größe einer Organisation wird im Rahmen von Forschungsarbeiten zumeist durch die Anzahl Ihrer Mitglieder oder Beschäftigten gemessen (Blau & Schoenherr, 1971; Frese, 1992). Nachfolgend werden zentrale Forschungsarbeiten zur Organisationsgröße dargestellt.[31]

Blau und Schoenherr (1971) entwickelten ein theoretisches Konzept zur Analyse des Einflusses der Organisationgröße auf die strukturelle Differenzierung. Die strukturelle Differenzierung zeigt sich durch die Allokation von Mitarbeitern zu einer jeweiligen Organisationgruppe. Der Grad der Differenzierung definiert sich vorwiegend durch den Grad der Arbeitsteilung.[32] Blau und Schoenherr (1971) kommen zu dem Ergebnis, dass mit steigender Organisationsgröße die struktu-

---

30 Die Ansicht, dass Woodwards (1980; 1965) Forschungsarbeiten nicht auf den Dienstleistungssektor übertragen werden können findet sich auch bei Nettelnstroth (2003).

31 Diese Darstellung ist nicht vollständig. Sie dient der Beschreibung der populärsten Arbeiten.

32 Arbeitsteilung ist wie in Abschnitt 3.1.2 beschrieben ein Strukturmerkmal der Strukturdimension Spezialisierung (Tab. 2).

relle Differenzierung von Organisationen zunimmt. Dies hat zur Folge, dass in größeren Unternehmen im Vergleich zu kleineren Unternehmen eine größere Anzahl an Funktionsstellen übereinstimmende Tätigkeiten ausübt, was den Koordinationsaufwand verringert. Ein zunehmender Differenzierungsgrad hemmt jedoch die Koordination zwischen den einzelnen Organisationseinheiten (Frese, 1992). Die steigende Organisationsgröße führt somit zu einem erhöhten Leitungsaufwand (Blau & Schoenherr, 1971; Kieser & Kubicek, 1983).

Hall et al. (1967) untersuchen den Zusammenhang zwischen der Organisationsgröße und der Komplexität (Aufgabenkomplexe), sowie der Formalisierung. Auch sie stellen bei steigender Größe einen steigenden Grad der Differenzierung (Aufgliederung in Untergruppen) fest. In einem Vergleich der Anzahl der Beschäftigten kleiner als 100 Mitarbeiter und 100 bis 999 Mitarbeiter kommen sie zu dem Ergebnis, dass mit zunehmender Organisationsgröße der Standardisierungs- und Formalisierungsgrad zunimmt.[33] Die Beziehung zwischen der organisationalen Größe und der geographischen Aufteilung der Einheiten wurde von Hall et al. (1967) ebenfalls untersucht. Ein messbarer Zusammenhang konnte jedoch nicht festgestellt werden.

Der Zusammenhang von Unternehmensgröße und dem Grad der Spezialisierung wurde in einigen Forschungsarbeiten untersucht (Blau & Schoenherr, 1971; Kieser, 1973; Child, 1973). Ein Indikator für eine hohe Spezialisierung ist die Anzahl unterschiedlicher Stellenbezeichnungen. Statistische Korrelationen zeigen, dass je größer ein Unternehmen ist, desto höher ist der Grad der Spezialisierung.

Ansätze zur Organisationsumwelt

Burns und Stalker (1961) differenzieren mechanistische und organische Strukturtypen.[34] Eine mechanistische Struktur zeichnet sich durch ein hohes Maß an Kontrolle, sehr spezialisierte Stellen, klare Regeln und Verantwortlichkeiten und objektive Anreizsysteme aus. Die organische Struktur hingegen prägt ein geringes Maß an Kontrolle, breit verteilte Aufgaben, keine klaren Regeln und Verantwortliche und subjektive Anreizsysteme.[35]

---

33 Diese Relation ist für den Vergleich der Größenklassen 100–999 und >1000 nicht gültig (Hall et al., 1967). Frese (1992) merkt jedoch die Heterogenität der Befragten und deren möglichen Einfluss auf die Ergebnisse kritisch an.

34 Untersuchung englischer bzw. schottischer Industrieunternehmen mit der Perspektive der Innovation.

35 Der mechanistische Strukturtyp stimmt mit dem Bürokratiemodell von Max Weber (1921) überein, während der organische Strukturtyp das Gegenmodell darstellt.

Tabelle 1: Organische und mechanistische Organisationsstrukturen

	Organische Organisationsstruktur	**Mechanistische Organisationsstruktur**
Zahl der Hierarchieebenen	Wenige	Viele
Ausmaß formaler Regelungen	Gering	Hoch
Genauigkeit formaler Regelungen	Gering	Hoch
Unterschiede in der Qualifikation	Gering	Hoch
Wissensunterschiede	Gering	Groß
Zentralisation	Gering	Hoch
Inhalt der Kommunikation	Rat und Information	Anweisung und Entscheidung
Autorität	Sachbezogen	Positionsbezogen
Differenzierung	Gering	Hoch
Umweltsituation	Turbulent	Stabil

Quelle: Eigene Darstellung in Anlehnung an Burns und Stalker (1961), Schreyögg (2008), Kieser und Kubicek (1992) und Zell (2011).

Tabelle 1 zeigt die Unterschiede beider Organisationsstrukturen. Burns und Stalker (1961) kommen zu dem Ergebnis, dass in dynamischen Umwelten Organisationen mit einem organischen Strukturtyp erfolgreicher sind, als Organisationen mit einer mechanistischen Struktur. In stabilen Umwelten erweist sich der mechanistische Typ als effizienter (Schreyögg, 2008; Burns & Stalker, 1961).[36]

Lawrence und Lorsch (1967)[37] legen in ihrer Forschungsarbeit zugrunde, dass ein Abhängigkeitsverhältnis zwischen den Organisationsvariablen und den Gegebenheiten der Umwelt existiert. Die Situation eines Unternehmens wird durch dessen Umwelt determiniert. Die verschiedenen Umweltsituationen werden maßgeblich durch den Grad der Ungewissheit und der Veränderungshäufigkeit, sowie deren Ausmaß bestimmt. Im Gegensatz zu Burns und Stalker (1961) ist nicht die gesamte Organisationsstruktur durch die Umwelt geprägt, vielmehr werden aus Sicht von Lawrence und Lorsch (1967) die verschiedenen Subsysteme mit

36 Gemäß der Forschungsergebnisse von Child (1975) haben Organisationen in turbulenten Umwelten einen höheren Spezialisierungs und Formalisierungsgrad als Organisationen in einer stabilen Umwelt.

37 Studien in zehn amerikanischen Unternehmen verschiedener Branchen (Kunststoff-, Nahrungsmittel- und Containerfertigungsindustrie).

unterschiedlichen Umwelteinflüssen konfrontiert. Diese Subsysteme entwickeln daraufhin eigene Strategien. Sie konstatieren weiterhin, dass sich die Organisationsstruktur aus dem Spannungsverhältnis von Differenzierung und Integration bestimmt. Integration beschreibt die Qualität der Zusammenarbeit zwischen den Bereichen (Schreyögg, 2008; Frese, 1992). Unter Differenzierung verstehen Lawrence und Lorsch (1967) nicht wie in anderen Forschungsarbeiten beschrieben den Grad der Arbeitsteilung, sondern die strukturellen Unterschiede der Subsysteme einer Organisation (Zeit- und Zielorientierung, Grad der Formalisierung einer Abteilung, zwischenmenschliche Orientierung). Je größer die Unterschiede zwischen den Subsystemen sind, desto höher ist der Differenzierungsgrad eines Unternehmens. Das Ergebnis der Forschungsarbeit zeigt, dass die Umwelt die Differenzierungsvariablen determiniert. Je ausgeprägter der Grad der Unsicherheit ist, desto langfristiger ist die Orientierung der Manager, desto höher ist der Grad der Differenzierung und desto niedriger ist der Formalisierungsgrad. Der Differenzierungsgrad ist umso höher, je unterschiedlicher die Umweltsektoren der Unternehmensbereiche sind. Je höher der Differenzierungsgrad ist, desto schwieriger ist die Integration.[38]

3.1.2 Multivariater oder Situativer Ansatz

Die eben dargestellte Beschreibung der monovariaten Ansätze zur Erklärung der Organisationsstruktur wird in der Literatur als nicht ausreichend angesehen. Kieser und Walgenbach (2010) bezeichnen die Betrachtung eines einzigen Faktors als „unrealistisch" (Kieser & Walgenbach, 2010, S. 192). Sie konstatieren jedoch, dass die Forschungsarbeiten die multivariaten Ansätze (insbesondere den nachfolgend beschriebenen Situativen Ansatz) richtungsweisend beeinflusst haben. Ziel der multivariaten Forschung ist die Analyse von Situation, Verhalten und Struktur und darauf aufbauend die Messung der Organisationsstruktur mittels Faktor- und Clusteranalysen sowie Korrelationsverfahren. Bei den multivariaten Ansätzen gelten die Untersuchungen der Aston-Gruppe[39] (Pugh et al., 1968; Pugh & Hickson, 1976) aufgrund ihrer interdisziplinären Forschung und der Erfassung zahlreicher Variablen der Organisationsstruktur als führend (Nettelnstroth, 2003; Kieser & Walgenbach, 2010). Aus diesem Grund wird an dieser Stelle detaillierter auf diesen Forschungsansatz eingegangen.

---

38 Zur Kritik am Ansatz von Lawrence und Lorsch (1967) siehe weiterführend Frese (1992).

39 Hinter dem Namen „Aston-Gruppe" steht eine Gruppe von Organisationsforschern der Aston University Birmingham, welche zwischen 1961 und 1970 unter der Leitung von Derek Pugh forschte.

Der Situative Ansatz (auch Kontigenzansatz) entstand als Ansatz der Organisationstheorie in den fünfziger Jahren (Scherm & Pietsch, 2007). Die Basis bildete unter anderem die Bürokratietheorie von Max Weber (1956). Grundlegende Forschungsarbeiten sind der Harvard-Ansatz (Lawrence & Lorsch, 1967) und die Studien der o. g. Aston-Gruppe, auf welche nachstehend detailliert eingegangen wird. Der Situative Ansatz beinhaltet die Annahme, dass strukturelle Unterschiede von Organisationen auf die Besonderheiten der jeweiligen Situation der Organisation zurückgeführt werden können. Die formale Organisationsstruktur[40] hat Auswirkungen auf die Effizienz einer Organisation, sie ist eine Kombination aus den Strukturdimensionen. Es gibt jedoch „keine universelle Struktur, die sich in allen Situationen als effizient erweist" (Kieser & Walgenbach, 2010, S. 40). In der Erweiterung des Situativen Ansatzes wird zusätzlich auch die Wirkung der formalen Organisationsstruktur auf das Verhalten der Organisationsmitglieder und wiederum auf die Effizienz der Organisation analysiert (Abb. 2).

Abbildung 2: Situativer Ansatz

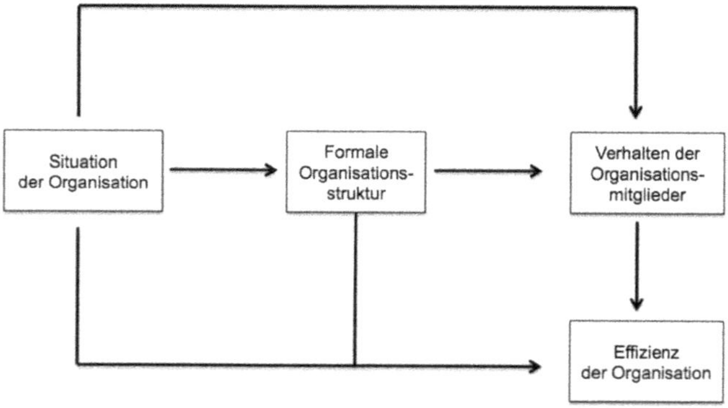

Quelle: Kieser und Kubicek (1992, S. 57).

Zunächst wird die Situation der Organisation näher betrachtet. Die Organisationssituation wird Abbildung 3 detailliert dargestellt. Sie ist in die Dimensionen der internen und externen Situation untergliedert. Dies verdeutlicht, dass die Organisationsstruktur in ein Geflecht aus einer großen Anzahl von Einflussfaktoren gebunden ist (Kieser & Kubicek, 1992).

40 Kieser und Kubicek (1992) verstehen darunter die Gesamtheit der (formalen) Regelungen.

Abbildung 3: Dimensionen der internen und externen Organisationssituation

Dimensionen der internen Situation	Dimensionen der externen Situation
Gegenwartsbezogene Faktoren: • Größe • Rechtsform und Eigentumsverhältnisse • Leistungsprogramm • Fertigungstechnologie • IT	Aufgabenspezifische Umwelt: • Konkurrenz • Struktur der Kunden • Dynamik der Technologie
Vergangenheitsbezogene Faktoren: • Alter der Organisation • Entwicklungsstadium • Art der Gründung	Globale Umwelt: • Gesellschaftlich-kulturelle Bedingungen

Quelle: Eigene Darstellung in Anlehnung an Kieser und Kubicek (1992).

Nachfolgend wird die Struktur der Organisation näher betrachtet. Die formale Organisationsstruktur wird durch die sogenannten Strukturdimensionen beschrieben. Diese beinhalten die Strukturmerkmale. Strukturdimensionen bezeichnen verschiedene Typen von organisatorischen Regelungen, deren Kombination die Struktur der Organisation darstellt. Diese sind nicht als Konstante, sondern als Variable gestaltet (Kieser & Kubicek, 1992; Kieser & Walgenbach, 2010). Tabelle 2 beinhaltet zur Begriffsklärung eine Übersicht der in der Forschung genannten Strukturdimensionen[41] mit deren zugehörigen Strukturmerkmalen (Kieser & Kubicek, 1992; Kieser & Walgenbach, 2010; Pugh et al., 1968; Mintzberg, 1981).[42] In der Literatur gibt es weit mehr Strukturmerkmale, hier aufgeführt sind die Populärsten. Ein allgemein anerkannter, einheitlicher Katalog der Strukturdimensionen existiert bisher nicht (Scherm & Pietsch, 2007).

41 Zur von diesen Strukturdimensionen abweichenden Konzepten siehe weiterführend u. a. Hill et al. (1994) sowie Lawrence und Lorsch (1967).

42 Aufgrund der großen Anzahl von Strukturmerkmalen erfolgt eine Zusammenfassung dieser in Strukturdimensionen.

Tabelle 2: Begriffsklärung der Strukturdimensionen und -merkmale

Strukturdimensionen und deren Strukturmerkmale	Begriffsklärung
1.) Macht in Organisationen	
Leitungsspanne	Die Leitungsspanne definiert die Zahl untergebener Mitarbeiter, welche einen Vorgesetzten direkt unterstellt sind. Sie bezeichnet somit die Tiefe der Hierarchie und tangiert die Struktur der Organisation (Hill et al., 1994). Je größer die Leitungsspanne ist, desto weniger Hierarchieebenen sind nötig (Kieser & Walgenbach, 2010).
Entscheidungsdelegation	Die Entscheidungsdelegation ist der Trend zur Zuweisung von Entscheidungsrechten auf die unteren Ebenen der Hierarchie. Dieser Grad an Delegation ist umso größer, je mehr Entscheidungsrechte offiziell nach unten verlagert wurden (Kieser & Walgenbach, 2010). Dem entgegengesetzt liegen bei der Entscheidungszentralisation alle Entscheidungsrechte auf der obersten Unternehmensebene. Alle weiteren Hierarchieebenen besitzen keine Kompetenzen mehr (Hungenberg, 1995). „Je geringer die Zahl der am Entscheidungsprozess beteiligten Stellen ist und je eingeengter der Bereich ihrer Entscheidungen ist, umso mehr ist eine Organisation zentralisiert" (Hage & Aiken, 1970, S. 38).
Partizipation	Der Begriff „Partizipation" beschreibt das Recht der Teilnahme der Mitarbeiter an den Willensbildungsprozessen überstellter Ebenen in der Hierarchie einer Organisation (Hill et al., 1994; Sagie & Koslowsky, 2000).
2.) Spezialisierung	
Arbeitsteilung	Bei der Arbeitsteilung wird die Gesamtheit der organisationalen Aufgaben in Teilbereiche untergliedert und auf die Mitglieder des Unternehmens aufgeteilt (Kieser & Walgenbach, 2010). Ein hoher Grad der Arbeitsteilung[43] führt zu einem steigenden Koordinationsaufwand (Kieser & Walgenbach, 2010; Frese, 2005).

43 Das Aufteilen der operativen Prozesse und zugehöriger Befehlsgewalt in Einheiten definiert der Begriff der Arbeitszerlegung. Diese ist eine Ausprägung der Arbeitsteilung (Hill et al., 1994).

Strukturdimensionen und deren Strukturmerkmale	Begriffsklärung
Autonomie	Autonomie beinhaltet den Grad der Eigenständigkeit bei Entscheidungen eines Mitarbeiters hinsichtlich seiner Tätigkeiten. In der Literatur wird dies auch als Möglichkeit der Selbstregulation definiert (Kieser & Walgenbach, 2010; Ulrich et al., 1989). Das Gestaltungsmerkmal ist ein Merkmal der Arbeitsteilung.[44]
3.) Koordination	
Standardisierung	Unter dem Grad der Standardisierung wird das Ausmaß immer gleichartig verlaufender Prozesse verstanden. (Frese, 1992) Diese sind durch Arbeitsanweisungen dokumentiert, welche die Vorgehensweisen im Standardfall beinhalten. Als Kriterium dient bei Hill et al. (1994) in erster Linie der Grad der Routinisierung, an zweiter Stelle die Programmierung. Sie definieren als Programmierung die „Strukturierung von Aktivitätsfolgen" (Hill et al., 1994, S. 266).
Planung	Eine zentrale Planung erfolgt durch zentral unterstützende Stabsabteilungen, während bei einer dezentralen Planung mehrere Funktionsträger über die Hierarchieebenen hinweg die Aufgabe der Planung wahrnehmen.
4.) Formalisierung	
Formalisierung	Eine Organisation ist umso formalisierter, je größer die Anzahl an Normen und Anweisungen ist (Hage & Aiken, 1970). Gemäß Pugh et al. (1968) werden drei Teildimensionen der Formalisierung unterschieden: die Strukturformalisierung, die Informationsflussformalisierung (Aktenmäßigkeit) und die Leistungsdokumentation (Umfang der schriftlichen Erfassung und Beurteilung der Leistungen)

Quelle: Eigene Darstellung.

Anhand dieser Strukturdimensionen sind Beschreibungen, Vergleiche und Analysen von Organisationen möglich (Bergmann & Garrecht, 2008), wodurch diese für die vorliegende Arbeit zur Beschreibung der Strukturen der Kreditinstitute als geeignet erscheinen.

44 Das Gestaltungsmerkmal wird deshalb als eigenständiges Merkmal mit aufgenommen, da es direkte Wirkung auf die intrinsische Motivation der Mitarbeiter und somit den Arbeitserfolg hat (Kieser & Walgenbach, 2010).

Nach der Definition der zentralen Strukturdimensionen ist die Kenntnis der Abhängigkeit dieser voneinander relevant, da im weiteren Verlauf der Arbeit die Abhängigkeit von Organisationsstruktur und Organisationssituation bei den Bankengruppen untersucht wird. Gemäß Kieser und Walgenbach (2010) macht dies eine spätere Unterscheidung von indirekten und direkten Effekten der Situation möglich. Abbildung 4 zeigt die bei Kieser und Kubicek (1992) und Kieser und Walgenbach (2010) auf Basis empirischer Forschungsarbeiten dargestellten zentralen Zusammenhänge zwischen den Strukturdimensionen.[45]

Abbildung 4: Zusammenhänge zwischen den Strukturdimensionen

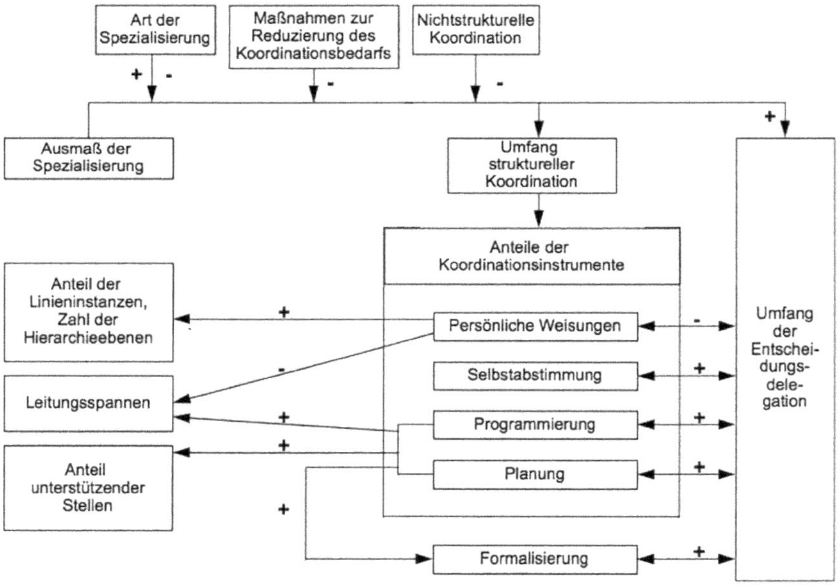

Quelle: Kieser und Kubicek (1992, S. 192).
+ : symbolisiert eine positive Korrelation, – : symbolisiert eine negative Korrelation.

In der Forschung werden die Strukturdimensionen als abhängige und die Situationsdimension als unabhängige Variable aufgefasst (Kieser & Kubicek, 1992; Kieser & Walgenbach, 2010). Es folgt der Schluss, dass sich spezifische Strukturen für spezifische Situationen eignen – ein sogenannter „Fit" (Bea & Göbel, 2006,

45 Zu einer detaillierteren Beschreibung der Zusammenhänge siehe weiterführend Kieser und Walgenbach (2010).

S. 105). Eine optimale Ausprägung der Organisationsstruktur existiert dabei nicht, vielmehr müssen sich die Organisationsstruktur und das Verhalten der Mitglieder der Organisation an die gegebene Situation anpassen (Kieser & Walgenbach, 2010; Scherm & Pietsch, 2007). Herausragend an der Forschung der Aston-Gruppe ist vor allen Dingen der Einbezug vielzähliger Situations- und Kontextvariablen. Zusätzlich wird der Versuch unternommen, die Ebene der Situation, des Verhaltens und der Struktur in einer konzeptionellen Arbeit zu verbinden, und die Organisationsstruktur mittels empirischer Verfahren zu messen (Nettelnstroth, 2003). Auf organisationaler Ebene findet eine Unterscheidung in die Situations- und die Strukturdimensionen statt – auf der Individualebene werden Verhaltensweisen und Einstellungen betrachtet. Diese werden in Bezug zu den individuellen und kollektiven Effizienzkriterien gesetzt (Kubicek & Wollnik, 1975). Im Gegensatz zum ursprünglichen Aston-Konzept, dem die Annahme stufenweiser Zusammenhänge zugrunde liegt, findet beim erweiterten Aston-Konzept (Abb. 5) eine Verbindung aller Ebenen statt (Nettelnstroth, 2003).

Abbildung 5: Graphische Darstellung des Aston-Konzeptes

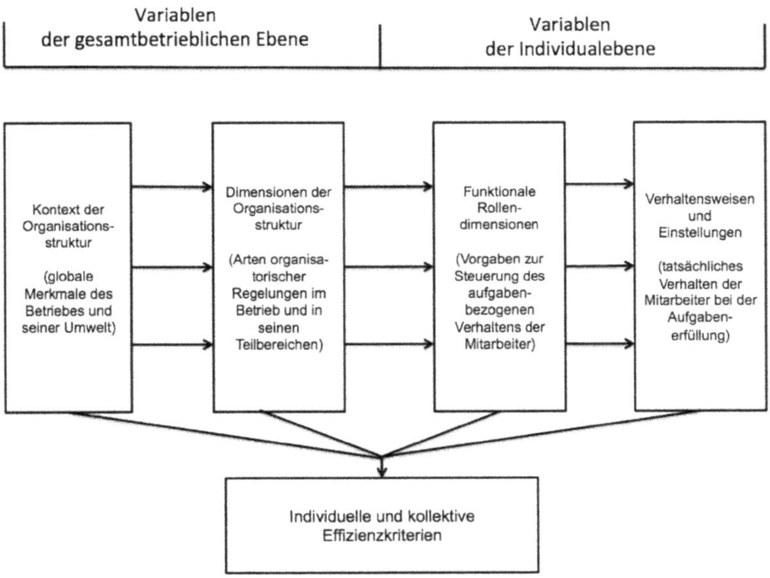

Quelle: Kubicek und Wollnik (1975, S. 311).

Mittels der Kontextvariablen (Situationsvariablen) werden die Merkmale von Unternehmen beschrieben. Auf individueller Ebene werden von der Aston-Gruppe die Rollenvariablen und die Verhaltensweisen und Einstellungen unterschieden. Die Rollenvariablen charakterisieren Aufgabenstellungen und -situationen der Individuen. Dabei herrscht die Annahme, dass diese von den persönlichen Einstellungen der Angestellten und von der Organisationsstruktur beeinflusst werden (Nettelnstroth, 2003). In der Kategorie Verhaltensweisen und Einstellungen wird davon ausgegangen, dass nicht nur die Struktur der Organisation, sondern auch das Individuum selbst einen Einfluss auf die Erfüllung der Aufgaben hat. Bei der Betrachtung der Effizienz werden im Aston-Konzept sowohl harte, als auch weiche Variablen erhoben. Da der Fokus der Forschungsarbeiten der Aston-Gruppe auf der Datenerhebung und der Ermittlung statistischer Zusammenhänge liegt, werden nachfolgend zentrale empirische Ergebnisse dargestellt. Die Ergebnisse zu den Verbindungen zwischen den Kontextvariablen und Strukturdimensionen veranschaulicht Tabelle 3. Eine Überprüfung der Korrelationen der Strukturdimensionen und Kontextvariablen der Aston-Gruppe kommt zu folgenden Ergebnissen:[46]

Tabelle 3: Korrelationskoeffizienten ausgewählter Strukturdimensionen

Dimensionen	**Spezialisierung**	**Standardisierung**	**Formalisierung**	**Entscheidungs-zentralisation**
Spezialisierung	-			
Standarisierung	.80	-		
Formalisierung	.68	.83	-	
Entscheidungs-zentralisation	-.53	-.27	-.20	-

Quelle: Pugh und Hickson (1971).

Die Strukturdimensionen Standardisierung und Formalisierung korrelieren sehr stark. Mit steigendem Ausmaß immer gleich verlaufender Prozesse steigt auch das Maß an Regelungen, Arbeitsanweisungen und Normen. Die Ergebnisse zeigen, dass mit einem hohen Grad der Arbeitsteilung auch die Zahl an Regelungen, Arbeitsanweisungen und Normen steigt sowie ein hoher Grad immer gleich verlaufender Prozesse einhergeht. Die negativen Korrelationen zwischen der Entscheidungszentralisation und allen weiteren Strukturdimensionen zeigt, dass je höher der Grad der Delegation von Entscheidungen:

46 Datengrundlage ist die Untersuchung von 52 Unternehmen in England (Pugh & Hickson, 1971).

- desto höher ist das Ausmaß an Regelungen, Arbeitsanweisungen und Normen und
- desto gleichartiger verlaufen die Prozesse und
- desto mehr ist die Gesamtheit aller organisationalen Aufgaben in Teilbereiche untergliedert.

Die Untersuchungsergebnisse der Zusammenhänge zwischen ausgewählten Kontext- und Strukturvariablen zeigt Tabelle 4. Es ist auffällig, dass die geographische Streuung keinen nachgewiesenen Einfluss auf die Faktoren Spezialisierung, Standardisierung und Formalisierung hat. Es ist jedoch ein negativer Zusammenhang mit dem Faktor Entscheidungszentralisation vorhanden. Je höher die Zahl räumlich getrennter Betriebseinheiten, desto dezentraler werden Entscheidungen getroffen.

Tabelle 4: Korrelationskoeffizienten ausgewählter Kontext- und Strukturvariablen

	Größe	**Umweltabhängigkeit**	**Technologie**	**Geographische Streuung**
Spezialisierung	.61	.32	.41	.07
Standardisierung	.63	.40	.26	.05
Formalisierung	.58	.43	.10	.07
Zentralisation	-.58	-.20	.13	-.22

Quelle: Child (1972) zitiert nach Kubicek und Wollnik (1973, S. 39).

Die Analyse des Zusammenhanges der Organisationsgröße und der Strukturmerkmale Spezialisierung, Standardisierung, Formalisierung und Zentralisierung durch die Aston-Gruppe zeigt unterschiedlich stark positive Zusammenhänge zwischen der Unternehmensgröße und der Spezialisierung, Standardisierung und Formalisierung. Pugh et al. (1969) kommen zu dem Ergebnis, dass mit steigender organisationaler Größe auch der Grad an Spezialisierung, Formalisierung und Standardisierung zunimmt. Je größer das Unternehmen ist, desto dezentraler werden Entscheidungen getroffen.[47]

Kritik am Situativen Ansatz

Heutzutage ist das theoretische Grundgerüst des Situativen Ansatzes im Wesentlichen in empirischen Forschungsarbeiten vertreten (Kieser & Walgenbach,

47 Die Datenbasis bildeten englische Unternehmen überwiegend Fertigungsbetriebe (n=46) (Pugh et al., 1969).

2010).[48] Kritiker des Situativen Ansatzes bemängeln eine sehr deterministische Betrachtungsweise (Child, 1972), die Globalität des Ansatzes (Frese, 1992) und unter methodischen Gesichtspunkten eine Vielzahl von Einflussgrößen, welche nicht vollständig erfasst werden können (Schreyögg, 2008; Kubicek & Welter, 1985). Kritik an der Theorie des Situativen Ansatzes übt Benson (1983), indem er auf die Vernachlässigung der Betrachtung des Macht- und Interessenfaktors und dessen Einfluss auf die Organisationstruktur hinweist. Befürworter des Situativen Ansatzes stellen hingegen dessen realitätsnahe Analysemöglichkeit in den Vordergrund (Wolf, 2005). Kieser und Walgenbach (2010) konstatieren, dass der Situative Ansatz obgleich jeder Kritik besonders durch die Erweiterungsmöglichkeit situativer Einflussfaktoren Vorteile aufweist. Zudem ist der Einbezug weiterer theoretischer Modelle möglich, selbst wenn sich deren theoretische Annahmen unterscheiden. Diese Vorteile werden auch für die vorliegende Forschungsarbeit genutzt, um möglichst realitätsnah die strukturellen Unterschiede deutscher Kreditinstitute unter Einbezug geeigneter theoretischer Ansätze zu betrachten. Nachfolgend wird basierend auf den im vergangenen Abschnitt beschriebenen theoretischen Grundlagen die Ableitung der für die Beantwortung der Forschungsfrage relevanten Strukturmerkmale erarbeitet.

3.2 Ableitung forschungsrelevanter Strukturmerkmale

„Jedes komplexe Gebilde weist eine Vielzahl von Eigenschaften oder Dimensionen auf, von denen *für eine bestimmte Problemstellung* immer nur eine begrenzte Anzahl relevant ist [...]. In gleicher Weise müssen wir Dimensionen der formalen Organisationsstruktur (kurz: *Strukturdimensionen*) auswählen, die im Zusammenhang mit der Analyse der Einflussgrößen und Wirkung von Organisationsstrukturen relevant sein könnten" (Kieser & Walgenbach, 2010, S. 65). Es stellt sich in der Folge die Frage, welche Organisationsstrukturen eine große Bedeutung für das in Abschnitt 2 thematisierte Gelingen von Unternehmensveränderungen und Innovation, sowie Flexibilität einer Organisation aufweisen. Da gemäß Knight (1967) und Wilson (1966) die Organisationsstruktur das Innovationsverhalten von Organisationen beeinflusst, werden nachfolgend die Strukturmerkdimensionen und Merkmale aus dem vorangegangenen Abschnitt vor dem Hintergrund von Flexibilität und Innovativität analysiert und um das Strukturmerkmal Macht ergänzt, da wie in Abschnitt 3.1.2 beschrieben, Kritiker des Situativen Ansatzes die fehlende Betrachtung des Faktors von Macht bemängeln.

---

48 Der Situative Ansatz ist gemäß Schreyögg (2008) in letzter Zeit vor allem in der amerikanischen Organisationstheorie wieder vermehrt in den Vordergrund wissenschaftlicher Forschung gerückt.

3.2.1 *Macht in Organisationen*

Nachfolgend wird der Faktor Macht in Organisationen in Bezug auf Unternehmensveränderungen betrachtet. Zielgrößen des Change Managements aus Steuerungssicht sind die Faktoren der Macht und Partizipation, also die Beteiligung Betroffener an Veränderungsprozessen (Inversini von Tramelan, 2005; Hafen et al., 2000).[49] Inversini von Tramelan (2005) beschreibt die Relevanz von Führungs- und Machtstrukturen hinsichtlich organisationaler Veränderungen. Der Faktor „Führungs- und Machtstrukturen" wird als relevante Strukturdimension hinsichtlich Flexibilität und Innovativität zur Abgrenzung von Organisationen gesehen. Organisationale Entscheidungen können nicht allein durch Hierarchie und Macht durchgesetzt werden, es bedarf einflussreicher Akteure. Entscheidungen werden in Verhandlungen dieser Akteure getroffen.[50] Daher besteht das Streben nach dem Erhalt der Machtposition und dem Ausbau der Reichweite des Einflusses durch die Nutzung der Informationsasymmetrien[51] (Crozier & Friedberg, 1979). Als Ursache für Widerstände bei Veränderungsprozessen wird die Bedrohung der Macht gesehen (Stewart & Manz, 1997). Dieser politische Charakter der Wandelprozesse ist eine Ursache für die negative Bewertung von Veränderungen durch die Individuen der Organisation (Goltz & Hietapelto, 2002; Tichy, 1983).[52] Aus diesem Grund nehmen die eben genannten Verhandlungen und Konflikte zwischen den Akteuren Einfluss auf die Veränderungsprozesse in den Organisationen. Diese mikropolitischen Verhandlungsprozesse können auf die Machtverteilung der Akteure wirken, was sich wiederum in Widerständen gegen den Wandel ausdrücken kann (Becke, 2002). Wandelprozesse in Unternehmen haben somit oftmals eine Veränderung der Machtdimensionen und -verteilung zur Folge, wodurch die Faktoren Status und Macht Einfluss auf die Einstellung zu Veränderungsprojekten nehmen (Tichy, 1983; Zaltman & Duncan, 1977; Buhl, 1974). Zusammenfassend lässt sich für die vorliegende Arbeit konstatieren, dass insbesondere den handelnden Akteuren in den Veränderungsprozessen eine elementare Rolle für den Erfolg zukommt.

---

49 Das Strukturmerkmal Partizipation wird nachfolgend in Abschnitt 3.2.2 betrachtet.

50 Doppler et al. (2011) beschreiben die Integration der handelnden Akteure eines Unternehmens – insbesondere des Managements – als ein politisches Konstrukt des Agierens zur Durchsetzung von eigenen Belangen. Hierbei spielen Macht, Hierarchie, organisatorische Freiräume, Kontrolle, Vertrauen etc. eine Rolle. Sie beschreiben den Gap zwischen individuellen Zielvorstellungen und den Unternehmenszielen.

51 Siehe dazu weiterführend Abschnitt 4.1.1.

52 Nach Oreg (2006) existiert ein signifikant negativer Zusammenhang zwischen „power and prestige" und „affective and cognitive resistance".

3.2.2 Partizipation

„Je mehr Betroffene aufgrund einer umfangreichen Partizipation die schließlich getroffenen Entscheidungen „mittragen", desto weniger bleiben übrig, gegen deren Widerstand das Ergebnis durchgesetzt werden muss." (Kirsch et al., 1979, S. 300).

Da wie in Abschnitt 3.2.1. beschrieben Macht und Partizipation Zielgrößen des Change Managements sind, wird nachfolgend das Strukturmerkmal Partizipation betrachtet. In der Literatur wird die partizipative einer machtorientierten Vorgehensweise gegenübergestellt. Während das partizipative Vorgehen den Einbezug Betroffener beinhaltet, werden beim machtorientierten Vorgehen im Veränderungsprozess Entscheidungen durch den Entscheidungsträger getroffen und deren Umsetzung kontrolliert (Inversini von Tramelan, 2005).[53] Ein hoher Partizipationsgrad wirkt sich sowohl steigernd auf die Innovativität (Agrell & Gustafson, 1996), als auch auf die Flexibilität (Ulich, 2001; West & Farr, 1989) aus. Er steigert die Kreativität und intrinsische Motivation der Mitarbeiter (Frese et al., 1995). Partizipation bei der Gestaltung von Veränderungsprozessen dient dem Abbau von Widerständen und der Befähigung bei dem Umgang mit den Veränderungen (Elke, 1999; Ulich, 2001). Untersuchungen zeigen, dass die Mitarbeitermotivation für eine aktive Beschäftigung mit der Veränderung aufgrund von survey-feedback-Prozessen angestiegen ist (Bowers & Hausser, 1977; Gebert, 1976). In der Folge wirkt Partizipation auch durch Information (Inversini von Tramelan, 2005). Partizipation und Austausch von Informationen bauen Widerstände ab, wodurch die Akzeptanz und die Identifikation mit dem Veränderungsprojekt steigen (Schweiger & DeNisi, 1991).

3.2.3 Organisationsstruktur und Leitungsspanne

Formale Organisationen haben in der Regel eine hierarchische Struktur. Daraus folgt, dass Veränderungsprozesse überwiegend von der Hierarchiespitze herab erfolgen (Schreyögg & Sydow, 2009). Eine Leitungsspanne mit einer hohen Eigenständigkeit wirkt sich bei unterstellten Einheiten mindernd auf den Aufwand für Koordination der höher gestellten Einheiten aus. Dies führt in der Folge zu einer Steigerung der Flexibilität (Kieser & Kubicek, 1992; Hafen et al., 2000; Frese et al., 1995; Bleicher, 1996). Eine geringe Anzahl an Hierarchieebenen (große Leitungsspanne) begünstigt somit die Veränderungsfähigkeit und Flexibilität

---

53 Weiterführend zum Thema Delegation versus Partizipation siehe auch Kieser und Walgenbach (2010).

(Sonntag & Stegmaier, 1999; Elke, 1999), während ganz im Gegensatz dazu eine große Zahl an Hierarchieebenen (kleine Leitungsspanne) diese hemmt (Nippa, 1997). Somit sinkt auch die Bedeutung der hierarchischen Führung als Methode der Koordination (Bleicher, 1996).

3.2.4 Entscheidungsdelegation

Grundsätzlich besitzen Eigentümer von Organisationen die Verfügungsgewalt über alle organisationalen Entscheidungen. Diese können jedoch nicht alle von den Eigentümern alleine getroffen werden, so dass Befugnisse an untergeordnete Stellen delegiert werden müssen. In diesem Zusammenhang ist die Unterscheidung von Entscheidungszentralisation und Entscheidungsdelegation von Bedeutung. Bei einer Entscheidungszentralisation liegen alle Entscheidungsbefugnisse bei der Unternehmensleitung. Bei der Entscheidungsdelegation werden hingegen Verantwortung und Entscheidungsbefugnisse auf untere Hierarchieebenen verlagert. Die Forschungsarbeiten hinsichtlich der Zusammenhänge des Strukturmerkmals Entscheidungsdelegation und der Veränderungsfähigkeit sowie Innovativität und Flexibilität zeigen folgende Erkenntnisse:

Die Zentralisierung von Entscheidungen verlängert nach Hafen et al. (2000) die Arbeitswege und erhöht gleichermaßen die Reaktionszeit auf Veränderungen. Zusätzlich wird die Flexibilität eingeschränkt und die Eigenständigkeit reduziert (Ulich, 2001; Frei et al., 1996). Eine Entscheidungszentralisation wirkt sich negativ auf die Innovativität aus (West & Anderson, 1996; Agrell & Gustafson, 1996). Die Entscheidungsdelegation hingegen steigert die Kreativität und die intrinsische Motivation der Mitarbeiter (Frese, et al., 1995). Pugh et al. (1969) weisen statistisch nach, dass die Anzahl von Niederlassungen einer Organisation mit der Konzentration von Entscheidungsbefugnissen zusammenhängt.

3.2.5 Spezialisierung

Grundsätzlich werden durch die Spezialisierung die Tätigkeiten der Mitglieder einer Organisation festgelegt und durch Rechte und Pflichten festgehalten. Damit verbunden ist in der Literatur der Begriff der Arbeitsteilung (Kieser & Walgenbach, 2010).

Der Grad der Spezialisierung ist umso niedriger, je weniger stark die Arbeitsteilung zwischen den organisationalen Einheiten ausgeprägt ist (Kieser & Kubicek, 1992). Je größer die Eigenständigkeit der Unternehmenseinheiten ist, desto dynamischer können diese auf externe Anforderungen reagieren, ohne dass ein koordinierender Eingriff von außen notwendig ist (Kieser & Kubicek, 1992; Hafen et al., 2000). Dies liegt unter anderem daran, dass eine bereichsinterne Kommunikation und Koordination erfolgreicher ist, als eine einheitenübergreifende (Frese et al., 1995; Lawrence & Lorsch, 1967). Zusätzlich werden Probleme und Störungen direkt am Ort der Entstehung beseitigt.[54] Dies bedingt einen hohen Grad an Autonomie. In der Forschung wird davon ausgegangen, dass ein geringer Grad der Spezialisierung und ein hohes Maß an Autonomie eine vorteilhafte Wirkung auf die organisationale Flexibilität haben (Hill et al., 1992; Ulich, 2001; Frei et al., 1996). Autonomie ist ein Gestaltungsmerkmal der Arbeitsteilung, welches die intrinsische Motivation von Mitarbeitern fördern kann (Ulrich et al., 1989). Sie beinhaltet den Grad der Eigenständigkeit der Mitarbeiter hinsichtlich ihres Tätigkeitsgebietes.[55] In diesem Zusammenhang ist in der Literatur auch von „Selbstregulation" die Rede. Das Thema der Selbstregulation ist für eine gesteigerte Flexibilität zentral (Frei et al., 1996). Aus diesem Grund wird das Strukturmerkmal „Autonomie" als weiteres Merkmal der Strukturdimension „Spezialisierung" für die vorliegende Forschungsarbeit definiert.[56]

3.2.6 Koordination: Standardisierung und Planung

Die im vorangegangenen Abschnitt 3.2.5 beschriebene Arbeitsteilung erhöht den Bedarf an Koordination. In der Literatur wird die Strukturdimension Koordination in die Strukturmerkmale der Standardisierung und der Planung unterteilt (Inversini von Tramelan, 2005).

Unter Standardisierung wird das Ausmaß immer gleich verlaufender Prozesse verstanden (Frese, 1992). Diese sind durch Arbeitsanweisungen dokumentiert, welche die Vorgehensweise im Standardfall beinhalten. In der Wissenschaft vermindert die Standardisierung von Tätigkeiten den Grad der Innovativität (Schlicksupp, 1992; Amabile et al., 1996). Je höher der Grad der Standardisierung, desto geringer ist zusätzlich die Wahrscheinlichkeit einer flexiblen Reaktion auf Umweltveränderungen (Kieser & Kubicek, 1992; Hafen et al., 2000; Scholl, 2004). Eine Standardisierung der Arbeit wird auch von Expertenseite als nicht veränderungsförderlich beurteilt (Nippa, 1997).

Die Strukturdimension Koordination beinhaltet wie vorstehend beschrieben weiterhin auch das Strukturmerkmal Planung. In der Literatur werden zentrale

---

54 Teamarbeit wird in dem Zusammenhang mit Autonomie und Arbeitsteilung als Erfolgsfaktor für die Ausgestaltung der Organisation gesehen (Elke, 1999; Ulich, 2001; Sonntag & Stegmaier, 1999).

55 Das Maß an Autonomie wird durch den Grad der Entscheidungsdelegation determiniert (Kieser & Walgenbach, 2010).

56 Diese Ansicht wird auch bei Inversini von Tramelan (2005) vertreten.

und dezentrale Planung unterschieden. Eine zentrale Planung erfolgt durch zentral unterstützende Stabsabteilungen, während bei einer dezentralen Planung mehrere Funktionsträger über die Hierarchieebenen hinweg die Aufgabe der Planung wahrnehmen. Eine zentralisierte Planung verringert die Eigenständigkeit der Unternehmenseinheiten und wirkt sich somit flexibilitätsmindernd aus (Ulich, 2001). Das Thema der Selbstregulierung ist für eine gesteigerte Flexibilität zentral (Frei et al, 1996). Zu dieser Selbstregulierung gehört auch eine dezentrale Planung, da diese die Eigenständigkeit und somit die Flexibilität fördert (Ulich, 2001).

3.2.7 Formalisierung

Unter Formalisierung wird die schriftliche Fixierung der Regeln der Organisation verstanden. Diese sind u. a. in Arbeitsanweisungen, Protokollen, Vorstandsbeschlüssen und Handbüchern vermerkt. Formalisierung ist somit ein Kennzeichen der Bürokratisierung (Kieser & Walgenbach, 2010). Gemäß Pugh et al. (1968) werden drei Teildimensionen der Formalisierung unterschieden: die Strukturformalisierung (schriftliche Fixierung der Regeln der Organisation), die Informationsflussformalisierung (Aktenmäßigkeit) und die Leistungsdokumentation (Umfang der schriftlichen Erfassung und Beurteilung der Leistungen).

Eine Organisation ist umso formalisierter, je größer die Anzahl der schriftlich fixierten Regeln ist. Ein hoher Grad an Formalisierung des Informationsflusses hemmt die Veränderungsfähigkeit von Organisationen, da eine hoch formalisierte Aufgabe nur wenig Möglichkeiten zur Generierung alternativer Lösungen und Methoden bietet. Das Nichteinhalten von Regelungen kann zusätzlich Konsequenzen für den Aufgabenträger haben (Hage & Aiken, 1970). Dies untermauert die empirische Forschungsarbeit von Burns und Stalker (1994), welche die negativen Auswirkungen eines hohen Formalisierungsgrades hinsichtlich Innovationsfähigkeit und Flexibilität untersucht haben. Unter Formalisierung wird die sogenannte Aktenmäßigkeit verstanden, deren Ziel gemäß der klassischen Bürokratielehre von Weber die Dokumentation und Archivierung zu Kontrollzwecken ist (Kieser & Kubicek, 1992). Hafen et al. (2000) weisen hier auf eine Ambivalenz hin. Ihrer Ansicht nach steigt die Bedeutung der Formalisierung des Informationsflusses, da diese in strukturierter Form zur Entscheidungsfindung beiträgt. Dies ist insbesondere im Bereich der Dezentralisierung und Delegation von Entscheidungen von Bedeutung. Sie konstatieren demnach, dass die Formalisierung des Informationsflusses mehr den Zweck der Unterstützung von Entscheidungsprozessen dient und weniger der Entscheidungskontrolle.

3.3. Zwischenfazit

Nachfolgend werden zunächst auf Basis der vorangegangenen Analyse die optimalen Strukturausprägungen für Veränderung, Innovativität und Flexibilität aufgezeigt. Danach wird das Thema des Change Managements mit Hinblick auf die Forschungsfrage, inwiefern Unterschiede im Bereich der Unternehmensveränderungen und der Innovativität zwischen den deutschen Bankengruppen existieren betrachtet.

Zwischenfazit: Optimale Strukturausprägungen für Veränderung, Innovativität und Flexibilität

Organisationen sind keine statischen Konstrukte. In jedem Moment läuft eine Vielzahl an internen und externen Prozessen ab, welche die gesamte Organisation manchmal schneller, manchmal langsamer wandelt. Wenn diese Veränderungen ein Maß übersteigen, so können die bestehenden Strukturen der Organisation die neuen Anforderungen nicht mehr erfüllen, so dass sich die Struktur des Unternehmens weiterentwickeln und angleichen muss.

Zusammenfassend zeigen die Erkenntnisse der Forschungsarbeiten von Burns und Stalker (1961),[57] dass mit steigender Umweltdynamik eine Organisationsstruktur benötigt wird, die rasche Anpassungsmöglichkeiten an die Umwelt bietet. In der vorliegenden Arbeit wird für den Bankensektor von einer dynamischen Umwelt ausgegangen. Dies geschieht vor dem Hintergrund der stetig neuen gesetzlichen Anforderungen, der veränderten Kundenbedürfnisse und der Notwendigkeit der Bewältigung der Herausforderungen des Demographischen Wandels zur langfristigen Sicherung der Überlebensfähigkeit der Banken.[58]

In einer dynamischen Umwelt existiert vor allen Dingen ein geringer Grad an Spezialisierung und Formalisierung, eine geringe Gliederungstiefe sowie Dezentralisation von Entscheidungen (Kieser & Walgenbach, 2010). Die in Abschnitt 3.1.1 beschriebenen organischen Organisationen sind innovativer und flexibler, als die mechanistisch-bürokratischen Organisationen (Inversini von Tramelan, 2005). Bürokratische Strukturen zeichnen sich durch einen hohen Grad an Spezialisierung, Standardisierung, Formalisierung und Entscheidungszentralisation aus (Frese, 1992). Diese Erkenntnis ist grundlegend für die Bewertung flexibler Strukturen. Dies und die Analyse der vorangegangenen Abschnitte, sowie

57 Siehe Abschnitt 3.1.1.

58 Siehe hierzu auch die Studie des Fraunhofer Instituts für Arbeitswirtschaft und Organisation (2012), gemäß welcher 60 Prozent aller Studienteilnehmer mit anhaltenden Turbulenzen auf dem Bankenmarkt rechnen.

die Forschungsarbeiten zur Flexibilität und Innovativität von Organisationen (Wagner, 1989; Kieser & Walgenbach, 2010; Smith, 1988; Delbecq & Weiss, 1988; Hage J., 1988) ergeben die in Tabelle 5 aufgeführten Strukturausprägungen, welche veränderungs-, flexibilitäts- und innovationsfördernd wirken.

Tabelle 5: Innovative und flexible Organisationsstrukturen

Strukturmerkmal	**Ausprägungsgrad**
Leitungsspanne	Groß (geringe Anzahl an Hierarchieebenen)
Entscheidungszentralisierung	Gering
Partizipation	Hoch
Spezialisierung	Gering
Arbeitsteilung	Gering
Selbstabstimmung bzw. Autonomie	Hoch
Standardisierung	Gering
Stabsabteilungen	Wenige
Formalisierung	Gering
Organisationsmodell	Organisch in dynamischen Umwelten[59]

Quelle: Eigene Darstellung.

Zwischenfazit: Change Management

Nach der grundlegenden Definition der Begriffe Change Management, Innovativität und Flexibilität und der Theorie des Change Managements im vergangenen Abschnitt 2 wird nachfolgend das Thema des Change Managements mit Hinblick auf die Forschungsfrage, inwiefern Unterschiede im Bereich der Unternehmensveränderungen und der Innovativität zwischen den deutschen Bankengruppen existieren zusammengefasst.

Grundsätzlich findet die Ausgestaltung der Organisation auf verschiedenen Ebenen statt (Reichwald & Möslein, 1999). Die Forschung hat sich dem Thema Change Management sowohl auf individueller Ebene bzw. der Teamebene (Mikroebene), als auch auf organisationaler Ebene (Makroebene) genähert (Pescher, 2010; Stock-Homburg, 2007; Pettigrew et al., 2001). Die individuelle Ebene be-

59 Siehe Abschnitt 3.1.1.

fasst sich mit der Frage, wie einzelne Individuen mit der Veränderung umgehen, während die Perspektive der Organisation im Kern die Aktionen der kulturellen, strategischen, prozessualen und strukturellen Veränderungen beinhaltet (Stock-Homburg, 2007). Auf der Makroebene ist insbesondere die strategische Ausrichtung von Bedeutung (Rajagopalan & Spreitzer, 1996).

Im Bereich der Change Management Forschung mit dem Fokus der Kreditinstitute existieren im Wesentlichen Forschungsarbeiten zu internationalen Kreditinstituten. Nachfolgend werden einige Arbeiten beispielhaft aufgeführt:

- Zajac et al. (2000) analysieren mittels einer Regressionsanalyse im Rahmen einer Längsschnittstudie 4000 US-Banken auf Basis der Daten der „Federal Home Loan Bank“. Sie kommen zu dem Ergebnis, dass die strategischen Veränderungen der Unternehmen hinsichtlich ihres Ausmaßes, des Zeitpunktes und der Richtung eine Auswirkung auf den Erfolg haben. So sind jene Banken erfolgreicher, die aufgrund einer Veränderung den Status des dynamisch strategischen „Fit“ erlangen.
- Fox-Wolfgram et al. (1998) untersuchen auf Basis des Ansatzes von Miles und Snow (1978) die Anpassungsfähigkeit einer „defender“ und einer „prospector“ Bank im Zeitverlauf.[60] Während bei der „defender“-Bank Faktoren aus dem Bereich der Strategie, der Struktur und der Organisation den Veränderungsprozess zum Scheitern bringen, bewirken diese bei der „prospector“-Bank eine Neuorientierung. Die in beiden Fällen auftretenden Widerstände unterscheiden sich voneinander.
- Den Widerstand von Mitarbeitern bei organisationalen Veränderungen in Kreditinstituten untersucht Beuck (2005). Im Fokus steht die „Entstehung einer negativen verhaltensrelevanten Einstellungsbildung gegenüber organisatorischen Veränderungen“ (Beuck, 2005, S. 7).

Zu den Unterschieden im Bereich Change Management im deutschen Bankensektor existiert eine im Vergleich zu den internationalen Arbeiten geringe Zahl

60 „Defenders“ sind von dem Streben nach Stabilität bestimmt, haben ein begrenzte Produktpalette für einen eingegrenzten Markt. Sie missachten Entwicklungen sowie Trends außerhalb ihres Geschäftsgebietes. In ihrer Struktur existiert eine hohe horizontale Differenzierung, Zentralisierung der Kontrolle und eine formale Hierarchie der Kommunikation. „Prospectors“ bewegen sich in einem dynamischen Umfeld. Sie zeichnen sich durch Innovativität und Flexibilität aus. Sie streben nach neuen Produkten und Marktchancen. Die Struktur zeichnet sich durch eine flache formale Differenzierung, eine dezentrale Kontrolle und eine Kommunikation entlang der Prozesse aus (Robbins, 1994; Robbins, 1990).

von Forschungsarbeiten. Beispielhaft sei hier die Forschungsarbeit von Auerbach (2009) genannt.[61] Dieser untersucht Unterschiede zwischen Sparkassen und Kreditgenossenschaften hinsichtlich des Erfolges (Wertentwicklung) und der prozessualen und strukturellen Erfolgsfaktoren (hier CIR und RORWA) bei Fusionen. Er kommt zu dem Ergebnis, dass der Situative Ansatz besonders geeignet für die Analyse der Erfolgsfaktoren des Fusionserfolges ist.[62] Seine empirische Analyse des Fusionserfolges zeigt, dass im Jahr der Fusion sowohl Sparkassen, als auch Kreditgenossenschaften schlechtere Erfolgskennzahlen ausweisen als Institute, die nicht fusioniert haben. Diese werden jedoch mit dem weiteren Zeitverlauf kompensiert. Positive Effekte (im Bereich des CIR) zeigen sich im dritten und vierten Jahr nach der Fusion. Der institutsspezifische Vergleich zeigt jedoch, dass fusionierende Kreditgenossenschaften nur einen schwachen Effizienzgewinn hinsichtlich der Kosten haben. Dem steht ein negativer Einfluss auf die langfristige Profitabilität gegenüber. Die Sparkassen zeigen im Vergleich hingegen Fusionserfolge in beiden Bereichen. Hier werden ein geringes CIR und erhöhter RORWA nachgewiesen.

Pieper (2005) betrachtet in seiner Forschungsarbeit den Strukturwandel im deutschen Bankensektor und die Rolle der Banken im regionalen Wirtschaftsgeschehen bei der Kreditvergabe. Wesentliche Veränderungsprozesse für die Banken sind regulatorische Anforderungen und neue Technologien sowie Produkte. Im Ergebnis wird die Tendenz der Zentralisierung der Banken und deren Mitarbeiter in den Städten festgestellt. Dies geht mit einer Bündelung von Entscheidungskompetenzen einher, welche den Wirkungskreis des Filialleiters einschränkt. Computergestützte Verfahren bei der Kreditentscheidung standardisieren die Daten und ermöglichen einen Wissensverzicht bei den Mitarbeitern. Die automatisierte Bearbeitung und Entscheidung senkt die Kosten. Im Kern konstatiert Pieper (2005) einen Zusammenhang der Veränderungsprozesse im Bankensektor und den regionalen Wirtschaftsprozessen. Die Zentralisierung der Banken führt zu einer Reduzierung des direkten Kundenkontaktes und der Verfügbarkeit von Wissen in den Filialen. Die Berücksichtigung regionaler Gegebenheiten nimmt aufgrund der Standardisierung ab. Dies hat eine Konditionsverschlechterung bei der Kreditvergabe vor allen Dingen kleinere Unternehmen betreffend zur Folge. Auch bei einer regionalen Betrachtung sind Regionen mit einer Konzentration bestimmter Branchen, sowie weniger solventen Unternehmen benachteiligt (beispielhaft wird die Baubranche in ostdeutschen Bundesländern angeführt).

---

61 Fusionsanalyse von 1.682 Fusionen zwischen den Jahren 1993 und 2006 auf Basis von Jahresabschlussdaten. Davon fanden im Zeitraum 226 Fusionen im Sparkassensektor und 1.456 Fusionen von Kreditgenossenschaften statt.

62 Siehe hierzu weiterführend Abschnitt 3.1.2.

In der allgemeinen Change Management Forschung gibt es einige Veröffentlichungen, welche eine Metasicht der existierenden Studien bieten (Stock-Homburg, 2007; Pettigrew et al., 2001; Fernandez & Rainey, 2006; Robertson et al., 1992; Pescher, 2010).[63] Obwohl das Thema des Veränderungsmanagements seit über fünfzig Jahren erforscht wird, gibt es trotz allem bisher kein gemeinhin akzeptiertes Theoriemodell (Staehle, 1999; Collins, 1998; Bullock & Batten, 1985). In der Literatur existiert neben den theoretischen Ansätzen eine Vielzahl von Phasenmodellen der Veränderung.[64] Phasenmodelle beinhalten die organisationalen Veränderungen und deren Auswirkungen im Fluss der Zeit (Stock-Homburg, 2007).[65] Sie verdeutlichen den Stand des Fortschrittes abrupter und kontinuierlicher Entwicklungen (Poole, 2004). Bullock und Batten (1985) konstatieren als Grund für die fehlende Festlegung auf ein gemeingültig akzeptiertes Phasenmodell den Mangel an Bewertungskriterien, welcher zu einer subjektiven Betrachtung führt. Kritik an einigen Phasenmodellen[66] wird hinsichtlich des „Top-Down-Ansatzes", bei welchem die Mitarbeiterperspektive vernachlässigt wird geäußert. Übergreifende Veränderungsprozesse können in den Phasenmodellen in ihrer Richtung lediglich Top-Down durchgesetzt werden. In der Literatur wird hingegen die Meinung vertreten, dass jedoch im Gegenzug eine bottom-up Planung durch die beteiligten Mitarbeiter hinsichtlich der konkreten Umsetzung der Veränderungen aufgrund des vorhandenen Know-hows fernab der strategischen Planung sinnvoll ist (Doppler et al., 2011).

---

63 Pettigrew et al. (2001) identifizieren sechs in der Forschung bis dato vernachlässigte Themen, wie u. a. den Einbezug von Zeit, Historie, Prozess und Aktion oder der Verbindung von Veränderungsprozessen und Ergebnis. Fernandez und Rainey (2006) betrachten hierbei speziell den öffentlichen Sektor und definieren im Ergebnis acht Erfolgsfaktoren. Robertson et al. (1992): Betrachtung von Effekten verschiedener Veränderungsarten auf unterschiedliche Erfolgsarten (Auswertung von empirischen Forschungsarbeiten im Rahmen einer Metaanalyse (n=52)). Sie kommen zu dem Ergebnis, dass die Veränderungsarten sich unterschiedlich stark auf die jeweilige Erfolgsgröße auswirken.

64 Siehe weiterführend dazu Pescher (2010). Diese gibt im Rahmen ihrer Aufarbeitung der populärsten theoretisch-konzeptionellen Ansätze einen Überblick. Analog Stock-Homburg (2007) erfolgt dabei eine Unterteilung in Ansätze auf der Mikroebene (Ebene der Individuen und Teams) und der Makroebene (Ebene des organisationalen Umfeldes). Diese Differenzierung in Mikro- und Makroebene treffen auch George und Jones (2001).

65 Ein Überblick über die empirischen Arbeiten zu den Phasenmodellen auf der Makro- und der Mikroebene findet sich bei Stock-Homburg (2007).

66 Bspw. am Phasenmodell von Kotter (1995) sowie am Phasenmodell von Lewin (1958).

In der empirischen Change Management Forschung existiert eine große Anzahl an Arbeiten, auf welche an dieser Stelle nicht eingegangen werden kann. Für die vorliegende Arbeit sei nachfolgend die empirische Forschungsarbeit von Vahs und Leiser (2007)[67] genannt, da diese für die vorliegende Arbeit relevante Erfolgsfaktoren bei Veränderungsprozessen erforscht. Vahs und Leiser (2007) konstatieren auf Basis ihrer Forschung, dass der Erfolg der Veränderungsprozesse vorwiegend an das Management weicher Faktoren, wie die Kommunikation, Veränderungsmotivation, Commitment, Partizipation und den Umgang mit Widerständen geknüpft ist. Dabei ist den divergierenden Interessen der Stakeholder Aufmerksamkeit zu schenken.

Einen zusammenfassenden Überblick über 137 empirische Arbeiten zwischen 1990 und 2005 zu Veränderungen in Unternehmen bietet Stock-Homburg (2007).[68] Sie kommt zu dem Ergebnis, dass die Veränderungen von Unternehmen bereits eine intensive Erforschung erfahren haben, identifiziert aber dennoch inhaltliche, methodische und theoretische Forschungslücken. Demnach werden zunächst hinsichtlich der theoretischen Grundlagen der analysierten Arbeiten „ökonomische Ansätze in der empirischen Change Management Forschung nicht berücksichtigt" (Stock-Homburg, 2007, S. 848). In den Implikationen für künftige Forschungsarbeiten empfiehlt Stock-Homburg (2007) u. a. einen verstärkten Einbezug ökonomischer Theorien (institutionenökonomischer Ansätze) im Bereich der Organisationsveränderungen auf Mikro- und Makroebene, da diese bis dato in der empirischen Forschung zum Change Management kaum eine Anwendung finden.[69] Begründet wird dies mit der Bedeutung des nutzenmaximierenden ökonomischen Verhaltens der bei Veränderungen in Unternehmen

67 Schriftliche Befragung des Change Management Instituts der Hochschule Esslingen und der Industrie- und Handelskammer der Region Stuttgart von Unternehmen mit mindestens 100 Mitarbeitern in den Jahren 2002/2003 (n = 178).

68 Es findet keine Berücksichtigung rein theoretisch-konzeptioneller Arbeiten statt. Diese zeigt Pescher (2010) in ihrer Arbeit auf. Dort werden zudem die in der Literatur existierenden Überblicksartikel ergänzt.

69 Lediglich in theoretisch-konzeptionellen Arbeiten mit dem Fokus auf die Verhaltensanalyse des Topmanagements sind im Bereich der Unternehmenszusammenschlüsse ökonomische Theorien als Basis von Bedeutung (Pescher, 2010). Die Einwirkung der Eigeninteressen der obersten Manager auf die Ausgestaltung von Unternehmensübernahmen untersuchen Achampong und Zemedkun (1995). Sie analysieren Faktoren, welche auf die Managemententscheidungen Einfluss nehmen. Es wird konstatiert, dass die Shareholderkontrolle oftmals zum Vorteil der Managementkontrolle verringert wird. Dies führt für das Top-Management zu einer Senkung des Karriererisikos durch nutzenmaximierende Entscheidungen beispielsweise im Bereich des Budgets.

beteiligten Akteure, deren Arbeitsvoraussetzungen sich aufgrund der Organisationsveränderungen ebenfalls wandeln. Sie subsummiert, dass eine Untersuchung der Wirkung von Anreizsystemen eines Unternehmens (in der Rolle des Prinzipals) auf den Grad der Veränderungsbeteiligung der Mitarbeiter (Agenten) mit Fokus auf die Prinzipal-Agenten-Theorie[70] von Interesse ist. Das ökonomische Handeln der beteiligten Individuen ist hier von zentraler Bedeutung. An dieser Forschungslücke wird in der vorliegenden Arbeit durch Verbindung der institutionenökonomischen Betrachtung der Bankengruppen mit den Ansätzen des Change Managements angesetzt.

Im nachfolgenden Abschnitt werden daher die für die spätere Analyse der Unterschiede zwischen den Bankengruppen der deutschen Kreditwirtschaft fundamentalen institutionenökonomischen Grundlagen gelegt.

4 Institutionenökonomische Grundlagen

Der Begriff der Neuen Institutionenökonomik (NIÖ) ist auf Williamson (1975) unter dem Begriff „New Institutional Economics" zurückzuführen. Als initial wird jedoch der Aufsatz „The Nature of the Firm" von Coase (1937) genannt. Die NIÖ beschäftigt sich mit ökonomischen Institutionen, deren institutioneller Gestaltung und dem ökonomischem Verhalten in Institutionen (Göbel, 2002). Nach Auffassung der NIÖ sind (im Gegensatz zur Neoklassik) in der Wirtschaft aufgrund vorkommender Koordinations- oder Motivationsprobleme bei der Interaktion von Menschen Institutionen notwendig.[71] Der Begriff der Institution ist, wie beispielhaft nachfolgend aufgeführt, in der Literatur nicht einheitlich definiert:

- North (2009) definiert Institutionen wie folgt: „Institutions include any form of constraint that human beings devise to shape human interaction" (North, 2009, S. 4).
- Nach Göbel (2002) sind Institutionen „Systeme von verhaltenssteuernden Regeln bzw. durch diese gesteuerte Handlungssysteme" (Göbel, 2002, S. 3).
- Erlei et al. (2007) verstehen unter dem Begriff der Institution „generell einen Vertrag oder ein Vertragssystem, eine Regel oder ein Regelsystem, jeweils inklusive ihrer Durchsetzungsmechanismen durch den oder die das Verhalten von Individuen kanalisiert wird" (Erlei et al., S. 22).

70 Eine detaillierte Beschreibung der Prinzipal-Agenten-Theorie findet sich in Abschnitt 4.1.1 der vorliegenden Arbeit.

71 Matthews (1986) formuliert dies als „institutions do matter" (Matthews, 1986, S. 903).

Die NIÖ untergliedert sich in die folgenden zentralen Forschungsteilansätze (Göbel, 2002; Picot et al., 2008; Herzog, 2010): Die Prinzipal-Agenten-Theorie (Agencytheorie), die Transaktionskostentheorie und die Theorie der Verfügungsrechte (Property-Rights-Ansatz), auf welche nachfolgend näher eingegangen wird.

4.1 Institutionenökonomische Ansätze

4.1.1 Prinzipal-Agenten-Theorie

Die Prinzipal-Agenten-Theorie hat ihren Ursprung bei Ross (1973).[72] Der Prinzipal beauftragt den Agenten mit der Erbringung einer Dienstleistung, Herstellung einer Sache oder dem Herbeiführen eines bestimmten Erfolges auf Vertragsbasis. Der Agent erhält hierfür eine Vergütung. Die Prinzipal-Agenten-Theorie stellt die Interessenskonflikte und Leistungsbeziehungen zwischen Auftraggeber (Prinzipal) und Auftragnehmer (Agent) dar, welche sich aufgrund der Trennung von Unternehmenssteuerung und Unternehmenseigentum ergeben (Göbel, 2002). Diese Agency-Beziehung wird definiert „as a contract under which one or more persons (the principal(s)) engage another person (the agent) to perform some service on their behalf which involves delegating some decision making authority to the agent“ (Jensen & Meckling, 1976, S. 308). Die Prämissen einer Agency-Beziehung stellt Göbel (2002) wie folgt dar:

1. Die Auswirkung der Entscheidungen bzw. Handlungen des Agenten können für den Prinzipal von positiver oder negativer Natur sein,
2. Das Verhalten von Prinzipal und Agent ist nutzenmaximierend (Homo Oeconomicus),[73]
3. Die Nutzenvorstellungen von Prinzipal und Agent können divergieren,
4. Es herrscht Informationsasymmetrie: Der Agent hat gegenüber dem Prinzipal einen Informationsvorsprung, welcher ihm Handlungsspielraum gibt.

---

72 Siehe weiterführend Alchian und Demsetz (1972) und Jensen und Meckling (1976).

73 Das ökonomische Handlungsmodell, mit dessen Hilfe menschliches Verhalten erklärt oder prognostiziert wird, ist das Modell des „Homo Oeconomicus“, welcher in bzw. über Institutionen gemäß des Kosten-Nutzen-Kalküles entscheidet (Göbel, 2002). Die Theorie geht dabei grundlegend vom methodologischen Individualismus (Handlungen und Entscheidungen sind das Ergebnis individueller Akteure), der individuellen Nutzenmaximierung und dem Opportunismus der Akteure aus (Erlei et al., 2007; Picot et al., 2008). Opportunistisches Verhalten beinhaltet die Verfolgung der Eigeninteressen der Akteure ohne Rücksicht auf negative Auswirkungen für die Transaktionspartner (Williamson, 1985).

Grundsätzlich verfügt demnach der Prinzipal über weniger Informationen als der Agent, welcher seinen Informationsvorsprung zur Maximierung des Eigennutzens opportunistisch nutzen kann (Informationsasymmetrie). Dies führt zu einer Abweichung von der sogenannten First-best-Lösung (der Lösung, bei der Tausch und Abstimmung in einer Welt kostenloser Informationen optimal funktionieren würden). Die Agency-Kosten beinhalten wirtschaftlich die Differenz zwischen der First-best-Lösung und der Second-best-Lösung aufgrund unvollkommener Information. Das Ziel agency-theoretischer Gestaltung der Institutionen ist die Erreichung einer möglichst nah an der First-best-Lösung gearteten Second-best-Lösung durch Reduktion der Agency-Kosten (Picot et al., 2008). Nach Jensen und Meckling (1976) setzen sich die Agency-Kosten zusammen aus:

1. den Kontroll- und Überwachungskosten des Prinzipal zur Überwachung der Einhaltung von Budget, Vorschriften usw. (Monitoring Expenditures),
2. den Kosten des Agenten, dem Prinzipal glaubhaft zu signalisieren, dass er keine missbräuchliches Verhalten stattfindet und den Kosten, im Bedarfsfall eine Entschädigung zu versichern (Bonding Expenditures) und
3. dem verbleibenden Wohlfahrtsverlust (Kosten, die selbst durch umfassende vorgenannte Monitoring und Bonding Expenditures nicht vermieden werden können).

Unter diesen Annahmen ist das Risiko beträchtlich, dass der Agent seinen Nutzen zu Ungunsten des Prinzipals maximiert. Die vorbenannten asymmetrischen Informationen zwischen den beteiligten Akteuren werden in Tabelle 6 nach dem Kriterium des Entstehungszeitpunktes (vor oder nach Vertragsabschluss) in Problemtypen differenziert. Aufgrund vorstehender Probleme der Informationsasymmetrie betrachtet die Prinzipal-Agenten-Theorie auch die Wirksamkeit von Anreizstrukturen als Instrument zur Steuerung des Verhaltens des Agenten (Lux, 2007). Ziel der Anreize ist die Erreichung der Übereinstimmung der Interessenslagen. Diese werden schon vor Vertragsbeginn fixiert (Eisenhardt, 1989). Die Erlebnisbeteiligung mindert den Informationsbedarf des Prinzipal über die Aktivitäten des Agenten (Kieser & Walgenbach, 2010).

Tabelle 6: Arten der Informationsasymmetrie – Problemtypen von Agency-Beziehungen

Problemtyp	Erklärung	Informationsproblem
hidden characteristics	Informationsasymmetrien vor Vertragsabschluss Qualitätsunsicherheit; für den Prinzipal verborgene Eigenschaften und Leistungen des Agenten	adverse selection: Gefahr der Auswahl schlechter Vertragspartner, Gefahr von Zieldifferenzen
hidden intention	Vor oder nach Vertragsabschluss; Informationsdefizite über verborgene Absichten des Agenten	adverse selection, hold up: Agent nutzt die Abhängigkeit des Prinzipals zu seinem Vorteil; Nichtverifizierbarkeit von Verträgen
hidden action	Informationsasymmetrien nach Vertragsabschluss; die Tätigkeiten, Anstrengung und der Einsatz des Agenten sind für den Prinzipal nicht ersichtlich	shirking: Drückebergerei; moral hazard: des opportunistisches Ausnutzen des Informationsnachteiles des Prinzipal durch das Zurückhalten von Leistungen
hidden information	Nachvertragliche Informationsasymmetrien Vertragsabschluss; der Prinzipal ist nicht über entscheidungsrelevante Aspekte oder Zustände informiert, Informationsasymmetrie aufgrund Spezialkenntnisse des Agenten	Eigennützige Entscheidungen des Agenten zur Erzielung von „fringe benefits" (Machtgewinn, Status etc.)

Quelle: Eigene Darstellung in Anlehnung an Kräkel (2010), Göbel (2002) und Picot et al. (2008).

Kritiker der Prinzipal-Agenten-Theorie bemängeln die Einseitigkeit der Betrachtung von vertraglichen Problemen aus Sicht des Prinzipal mit der Begründung, das auch der Prinzipal selbst den Agenten täuschen kann, um eventuellen Gehaltszahlungen nicht nachkommen zu müssen (Kieser & Walgenbach, 2010). Weiterhin wird bemerkt, dass trotz Beinhaltung des Faktors der Ungewissheit in der Prinzipal-Agenten-Theorie bereits bei Abschluss des Vertrages durch Anreiz- und Steuerungssysteme eventuellen Problemen vorgebeugt werden kann, und sich somit die Zukunft durch Vorhersehbarkeit auszeichnet (Ebers & Gotsch, 2006).[74]

74 In der Literatur wird die Agency-Theorie mit der Begründung: „the complexities of organizational life are ignored" (Davis et al., 1997) als unzureichend betrachtet. Im Gegensatz zum Menschenbild der Agency-Theorie (Homo Oeconomicus: In-

4.1.2 Transaktionskostenansatz

Die Existenz von Transaktionskosten ist eine Grundannahme der NIÖ. Der Transaktionskostenansatz ist auf Coase (1937) zurückzuführen, und wurde von Williamson (1985) weiterentwickelt. Nach Coase (1937) verursacht die Marktbenutzung Kosten, wobei die Transaktion von zentraler Bedeutung ist.

Es existiert keine einheitliche Definition des Begriffes der Transaktion (Scherm & Pietsch, 2007). Williamson (1985) definiert den Begriff wie folgt: „A transaction occurs when a good or service is transferred across a technologically separable interface. One stage of acitivity terminates and others begins" (Williamson, 1985, S. 41). Diese Definition ist gemäß Göbel (2002) in der Wissenschaft am prominentesten. Vorherrschend bei dieser Betrachtung ist der Übergang materieller oder immaterieller Güter.

Transaktionen verursachen Kosten der Verwirklichung des Leistungsaustausches durch Anbahnung, Vereinbarung, Abwicklung, Kontrolle und Anpassung. Hierzu gehören ebenfalls schwer quantifizierbare Nachteile, wie die der notwendigen Vertragsüberwachung (Picot et al., 2008). In dem Transaktionskostenansatz werden spezifische Transaktionstypen den passenden Strukturen der Überwachung mit dem Ziel der Vermeidung von Verschwendung zugeordnet (Williamson, 1991). Diese Transaktionskosten und eine begrenzte Kapazität der Informationsaufnahme der Individuen bedingen Informationsasymmetrien zwischen den Akteuren. Die Unterstellung begrenzter Rationalität und opportunistischen Handelns (der Verfolgung des Eigeninteresses) ist hier vorherrschend.

---

dividuen handeln individualistisch, opportunistisch, eigennutzorientiert) werden Individuen aus Sicht der Stewardship-Theorie als „collectivists, pro-organizational ans trustworthy" (Davis et al., 1997, S. 20) beschrieben. Die Stewardship-Theorie beinhaltet ein klassisches Verständnis des verantwortungsvollen Geschäftsführers (Kormann, 2010). Im Gegensatz zu der Prinzipal-Agenten-Theorie existiert in der Stewardship-Theorie eine intrinsische Motivation der Manager, d. h. es wird nicht von opportunistischem Verhalten ausgegangen. Diese handeln so im Sinne der Gesellschafter (Schalkowski & Wendt, 2011). Das Menschenbild des Stewards beinhaltet weniger spezifische Vorteile auf Kosten anderer, mehr den Nutzengewinn aus dem Unternehmenserfolg. Hinsichtlich der Ausgestaltung der Corporate Governance bedeutet dies das Vertrauen der Gesellschafter in die Manager, den Verzicht auf Kontrolle und die Gewährung unternehmerischer Freiheit (Davis et al., 1997). Somit ermöglicht die Trennung von Eigentum und Kontrolle ein effektives Management (Learmount, 2003) Hierbei werden Aufsichtsgremien kooperativ die Rollen von Mentoren im Prozess der Entscheidungsfindung einnehmen, weniger die einer unabhängigen Instanz der Kontrolle und Überwachung (Schalkowski & Wendt, 2011).

Die Prinzipal-Agent-Theorie beruht auf denselben Verhaltensannahmen, wie die Transaktionskostentheorie. Während die Prinzipal-Agenten-Theorie jedoch die Leistungsbeziehungen unter dem Gesichtspunkt Arbeitnehmer-Arbeitgeber betrachtet, werden diese bei der Transaktionskostentheorie global als Leistungsbeziehung ökonomischer Akteure gesehen. Über die Transaktionskostentheorie hinaus ist bei der Prinzipal-Agenten-Theorie die Risikoneigung der Akteure von Bedeutung, welche bei Abweichung die Betrachtung einer effizienten Risikoallokation notwendig macht (Picot et al., 2008; Jensen & Meckling, 1976; Ross, 1973).[75] Kritiker beider Theorien bemängeln das von Opportunismus und Eigennutzmaximierung dominierte negative Menschenbild. Ein weiterer Kritikpunkt ist die schwierige Operationalisierbarkeit und Messbarkeit der Agentur- und der Transaktionskosten. Diese werden dadurch als willkürlich erachtet (Scherm & Pietsch, 2007).

4.1.3 Verfügungsrechteansatz

Der Untersuchungsgegenstand der Theorie der Verfügungsrechte sind die „property rights“ (im Deutschen: Verfügungsrechte, Eigentumsrechte, Handlungsrechte, Dispositions- oder Vermögensrechte).[76] Furubotn und Pejovich (1972) definieren die Verfügungsrechte als „the right of ownership in an asset, whether by a private party or a state, is understood to consist of the right to use it, to change its form and substance, and to transfer *all rights* in the asset [...].“ (Furubotn & Pejovich, 1972, S. 1139 f.). Die Verfügungsrechte werden streng ökonomisch in vier Einzelrechte unterteilt (Alchian & Demsetz, 1972; Demsetz, 1967; Furubotn & Pejovic, 1974):

- Usus: das Recht zur Nutzung einer Sache
- Abusus: das Recht, die Sache in Form und Aussehen zu modifizieren
- Usus fructus: das Recht, Erträge (und Einbußen) durch die Nutzung der Sache zu behalten und
- Ius abutendi: das Recht, die Sache vollständig oder zum Teil zu veräußern, oder zur Verfügung zu stellen.

Die ersten beiden Rechte werden als Koordinationsrechte bezeichnet. Sie beinhalten die Verfügungsmacht und sind delegierbar. Bei den anderen Rechten handelt

---

75 Siehe auch Abschnitt 4.1.1.

76 Vgl. grundlegend hierzu Coase (1937); Alchian und Demsetz (1972); Demsetz (1967); North (2009); Richter und Furubotn (2003). Im Gegensatz zu den in Abschnitt 4.1.1 und 4.1.2 genannten Ansätzen sind bei der Theorie der Verfügungsrechte die Handlungen der Akteure nicht von Bedeutung.

es sich um die Vermögensrechte, welche die Eigentümer haben (Paaßen, 1991). Die vollständigen Rechte hat das Individuum, das alle vier Rechte an einer Sache inne hat (Kieser & Ebers, 2006). Bei dem Verfügungsrechteansatz werden im Rahmen von Verträgen die Verfügungsrechte vollständig oder teilweise übertragen. In der Kernthese beeinflussen Struktur und Inhalt der Verfügungs- und Eigentumsrechte hierbei die Ressourcennutzung und Ressourcenzuordnung absehbar und spezifisch (Blum et al., 2005).

Die Theorie der Verfügungsrechte beinhaltet die Axiome des Vorhandenseins von Verfügungsrechten, der Entstehung von Transaktionskosten, der Nutzenmaximierung der Individuen und der Beeinflussung durch externe Effekte[77] (Coase, 1960; Furubotn & Pejovich, 1972; Kieser & Ebers, 2006). Der Verfügungsrechteansatz betrachtet die Wirkungen unterschiedlicher Positionen der Verfügungsrechte in Bezug auf das Verhalten von Individuen. Diese verhalten sich gemäß des „Homo oeconomicus"[78] wie vorstehend beschrieben nutzenmaximierend hinsichtlich ihrer Verfügungsrechte. Als Hypothese gilt, dass die Verteilung der Verfügungsrechte einen absehbaren Einfluss auf die Nutzung derselben, die Entscheidungen und das Verhalten hat (Göbel, 2002).

Als Ideal der Verfügungsrechtsstruktur wird aus ökonomischer Sicht das „unverdünnte" Eigentum gesehen, wonach die Rechte vollständig zugeteilt (konzentriert) sind (Picot et al., 2008; Göbel, 2004).[79] Dieses Ideal ist in der Realität jedoch aufgrund der Transaktionskosten nicht zu verwirklichen (Picot et al., 2008). Die Übertragung der Verfügungsrechte wird als Transaktion bezeichnet.[80] Grundsätzlich führt das Verteilen, Bilden, Übertragen, Zuordnen und Durchsetzen der Verfügungsrechte zu Transaktionskosten (Picot et al., 2008). Es gibt einen starken Zusammenhang zwischen Verfügungsrecht und Transaktionskosten (Kräkel, 2010). Die Transaktionskosten nehmen mit steigender Verfügungsrechteverteilung zu und können mittels positiver externer Effekte, wie bspw. Anreizsystemen ausgeglichen werden (Hungenberg, 1995). Die Verteilung der Verfügungsrechte

77 Externe Effekte sind das Resultat der unvollständigen Spezifikation von Rechten (Richter & Furubotn, 2003). Sie „umfassen die unkompensierten Nutzenveränderungen, die ein Wirtschaftssubjekt durch seine Handlungen bei anderen Gesellschaftsmitgliedern auslöst" (Picot et al., 2008, S. 47 f.). Diese können je nach Umfang Wohlfahrtsverluste zur Folge haben. Je nach Zunahme oder Abnahme des Nutzens der betroffenen Individuen wird in positive oder negative externe Effekte unterschieden (Picot et al., 2008).

78 Siehe Abschnitt 4.1.1.

79 Unter der Voraussetzung, dass es keine Transaktionskosten gibt: Coase-Theorem (Coase, 1960).

80 Siehe Abschnitt 4.1.2.

bedingt teure und vielschichtige Transaktionen und steht in Abhängigkeit mit der Nutzenmaximierung der Individuen (Föhr, 1997). Wird das Ideal des unverdünnten Eigentumes nicht erreicht, sind die Verfügungsrechte beschränkt (die vollständigen Rechte sind nicht vereint). Dies ist der Fall, wenn eine Verteilung der Verfügungsrechte auf unterschiedliche Personen stattfindet, im Falle des Gemeineigentums oder wenn diversen Eigentümerrechten nicht nachgekommen werden darf und Rechte auf unterschiedliche Akteure zu gleicher Zeit verteilt sind (Kieser & Ebers, 2006; Picot et al., 2008). Es wird von einer Verdünnung der Verfügungsrechte gesprochen. Diese wirkt sich negativ auf die Effizienz aus. Die Verdünnung der Verfügungsrechte erzeugt Probleme bspw. in Form von Interessenskonflikten aufgrund der Teilung der Rechte sowie der Kosten der Durchsetzung von Rechten (Göbel, 2004). Je verdünnter die Verfügungsrechte sind, desto geringer ist dabei der Wert der Ressource aus Eigentümersicht (Göbel, 2002). Je höher die Transaktionskosten und je verdünnter die Verfügungsrechte sind, desto geringer ist der erreichbare Nettonutzen der Akteure (Kieser & Ebers, 2006).

4.2 Zwischenfazit

In der Literatur werden die in den vorangegangenen Abschnitten beschriebenen Ansätze der Institutionenökonomik mit jeweils unterschiedlichen Schwerpunkten betrachtet.[81] Tabelle 7 zeigt eine Übersicht der institutionenökonomischen Ansätze hinsichtlich der Einflussgrößen, Gestaltungsvariablen und Effizienzkriterien. In der Forschung wird die Prinzipal-Agenten-Theorie vorwiegend zur Analyse der Management- und Eigentümerbeziehung angewandt (Ebers & Gotsch, 2006), „wie sie vor allem in mittelständischen und großen Unternehmen anzutreffen ist" (Scherm & Pietsch, 2007, S. 62). Im Fokus stehen die Effizienz von Anreizsystemen zur Minimierung von opportunistischem Verhalten (Scherm & Pietsch, 2007). Da Deutschlands Bankensektor sich aus mittelständischen und großen Unternehmen zusammensetzt,[82] findet im weiteren Verlauf der Arbeit eine Betrachtung der Bankengruppen im Kern mittels der Prinzipal-Agenten-Theorie statt. Die anderen beiden Ansätze werden situativ zur Beantwortung der Forschungsfrage herangezogen da jeder Teilansatz Teil einer ganzheitlichen Betrachtungsweise ist, bei welcher die Aussagen eine Schnittmenge haben können (Göbel, 2002). Aufgrund dieser Erkenntnis wird die Analyse der Bankengruppen durch die vorangegangenen Teiltheorien an geeigneter Stelle stattfinden.

---

81 Richter und Furubotn (2003) legen den Fokus dabei auf die Verfügungsrechte, während Erlei et al. (2007) diesen auf die Transaktionskostentheorien legen.

82 Siehe Abschnitt 5.

Tabelle 7: Die Ansätze der Neuen Institutionenökonomik

	Prinzipal-Agenten-Theorie	**Transaktionskosten-Ansatz**	**Property-Rights-Theorie**
Gegenstand der Untersuchung	Beziehung zwischen Auftraggeber und Auftragnehmer	Transaktionen und Transaktionskosten	Anreizwirkungen von Eigentumsstrukturen
Einflussgrößen	Informationsasymmetrien, Divergierende Interessen	Spezifität, Unsicherheit und Häufigkeit von Transaktionen	Verfügungsrechte
Gestaltungsvariablen	Anreizstrukturen, Vertrauen, Informationsbeschaffung	Struktur der Überwachung, Machtausübung	Verteilung der Verfügungsrechte
Kriterium für Effizienz	Agenturkosten	Transaktionskosten	Transaktionskosten und Internalisierung externer Effekte

Quelle: Eigene Darstellung in Anlehnung an Hummel (2002).

Der nachfolgende Abschnitt untersucht die Unterschiede zwischen Kreditgenossenschaften, Privatbanken und Sparkassen anhand der vorausgegangenen institutionenökonomischen Grundlagen. Grundsätzliche Unterschiede in der Governance werden in der Literatur aus der Prinzipal-Agenten-Theorie abgeleitet (Koeberle-Schmid et al., 2010; Schalkowski & Wendt, 2011). In den Grundüberlegungen ist daher die Darstellung der Governancestrukturen hinsichtlich der Willensbildung und der Entscheidungswege, der Verteilung der Verfügungsrechte, der Kommunikationswege, Konfliktlösungsprozesse und der Kontrollstrukturen sinnvoll. Governancestrukturen stellen institutionelles Wirken und die Beziehungen beteiligter Akteure dar. Eine Evaluation der Governancestrukturen ist insbesondere bei externen oder internen Veränderungsprozessen notwendig (Eim, 2007). Nach Theurl und Schweinsberg (2004) sind effiziente Governancestrukturen innerhalb des Beziehungskonstruktes und zu dessen Umfeld durch die institutionelle Mischung aus Flexibilität und Stabilität gekennzeichnet. Hierzu werden im folgenden Abschnitt die Bankengruppen hinsichtlich ihrer Art und Besonderheiten sowie ihrer strukturspezifischen Ausprägungen analysiert, welche grundlegend in Abschnitt 3 betrachtet wurden. Ziel des Abschnitts ist es aufzuzeigen, inwiefern und in welchen zentralen Punkten sich die Bankengruppen strukturell unterscheiden oder übereinstimmen, um Rückschlüsse zu den Voraussetzungen hinsichtlich der Veränderungsfähigkeit, Innovativität und Flexibilität (Abschnitt 2) ziehen zu können.

5 Darstellung der deutschen Bankenlandschaft

Ziel des nachfolgenden Abschnitts ist die Beschreibung und Analyse potenzieller Unterschiede zwischen den Bankengruppen der deutschen Kreditwirtschaft auf Basis der vorangegangenen grundlegenden theoretischen Ansätze der Institutionenökonomik. Hierzu wird zunächst das deutsche Bankensystem dargestellt. Danach folgt eine detaillierte Betrachtung des Sektors der Kreditgenossenschaften, der Sparkassen sowie der Kreditbanken. In Abschnitt 5.5 findet zusammenfassend die Erarbeitung eines Strukturvergleiches der Bankengruppen statt.

5.1 Das deutsche Bankensystem

Das deutsche Bankensystem untergliedert sich in das historisch gewachsene, sogenannte „Dreisäulensystem". Dieses beinhaltet gemäß Einteilung der Deutschen Bundesbank (2015a) die:

- privatwirtschaftlichen Kreditinstitute (Kreditbanken bestehend aus: Großbanken, Regional- und Kreditbanken, Zweigstellen von Auslandsbanken)
- gemeinwirtschaftlichen bzw. gemeinnützigen, öffentlich-rechtlichen Kreditinstitute (Sparkassen) sowie
- genossenschaftlichen Kreditinstitute (Kreditgenossenschaften)

In der Vergangenheit sowie dieser Tage gibt es sowohl (wirtschafts-) politische als auch öffentliche Diskussionen um das Dreisäulensystem. Dieses hat jedoch trotz aller Kritiken bis heute Bestand.[83] [84]

---

83 In den westlichen Industriestaaten werden die Bankensysteme „Universalbankensystem" und „Trennbankensystem" unterschieden. Ein Beispiel für das Universalbankensystem existiert in der Bundesrepublik Deutschland. In diesem werden alle Geschäftstätigkeiten durch ein Kreditinstitut angeboten. Die Produktpalette wird durch die Angebote der „Allfinanzgruppe" ergänzt. Diese beinhaltet die Bausparkassen, Vermögensverwaltungen sowie die Versicherungsgesellschaften. In den USA, Großbritannien, Frankreich und Italien existiert das sogenannte „Trennbankensystem". Die Geschäftstätigkeit wird hierbei nach Fachbereichen und Aktivitäten aufgegliedert. Vor dem Hintergrund der Vermeidung von Interessenskonflikten findet hier eine Trennung des klassischen Einlagen- und Kreditgeschäftes von dem Investmentbanking statt. Zu einer länderspezifischen Einordnung der weltweiten Bankensysteme siehe weiterführend Reuther (2013).

84 Bereits im Jahr 2003 wurde erstmalig seitens des Internationalen Währungsfonds (IWF) die Aufhebung des Dreisäulensystems gefordert. Bemängelt wurde die ge-

Die zentralen Merkmale zur Unterscheidung dieser Institutsgruppen sind „die Rechtsform, die Bilanzsumme, die Mitarbeiterzahl, die Ausrichtung des Aktivgeschäfts und des Passivgeschäfts, der Geschäftszweck sowie die Eigentümerstruktur" (SVR, 2008, S. 84). Die einzelnen Bankengruppen haben jeweils unterschiedliche Zielsetzungen und Aufgaben. Private Banken orientieren sich grundsätzlich an der Zielsetzung der Gewinnmaximierung. Öffentlich-rechtliche Kreditinstitute haben gesetzlich festgelegte Aufgaben (öffentlicher Auftrag), während die Kreditgenossenschaften „den Erwerb oder die Wirtschaft ihrer Mitglieder oder deren soziale oder kulturelle Belange mittels gemeinschaftlichen Geschäftsbetriebes"[85] fördern (Förderungsprinzip) (Grill & Perczynski, 2009).

Abbildung 6 zeigt die Anzahl der Kreditinstitute und die Marktanteile der Bankengruppen nach Geschäftsvolumen im Jahr 2014. Es zeigt sich, dass die Kreditgenossenschaften zwar die größte Anzahl an Instituten aufweisen, jedoch einen in der Relation kleinen Anteil am gesamten Geschäftsvolumen haben. Der Sektor der Kreditbanken hingegen stellt die kleinste Institutsgruppe gemessen an der Anzahl der Kreditinstitute dar, er hat allerdings mit ca. 44 % den größten Anteil des Geschäftsvolumens.[86]

ringe Profitabilität der drei Sektoren, deren Intransparenz sowie eine wenig strikte Trennung gewerbsmäßiger und öffentlicher Tätigkeiten des hinsichtlich seiner Marktanteile bedeutsamen öffentlichen Bankensektors (Handelsblatt Online, 2003; Handelsblatt Online, 2005). Obgleich der Proteste der Wirtschaft (Deutscher Bundestag, 2013a) wurde im Jahr 2013 die Einführung des Trennbankensystems, jedoch in abgeschwächter Form beschlossen. Am 06.02.2013 wurde von der Bundesregierung das sogenannte „Trennbankengesetz" verabschiedet, dessen Umsetzung bis Juli 2015 erfolgen sollte (Bundesministerium der Finanzen, 2013). Dies betrifft nur die systemrelevanten Kreditinstitute insofern, als dass diese ihre Spekulationsgeschäfte in selbständige Unternehmenseinheiten auslagern müssen (Deutscher Bundestag, 2013b). Demnach bleibt das Universalbankensystem im Kern erhalten. Die Einheiten gehören dennoch weiterhin den jeweiligen Sektoren des Dreisäulenmodells an (Deutsche Bundesbank, 2013).

85 §1 GenG.

86 Hiervon entfallen gemessen am Geschäftsvolumen aller Kreditinstitute: 31 % auf die Großbanken, 3 % auf die Zweigstellen ausländischer Banken und 10 % auf die Regional- und sonstigen Kreditbanken (Deutsche Bundesbank, 2015a).

Abbildung 6: Anzahl und Marktanteile der Kreditinstitute im Jahr 2014

Quelle: Eigene Darstellung in Anlehnung an Deutsche Bundesbank (2015a).

Abbildung 7 gibt einen Überblick über die Verteilung der Kreditinstitute hinsichtlich ihrer Bilanzsumme (Geschäftsvolumen). Es zeigt sich, dass die Kreditgenossenschaften verglichen mit den anderen Institutsgruppen überwiegend aus kleineren Instituten bestehen. Die Sparkassen haben verglichen mit den anderen Kreditinstituten eine mittlere Größe, während die Kreditbanken das durchschnittlich größte Geschäftsvolumen haben. Alle Großbanken haben eine Bilanzsumme von mehr als 10 Mrd. Euro.

Abbildung 7: Kreditinstitute nach Größenklassen des Geschäftsvolumens

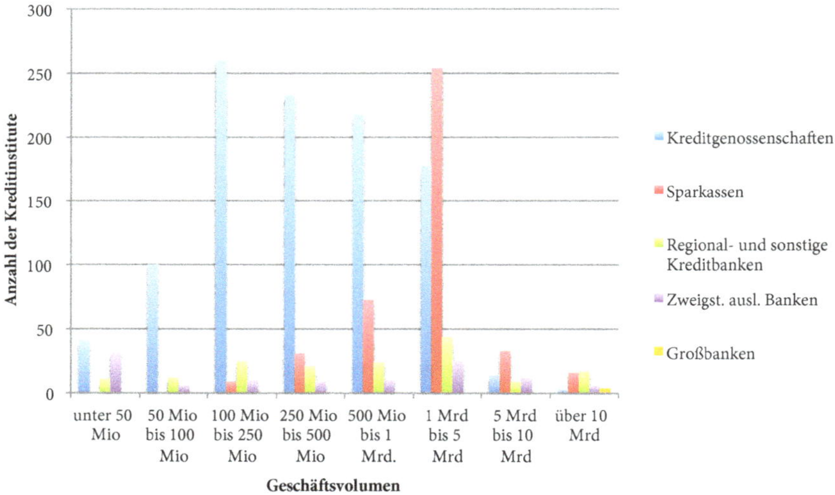

Quelle: Eigene Darstellung in Anlehnung an Deutsche Bundesbank (2015a).

Die Verteilung der Bankstellen[87] nach Institutsgruppen zeigt Abbildung 8. Zusammengefasst haben die Kreditbanken 10.251 Bankstellen. Den größten Anteil bei den Kreditbanken haben dabei die 4 Großbanken[88] mit 7.447 Bankstellen. Insgesamt zeigt sich, dass die drei Sektoren in etwa jeweils ein Drittel der Bankstellen abbilden.

87 Bankstellen setzen sich aus den Filialen und Kopfstellen der Banken zusammen.
88 Deutsche Bank, Commerzbank, UniCredit Bank AG und die Postbank.

Abbildung 8: Anzahl der Bankstellen nach Kreditinstitutsgruppen

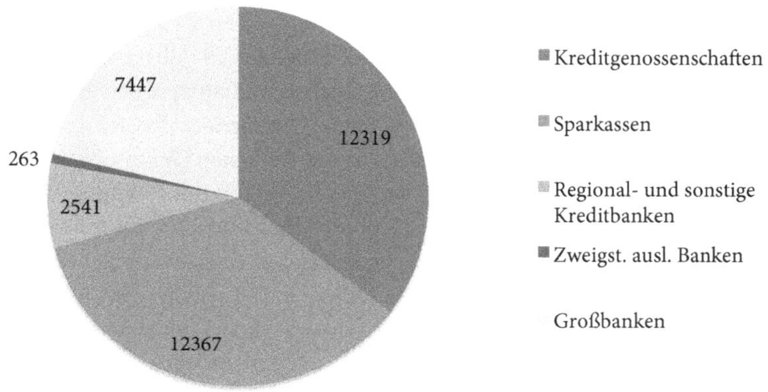

Quelle: Eigene Darstellung in Anlehnung an Deutsche Bundesbank (2015a).

Das deutsche Bankensystem hat im internationalen Vergleich eine sehr geringe Rentabilität. Die Probleme sind dabei primär auf der Ertragsseite zu finden. Ursächlich ist der traditionsbedingt erhebliche Marktanteil der Sparkassen und Kreditgenossenschaften. Im Fokus dieser Kreditinstitute steht prioritär nicht die Gewinnerzielung sondern vielmehr die Orientierung an der Bedienung der Interessen der Kunden. Mit den Sparkassen und Kreditgenossenschaften sowie einer großen Anzahl an Regional- und Auslandsbanken zeichnet sich die Struktur des deutschen Bankensystems durch eine starke Dezentralität aus (SVR, 2008). Nachfolgend wird der Genossenschaftliche Bankensektor betrachtet, welcher die größte Anzahl an Kreditinstituten hat.[89]

5.2 Kreditgenossenschaften

Im weiteren Verlauf wird in Abschnitt 5.2.1 das deutsche Genossenschaftswesen betrachtet. Inhalt sind dessen Entstehungsgeschichte sowie die Theorie der Genossenschaften. Abschnitt 5.2.2 zeigt die Struktur des genossenschaftlichen FinanzVerbundes. Abschnitt 5.2.3 beschreibt die Willensbildungs- und Zielfindungsprozesse in den Kreditgenossenschaften mittels institutionenökonomischer Grundlagen.

89 Siehe Abbildung 6.

5.2.1 *Das deutsche Genossenschaftswesen*

Historisch betrachtet haben die Genossenschaften weltweit eine lange Tradition.[90] In Deutschland sind die Genossenschaften in der Mitte des 19. Jahrhunderts entstanden.[91] Dabei fand die Gründung der ersten Genossenschaften durch zwei Personen unabhängig voneinander statt. Initiatoren des Genossenschaftswesens waren Schulze-Delitzsch und Raiffeisen, welche als Gründer der ersten Genossenschaften für Handwerker und Landwirte gelten. Im Jahr 1847 entstand durch Initiative von Friedrich Wilhelm Raiffeisen der erste Verein zum Beistand der Not leidenden ländlichen Bürgerschaft. Während der Hungersnot rief er einen Brotverein in Leben, in dem er Brot für die Hilfsbedürftigen backen ließ. Im Jahr 1864 initiierte er schließlich mit dem Heddesdorfer Darlehnskassen-Verein die erste ländliche Kreditgenossenschaft. Hermann Schulze-Delitzsch gründete 1849 Rohstoffassoziationen für Tischler und für Schuhmacher, da er die Hilfe des Staates ablehnte. Dieser Zusammenschluss diente der Erlangung von Preisvorteilen durch gemeinsame Beschaffung von Rohstoffen, ohne dass die Mitglieder ihre wirtschaftliche Selbständigkeit aufgeben mussten. Kurz darauf entstanden die Vorgänger der heutigen Kreditgenossenschaften durch die Gründung der Vorschussvereine (BVR, 2011).

Unter rechtlichen Gesichtspunkten existiert die Rechtsform der Genossenschaft seit über 100 Jahren. Rechtliche Grundlage ist das Genossenschaftsgesetz (GenG) vom 20. Mai 1889, welches durch das Bundesgesetz vom 9. Oktober 1973 geändert wurde. Im Jahr 2006 wurde das GenG nochmals einer grundlegenden Reform unterzogen. Nach §1 GenG sind Genossenschaften „Gesellschaften von nicht geschlossener Mitgliederzahl, deren Zweck darauf gerichtet ist, den Erwerb

90 In der Literatur wird unter historischen Gesichtspunkten zwischen traditionalen (12–18. Jhd.) und modernen Genossenschaften (19.–21. Jhd.) unterschieden. Der zeitliche Übergang von der traditionalen zur modernen Genossenschaft, welcher bis dato noch nicht vollendet ist, vollzieht sich dabei nicht als Bruch. Es handelt sich vielmehr um einen langfristigen Prozess, welcher durch zeitversetztes Einsetzen der Industrialisierung in Europa ebenfalls unterschiedliche Übergangszeiten zur Folge hatte (Kluge, 2007).

91 In Europa existiert hinsichtlich der Entwicklung der Genossenschaften keine Einheitlichkeit. Die Philosophie ist von stark von nationalen Aspekten geprägt (DGRV, 2010d). Gemäß Zerche et al. (1998) existiert eine Vielfalt der Ideen und Akzente der genossenschaftlichen Wirtschaftsform, welche sich hinsichtlich der genossenschaftlichen Prinzipien in unterschiedlichen Selbstverständnissen und Schwerpunkten zeigt. So unterscheidet die politische Neutralität die Genossenschaften von bspw. Deutschland, den Niederlanden, Griechenland etc. von politisch orientierten Genossenschaften in u. a. Belgien und Italien.

oder die Wirtschaft ihrer Mitglieder oder deren soziale oder kulturelle Belange durch gemeinschaftlichen Geschäftsbetrieb zu fördern [...]". Die normativen Genossenschaftsprinzipien geben den eingetragenen Genossenschaften (eG) „organisatorische Regelungen vor, die sich an den genossenschaftlichen Prinzipien der Selbsthilfe, Selbstverwaltung und Selbstverantwortung ausrichten" (Zerche et al., 1998, S. 10). Eine Niederschrift dieser Prinzipien ist in den Satzungen, Gesellschaftsverträgen und Organisationsregeln zu finden (Zerche et al., 1998).

Unter ökonomischen Gesichtspunkten ist die Genossenschaft eine Form der Funktionsauslagerung, wobei die Mitglieder ihre individuelle Selbständigkeit erhalten und das Gemeinschaftsunternehmen nach den Prinzipien der Selbsthilfe, Selbstverwaltung und Selbstverantwortung organisiert wird (DGRV, 2010c). Das Prinzip der Selbsthilfe beinhaltet, dass die Mitglieder einer Genossenschaft sich freiwillig zusammenschließen, um gemeinsam zu wirtschaften. Dabei soll die wirtschaftliche Förderung aller Mitglieder aus eigener Kraft und nicht durch Unterstützung Dritter bzw. des Staates gelingen. Die genossenschaftlichen Prinzipien der Selbstverwaltung und Selbstverantwortung kommen darin zum Ausdruck, dass eine Genossenschaft von Personen geführt wird, die selbst Mitglied der Genossenschaft sind. Insofern sind etwa der Vorstand und der Aufsichtsrat einer Genossenschaft aus dem eigenen Mitgliederkreis zu besetzen. Die Mitgliedschaft begründet nicht nur die Rechtsform der „eingetragenen Genossenschaft" (eG), sie gibt der Kreditgenossenschaft zugleich den konkreten Auftrag der Mitgliederförderung und dem Mitglied ein Mitbestimmungsrecht. Dies unterscheidet Kreditgenossenschaften von allen anderen Kreditinstituten (DGRV, 2010a).

Theorie der Genossenschaften

Nach erfolgter Beschreibung der Entstehungsgeschichte wird nachfolgend die Genossenschaftstheorie betrachtet.

Hinsichtlich der Form der Genossenschaft existieren Vor- und Nachteile. Kräkel (2010) führt als Gründe für die Existenz von Genossenschaften die „Verhinderung negativer externer Effekte[92] und die „Sicherung von Quasi-Renten"[93] an. Zentralisierungs- und Dezentralisierungsvorteile haben die Genossenschaften ihrer hybriden

92 Bsp. Gründung einer Genossenschaft zur Qualitätssicherung der Produkte. Durch Qualitätskontrollen werden negative externe Effekte verhindert (Kräkel, 2010). Siehe auch Abschnitt 4.1.3.

93 Dies betrifft überwiegend Verwertungsgenossenschaften. Quasi-Renten bezeichnen „die Differenz aus dem Wert einer transaktionsspezifischen Investition in der aktuellen Verwendung abzüglich ihres Wertes in der nächstbesten Verwendung" (Kräkel, 2010, S. 355).

Organisationsform[94] zuzuschreiben. Diese bietet durch den Zusammenschluss vieler kleiner Nachfrager eine größere Marktmacht zur Erzielung günstiger Konditionen. Gleichfalls betreiben die einzelnen Genossen Geschäfte auf eigene Rechnung, wodurch Leistungsanreize und effiziente Entscheidungen möglich sind. Demnach sind auch die ursprünglichen Leistungsanreize des Unternehmertums gegeben (Kräkel, 2010). Organisationsprobleme von Genossenschaften sind gemäß Kräkel (2010) in den Punkten der Überbeanspruchung gemeinsamer Ressourcen, Trittbrettfahrerproblemen, Mehraktionenproblematiken, Problemen aufgrund hoher Gegenwartspräferenzen, heterogenen Zielen, Mehrprinzipal-Problematiken und Koalitionen zu finden. Er kommt hierbei zu dem Schluss, dass die Genossenschaften in bestimmten Wirtschaftsbereichen (z. B. in der Landwirtschaft) charakteristische Stärken besitzen und in ihrer Form der Unternehmung dominieren. In unmittelbarem Wettstreit zu anderen Organisationsformen stehen die Genossenschaften hingegen in einigen Wirtschaftsbereichen z. B. in der vorliegenden Arbeit die Kreditgenossenschaften mit den Sparkassen oder Privatbanken.

Mit der Frage der Eigenarten der Genossenschaften und der Abgrenzung der Genossenschaften von erwerbswirtschaftlichen Unternehmen beschäftigt sich die moderne Genossenschaftstheorie (Fehl, 2007). In der Literatur wird die Frage der Genossenschaft als Unternehmungstyp diskutiert. Damit in Bezug auf Genossenschaften von einer eigenen Unternehmensform gesprochen werden kann, bedarf es präziser Abgrenzungskriterien (Hettlage, 1987), auf welche im Folgenden eingegangen wird. Zur Abgrenzung der Genossenschaften über den genannten §1 GenG hinaus lässt sich eine Vielzahl an weiteren Merkmalen der Genossenschaft nennen (Stork, 2007). Die wissenschaftliche Diskussion der Frage der Abgrenzung zu anderen Unternehmensformen gelangt zu folgenden Erkenntnissen:

- Nach Hettlage (1987) werden „je nach Blickpunkt, Interesse und Methode die Aspekte der Personenvereinigung, des Gemeinschaftsbetriebes, des Förderungsverbandes, der Kooperationsgesinnung oder der demokratischen Organisation [...] in den Vordergrund gehoben“ (Hettlage, 1987, S. 184).
- Bestimmend für die Eigenart des Unternehmenstyps der Genossenschaft ist nach Zerche et al. (1998) das Wirtschaften nach den Wesensprinzipien: Förder-, Identitäts- und Demokratieprinzip.

94 Der genossenschaftliche FinanzVerbund (Abschnitt 5.2.2) ist in die Rubrik der Netzwerke zu kategorisieren. Als hybride Organisationsform ist er in „einem Kontinuum zwischen Markt und Hierarchie als Organisation mit hybriden Strukturen tätig“ (Eim, 2007, S. 231).

- Dülfer (1995) grenzt die Genossenschaften anhand der Merkmale: Personengruppe[95], Gruppenmäßige Selbsthilfe[96], Organbetrieb[97] und Förderungs-Verbund[98] ab, wobei Genossenschaften alle Merkmale gleichzeitig erfüllen.[99]
- Nach Theurl (2004) sind die Merkmale neuer Genossenschaften ein spezifisches Konzept, Kontinuität, Konsistenz, Kooperation, Kompetenz und eine bestimmte Kultur.
- Robotka (1955) konstatiert, dass sich Mitgliederunternehmungen durch die Eigenschaft der Verbundenheit von anderen Unternehmensgruppen unterscheiden. Durch die horizontale und vertikale Integration von gemeinsamen Aufgaben entsteht eine „Entscheidungen fällende und zugleich alle Risiken tragende neue Einheit" (Robotka, 1955, S. 164) aus den Mitgliederunternehmungen.
- Nach Draheim (1954; 1952) stellt die Genossenschaft aufgrund des Identitätsprinzips und des Förderauftrages ein selbständiges Wirtschaftsgebilde mit eigenem Wirtschaftsstil dar (Unternehmung „sui generis"). Im Vergleich zu anderen erwerbswirtschaftlichen Unternehmungen weist die Genossenschaft die Besonderheit der „Doppelnatur" auf: Sie verfolgt auf der einen Seite ökonomische Ziele durch das Agieren als Wirtschaftsunternehmung am Markt, während der Zusammenschluss der Mitglieder nicht ausschließlich aus ökonomisch-rationalen Gründen stattfindet.

---

95 Bewusster Zusammenschluss mehrerer Personen, die durch mindestens ein gemeinsames Interesse verbunden sind.

96 Gruppenmitglieder beabsichtigen die Verfolgung der gemeinsamen Ziele unter Verbesserung ihrer wirtschaftlichen Lage durch gemeinsame Aktionen und/oder gegenseitige Unterstützung.

97 Gruppenmitglieder bedienen sich dazu einer gemeinsam errichteten und/oder unterhaltenen Betriebswirtschaft zur Herstellung oder Bereitstellung von Sach- oder Dienstleistungen.

98 Der Selbsthilfeabsicht entsprechend steht der Organbetrieb mit den Mitgliederwirtschaften in einem Leistungsverbund, in dem er für diese betriebliche Funktionen erfüllt.

99 Das Merkmal der Kooperation alleine grenzt die Genossenschaften noch nicht von anderen Formen der Unternehmung ab. Nach Dülfer (1995; 1983) ist für das Kooperativ seitens des Gesetzgebers die Rechtsform der eingetragenen Genossenschaft (eG) implementiert worden. Gleichwohl kann es in weiteren Rechtsformen, wie z.B. der Aktiengesellschaft (AG) oder der GmbH & Co KG betrieben werden. Diese Ansicht findet sich auch bei Zerche et al. (1998). Demnach können auch Unternehmen anderer Rechtsformen zum Genossenschaftssektor gehören. Derzeit existieren in Deutschland schon Kooperative in nicht-genossenschaftlicher Rechtsform (Dülfer, 1995).

- Das Identitätsprinzip, bei welchem die Mitglieder gleichzeitig die Rolle der Kunden und der Lieferanten innehaben, wird in der Literatur als hervorzuhebendes Merkmal der Genossenschaften konstatiert (Eschenburg, 1972), dies unterscheidet diese von anderen Kooperativen (DGRV, 2011).

Abbildung 9: Grundprinzipien des Genossenschaftswesens

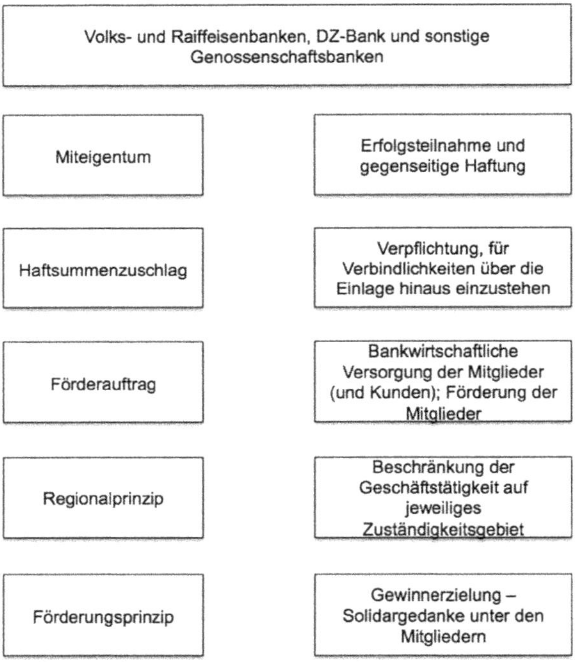

Quelle: Tolkmitt (2007, S. 63).

Abbildung 9 zeigt ergänzend eine Übersicht der in der Literatur genannten Differenzierungsmerkmale in Form der Grundprinzipien des Genossenschaftswesens.

5.2.2 Der genossenschaftliche FinanzVerbund

Im weiteren Verlauf der Arbeit wird innerhalb des Genossenschaftswesens mit Hinblick auf den Untersuchungsgegenstand der Kreditinstitute auf den genossenschaftlichen FinanzVerbund der Volks- und Raiffeisenbanken, insbesondere auf die Primärbanken fokussiert. Alle weiteren Genossenschaftsformen werden nicht betrachtet. Der genossenschaftliche FinanzVerbund[100] ist mit seinen im Jahr 2014 existierenden 1.047 Volksbanken und Raiffeisenbanken, insgesamt 11 Zentralbanken und Verbundunternehmen, sowie rund 190.000 Mitarbeitern eine der tragenden Säulen des deutschen Kreditgewerbes. Mit 12.770 Bankstellen bilden die deutschen Volksbanken und Raiffeisenbanken eines der dichtesten Bankservice-Netze Europas. In zeitlicher Betrachtung hat sich zwischen den Jahren 1970 und 2014 die Anzahl der Kreditgenossenschaften von 7.096 auf 1.047 Institute reduziert, die Zahl der Bankstellen sank seitdem von 18.339 auf 12.770. Die Bilanzsumme stieg jedoch von 40 Mrd. Euro auf 788 Mrd. Euro[101] und die Anzahl der Mitglieder von knapp 6,2 Millionen auf rund 18,02 Millionen. Obwohl also in den letzten 40 Jahren die Zahl der Volks- und Raiffeisenbanken drastisch zurückgegangen ist, hat sich die Zahl der Mitglieder mehr als verdoppelt. Über 30 Millionen Kunden werden mit Finanzdienstleistungen versorgt. Die Kreditvergaben der Genossenschaftsbanken beliefen sich im Jahr 2014 auf ein Gesamtvolumen von rund 482 Mrd. Euro. Den vergebenen Krediten standen Einlagen von 591 Mrd. Euro gegenüber, davon allein 200 Mrd. Euro als Spareinlagen (BVR, 2015a).

Abbildung 10 zeigt den Aufbau des genossenschaftlichen FinanzVerbundes, in welchen die einzelnen Kreditgenossenschaften eingebettet sind. Die Kreditgenossenschaften der Primärebene errichten auf der Regionalebene Zentralbanken. Die Arbeit der Zentralen und Primärgenossenschaften wird auf regionaler Ebene durch Spezialinstitute ergänzt, zu welchen sich auch die genossenschaftlichen Rechenzentralen zählen. Auf Bundesebene besteht eine Reihe von Bundeszentralen und Spezialinstituten, wie die DZ BANK (Deutsche Zentral-Genossenschaftsbank), die Bausparkasse Schwäbisch Hall oder die R+V Versicherung. Weiterhin zählen die genossenschaftlichen Hypothekenbanken, Leasing- und Investment Gesellschaften dazu. Die genossenschaftliche Organisation ist dabei wie dargestellt nicht im Sinne eines Konzerns „top down" sondern von unten nach oben (bottom up) strukturiert. Die Arbeitsteilung folgt dem Subsidiaritätsprinzip, d. h.: übergeordnete Verbundunternehmen sind nur dienende Institutionen der vorgelagerten Stufen; sie besitzen keinen von der genossenschaftlichen Primärstufe zu isolierenden Selbstzweck, sondern erfüllen Aufgaben, die von vorgelagerten kleineren Einheiten nicht oder nur in unzureichendem Maße erbracht werden könnten (DGRV, 2010b; Eim, 2007).

---

100 Volksbanken und Raiffeisenbanken sind Allfinanzinstitute. Sie bieten ihren Kunden eine breite Palette an Finanzdienstleistungen aus einer Hand. Dafür sorgt die enge Zusammenarbeit mit Spezialinstituten im genossenschaftlichen FinanzVerbund.

101 Konsolidierte Bilanzsumme des FinanzVerbundes betrug im Jahr 2014: 1.136 Mrd. Euro (BVR, 2015a).

Abbildung 10: Der genossenschaftliche FinanzVerbund

Quelle: Polster (2001, S. 295).

Wie Abbildung 10 weiterhin zu entnehmen ist, zeichnet sich der genossenschaftliche FinanzVerbund dadurch aus, dass in ihm zahlreiche Unternehmen zusammenarbeiten und komplementäre Fähigkeiten in die gemeinsame Fertigung einfließen. Mittels der Arbeitsteilung innerhalb des Verbundes können die Kreditgenossenschaften in Zusammenarbeit mit anderen Netzwerkelementen ein umfassendes Finanzdienstleistungsangebot offerieren (Eim, 2007).

Der genossenschaftliche FinanzVerbund weist Charakteristika eines Unternehmensnetzwerkes auf (Bonus et al., 1999), was in der Literatur anhand der nachfolgend aufgeführten Eigenschaften belegt wird (Eim, 2007):

- Ziel der Generierung von Vorteilen gegenüber den Mittwettbewerbern
- Vielfalt der Gestalt der Arbeit in der Organisation
- Stabilität der Beziehungen der Einheiten aufgrund der geschichtlich gewachsenen Beziehungen
- Rechtliche Selbständigkeit der Einzelunternehmen
- Arbeit in Form des Netzwerks, das Unternehmen mit verschiedenen Tätigkeitsschwerpunkten beinhaltet

Die vorstehende Beschreibung des gesamten FinanzVerbundes, in welchem die einzelnen Kreditgenossenschaften eingebunden sind, dient dem näheren Verständnis der Strukturen und Zusammenhänge. Vor diesem Hintergrund wird nachfolgend der Prozess der Willensbildung in den einzelnen Kreditgenossenschaften (Primärinstituten) betrachtet.

5.2.3 *Willensbildung und Zielfindung*

Zur Analyse der Willensbildung in den Kreditgenossenschaften werden im folgenden Abschnitt zunächst deren Organe betrachtet. Dem folgt ein Überblick über die Abhängigkeitsbeziehungen innerhalb der Kreditgenossenschaft. Aufgrund der nachfolgend beschriebenen zentralen Rolle der Mitglieder wird diese detailliert betrachtet und die spezielle Prinzipal-Agenten-Problematik im Zuge der Analyse der Partizipation der Mitglieder an dem Willensbildungsprozess der Kreditgenossenschaft dargestellt.

Grundsätzlich handeln die Genossenschaften im Interesse ihrer Mitglieder, welche gleichzeitig Kunden und Lieferanten sind. Dies bedeutet, dass die Mitglieder nicht als externe Investoren zu betrachten sind. Das Vermögen der Genossenschaft ist das unteilbare Eigentum der Gemeinschaft. Aufgrund der häufig unter den Mitgliedern bestehenden intensiven persönlichen Beziehungen, bedarf die Neuaufnahme eines Mitgliedes der Genehmigung. Die Stimmrechte der Mitglieder sind (im Gegensatz zu den Aktiengesellschaften) nicht gemäß der Höhe der Anteile verteilt, es herrscht der Grundsatz „1 Mitglied = 1 Stimme“. Bei Austritt eines Mitgliedes aus der Genossenschaft wird der Anteil zurückgezahlt, gleichsam mindert sich das Kapital der Genossenschaft (Kommission der Europäischen Gemeinschaften, 2004). Die Willensbildungsorgane setzen sich in Kreditgenossenschaften aus Vorstand, Aufsichtsrat und Generalversammlung zusammen. Vorstand und Aufsichtsrat werden von der Generalversammlung (bestehend aus den Mitgliedern) bestimmt. Im Gegensatz zu einer Aktiengesellschaft wird das Stimmrecht nicht nach der Höhe der Anteile zugeteilt. Es besteht die Maßgabe, dass eine Person eine Stimme hat. In der Folge hemmt die Unabhängigkeit des Stimmrechts von der Einlagenhöhe potenzielle Unternehmensübernahmen (SVR, 2008). Mit steigender Zahl der Mitglieder kann von der Generalversammlung eine Vertreterversammlung gewählt werden (§43a GenG).[102] Aus der direkten Mitgliedermitbestimmung wird somit eine indirekte Mitbestimmung. Der Wahlausschuss[103] erstellt die Wahlliste der stimmberechtigten Vertreter (Eim, 2007).

---

102 Diese ersetzt dann mit allen Entscheidungsbefugnissen die Generalversammlung. Die Vertreterversammlung darf von Genossenschaften mit mehr als 1.500 Mitgliedern gebildet werden, sie ist jedoch nicht obligatorisch (§ 43a GenG).

103 Mitglieder des Vorstandes, des Aufsichtsrates und eine bestimmte Anzahl von Mitgliedern der Kreditgenossenschaft.

Abhängigkeitsbeziehungen innerhalb der Kreditgenossenschaft

Im folgenden Abschnitt werden die Abhängigkeitsbeziehungen innerhalb der Kreditgenossenschaften anhand institutionenökonomischer Grundlagen analysiert. Die Beziehung zwischen den Mitgliedern und dem Management einer Kreditgenossenschaft wird als die wichtigste Prinzipal-Agenten-Beziehung gesehen (Lamprecht & Donschen, 2006). Im Unterschied zu den anderen Bankengruppen ist die Mitgliedschaft von Bankkunden bei Kreditgenossenschaften in der deutschen Finanzwirtschaft ein Alleinstellungsmerkmal (Eim, 2007). Die Einbeziehung der Mitglieder ist aufgrund der Rechtsform der „gesetzlich geschützte Differenzierungsvorteil" (Baumgärtler, 2000, S. 2) der Genossenschaftsbanken. Der aktive Willensbildungsprozess durch die Mitglieder zur Gestaltung der Geschäftspolitik der Genossenschaftsbanken zeichnet diese Beziehung aus (Eim, 2007). Das Potenzial des Alleinstellungsmerkmales wird jedoch aufgrund mangelnder Mitgliederpartizipation oft nicht ausreichend erschlossen (Baumgärtler, 2000).

Abbildung 11: Willensbildung in Kreditgenossenschaften

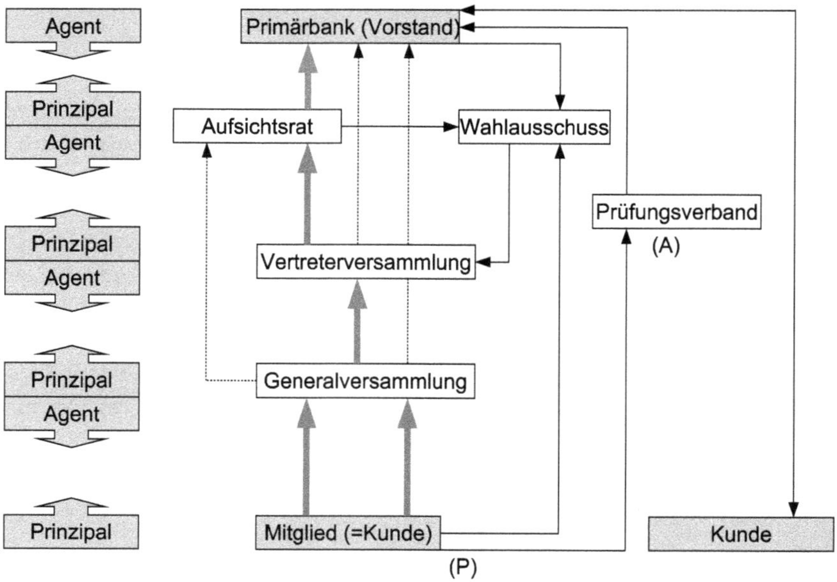

Quelle: Eigene Darstellung in Anlehnung an Eim (2007) und Lamprecht & Donschen (2006). (A) bezeichnet den Agenten, (P) die Position des Prinzipal.

Grundsätzlich beruht das Bankgeschäft auf Vertrauensgütern[104] was zur Folge hat, dass der Kundenposition ein gehobener Stellenwert zukommt (Schalkowski & Wendt, 2011). Da bei den Kreditgenossenschaften die Mitglieder gleichzeitig Kunden sind, ist insbesondere die Prinzipal-Agenten-Beziehung zwischen Kreditinstitut (Vorstand) und Mitgliedern zu betrachten. Im Kern ist der Abbildung 11 zu entnehmen, dass die Willensbildung von unterer Ebene (Kunde/Mitglied) bis hin zur oberen Ebene (Vorstand) wirkt. In dieser Beziehung hat das Mitglied die Rolle des Prinzipals und die Genossenschaftsbank die Agentenrolle inne (Eim, 2007). Grundsätzlich kann innerhalb der Prinzipal-Agenten-Beziehung das Problem auftreten, dass die Geschäftsführung der Genossenschaftsbank (Agent) nicht im Sinne des Prinzipalen (Mitglied) erfolgt.

Dies geschieht beispielsweise wie folgt: Das Mitglied beeinflusst die operativen und strategischen Entscheidungen der Bank vorwiegend durch seine Stimme (Nutzung der Mitwirkungsrechte in der Haupt- bzw. Vertreterversammlung). Der Grad der Mitwirkung der Mitglieder hat sich jedoch im Zeitverlauf verringert, er ist eher passiver Natur (Baumgärtler, 2000).[105] Eine mögliche Begründung der Mitgliederpassivität sieht Eim (2007) in den zu hohen Entscheidungsfindungskosten für die überwiegende Anzahl der Mitglieder und deren subjektiver Wahrnehmung von niedrigen externen Kosten. Durch die daraus resultierende Mitgliederpassivität (Berg, 1994) ergeben sich für den Agenten Chancen in der Verfolgung von Eigeninteressen und ggf. opportunistischem Verhalten (Eim, 2007). Außerhalb des Willensbildungsprozesses sind die Mitglieder der Genossenschaftsbank in komplexer Form mit dieser verbunden, denn sie sind gleichzeitig Eigentümer, Kapitalgeber und Geschäftspartner (Baumgärtler, 2000). Die Formen möglicher Partizipation beinhalten im Kern drei Beziehungsebenen[106] mit administrativen und ökonomischen Partizipationsmöglichkeiten (Abbildung 12).

---

104 Eine hohe Vertrauensbasis hat zudem eine senkende Wirkung auf die Transaktionskosten (Theurl & Kring, 2002).

105 Baumgärtler (2000) untersucht die Ursachen passiver Mitgliederpartizipation in Kreditgenossenschaften mit Generalversammlung und kommt u. a. zu dem Ergebnis, dass mit steigender Anzahl der Mitglieder die Teilnahme am Willensbildungsprozess proportional abnimmt.

106 In der Literatur existieren drei Beziehungsebenen zwischen Genossenschaftsbank und deren Mitgliedern: die mitgliedschaftliche Ebene (Trägerschaftsbeziehung), die Ebene des Leistungsaustausches (Leistungsbeziehung) und die finanzwirtschaftliche Ebene (Kapitalbeziehung). Auf der mitgliedschaftlichen Ebene wirken heutzutage angestellte Mitglieder (Management) aktiv mit, während alle anderen Mitglieder ein eher passives Kunden-Verhalten aufzeigen. Auf der Ebene des Leistungsaustausches ist die Kreditgenossenschaft aus heutiger Mitgliedersicht austauschbar. Niedrige Verpflichtung zur Leistung haben die Mitglieder derzeit auf finanzwirtschaftlicher Ebene (Eim, 2007; Baumgärtler, 2000).

Abbildung 12: Partizipationsmöglichkeiten der Mitglieder in Genossenschaften

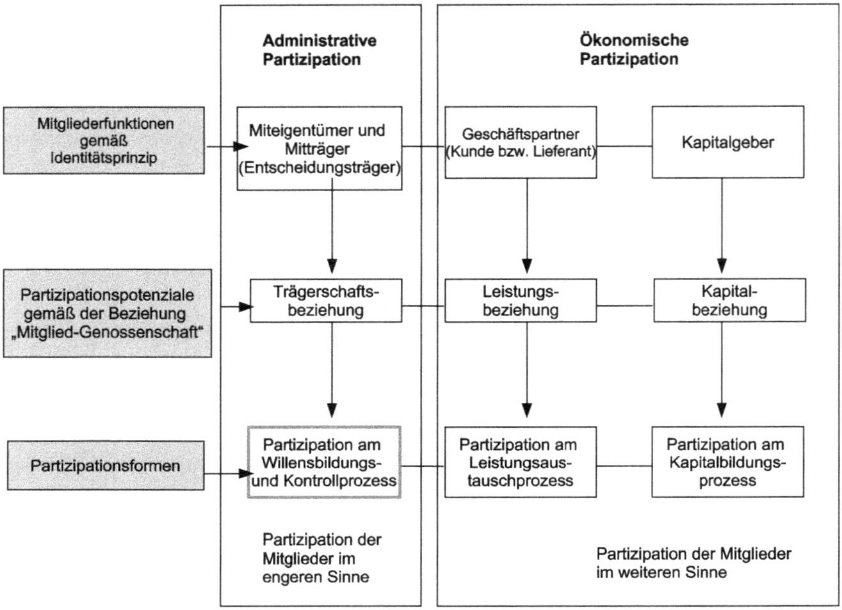

Quelle: Eigene Darstellung in Anlehnung an Baumgärtler (2000), Eim (2007) und Ringle (1983).

In der vorliegenden Arbeit ist insbesondere die administrative Partizipation von Bedeutung, da diese den Willensbildungs- und Kontrollprozess durch die Mitglieder beinhaltet.

Rolle der Mitglieder

Das Verhalten und die Motivation der Mitglieder haben eine Bedeutung für den Wirtschaftserfolg der Genossenschaften. Unterschiedliche Handlungsmotive der Mitglieder von Genossenschaften „haben als relativ stabile Personenmerkmale unzweifelhaft einen gewissen [...] Einfluss auf die Entscheidungen über die Ziele der Genossenschaft, da sich die dominanten Handlungsmotive der Mitglieder gleichsam als Ziele für die Genossenschaft verstehen lassen [...]" (Zerche et al., 1998, S. 186). Die unterschiedlichen und sich stets verändernden Motiven unterliegenden Mitglieder der genossenschaftlichen Unternehmenspolitik unterteilen sich gemäß Zerche et al. (1998) auf der einen Seite in die ökonomisch motivierten Mitglieder, welche auf wirtschaftliche Anreize reagieren und auf der anderen Seite in die sozial motivierten, nach Selbstverwirklichung strebenden, durch außerwirtschaftliche Anreize geleiteten Mitglieder. Innerhalb einer Genossenschaft, die als Koalition unterschiedlicher Bezugsgruppen zu sehen ist, führen konkurrierende Ansprüche zu Zielkonflikten. Diese können hinsichtlich einer stetigen Anpassungsnotwendigkeit an permanente Umweltveränderungen dazu dienen, bestehende Ziele zu überprüfen, und neue Ziele zu generieren. Macht und Konsens sind Bestimmungsfaktoren des politischen Prozesses, bei welchem hinsichtlich der Zielbildung in Genossenschaften die Rolle der Mitglieder und der Manager, welche sich in einem dauerhaften Verhandlungsprozess befinden, von Bedeutung sind (Zerche et al 1998). Im Gegensatz zu hierarchisch strukturierten erwerbswirtschaftlichen Unternehmen erfolgt die Zielbildung in Genossenschaften „nicht in imperativer, sondern in indikativer Form“ (Zerche et al., 1998, S. 192). Mitglieder können demnach nicht zu einem zielkonformen Verhalten gezwungen werden, sie müssen seitens der Manager durch Empfehlungen von den Vorteilen ihrer Ziele überzeugt werden (Brixner, 1969).

Eines der Merkmale der Genossenschaften ist, wie beschrieben das Identitätsprinzip, nach welchem die Mitglieder von Genossenschaften gleichzeitig auch die Kunden- und Lieferantenposition innehaben. An dieser Stelle soll nun die Motivation der Mitglieder als zentraler Teil des Genossenschaftswesens und der Kooperation betrachtet werden. Annahmen über Motivationen finden sich in Menschenbildern wieder. Zerche et al. (1998) konstatieren, dass die Praxis des Managements in Genossenschaften von Annahmen über die Motivation der Mitglieder geprägt ist. Zwei zentrale Ansätze der Genossenschaftswissenschaft sind die Konflikttheorie und die Harmonietheorie. Die Konflikttheorie beschäftigt sich mit Verhalten in Konfliktsituationen. Sie ist eine Erweiterung der Lern- und Verhaltenstheorie. Der Theorie liegen folgende Annahmen zugrunde: Der Mensch zeigt das Verhalten, welches ihm den größten Gewinn, die größte Belohnung bringt und welches den geringsten Gesamtverlust einbringt (Reimann et al., 1991). Die Genossenschaftstheoretiker charakterisieren ihre Theorie der Kooperation in Genossenschaften als Konflikttheorie. Sie unterscheiden zwischen horizontalen Konflikten (Konflikte der Mitglieder untereinander) und vertikalen Konflikten, den Konflikten zwischen Mitgliedern und Genossenschaftsleitern (Weuster, 1986). Die Harmonietheorie geht im Gegensatz zur Konflikttheorie davon aus, dass die Mitglieder kongruente Ziele verfolgen und harmonisch miteinander leben.[107] Dies geschieht auch hinsichtlich des gemeinschaftlichen Geschäftsbetriebes. Die Orientierung des Menschen ist solidarischer Natur (Eisenbeis, 2007). Während

107 Die Harmonietheorie fasst die Organtheorie, die Treuhänderhypothese und Draheims Theorie der Doppelnatur zusammen (Eisenbeis, 2007). Die Bezeichnung der Harmonietheorie für die Ansätze Draheims (1952) und Seraphims (1958) stammt gemäß Weuster (1986) von deren Kritiker Eschenburg.

die Konflikttheorie auf der Annahme des Homo oeconomicus gründet,[108] basiert die Harmonietheorie auf dem Ansatz des Homo cooperativus (Weuster, 1986).[109] Nach dieser Theorie kann es auch „für einen subjektiv handelnden, eigennutzorientierten Homo oeconomicus von Interesse sein […], sich als genossenschaftliches Mitglied mit anderen zusammenzuschließen" (Lux, 2007, S. 334). Ein gewisser Grad an Kooperationsneigung und bestimmte soziale Bedürfnisse werden den Mitgliedern der Genossenschaften zugeschrieben. Mitglieder unterbinden durch den Geist der Genossenschaft den Egoismus und vermeiden gruppenschädliches Verhalten. Auf der anderen Seite werden die wirtschaftlichen und außerökonomischen Ansprüche der Genossenschaftsmitglieder aufgrund des Funktionierens der Gruppe zufriedengestellt (Kuhn, 2007). Der Unterschied zum homo oeconomicus ist in der Wirtschaftsgesinnung zu finden: der Genossenschaftsgesinnung. Diese hat das Ziel der Existenzsicherung und der Bedarfsdeckung, welche nicht mit dem Ziel der Gewinnmaximierung einhergeht. Der zentrale Punkt der Gesinnung ist die Solidarität, welche den Willen der Zusammenarbeit zur Existenzsicherung beinhaltet (Weuster, 1986).

Spezielle Prinzipal-Agenten-Problematik der Mitglieder

An dieser Stelle ist nun die Frage nach den möglichen Gründen für eine Partizipation der Mitglieder am Willensbildungsprozess zu beantworten. Dies wird mithilfe der Anreiz-Beitrag-Theorie betrachtet. Die Anreiz-Beitrags-Theorie wird auf Barnard (1938) zurückgeführt. Die Theorie ist ein Ansatz zur Erklärung der Entstehung und Erhaltung sozialer Systeme. Es wird davon ausgegangen, dass die Beteiligung von Individuen an einer Organisation davon abhängt, ob die vermeintlichen Anreize höher sind als die zu leistenden Beiträge. Diese werden in materielle und immaterielle Anreize unterteilt (Herder-Dorneich, 1989). In der Literatur werden oftmals die Mitglieder der Organisation auf der einen Seite als Anreizempfänger (Beitragsgeber) und die Organisationen auf der anderen Seite als Anreizgeber (Beitragsnehmer) gesehen (Boettcher, 1974). Anreize werden unterteilt in materielle Anreize (Geld, Güter), immaterielle Anreize (Prestige, Macht), ex- und intrinsische, kollektive und selektive Anreize. Dabei sind die Anreiztypen kombinierbar, der Anreizwert steigt in der Kombination der Anreize. Die Leistung der Mitglieder der Organisation wird als Beitrag verstanden.

108 Der Homo oeconomicus ist das Menschenbild der allgemeinen ökonomischen Theorie (Lux, 2007).

109 Nach Hettlage (1987) ist das Modell des Homo cooperativus bewusst als Gegenkonzept des liberalen Homo oeconomicus erstellt worden. Weiterführend zur Theorie des Homo cooperativus sind an dieser Stelle die Arbeiten von Draheim (1952), Seraphim (1958) und Rogall (2002) zu nennen.

Die positive Beziehung zwischen Anreiz und Beitrag bezeichnet die spezifische Zufriedenheit, welche einer Abwanderung der Mitglieder in der Kreditgenossenschaft entgegenwirkt. Das Individuum entscheidet innerhalb der Alternativen für das bestmögliche Verhältnis zwischen Anreiz und Beitrag. Dies geschieht unter der Annahme, dass den Individuen alle Beiträge (Leistungen) und Anreize (Gegenleistungen) deutlich sind (Herder-Dorneich, 1989).

Tabelle 8: Anreiz-Beitrags-System in Kreditgenossenschaften

	Anreize der Genossenschaft für Mitglieder	**Beiträge der Mitglieder an die Genossenschaft**
Materiell	• Überschussverteilung und -verwendung • Aufwandsentschädigungen • Preis-Leistungs-Kombinationen	• Informationsbeitrag für die kollektive Willensbildung • Arbeitsbeitrag in der Selbstverwaltung • Erwerb der Mitgliedschaft (Beteiligungskapital) • Nachschusspflicht
Immateriell	• Teilhabe an der Kontrolle und an der Selbstverwaltung • Demokratische Teilhabe • Soziale Teilhabe • Ideelle Werte	• Treue • Werbung • Kompromissbereitschaft • Kritik

Quelle: Eigene Darstellung in Anlehnung an Baumgärtler (2000) und Eim (2007).

Werden die theoretischen Grundlagen auf die Genossenschaftsbanken transferiert, ergeben sich die in Tabelle 8 aufgeführten Anreize und Beiträge für die Mitglieder, welche einen maßgeblichen Einfluss auf die Partizipation (Abb. 12) haben. Eim (2007) konstatiert Störungen innerhalb dieses Anreiz-Beitrags-Gefüges. Er bringt dies mit der schwachen Partizipation der Mitglieder Im Willensbildungsprozess in Verbindung und weist darauf hin, dass der von den Mitgliedern erwartete Nutzen vermeintlich geringer ist, als der zu leistende Beitrag.

5.3 Sparkassen

Im weiteren Verlauf wird unter Abschnitt 5.3.1 zunächst der deutsche Sparkassensektor betrachtet. Abschnitt 5.3.2 beschreibt die Sparkassen-Finanzgruppe. Abschnitt 5.3.3 zeigt die Willensbildungs- und Zielfindungsprozesse in den Sparkassen, welche mittels institutionenökonomischer Grundlagen analysiert werden.

5.3.1 Der deutsche Sparkassensektor

Ende des 18. Jahrhunderts entstanden die ersten deutschen Sparkassen aufgrund privater Zusammenschlüsse. Diese hatten das Endziel der Bekämpfung der Armut unterer Bevölkerungsschichten durch die Schaffung einer Möglichkeit, Kapital zur Risikovorsorge im Alter oder bei Krankheit zurückzulegen. Die Einlagenabsicherung durch die privaten oder staatlichen Träger wirkte sich dabei vertrauensbildend aus (Guinnane, 2002).[110] Heutzutage betreiben die Sparkassen alle üblichen Bankgeschäfte und sind somit Universalkreditinstitute (Tolkmitt, 2007). Der Schwerpunkt der Geschäftstätigkeit liegt – begründet in der Regionalität – wie bei den Kreditgenossenschaften im Mengengeschäft (Wodausch, 2007). Nachfolgend stellt sich die Frage, inwiefern sich die Sparkassen von den anderen Arten der Kreditinstitute in Deutschland unterscheiden.

Die rechtliche Basis der Geschäftstätigkeit sind die Sparkassengesetze der Länder (Tolkmitt, 2007; Institut für den öffentlichen Sektor, 2007). Die öffentlich-rechtliche Organisation eines Unternehmens setzt voraus, dass sich „sein Aufbau, seine Willensbildung und das Verhältnis zu seinen Trägern, Inhabern oder Teilhabern nach den Normen des öffentlichen Rechts richtet" (Siekmann, 1995, S. 12). Aufgrund der Gemeinwohlorientierung werden die Gewinne der Sparkasse zur Erhöhung der Sicherheitsrücklage der Sparkasse verwendet und an den Träger ausgeschüttet oder für gemeinnützige Zwecke eingesetzt. Sparkassen besitzen kein Grundkapital, sondern lediglich die aus den Überschüssen gebildete Sicherheitsrücklage (Tolkmitt, 2007). Seit dem Wegfall der Gewährträgerhaftung/Anstaltslast im Juli 2005 haftet nicht mehr die betreffende kommunale Körperschaft für die Verbindlichkeiten der Sparkassen, sondern allein der Haftungsverbund der Sparkassen-Finanzgruppe (Institutssicherung) (Böhm-Dries et al., 2011; Breuer & Breuer, 2008). Die Sparkasse ist somit nach ihrer Errichtung für den Aufbau von Eigenkapital eigenverantwortlich. Im Insolvenzfall steht den Gläubigern lediglich das Sparkassenvermögen zur Befriedigung der Ansprüche zur Verfügung (Tolkmitt, 2007). Im Bereich der Gewinnverwendung existieren in den regionalen Sparkassengesetzen unterschiedliche Regelungen.

---

110 Nach Thiemann (2008) ist die Grundlage des Vertrauens auch nach Wegfall der Anstaltslast und Gewährträgerhaftung im Jahr 2005 nicht entfallen, da das Vertrauen nicht ausschließlich von der Sicherheit der Einlagen abhängig ist. Es liegt vielmehr im Gemeinwohlbezug und der Regionalität.

Abbildung 13: Grundprinzipien des Sparkassensektors

Quelle: Tolkmitt (2007, S. 58).

Die Grundprinzipien des Sparkassensektors zeigt Abbildung 13. Die Sparkassen weisen in ihrer Rechtsform im Vergleich zu anderen Unternehmensformen spezifische Besonderheiten auf: Sparkassen sind überwiegend Anstalten des öffentlichen Rechts (AdöR)[111] und dienen somit dem öffentlichen und gemeinnützigen Zweck. Gemeinnützigkeit beinhaltet, dass die Geschäftsausübung der Sparkassen dem Gemeinwohl verpflichtet ist, und keine Orientierung an Interessen von Einzelpersonen oder Gruppen des Gewährträgers sattfindet (Kirchhof, 2000). Das Ziel der Geschäftstätigkeit ist die Gewinnerzielung, nicht aber die Gewinnmaxi-

111 Neben den Sparkassen in Form der Anstalten des öffentlichen Rechts existieren auch freie Sparkassen, die privatrechtlich als Verein, Stiftung oder Aktiengesellschaft geführt werden. Diese Folgen ebenfalls dem Prinzip der Gemeinnützigkeit (Tolkmitt, 2007).

mierung. Gemäß Siekmann (1995) ist das Erwirtschaften von Gewinnen per Verfassung jedoch nicht ausgeschlossen, es darf lediglich nicht das alleinige Ziel sein.

Grundlagen des Geschäftsbetriebes sind u. a. das Regionalprinzip und der öffentliche Auftrag. Wie die Kreditgenossenschaften dienen auch die Sparkassen der Versorgung der Bevölkerung des Geschäftsgebiets. Das Regionalprinzip besagt, dass das Geschäftsgebiet einer Sparkasse das Gebiet ihres kommunalen Trägers umfasst. Dies verhindert eine Konkurrenzsituation innerhalb des Sparkassensektors (Tolkmitt, 2007). Der öffentliche Auftrag beinhaltet die Versorgung der Region mit Bankdienstleistungen, die Förderung der Region und der Wirtschaft, sowie die Kommunalberatungs- und Hausbankfunktion (Böhm-Dries et al., 2011).

5.3.2 Der Finanzverbund der Sparkassen

Die Sparkassen-Finanzgruppe bestand im Jahr 2014 aus 416 Sparkassen, insgesamt 7 Landesbank-Konzernen, 12 regionalen Sparkassen- und Giro-verbänden, 19.900 Geschäftsstellen, 50 Mio. Kunden und 334.200 Mitarbeitern.

Die 416 Sparkassen beschäftigen hiervon 240.146 Mitarbeiter und haben mit rund 14.874 Bankstellen (wie die Kreditgenossenschaften) einen großen Anteil an der Bargeldversorgung in Deutschland. Die Bilanzsumme der Sparkassen betrug im Jahr 2014 1.127,5 Mrd. EUR.[112] Die Kreditvergaben beliefen sich im Jahr 2014 auf ein Gesamtvolumen von rund 545 Mrd. Euro. Den vergebenen Krediten standen Einlagen von 1.166 Mrd. Euro gegenüber (DSGV, 2015).

Nachfolgend wird in Abbildung 14 der Aufbau der Sparkassen-Finanzgruppe dargestellt. Auf der Primärebene der Sparkassenorganisation, deren Träger die Kommunen sind, stehen die einzelnen Sparkassen. Sie sind auf der Sekundärebene in den zwölf regionalen Sparkassen- und Giroverbänden organisiert. Die regionalen Sparkassenverbände und der Deutsche Sparkassen- und Giroverband e. V. (DSGV) erbringen für ihre Mitglieder zentrale Dienstleistungen, wie ein gemeinsames Marketing, Beratungsdienstleistungen, die Vertretung in Spitzenverbänden oder die Entwicklung gemeinsamer Geschäftskonzepte.

112 Die konsolidierte Bilanzsumme des Sparkassen FinanzVerbundes betrug ohne Auslandsfilialen und ohne in- und ausländische Konzerntochtergesellschaften der Landesbanken 2.770 Mrd. EUR (DSGV, 2015).

Abbildung 14: Die Sparkassen-Finanzgruppe

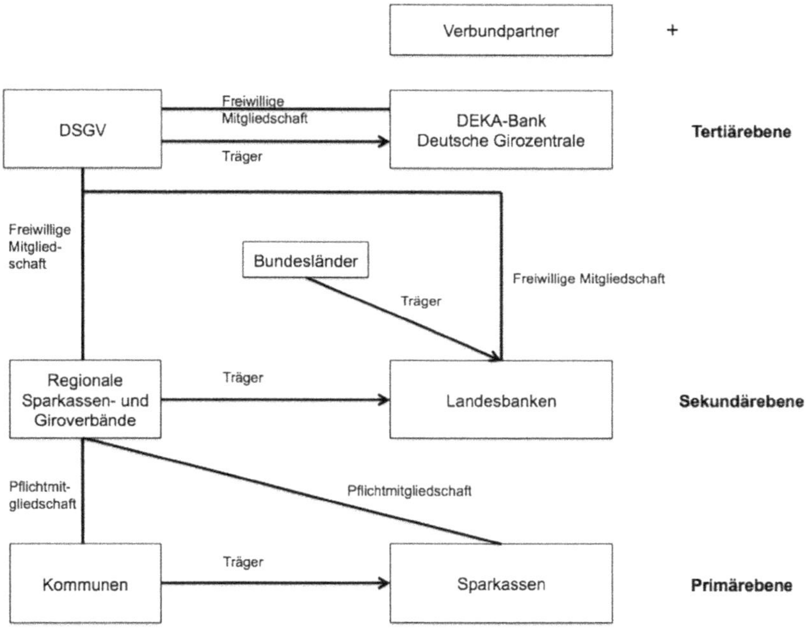

Quelle: Tolkmitt (2007, S. 57).

Die Sparkassen- und Giroverbände sind wiederum neben dem jeweiligen Bundesland Träger der Landesbanken, deren Unternehmenstätigkeit im jeweiligen Bundesland liegt. Die Landesbanken tätigen Geschäfte, welche von den Primärbanken nicht ausgeführt werden können.[113] Landesbanken und Verbände sind wiederum Träger des Deutschen Sparkassen- und Giroverbandes e. V. (DSGV) auf der Tertiärebene. Über die Mitgliedschaft im jeweiligen Regionalverband sind die Sparkassen mittelbar Mitglieder des Deutschen Sparkassen- und Giroverbands e. V. (Tolkmitt, 2007). Seit Juni 2011 – nach Erwerb des 50-prozentigen Anteils der Landesbanken – sind die Sparkassen Alleineigentümer der DekaBank, des Zentralinstitutes des Sektors (DSGV, 2011). Der öffentlich-rechtliche Bereich der

113 Diese Funktion als Zentralbanken für die regionalen Sparkassen wirkt sich innerhalb der Sparkassen-Finanzgruppe mindernd auf die Transaktionskosten (siehe Abschnitt 4.1.2) aus. Um diese noch weiter zu senken, spricht sich Schrooten (2009) für einen Zusammenschluss der Landesbanken zu einem Zentralinstitut aus.

Sparkassen ist wie bei den Kreditgenossenschaften als Finanzverbund organisiert (vgl. Abschnitt 5.2.2). Die Organisation der Sparkassen und Landesbanken über drei Ebenen hinweg steht einem klassischen Eigentümerverhältnis gegenüber (Lütke-Uhlenbrock, 2007). Da die Primärinstitute in Form der Sparkassen die Träger der übergeordneten Stufen sind, finden die Willensbildungsprozesse ebenfalls von unten nach oben und nicht wie bei einem Konzern von oben nach unten statt (Auerbach, 2009).

5.3.3 Willensbildung und Zielfindung

Zur Analyse der Willensbildung in Sparkassen werden zunächst deren Organe betrachtet. Danach wird ein Überblick über die Abhängigkeitsbeziehungen innerhalb der Sparkassen gegeben. Aufgrund ihrer zentralen Rolle innerhalb der Willensbildung werden in den darauffolgenden Abschnitten die Rollen der Bürger, der Politiker und des Verwaltungsrates analysiert.

Sowohl private, als auch öffentliche Unternehmen sind die Instrumente zur Realisierung der Interessen der Eigentümer/Träger (Instrumentalfunktion) (Budäus, 2007). Die Träger und somit Eigentümer der Sparkassen sind Städte, Gemeinden, Zweckverbände und Kreise (Böhm-Dries et al., 2011). Hinter den Kommunen stehen die Bürger, welche auf der einen Seite Pflichten in der Position als Steuerzahler haben und auf der anderen Seite Anrechte auf die Daseinsvorsorge. Die Vertretung der Bürger erfolgt durch die kommunalen Politiker (Köhne & Tebroke, 1995; Trosky, 1996; Hirte, 2004). Der organisatorische Aufbau der Sparkassen ist weitestgehend mit dem einer Publikumsgesellschaft vergleichbar. Die Hauptversammlung besteht jedoch aufgrund fehlender Aktionäre nicht in gleicher Form (Schmidt, 1980). Die Sparkassen haben mit dem Vorstand und dem Verwaltungsrat grundsätzlich mindestens zwei Organe (Institut für den öffentlichen Sektor, 2008). Die eigenverantwortliche operative Geschäftsführung obliegt dem Vorstand (Fabry, 2002). Dies entspricht somit der Stellung eines Vorstandes einer Publikumsgesellschaft und gestaltet sich auch hinsichtlich der Haftungssituation gleich (Institut für den öffentlichen Sektor, 2008). Die Funktion des internen Kontrollorganes nimmt der Verwaltungsrat wahr (Fabry, 2002). Dieser ist neben Kreditausschuss und Vorstand das höchste Organ der Sparkasse (Klinger & Stille, 2007). Die Kernaufgabe des Verwaltungsrates ist die Überwachung und Beratung des Vorstandes (Institut für den öffentlichen Sektor, 2008). Zur Sicherstellung der Überwachungsfunktion des Verwaltungsrates hat der Vorstand Informationspflichten.[114] Der Verwaltungsrat hat Kontrollaufgaben und ist für die Bestellung, Abberufung des Vorstandes und die Feststellung des Jahresabschlusses verantwortlich (Böhm-Dries et al., 2011). Darüber hinaus ist er jedoch in der Mehrzahl der Sparkassengesetze zusätzlich mit der Bestimmung der Richtlinien für die Geschäftspolitik (Wingendorf, 2005) und der Zustimmung bei wichtigen Geschäftsvorfällen[115] betraut. Zur Bewältigung weiterführender Tätigkeiten bildet der Verwaltungsrat diverse Ausschüsse.[116] In Zusammensetzung und Wahl des Verwaltungsrats unterscheiden sich die Sparkassengesetze der Bundesländer. In der Regel setzt sich der Verwaltungsrat aus Mitarbeitern der Sparkasse, kompetenten Bürgern, Verwaltungsbeamten und Mitgliedern der Vertreterversammlung des Trägers zusammen (Böhm-Dries et al., 2011). Dabei existieren sogenannte „Doppelmandatsträger“ (Klinger & Stille, 2007, S. 652), die „sowohl dem Hauptorgan eines Trägers, also dem Kreistag oder Gemeinderat, als auch dem Verwaltungsrat der Sparkasse angehören“ (Klinger & Stille, 2007, S. 652). Dieses Doppelmandat birgt in der Praxis die Gefahr von Interessenskonflikten des Mandatsträgers (Klinger & Stille, 2007).

Die Vertreter des Trägers setzen sich aus gewählten Repräsentanten politischer Parteien zusammen, welche gemeinsam mit der Landesaufsicht u. a. über Fusionen, Auflösungen, Richtungen, Satzungsänderungen und die Entlastung der Sparkassenorgane befinden. Externe Kontrollorgane der Sparkassen sind die Aufsicht und die Jahresabschlussprüfung. Die Jahresabschlussprüfung ist eine spezifische Besonderheit, da sie überwiegend von eigenen Prüfungsstellen der Sparkassen- und Giroverbände durchgeführt wird (Böhm-Dries et al., 2011).

Abhängigkeitsbeziehungen innerhalb der Sparkassen

Nach der Darstellung der Sparkassenorganisation und der Organe der Sparkassen werden nachfolgend die Prozesse der Willensbildung und Prinzipal-Agenten-Beziehungen analysiert, um in Abschnitt 5.5 einen Vergleich mit den anderen Rechtsformen ziehen zu können. Abbildung 15 verdeutlicht die Willensbildung in Sparkassen.

---

114 In 2009 wurde das Gesetz zur Stärkung der Finanzmarkt- und Versicherungsaufsicht in das KWG integriert. Eine detaillierte Erläuterung findet sich im „Merkblatt zur Kontrolle von Mitgliedern von Verwaltungs- und Aufsichtsorganen gemäß KWG und VAG“ der BaFin (Bundesanstalt für Finanzdienstleistungsaufsicht).

115 Bspw. Geschäftsstelleneröffnung und -schließung, Grundstücksveräußerungen, Zustimmung zu Neubauten, Aufnahme haftender Eigenmittel (Böhm-Dries et al., 2011).

116 Kredit-/Risikoausschuss oder Bilanzprüfungsausschuss (Böhm-Dries et al., 2011).

Abbildung 15: Willensbildung in Sparkassen

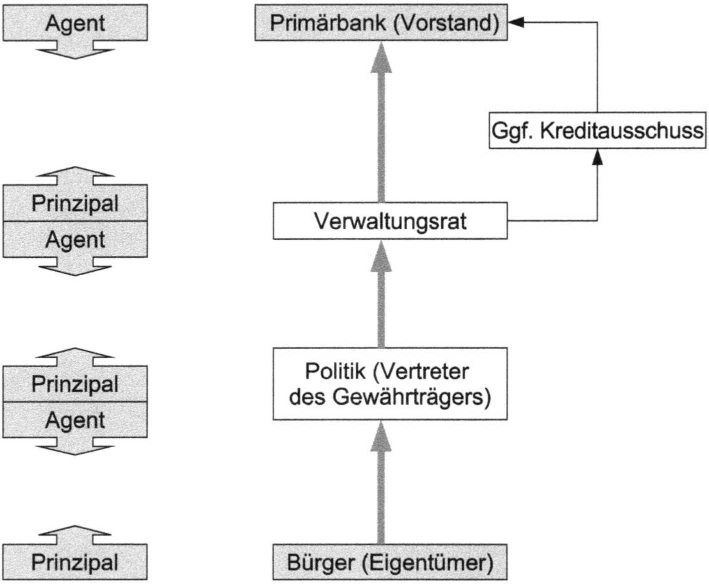

Quelle: Eigene Darstellung.

Dem Bürger als Prinzipal steht in öffentlichen Unternehmen auf unterster Ebene die Politik als Agent gegenüber. Diese Prinzipal-Agenten-Beziehung stellt wiederum den Prinzipal mit dem Agenten Verwaltungsrat dar. Diese Beziehung bildet selbst den Prinzipal für die Primärbank (den Vorstand der Sparkasse). Somit liegen zwischen dem Bürger als Prinzipal und der Primärbank (Vorstand) als Agent zwei Ebenen der Delegation (Politik und Verwaltung). Auf allen Ebenen sind Opportunismus und Informationsasymmetrien vorhanden (Budäus, 2007). In Abbildung 15 wird deutlich, dass sich eine Mehrstufigkeit in der Willensbildung der Sparkasse wiederfindet. Eine Trennung von Eigentum und Kontrolle führt zu Interessenskonflikten und somit zu Effizienzverlusten. Diese Trennung ist in dieser Form auch bei den Sparkassen vorhanden. Die Bürgerinteressen gelangen aufgrund der Mehrstufigkeit nur vermindert bis zur Managementebenen der Sparkasse (Mühlenkamp, 1999). Detaillierter betrachtet heißt dies folgendes:

Die originären Verfügungsrechte über öffentliche Unternehmen haben in einer Demokratie die Bürger/Steuerzahler, was sie somit zu originären Prinzipalen macht. Die Bürger bestimmen mittels Wahlen die Politiker als Vertreter des Trägers, welche die Agentenfunktion einnehmen. Der Träger wiederum steht als Agent dem Prinzipal Sparkasse gegenüber. In dieser Verbindung nimmt er indirekt die Kontrollfunktion gegenüber dem Management wahr. Der Verwaltungsrat beauftragt das Management mit der Unternehmensleitung (Hirte, 2004). Die Wahrnehmung der Kontrollfunktion findet gemäß der vorangegangenen Ausführungen überwiegend in indirekter Form über mehrstufige Repräsentationsformen[117] statt (Brunner & Kühl, 2002). Die Kontrollprobleme öffentlicher Institutionen resultieren u. a. aus dieser mehrstufigen Prinzipal-Agenten-Beziehung, welche Informationsasymmetrien und Opportunismus begünstigt (Ruter & Müller Marques-Berger, 2003). Neben den bereits beschriebenen Kontrollproblemen existieren in öffentlichen Unternehmen, wie den Sparkassen weitere potenzielle Probleme. Budäus (2007) konstatiert allen öffentlichen Unternehmen verglichen mit privaten Unternehmen im Bereich der Corporate Governance besondere Problemstellungen:

- Strukturelle und organisationale Probleme,
- Aufsichts- und Kontrollprobleme aufgrund fehlender Professionalisierung,
- Informationsprobleme und Intransparenz,
- fehlende Sanktionsmöglichkeiten bei Missmanagement und Fehlentscheidungen,
- Kompetenzdefizite der Politiker und
- Defizite im Zielsystem aufgrund differenter Erwartungen.

Aus rechtlicher Sicht ist in der Prinzipal-Agenten-Beziehung zwischen Bürgern (Wählern) und der Politik die Grundlage die Verfassung. Gemäß Grundgesetz besteht die Verpflichtung des Staates in der Sicherstellung einer ununterbrochenen Kette der Legitimation zwischen den Gewählten Vertretern und der ausgeübten Staatsgewalt (Brunner & Kühl, 2002).[118] In den weiteren Delegationsstufen der Prinzipal-Agenten-Beziehungen sind die Rechtsform der Sparkasse und die Verfassung grundlegend (Hirte, 2004).[119] Dies findet sich auch in der Corporate

117 Bei Prinzipal-Agenten-Beziehungen hängt durch die Mehrstufigkeit der Erfolg einer Prinzipal-Agenten-Beziehung vom Wirken der jeweils vorgelagerten Stufe ab. Der Erfolg begründet sich hierbei in der Besetzung mit Personen, welche unabhängig von anderen Interessen oder Beauftragungen sind und der optimalen Kette der Delegation entsprechen (Streitferdt & Kruse, 1988).

118 Nach Art. 20 (2) GG üben die Organe Legislative Judikative und Exekutive repräsentativ für das Volk die Staatsgewalt aus.

119 Die Sparkassengesetze der Länder erfüllen für die kommunalen Sparkassen überwiegend die gleiche Funktion wie das Gesellschaftsrecht für die Privatunternehmen (Siekmann, 1995).

Governance der Sparkassen wieder.[120] Die besonderen Merkmale der Corporate Governance werden aus dem normativen Kontext und den Zielen des Unternehmens abgeleitet.[121] Eine im Gesetz verankerte Grundlage ist der bereits erwähnte öffentliche Auftrag. Dieser steht dem Ziel der Gewinnmaximierung gegenüber. Die Wahrung des öffentlichen Auftrages bedingt bei institutionenökonomischer Betrachtung Kontrolltätigkeiten (Böhm-Dries et al., 2011). Im Folgenden werden gemäß der Stufen der Willensbildung die Positionen zentraler Sparkassenorgane und deren Abhängigkeitsbeziehungen detaillierter betrachtet.[122] Die Betrachtung des Vorstandes (des Managements) findet aufgrund der Richtung der Willensbildung immer in Bezug zu den weiteren Organen der Sparkasse innerhalb der Abschnitte statt.

Einfluss der Bürger

Allen Bürgern eines Geschäftsgebietes eines Trägers der Sparkasse gehören unveräußerliche Anteile an derselben. Diese können nur durch Weggang aus dem Gebiet aufgegeben werden (Mühlenkamp, 1999).[123] Die Bürger sind somit die originären Prinzipale der Sparkassen. Sie können gleichsam die Mitarbeiter- und/oder Kundenposition einnehmen (Böhm-Dries et al., 2011).

Bei öffentlichen Institutionen finden Leitung und Kontrolle nicht immer im Interesse des Eigentümers und Finanzierungsträgers statt (Budäus, 2007). Dies liegt im Falle der Sparkassen daran, dass die Rolle des ersten Prinzipals an die Vertreter der Politik delegiert ist (Budäus, 2007), wodurch es umso mehr auf die Überwachungs- und Kontrollfunktion der Politiker ankommt (Michler, 2001). Die Bürger haben aufgrund der Delegation der Entscheidungsgewalt lediglich einen indirekten Entscheidungseinfluss: sie wählen im Rahmen der Kommu-

---

120 Governancestrukturen stellen institutionelles Wirken und die Beziehungen beteiligter Akteure dar (Eim, 2007).

121 Nach Schoppe (1995) existiert aus dem Blickwinkel der neuen Institutionenökonomik kein explizites Ziel der Sparkasse, diese ist lediglich eine Institution zur Verfolgung individueller Ziele der Individuen.

122 In der Literatur wird darauf verwiesen, dass die alleinige Betrachtung des Prinzipal-Agenten-Konfliktes der Corporate Governance durch eine Betrachtung der Stakeholder ergänzt werden sollte (Ulrich, 2009). Als Stakeholder der Sparkassen werden Kunden, Mitarbeiter, Gläubiger, Lieferanten, externe Prüfer, die staatliche Aufsicht, Bürger und Vertreter der Politik benannt (Böhm-Dries et al., 2011).

123 Die Möglichkeit einer aktiven Einflussnahme auf die Entscheidungen durch Weggang aus dem Geschäftsgebiet ist aufgrund der hohen Transaktionskosten für das Aufgeben und Übertragen der Verfügungsrechte eher begrenzt (Mühlenkamp, 1999).

nalwahlen ihre Vertreter (Mühlenkamp, 1999; Brunner & Kühl, 2002). Dies bedeutet die zeitliche Befristung der Wahrnehmung der Interessen der Bürger bis zur nächsten Wahl (Budäus, 2007; Thiemeyer & Cox, 1990). Im Unterschied zu anderen Unternehmensformen verändern sich aufgrund der marktlichen und politischen Auslese die für die Institution tätigen Politiker, während der Träger und das Kontrollgremium feststehen (Siekmann, 1995).

Eine direkte Ausübung der Kontrollfunktion durch die Bürger ist bei den Sparkassen nur dem Prinzipalen in der Position eines Mitglieds des Verwaltungsrates, Verwaltungsbeamten oder eines gewählten Mitglieds der Vertreterversammlung des Trägers möglich (Böhm-Dries et al., 2011). Generell besteht durch die Delegation die Gefahr, dass die Orientierung an den Interessen des Bürgers durch das politische System leidet. Es kommt hinzu, dass eine einheitliche Definition der Ziele der Bürger nicht möglich ist, was in der Folge dem Agenten eine unabhängige die Festlegung der Ziele ermöglicht (Budäus, 2007). Aufgrund fehlender Ziele der Bürger ist somit auch eine Kontrolle des Erfolgs nicht möglich (Budäus, 2007). Wissensdefizite und hohe Informationskosten bei den Bürgern sowie eingeschränkte Sanktionsmöglichkeiten wirken sich insgesamt negativ auf die Kontrollaktivitäten aus, was den Politikern wiederum Handlungsfreiraum gibt (Mühlenkamp, 1999). Diese Situation wirkt sich auch auf die übergeordnete Stufe der Willensbildung – das Management – aus und bietet dort Handlungsfreiräume für Opportunismus und die Möglichkeit der Nutzung der Vorteile der Informationsasymmetrien (Budäus, 2007).

Einfluss der Politiker

Das Recht zur Einflussnahme auf die Unternehmenspolitik der Sparkassen durch den Träger beruht auf der Zugehörigkeit zur öffentlichen Verwaltung (Siekmann, 1995). Die Politiker fungieren gemäß Abbildung 15 als Schnittstelle zwischen den Bürgern (Eigentümern) und dem Management der Sparkasse (Fabry, 2002). Sie wirken über den Verwaltungsrat auf die Geschäftspolitik ein (Trosky, 1996). Den Politikern wird eine nicht unerhebliche Macht der Einflussnahme zugeschrieben, welche eine Nutzenmaximierung zulasten des Gemeinwohls begünstigt (Donges et al., 2001). Dabei besteht die Gefahr, dass sowohl individuelle, als auch kollektive Interessen im Gegensatz zu regionalen oder nationalen Interessen bestehen (Eichhorn, 1989). In der Literatur wird die Handlungsorientierung der Politiker und Manager gemäß des methodologischen Individualismus[124] betrachtet: Politiker maximieren ihren Nutzen vorwiegend distributiv durch Konzentration auf die

---

124 Siehe Abschnitt 4.1.1.

Verteilung von verfügbaren Ressourcen, Vermögen und der Erträge öffentlicher Unternehmen. Das Management hat die Möglichkeit der Nutzenmaximierung lediglich produktiv durch Aktivitäten auf unternehmerischer Ebene (Budäus, 2007).[125] Bedeutend ist in diesem Fall die mangelnde marktliche Kontrolle des Managements aufgrund der fehlenden Kapitalmarktwirkung, welche Handlungsspielräume eröffnet (Estrin, 1998). Die externe Prüfung des Managements seitens der Prüfstellen der Sparkassen- und Giroverbände wird hingegen als wirkungsvoller angesehen (Hirte, 2004). Budäus (2007) konstatiert, dass bei der Politik und deren Handelnden als Vertreter der Eigentümer/Träger öffentlicher Unternehmen keine Zieldefinitionen existieren und somit auch keine Kontrollen des Erfolges möglich sind. Hinzu kommt die Einflussnahme auf den politischen Prozess durch politische Begründungen und die Orientierung an den Wählergruppen. Das Management erhält in der Konsequenz die Chance zu opportunistischem Verhalten und der Ausnutzung der Vorteile der Informationsasymmetrien.

Einfluss des Verwaltungsrates

Die Vertreter des Trägers (politische Mandatsträger) fungieren wie bereits beschrieben als Agenten für den originären Prinzipal, den Bürger. Dieser politische Einfluss bietet die Gefahr der Nutzung der Möglichkeiten der Einwirkung des Verwaltungsrates hinsichtlich eigener Ziele oder Ziele der Partei (Böhm-Dries et al., 2011).[126] Böhm-Dries et al. (2011) schließen opportunistisches Verhalten in der Realität durch das Zusammentreffen diverser Interessengruppen im Verwaltungsrat jedoch weitestgehend aus und sehen zusätzlich die Chance konstruktiven Arbeitens. Die Zusammenarbeit wird noch durch die regionale Verwurzelung der Mandatsträger begünstigt, durch welche die Motivation zu einer aktiven Gestaltung wächst. Die Regionalität hat somit positive Auswirkungen auf Informationsasymmetrien.

Trotz der theoretischen Einflussmöglichkeit des Trägers aufgrund seiner Mitgliedschaft im Verwaltungsrat ist diese normativ begrenzt.[127] Die Anreize zu ei-

---

125 Die Handlungsorientierungen lassen jedoch keinen Rückschluss darauf zu, ob eine Ausrichtung auf die Bürgerinteressen durch Strategien und Maßnahmen stattfindet (Budäus, 2007). Budäus (2007) konstatiert einen starken Mangel an Vertrauen in die Entscheidungen von Politik und Managern.

126 Das Prinzip der „Organtrennung“ herrscht für die Beziehung von Verwaltungsrat und Vorstand. Es verhindert die Zugehörigkeit politischer Mandatsträger des Verwaltungsrates zum Vorstand (Klein, 2003).

127 Beschränkungen der Art der Verfügungsmöglichkeiten und der Ausschüttung (Böhm-Dries et al., 2011).

ner aktiven Kontrolle gestalten sich dementsprechend niedrig. Die Mitwirkung der Mitglieder der Vertreterversammlung des Trägers und die Kontroll- und Informationsrechte des Verwaltungsrates wirken sich insgesamt reduzierend auf Prinzipal-Agenten-Konflikte aus (Böhm-Dries et al., 2011).

Die Einstellung und die Kenntnisse der Mitglieder des Verwaltungsrates sind Grundlagen für die Effizienz des Verwaltungsrates hinsichtlich seiner Kontroll- und Überwachungsfunktion. Nach Klinger und Stille (2007) sind diese Anforderungen in der Realität jedoch nicht ausreichend erfüllt.[128] Motivation und Interesse der Verwaltungsratsmitglieder von Sparkassen unterscheiden sich maßgeblich: Im Bereich der Doppelmandatsträger wird das Mandat überwiegend als Nebentätigkeit ausgeübt, oftmals neben dem Hauptamt des Bürgermeisters, wodurch die Arbeit im Bereich der Politik im Vordergrund steht. Die Mandatsvergabe erfolgt weniger aus aktivem Interesse, sondern mehr innerhalb der Partei nach Hierarchie der Fraktion. Die Bewerbung der Mitarbeitervertreter um ein Mandat erfolgt hingegen aktiv, da diese von der Unternehmensentwicklung mehr betroffen sind, was wiederum einen Einfluss auf die Motivation hat. Weitere Motivationen für die Übernahme eines Mandates können Statusorientierung oder die Aufwandsentschädigung sein.[129]

Die Möglichkeit der mangelhaften Ausübung der Gestaltungs- und Kontrollfunktion besteht in der Praxis auch aufgrund fehlender Anreize oder eigener oder parteipolitischer Beweggründe der handelnden Personen (Böhm-Dries et al., 2011). Die vielfältigen Arten möglicher Interessenkonflikte der Mandatsträger wirken sich ebenfalls aus. So unterliegen bspw. die Mitarbeiter als Verwaltungsratsmitglieder im Vergleich zu Betriebs-/Personalräten nicht dem Kündigungsschutz. Die Abhängigkeit vom Vorstand ist hier am größten. Dies hat in der Folge Auswirkungen auf das Verhalten und Entscheidungen der Mandatsträger (Klinger & Stille, 2007).[130] Eine detaillierte Darstellung der Problemstellungen

---

128 Klinger und Stille (2007) befassen sich daher mit der Frage nach den Anforderungen an die Mitglieder des idealtypischen Verwaltungsrates von Sparkassen. Diese werden mittels Abweichungsanalysen auf Basis des Sparkassenrechts Baden-Württemberg u. a. im Bereich Zeit, Motivation und Information analysiert und führen schliesslich zu Handlungsempfehlungen. Zu den Grenzen für den Träger öffentlich-rechtlicher Unternehmen siehe auch Siekmann (1995).

129 Im Vergleich fallen die Aufwandsentschädigungen für die Vertreter entgegen der Vergütungen der Aufsichtsräte der Privatbanken wesentlich niedriger aus (Klinger & Stille, 2007).

130 Genannt sei hier beispielhaft die Angst persönlicher Benachteiligungen aufgrund kritischer Äußerungen oder im Gegensatz dazu eine Relativierung und zu positive Betrachtung des Vorstandes (Klinger & Stille, 2007).

der Verwaltungsratsmitglieder findet sich in Tabelle 9. Zusammenfassend ist festzustellen, dass die Motivationen und Interessen der Verwaltungsratsmitglieder von unterschiedlicher Natur sind und sich auf die Effizienz der Kontrolltätigkeit auswirken.

Tabelle 9: Problemstellungen bei Verwaltungsratsmitgliedern

Eigenschaften	**Problemstellungen und Abweichungen in der Praxis**
Information: Zentrale Bedeutung für Steuerung und Kontrolle. Die Verantwortung für die Lieferung von Informationen obliegt dem Vorstand	• Der Vorstand als Lieferant der Information filtert diese gleichermaßen. Die Information erfolgt somit von dem Organ, welches gleichzeitig vom Verwaltungsrat kontrolliert wird. Dies führt zudem zu einer Abhängigkeit vom Vorstand • Inhomogener Stand der Informationen innerhalb der Verwaltungsräte. Dies ist eine Folge des unterschiedlichen Zugangs zu Informationen, wie unterschiedlichen Tätigkeiten der Mandatsträger etc. • Nicht ausreichende Nutzung von Informationsquellen im Alltag. Selten werden zusätzliche Informationen vom Vorstand angefordert.
Motivation: Idealtypischer Weise aktive Wahrnehmung des Amtes des Verwaltungsrats	• Doppelmandatsträger: das Mandat stellt meist nicht das Hauptziel der beruflichen Tätigkeit dar. Ausübung in Form eines Nebenamtes • Mitarbeitervertreter bewerben sich hingegen aktiv um das Mandat. Stärkere Betroffenheit von der Sparkassenentwicklung als bei anderen Mitgliedern des Verwaltungsrates. Mögliche Motivationen sind Status innerhalb der Bank oder die Aufwandsentschädigung • Risiko der Wahrnehmung der Tätigkeit als Pflichtaufgabe mit Auswirkungen auf Sitzungen des Verwaltungsrates
Zeitbudget: Durch die Themenvielfalt, zunehmende Komplexität und nicht delegierbare Tätigkeiten ist die Zeit knapper	• Doppelmandatsträger: Schwierigkeiten bei der Priorisierung der Termine. Motivation ist ggf. das Anstreben der Wiederwahl, welche Auswirkungen auf die Entscheidungen haben • Bei allen anderen Mandatsträgern kann es vorkommen, dass Termine der Sparkasse an zweiter Stelle stehen und Unternehmensterminen weichen müssen. • Mitarbeitervertreter haben zeitlich gesehen die geringsten Probleme

Eigenschaften	Problemstellungen und Abweichungen in der Praxis
Identifikation: Identifikation der Verwaltungsräte mit der Sparkasse. Voraussetzung hierfür ist das Wissen über Zweck und Ausrichtung der Sparkasse	• Bei Mitarbeitervertretern ist die Identifikation mit der Sparkasse am größten • Problematik in der Identifikation bei Doppelmandatsträgern: die Verlagerung der Geschäftsverbindung von einem Wettbewerber zur Sparkasse ist fraglich
Kognitive Fähigkeiten: Ausprägung der bankspezifischen Fachkenntnisse	• Bei Mitarbeitervertretern wird der beste Kenntnisstand erwartet. Aufgrund der Vielschichtigkeit der Tätigkeiten in einer Bank haben jedoch die wenigsten Mitarbeiter Kenntnisse im Aufsichtsrecht oder der Wirtschaftsanalyse • Bei den anderen Mandatsträgern werden betriebswirtschaftliche Kenntnisse konstatiert, jedoch gleichermaßen Defizite bei spezifischen Sparkassenthemen • Der Wissensvorsprung des Vorstands führt zu Defiziten in der Kontrolle durch den Verwaltungsrat
Interessenskonflikte: Interessenskonflikte entstehen durch die Einflussnahme persönlicher Interessen auf Entscheidungen des Gremiums. Sie schränken den Erfolg der Verwaltungsratsarbeit ein	• Doppelmandatsträger: mögliche Interessenskonflikte durch den Unterschied privater Interessen und der Auswirkungen von Entscheidungen auf die Gemeinde. Es bspw. besteht die Gefahr der Einwirkung auf die Kreditvergabe durch Entscheidungen aufgrund des Wunsches nach politischen Krediten für Unternehmer der Gemeinde. Interessenskonflikte existieren auch im Bereich Spenden und Sponsoring • Weitere Mitglieder: mögliche Auswirkungen von Entscheidungen auf das eigene Unternehmen • Mitarbeitervertreter: aufgrund der Abhängigkeit vom Vorstand existiert die Gefahr von zu positiven oder unkritischen Bewertungen, Angst vor Nachteilen oder der Angst vor den Auswirkungen von Entscheidungen auf den eigenen Arbeitsplatz. Mitarbeitervertreter genießen keinen Kündigungsschutz im Vergleich zu Personalräten

Quelle: Eigene Darstellung in Anlehnung an Klinger & Stille (2007).

5.4 Kreditbanken

Nach der detaillierten Betrachtung der Sektoren der Kreditgenossenschaften und der Sparkassen wird nachfolgend der letzte Sektor des Dreisäulensystems der deutschen Kreditwirtschaft betrachtet: die Kreditbanken. Zunächst findet in Abschnitt 5.4.1 eine generelle Darstellung des Sektors statt. Abschnitt 5.4.2 beschreibt die Organe sowie die Willensbildungs- und Zielfindungsprozesse der Kreditbanken mit der Rechtsform der Aktiengesellschaften. Abschnitt 5.4.3 betrachtet die Besonderheiten der Willensbildung der Gesellschaften mit beschränkter Haftung.

5.4.1 Die deutschen Kreditbanken

Die Großbanken und Regionalbanken entstanden vornehmlich im Verlauf der Industrialisierung zu Anfang der 70er Jahre des 19. Jahrhunderts. Zweck war die Finanzierung von Großunternehmen im Zuge des Ausbaues des Eisenbahnnetzes, welche durch Privatbankiers nicht sichergestellt werden konnte (Hansen, 2006; Krumnow et al., 2002). In der heutigen Zeit sind die Großbanken Universalbanken und decken die Bedürfnisse der Privatkunden ab. Sie sind überregional und teilweise international tätige Vollbanken, welche im Wesentlichen Großunternehmen, Staaten und Kommunen, Mittelstand und Privatkunden betreuen (Tolkmitt, 2007).

Die Anzahl aller Kreditbanken betrug im Jahr 2014 saldiert 276 Institute. Die Gruppe der Kreditbanken in Deutschland (oder „Privatbanken“, wie diese aufgrund ihrer privatwirtschaftlichen Führung genannt werden) untergliedert sich im Jahr 2014 in 4 Großbanken und 163 Regional- und Kreditbanken. Zur Gruppe der Regional- und Kreditbanken gehört auch die kleine Gruppe der 25 Privatbankiers. 109 Zweigstellen von Auslandsbanken gehören ebenfalls zum Sektor der Kreditbanken (Deutsche Bundesbank, 2015 b). Die Kreditbanken hatten im Jahr 2014 saldiert 10.369 Bankstellen[131] (Deutsche Bundesbank, 2015b) und 171.200 Mitarbeiter (AGVBanken, 2015b). Sie betreuen ca. 44 % des Geschäftsvolumens der gesamten Branche. Sowohl die Großbanken als auch die Regionalbanken sind mittelbar über die Regionalverbände Mitglied im Bundesverband deutscher Banken e. V. Der Bankenverband vertritt die Interessen der deutschen Kreditbanken. Er verwaltet u. a. deren Einlagensicherungsfonds.

---

131 Bankstellen = Zweigstellen + Kopfstellen. Die größte Abnahme bei den Zweigstellen der Kreditbanken hatten mit einer Reduktion von 167 Filialen im Jahr 2014 die 4 Großbanken zu verzeichnen. Per 31.12.2014 hatten diese 7.443 Filialen (Deutsche Bundesbank, 2015a).

Die Gruppe der Regionalbanken und der sonstigen Kreditbanken ist in sich äußerst heterogen (Stiele, 2008; Adrian & Heidorn, 2000). Dies zeigt sich nicht nur durch die verschiedenen Teilgruppen der Kreditbanken (Abschnitt 5.1), sondern auch durch die Größenunterschiede nach Bilanzsumme und die Anzahl der Bankstellen der verschiedenen Institute. Unterschiede zeigen sich weiterhin in der Regionalität: Regionalbanken sind auf der einen Seite Institute, welche als Universalbanken überwiegend begrenzt auf regionale Gebiete, mitunter lediglich mit einem Geschäftssitz vertreten sind (Stiele, 2008). Manche Regionalbanken sind jedoch im gesamten Geschäftsgebiet tätig (Adrian & Heidorn, 2000). In der Gruppe der Kreditbanken existieren sowohl lokal tätige, als auch international tätige Institute.

Abbildung 16: Anzahl der Kreditbanken nach Rechtsform im Jahr 2014

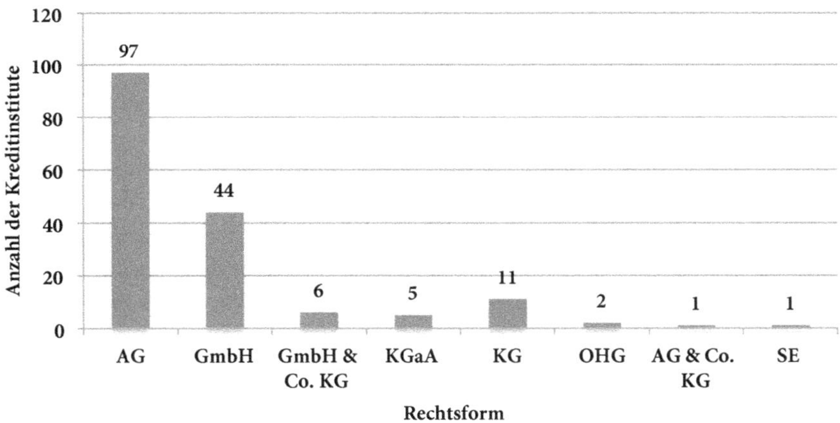

Quelle: Eigene Berechnung in Anlehnung an Deutsche Bundesbank (2015b). Die Kreditbanken beinhalten die Großbanken und die Regional- und sonstigen Kreditbanken (n=167).

Abbildung 16 zeigt als weiteres Indiz der Heterogenität des Sektors der Kreditbanken, dass zwischen den Kreditbanken auch Unterschiede in der Rechtsform existieren. Regionalbanken und sonstige Kreditbanken sind überwiegend Kapitalgesellschaften (Tolkmitt, 2007; Krumnow et al., 2002) und „firmieren in den Rechtsformen Aktiengesellschaft (AG), Kommanditgesellschaft auf Aktien (KGaA) oder Gesellschaft mit beschränkter Haftung (GmbH)“ (Betge, 1996, S. 75). Alle 4 Großbanken werden in der Rechtsform der Aktiengesellschaft geführt.[132] Sie sind „börsennotierte Publikumsgesellschaften“ (Krumnow et al., 2002, S. 641). Die Privatbankiers (auch „Bankhaus“ oder „Privatbank“) firmieren in der Rechtsform eines Einzelunternehmens oder einer Personengesellschaft (KG, OHG, GmbH & Co. KG) (Betge, 1996).[133]

Der wesentliche Unterschied zwischen den Kapitalgesellschaften und den Personengesellschaften besteht darin, dass die Personengesellschaften eine hohe Personenorientierung und Eigentümerfokussierung haben. Sie haften mit ihrem Gesamtvermögen. Bei Kapitalgesellschaften übernehmen die Kapitalgeber durch deren Einlage die Haftung (Schuster & Rüdt von Collenberg, 2015).

Aus Abbildung 16 ist ersichtlich, dass der überwiegende Teil der deutschen Kreditbanken in einer der Rechtformen der Kapitalgesellschaften, der Aktiengesellschaft oder der GmbH firmiert (Schalkowski & Wendt, 2011; Breuer & Breuer, 2008). Generell sind Kapitalgesellschaften „juristische Personen, die durch ihre Beauftragten (Vorstand bei Aktiengesellschaften bzw. Geschäftsführer bei GmbHs) handeln. Kapitalgesellschaften handeln immer durch ihre Geschäftsführer“ (Schuster & Rüdt von Collenberg, 2015, S. 20). Personengesellschaften kommen sehr selten vor, daher werden diese im Verlauf der Arbeit nicht näher betrachtet.

Die Rechtsform der GmbH wird bei mittelständischen bis kleinen Unternehmen favorisiert (Schuster & Rüdt von Collenberg, 2015; Breuer & Breuer, 2008). Kreditbanken sind stark im Wertpapier- und Auslandsgeschäft tätig: „in jenen Bereichen, in denen Sparkassen und Kreditgenossenschaften aufgrund ihrer geringen Betriebsgröße zu Kooperationen gezwungen sind“ (Breuer & Breuer, 2008, S. 46). Die Entwicklung der Kreditbanken hin zu Allfinanzunternehmen, welche neben ihrem originären Geschäft auch Versicherungs-, Bauspar- und Wertpapiergeschäfte anbieten, führt zu der Organisationsstruktur eines Konzernes mit zentralen Entscheidungsgremien, unter welchen dezentrale und nichtselbständige Organisationseinheiten bestehen.

Da die Kreditbanken zum größten Teil in der Rechtsform der Aktiengesellschaften firmieren (Hölscher & Dähne, 2014) und zudem einen Großteil aller Zweigstellen führen (Abschnitt 5.1), wird in dieser Arbeit für die Kreditbanken auf die Rechtsform der Aktiengesellschaft fokussiert. Die Rechtsform der GmbH und deren Besonderheiten werden aus Gründen der Vollständigkeit und der Darstellung der Heterogenität nicht mit dem gleichen Detaillierungsgrad dargestellt.

---

132 In Deutschland ist die vorherrschende Rechtsform für Großunternehmen die oft auch international tätige Aktiengesellschaft.

133 Seit der Novellierung des KWG im Jahr 1976 ist die Neugründung von Kreditinstituten in der Rechtsform des Einzelkaufmannes nicht mehr gestattet.

5.4.2 Willensbildung und Zielfindung in Aktiengesellschaften

Im Gegensatz zu den anderen beiden Säulen des Kreditgewerbes ist das übergeordnete Ziel einer Aktiengesellschaft die Erzielung von Gewinnen (Lell, 2008). Hierzu können die Kreditbanken regional unbeschränkt handeln (Lamprecht & Donschen, 2006). Aus Sicht der Aktionäre steht in Privatunternehmen die Rendite im Vordergrund. Die Art und Weise der Renditeerzielung ist für Privatunternehmen nicht von gehobener Bedeutung (Sander, 2008). Das Ziel der Gewinnmaximierung hat wie in diesem Abschnitt aufgezeigt wird Auswirkungen auf die Corporate Governance (Lamprecht & Donschen, 2006).

Die Organe einer Aktiengesellschaft (AG) setzen sich aus der Hauptversammlung, dem Aufsichtsrat und dem eigenverantwortlich handelnden Vorstand zusammen (Abbildung 17). Das Stimmrecht der Aktionäre richtet sich nach den Anteilen am Grundkapital. Die Beteiligung am Gewinn erfolgt in Form der Dividendenzahlung. Es gelten die aktienrechtlichen Vorschriften (AktG). Das formal bedeutendste Organ ist die jährlich stattfindende Hauptversammlung, welche aus dem Kreis der Aktionäre besteht. Entscheidungen werden überwiegend mit einfacher Mehrheit getroffen. Eine qualifizierte Mehrheit (meist Drei-Viertel-Mehrheit) wird u. a. bei Kapitalerhöhungen oder einer Änderung der Verfassung des Unternehmens benötigt. Die Hauptversammlung wählt aus dem Aktionärskreis für vier Jahre den Aufsichtsrat. Der Aufsichtsrat setzt sich aus von Aktionären und Arbeitnehmern gewählten Mitgliedern zusammen. Er ist das Kontrollorgan der Aktiengesellschaft. Der Aufsichtsrat bestellt den Vorstand, überwacht diesen und entlässt ihn falls nötig. Entscheidungen werden mit einfacher Mehrheit getroffen. Der Vorstand hat durch seine uneingeschränkte Vertretungsberechtigung die Leitung der Gesellschaft inne. Der Vorsitzende bzw. Sprecher des Vorstands und die weiteren Mitglieder werden vom Aufsichtsrat für maximal fünf Jahre gewählt. Vorstandsmitglieder müssen keine Aktionäre sein, dürfen aber nicht dem Aufsichtsrat angehören (Schuster & Rüdt von Collenberg, 2015). Dieses System mit der strikten Trennung von Aufsichtsrat und Vorstand wird als “Two-Tier-System” bezeichnet (Offenhammer, 2012).

Bei Aktiengesellschaften bestehen zeitlich unbefristete Residualansprüche in Form der Aktien. Durch die Aktienform ist die Teilbarkeit der Rechte gegeben und es existiert der Handel der Residualansprüche auf den Märkten. Halter dieser Rechte sind die Aktionäre, wobei das Management die Koordinationsrechte hat. Die Residualansprüche können von den Koordinationsrechten getrennt werden

(Fama & Jensen, 1983). Es besteht eine Trennung von Eigentum und Kontrolle.[134] Die Willensbildung gestaltet sich nach dem Mehrheitsprinzip der Anteile. Die Bewertung der Aktie erfolgt durch den Börsenkurs. Die Aktiengesellschaft haftet mit ihrem Grundkapital, so dass das Risiko der Aktionäre auf den bezahlten Aktienwert begrenzt ist. Abbildung 17 zeigt das Zusammenwirken der vorbenannten Organe der Aktiengesellschaften aus institutionenökonomischer Sicht.

Abbildung 17: Willensbildung in Aktiengesellschaften

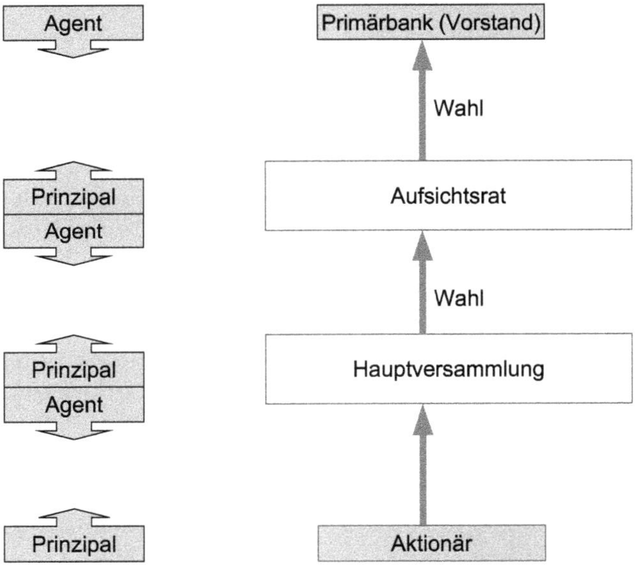

Quelle: Eigene Darstellung.

Der Aktionär (Eigentümer) der Aktiengesellschaft finanziert das haftende Eigenkapital und trägt somit das unternehmerische Risiko. Die Aktionäre treffen sich jährlich im Rahmen der Hauptversammlung. Die Hauptversammlung (Prinzipal) bestellt den Aufsichtsrat (Agent) zur Vertretung ihrer Interessen gegenüber dem Vorstand. Sie betraut den Aufsichtsrat und das Management (Agent) mit der Verfolgung der Ziele und überlässt diesen hierzu die entsprechenden Ressourcen (Budäus, 2008). Der Aufsichtsrat hat in seiner Funktion als Prinzipal die Aufgaben der Bestellung, Überwachung und Beratung des Vorstandes (Agent) und berichtet

134 Vgl. grundlegend zur Trennung von Eigentum und Kontrolle in Konzernen Fama und Jensen (1983).

in seiner eigenen Agentenfunktion an die Hauptversammlung. Er kontrolliert den Jahresabschluss. Der Aufsichtsrat grenzt durch seine Kontrolle und die Tatsache, dass wesentliche Entscheidungen für das Unternehmen abhängig von seiner Zustimmung sind, den Handlungsspielraum des Managements ein. Aus Abbildung 17 ist ersichtlich, dass die Prinzipal-Agenten-Beziehung der Aktiengesellschaft durch ihre 3 Stufen in der Willensbildung mehrstufig ist (Breuer & Breuer, 2008).

Aufgrund der dargestellten Trennung von Eigentum und Kontrolle existieren Probleme. Die Aktionäre sind bei der Aktiengesellschaft nicht bekannt, wodurch von Anonymität gesprochen wird (Schuster & Rüdt von Collenberg, 2015). Es besteht keine persönliche Bindung zwischen den Aktionären und der Unternehmensführung.

Die Kontrollfunktion besteht durch die Mehrstufigkeit der Prinzipal-Agenten-Beziehung lediglich in indirekter Form. Aufgrund der Delegation der Kontrolle werden Informationsasymmetrien konstatiert. Durch seine Marktnähe verfügt das Management über ein größeres Knowhow als die Aktionäre und Verbindungen, welche seiner persönlichen Zielerreichung dienlich sein können. Aus Sicht der Aktionäre dienen Anreiz- und Kontrollsysteme der Überwindung von Informationsasymmetrien und der Einschränkung von Opportunismus (Budäus, 2007). Aufgrund organisatorischer Schwierigkeiten (der großen Zahl der Eigentümer) sind die Aktionäre einer Publikumsgesellschaft nicht in der Lage, ihre Kontrollfunktion entsprechend wahrzunehmen (Wingendorf, 2005). Es besteht seitens der Aktionäre ein Mangel an Transparenz über das Verhalten und den Erfolg des Managements.

Die Prinzipal-Agenten-Beziehung der AG bietet aufgrund der beschriebenen Trennung von Eigentum und Kontrolle sowohl Vorteile, als auch Nachteile. Die Unabhängigkeit des Managements von dem Besitzwechsel der Eigentümer wirkt sich positiv auf die Unternehmenssteuerung aus. Demhingegen besteht die Gefahr, dass der Vorstand (Agent) andere Ziele als der Aktionär (Eigentümer und Prinzipal) anstrebt und Intressenskonflikte auftreten. Das Management kann versuchen, seinen Nutzen zulasten des Eigentümers zu maximieren. Diese Intressenskonflikte innerhalb der Kapitalgesellschaft haben direkte oder indirekte Agency-Kosten zur Folge. Die direkten Agency-Kosten beinhalten u. a. die Kosten der Überwachung des Managements und die nicht notwendigen -dem Managament einen Nutzen bringenden- Zusatzausgaben des Unternehmens. Die indirekten Agency-Kosten beinhalten Kosten des gesunkenen Gewinnes aufgrund nutzenmaximierender materieller oder immaterieller Verfügungen des Managements (Schuster & Rüdt von Collenberg, 2015).

5.4.3 Willensbildung und Zielfindung in Gesellschaften mit beschränkter Haftung

Wie in Abschnitt 5.4.1 dargestellt, firmiert der Großteil der Kreditbanken in der Rechtsform der AG. Der weitere Teil besteht aus Banken, welche in 7 verschiedenen Rechtsformen firmieren und bei denen die Rechtsform der GmbH den überwiegenden Anteil bildet. Daher wird aus Gründen der Vollständigkeit und zur Beantwortung der Hauptthese der Arbeit, dass sich die Bankengruppen grundlegend strukturell voneinander unterscheiden nachfolgend die Rechtsform der GmbH betrachtet.

Grundsätzlich werden den GmbHs Vorzüge gegenüber anderen Rechtsformen (insbesondere verglichen mit der AG) aufgrund ihrer Haftungsbechränkung auf die Einlage konstatiert. Gleichzeitig haben die GmbHs eine große Freiheit in der Gestaltung ihrer internen Organisation, niedrigere Verwaltungsaufwendungen und eine bedeutsamere Einwirkungsmöglichkeit ihrer Eigentümer (Ilter, 2015). Auf Basis der Freiheit in der Gestaltung haben sich verschiedene Formen der GmbH entwickelt. Nach Ilter (2015) werden die Erscheinungsformen der GmbH durch ihren Gesellschafterkreis in die Personalistische GmbH, die Ein-Personen GmbH, die Komplementär-GmbH, die Kapitalistische GmbH und die sonstigen Erscheinungsformen unterschieden. Diese Unterscheidung bedingt jeweils unterschiedliche Agentur-Konflikte.[135] Manche der genannten Erscheinungsformen der GmbH sind auch bei den Kreditbanken vertreten. So sind beispielsweise einige Privatbankiers in der Form der Komplementär-GmbH oder in Form einer Personalistischen GmbH[136] organisiert, die meisten Autobanken[137] haben die

135 Am häufigsten kommt in Deutschland die mittelständisch ausgerichtete Personalistische Form vor. Diese ist der Personengesellschaft sehr ähnlich, da oftmals die Gesellschafter selbst aktiv mitwirken und keine Mehrheitsbeteiligung besteht. Die oft familiären Beziehungen der Gesellschafter haben eine dem Vermögen übergeordnete Bedeutung (Ilter, 2015). Die Erscheinungsform der Ein-Personen-GmbH (auch Konzern-GmbH) zeichnet sich dem Namen nach durch lediglich einen natürlichen oder juristischen Gesellschafter aus. Diese Form ist aufgrund ihrer begrenzten Haftung und als „Rechtsform innerhalb von Unternehmensverbunden" (Ilter, 2015, S. 26) gebräuchlich. Die Komplementär-GmbH bezeichnet die „GmbH als Komplementärin einer GmbH & Co. KG" (Ilter, 2015, S. 26) und somit eine Sonderform der Kommanditgesellschaft (KG). Ziel ist die Beschränkung der Haftungsrisiken der hinter der Gesellschaft agierenden Personen. Die kapitalistische GmbH ist für den Betrieb von Konzernen geeignet. Durch ihre im Vordergrund stehende Vermögensbeteiligung rücken persönliche Beziehungen der Gesellschafter in den Hintergrund. Ein Wechsel im Bereich der Mitglieder ist eher möglich. Bei einer kapitalistischen GmbH kann eine größere Anzahl an Gesellschaftern bestehen, die auch aus anderen Gesellschaften bestehen können (Ilter, 2015).

136 Ein Beispiel ist das Bankhaus Rautenschlein als inhabergeführte unabhängige Privatbank in Familienhand.

137 Darunter BMW Bank GmbH, Honda Bank GmbH, TOYOTA Kreditbank GmbH, Volkswagen Bank Gesellschaft mit beschränkter Haftung.

Rechtsform der GmbH. Häufig sind die Gesellschafter juristische Personen und es ist eine sehr geringe Anzahl an Gesellschaftern vorhanden.

Bei allen Gesellschaften mit beschränkter Haftung ist die Rechtsgrundlage das GmbHG. Anteilseigner sind die Gesellschafter. Ihnen obliegt die Entscheidung der aktiven Einflussnahme auf die Geschäftspolitik oder der alleinigen Kapitalanlage. Hinsichtlich der Rechte der Gesellschafter werden Vermögensrechte (Gewinnanspruch, Entnahmerecht), Verwaltungsrechte (Stimmrecht, Teilnahmerecht), Kontroll- und Minderheitenrechte (Auskunfts- und Einsichtsrecht), sowie Sonderrechte (Vetorecht, Vorkaufsrecht) unterschieden (Jula, 2004).[138]

Die Organe der GmbH setzen sich wie in Abbildung 18 aufgezeigt wird aus der Gesellschafterversammlung dem Aufsichtsrat und der Geschäftsführung zusammen. Analog der Hauptversammlung der Aktiengesellschaft ist die Gesellschafterversammlung durch die Bündelung der Interessen der Gesellschafter das oberste Willensbildungsorgan. Sie stellt den Jahresabschluss fest, legt die Gewinnverwendung fest und bestellt und entlastet die Geschäftsführung. Beschlüsse werden grundsätzlich mit einfacher Stimmenmehrheit gefasst. Bei Satzungsänderungen ist eine Dreiviertel-Mehrheit notwendig (Schuster & Rüdt von Collenberg, 2015).

Abbildung 18: Willensbildung in Gesellschaften mit beschränkter Haftung

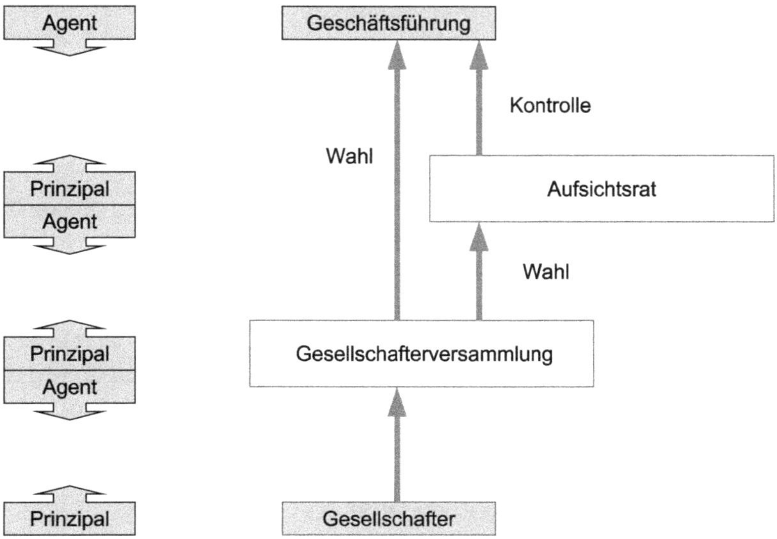

Quelle: Eigene Darstellung.

138 Zur Rechtsform der GmbH siehe weiterführend Jula (2004) und Ilter (2015).

Ein Aufsichtsrat existiert häufig nur bei großen GmbHs. Hat die GmbH mehr als 500 Arbeitnehmer, muss sie jedoch einen Aufsichtsrat bilden. Es gelten dann analog dem Aufsichtsrat der Aktiengesellschaft die aktienrechtlichen Vorschriften. Der Aufsichtsrat übernimmt die Kontrolle der Geschäftsleitung (Schuster & Rüdt von Collenberg, 2015). Die Geschäftsführung „kann, muss aber nicht durch Gesellschafter erfolgen" (Schuster & Rüdt von Collenberg, 2015, S. 24). Abhängig von der Existenz eines Aufsichtsrates ist die Prinzipal-Agenten-Struktur zweistufig oder dreistufig.

Je nach Form der GmbH sind innerhalb des Unternehmens auch unterschiedliche Agenturkonflikte vorhanden. Aufgrund des Weisungsrechtes nach § 45 Abs. 1 GmbHG haben die Gesellschafter einen großen Einfluss auf die Geschäftsführung, was die aufgrund der Trennung von Eigentum und Kontrolle entstehenden Agenturkonflikte verringert. Bei einer kleineren Personalistischen GmbH und der Ein-Personen-GmbH sind die Agenturkonflikte per se aufgrund der im Vergleich größeren Einheit von Eigentum und Kontrolle minimiert (Ilter, 2015). Die Prinzipal-Agenten-Konflikte steigen mit der Anzahl der Gesellschafter. Dann sind durch die Trennung von Eigentum und Kontrolle in der GmbH gleiche Probleme wie bei der Aktiengesellschaft zu konstatieren (Abschnitt 5.4.2).[139]

Als Kapitalgesellschaft herrscht bei beiden Rechtsformen eine Trennung von Eigentum und Kontrolle. Das Problem der Nutzenmaximierung des Vorstandes zu Lasten des Eigentümers aufgrund der Trennung von Eigentum und Kontrolle ist jedoch bei der GmbH geringer ausgeprägt, als bei der Aktiengesellschaft. Dies liegt an der begrenzten Anzahl an und der hohen Kontinuität bei Gesellschaftern mit entsprechend größerer Nähe zur Geschäftsführung. Die Inhaberschaft ist bei den AG anonymisiert (Schuster & Rüdt von Collenberg, 2015), dies ist bei der GmbH nicht der Fall. Die Kontrollmöglichkeiten eines einzelnen Aktionärs und das Einwirken auf die Unternehmensstrategie sind gering (Schuster & Rüdt von Collenberg, 2015), während diese bei den Gesellschaftern wie beschrieben größer ausgeprägt ist. Die Übertragung der Eigentumsanteile gestaltet sich bei den Aktiengesellschaften einfacher, denn diese sind frei übertragbar. Die GmbH-Anteile sind zwar frei veräußerbar oder vererbbar, es ist jedoch zu bedenken, dass für diese kein Markt existiert und somit auch der Wert des Unternehmens im Vergleich nicht leicht zu messen ist (Ilter, 2015). Abschließend ist zu konstatieren, dass Agenturkonflikte auch bei der Rechtsform der GmbH von Bedeutung sind. Sie sind jedoch von der jeweiligen Ausprägung der GmbH abhängig.

---

139 Dies ist insbesondere bei großen kapitalistischen GmbHs mit Fremdmanagement der Fall (Ilter, 2015).

Zusammengefasst zeigt sich nach der Betrachtung des Sektors der Kreditbanken insbesondere dessen Heterogenität. Innerhalb des Sektors unterscheiden sich die Institute hinsichtlich ihrer Rechtsform, der Ausrichtung des Geschäftsgebietes, ihres Kundenklientels und ihrer Größe. Die beiden am Häufigsten vorkommenden Rechtsformen der Kreditbanken (die AG und die GmbH) sind beide den Kapitalgesellschaften zuzuordnen. Selbst diese unterscheiden sich jedoch hinsichtlich ihrer Willensbildungsprozesse und der daraus resultierenden Prinzipal-Agenten-Probleme, sowie ihrer Struktur. Da die Rechtsform der Aktiengesellschaft unter vorgenannten Gründen (Marktanteile, Mehrheit der Filialen) unter den Kreditbanken vorherrschend ist, wird im nachfolgenden Vergleich der Bankengruppen der Schwerpunkt für die Kreditbanken auf die Rechtsform der Aktiengesellschaft gelegt, die Betrachtung der Rechtsform der GmbH findet an geeigneter Stelle statt.

5.5 Zwischenfazit: Vergleich der Sektoren der Kreditinstitute

Nach der Darstellung der drei Sektoren der deutschen Kreditwirtschaft werden diese im folgenden Abschnitt auf Basis institutionenökonomischer Grundlagen miteinander verglichen. Ziel ist es, die wesentlichen strukturellen Unterschiede und Gemeinsamkeiten der Bankengruppen herauszuarbeiten, um im weiteren Verlauf der Arbeit Rückschlüsse hinsichtlich des Veränderungsverhaltens ziehen zu können.

Auf der Eigentümerebene ist festzustellen, dass Eigentum und Kontrolle sowohl bei den Aktienbanken als auch bei Sparkassen und Kreditgenossenschaften getrennt sind. Bei den Kreditbanken ist dies bei einigen Erscheinungsformen der GmbH (bei der Ein-Personen-GmbH und den familiengeführten Privatbanken) nicht der Fall.

Bei den Kreditinstituten, bei denen Eigentum und Kontrolle getrennt sind, wird das angestellte Management je nach Rechtsform von den Aktionären, den Gewährträgern, den Mitgliedern oder Gesellschaftern mit der Unternehmensleitung beauftragt. Dies bedingt ursächlich die gleichen Probleme und Risiken für die betreffenden Bankengruppen (Köhne & Tebroke, 1995).[140] Eine Kontrolle des Managements verursacht bei allen Bankengruppen Kosten und wirkt somit wohlfahrtsmindernd (Breuer & Breuer, 2008).

Eine mehrstufige Prinzipal-Agenten-Beziehung findet sich in allen Bankengruppen, jedoch in unterschiedlichen Ausprägungen und mit unterschiedlichen Möglichkeiten der Einflussnahme der Kontrollorgane, Eigentümer und des Ma-

140 Siehe Abschnitte 5.2 bis 5.4. Bspw. sei hier das Moral-Hazard Risiko des Managements als Agent genannt (Köhne & Tebroke, 1995).

nagements. Die größte Anzahl an Prinzipal-Agenten-Beziehungen zwischen Eigentümer und Management besteht bei den Kreditgenossenschaften. Hintergrund ist, dass bei einer steigenden Zahl an Mitgliedern von der Generalversammlung zusätzlich eine Vertreterversammlung gewählt wird.

Die Bankengruppen unterscheiden sich insbesondere in der Art ihrer Eigentümer. Während bei den Kreditbanken die Aktionäre oder Gesellschafter die Eigentumsrechte haben, sind die Eigentümer der Sparkassen die öffentliche Hand (die Bürger) und bei den Kreditgenossenschaften die Mitglieder. Der Hauptunterschied liegt in diesem Bereich, wie in den vorangegangenen Abschnitten ausgeführt wurde, in den unterschiedlichen Motivationen, Machtpositionen und der Anzahl der Eigentümer, sowie den daraus resultierenden Konfliktsituationen. An dieser Stelle stellt sich die Frage nach den Verfügungsrechten, da deren Struktur die Ressourcennutzung beeinflusst (Blum et al., 2005) und sich maßgeblich auf die Transaktionskosten auswirkt (Göbel, 2004). Einen Vergleich der Verfügungsrechte der Bankengruppen nach den Trägern der Verfügungsrechte (Anzahl der Eigentümer) und dem Grad der Vollständigkeit der Verfügungsrechte zeigt Abbildung 19.

Abbildung 19: Verfügungsrechte der Eigentümer der Bankengruppen

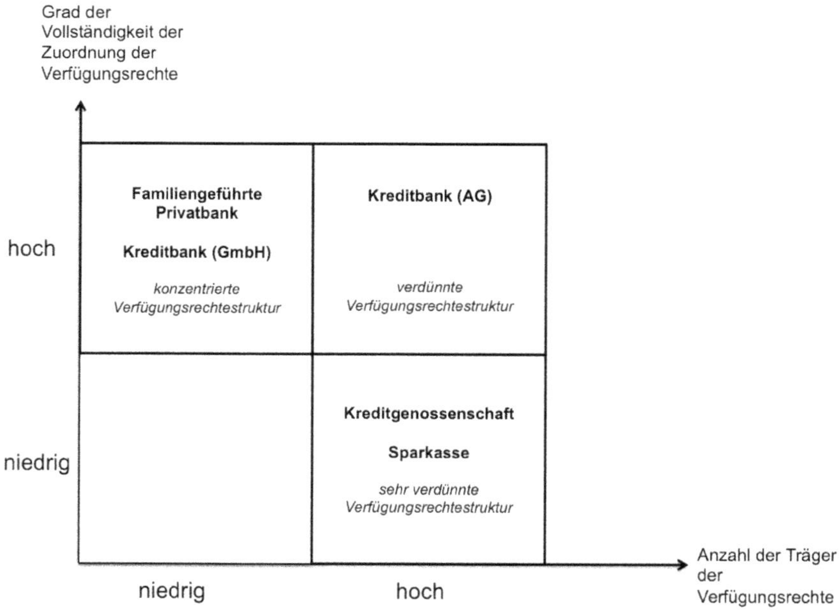

Quelle: Eigene Darstellung in Anlehnung Picot et al. (2008) und Lamprecht und Donschen (2006).

Die Verteilung der Verfügungsrechte hat eine Auswirkung auf das Verhalten der Individuen und auf den Wert der Ressource aus Eigentümersicht (Göbel, 2002).[141] Die verschiedenen rechtsformspezifischen Unterschiede haben Folgen für die Aufteilung der Verfügungsrechte auf die Unternehmensleitung, die Kunden und Eigentümer (Breuer & Breuer, 2008). Die Anzahl der Träger der Verfügungsrechte ist sowohl bei den Kreditgenossenschaften[142] als auch bei den Sparkassen[143] sowie den Kreditbanken in Form der AG (Aktionäre) hoch ausgeprägt (Picot, 1981). Die Anzahl der Verfügungsrechtsträger ist bei den familiengeführten Privatbanken und den Kreditbanken in der Rechtsform einer GmbH wie beschrieben gering ausgeprägt.

Die Verfügungsrechte gestalten sich umso verdünnter (der zu erzielende Nettonutzen ist umso geringer), je höher die Anzahl der Rechtsträger ist (Ebers & Gotsch, 2006). Nach dieser Betrachtung folgt der Schluss, dass sowohl bei den Kreditgenossenschaften als auch bei den Sparkassen eine sehr verdünnte Verfügungsrechtsstruktur vorliegt, während diese bei den Kreditbanken mit der Rechtsform der AG verdünnt ausgeprägt ist. Der wesentliche Unterschied liegt darin begründet, dass der Aktionär oder Gesellschafter seinen Anteil zuzüglich eventueller Wertsteigerungen verkaufen oder veräußern kann. Bei einem Mitglied einer Kreditgenossenschaft findet lediglich eine Rückgabe des Anteiles statt. Im Falle der Sparkasse besteht als Eigentümer gar keine Rückgabe- oder Veräußerungsmöglichkeit (Lamprecht & Donschen, 2006). Da nach Göbel (2002) die Verdünnung der Verfügungsrechte den Wert aus Eigentümersicht mindert, ist davon auszugehen, dass dies insbesondere bei den Sparkassen und Kreditgenossenschaften der Fall ist. Demensprechend sind bei diesen Bankengruppen aufgrund der größeren Verteilung der Verfügungsrechte höhere Transaktionskosten zu vermuten.[144] In der Unternehmenspraxis kann dem Nachteil der verdünnten

---

141 Siehe Abschnitt 4.1.3.

142 Die Einordnung der Kreditgenossenschaften geschieht vor dem Hintergrund, dass aufgrund der Vielzahl an Fusionen (Auerbach, 2009) die durchschnittliche Größe der Institute in den letzten Jahren gestiegen ist und die Zahl der Mitglieder pro Institut sehr groß sein kann.

143 An dieser Stelle wird vom Vergleich von Lamprecht und Donschen (2006) abgewichen. Dies geschieht unter der Annahme, dass bei den Sparkassen die Bürger die originären Prinzipale sind und der Träger als Agent der Bürger fungiert. Auch Lamprecht und Donschen (2006) räumen ein, dass diese Ansicht möglich ist. Wird der Gewährträger als Eigentümer definiert, so stellt sich die Anzahl der Verfügungsrechtsinhaber geringer dar und der Grad der Zuordnung der Verfügungsrechte ist als niedrig einzustufen.

144 Siehe Abschnitt 4.1.3.

Verfügungsrechte durch Anreizsysteme begegnet werden (Hungenberg, 1995). Die Kreditbanken in Form der GmbH haben durch die Trennung von Eigentum und Kontrolle eine eher konzentrierte Verfügungsrechtestruktur. Das Optimum der unverdünnten Verfügungsrechte findet sich nur bei den wenigen familiengeführten Privatbanken in Deutschland wieder.

Einen Vergleich der institutionellen Kontrollmechanismen der Bankengruppen und deren Wirkung auf das Management erstellen Köhne und Tebroke (1995) (Tabelle 10).[145]

Tabelle 10: Institutionelle Einwirkungs- und Kontrollmechanismen auf das Verhalten der Vorstände

	Sparkassen	**Kreditgenossenschaften**	**Aktienbanken**
Willensbildungsorgane der Eigentümer	–	O	O
Aufsichtsorgane	O	+	O
Jahresabschlussprüfung	–	–	O
Verbände	++	++	– –

Quelle: Köhne und Tebroke (1995, S. 332).
Kontrollwirkung: – – nicht möglich; – schwach; 0 mäßig; + befriedigend effizient; ++ gut

Hinsichtlich der Willensbildungsorgane der Eigentümer wirken sich bei den Sparkassen die indirekte Einflussmöglichkeit der Bürger und das fehlende Bewusstsein, dass diese im Rahmen der Wahlen ebenfalls über die Besetzung der Vertreter des Gewährträgers entscheiden, negativ aus. Im Gegensatz dazu haben die Aktionäre mit der Hauptversammlung ein direktes Willensbildungsorgan. In der Realität erfolgt häufig jedoch keine Ausübung der Rechte.[146] Das Willensbildungsorgan der Mitglieder der Kreditgenossenschaft ist die Vertreterversammlung. Die indirekte Einflussmöglichkeit der Mitglieder nach der Maßgabe „ein Anteil – eine Stimme" führt zu einer den Aktienbanken ähnlichen Situation der erschwerten Möglichkeit der Bildung von Mehrheiten, Free-Rider-Problemen

145 Bei den Kreditbanken wird ausschließlich die Rechtsform der Aktiengesellschaft betrachtet.

146 Gründe hierfür können der kleine Anteil am gesamten Kapital der Aktienbank und das Problem des fehlenden betriebswirtschaftlichen Hintergrundes der Aktionäre sein (Köhne & Tebroke, 1995). Es exisitert auch die Möglichkeit der Entstehung von Free-Rider-Problemen durch Kleinaktionäre, die keinen Gebrauch von ihren Verwaltungsrechten machen (Kallfass, 1992).

und der Transaktionskosten für die Mitglieder. Bei beiden Rechtsformen ist die Möglichkeit der Kontrolle des Managements wirkungsvoller als bei den Sparkassen (Köhne & Tebroke, 1995).[147] Im Bereich der Aufsichtsorgane wird sowohl den Sparkassen als auch den Aktienbanken eine funktionelle und personelle Überforderung des Verwaltungs- und Aufsichtsrats konstatiert. Bei den Kreditgenossenschaften wird die Kontrollfunktion des Aufsichtsrates dadurch eingeschränkt, dass die Kandidatenauswahl der Generalversammlung vom Management selbst vorgeschlagen wird. Die Generalversammlung wählt den Aufsichtsrat.

Neben den institutionellen Kontrollmechanismen wird bei Köhne und Tebroke (1995) auch die Effizienz der marktlichen Kontrollmechanismen betrachtet (Tabelle 11). Durch die Regionalität ist die Kontrollwirkung bei Sparkassen und Kreditgenossenschaften durch den Finanzdienstleistungsmarkt eingeschränkt. Die Anzahl der Wettbewerber ist gering. Aufgrund der Transaktionskosten bei dem Wechsel bzw. Austausch von Managern mittels des Arbeitsmarktes wird die Effizienz der Kontrolle bei allen Bankengruppen als schwach eingestuft.

Tabelle 11: Marktliche Kontrollmechanismen

	Sparkassen	**Kreditgenossenschaften**	**Aktienbanken**
Finanzdienstleistungs-markt	O	O	+
Markt für Manager	–	–	–
Kapitalmarkt	– –	– –	+
Markt für Unternehmenskontrolle	– –	– –	–

Quelle: Köhne und Tebroke (1995, S. 324).
Kontrollwirkung: – – nicht möglich; – schwach; 0 mäßig; + befriedigend effizient; ++ gut

Im Bereich der Kapitalmarktkontrolle wird konstatiert, dass sowohl bei den Sparkassen, als auch bei den Kreditgenossenschaften kein Handel an einem Sekundärmarkt existiert. Bei Aktienbanken hingegen werden die Anteile gehan-

147 Breuer und Breuer (2008) erstellen einen Vergleich der institutionellen Kontrollrechte. Im Gegensatz zu Köhne und Tebroke (1995) werden hier die Kommunen als Eigentümer der Sparkassen gesehen, wodurch die Beziehung von Verwaltungsrat und Management im Vordergrund steht. Breuer und Breuer (2008) kommen so zu dem Ergebnis, dass die Wirkung der institutionellen Kontrollmechanismen bei den Sparkassen aufgrund der Möglichkeit der Mitgestaltung der Unternehmenspolitik am größten ist und bei den Kreditgenossenschaften am geringsten.

delt und schränken so aufgrund der Bewertung den Handlungsspielraum des Managements ein. Der Markt für Unternehmenskontrolle wirkt bei Sparkassen und Kreditgenossenschaften aufgrund des vorbenannten fehlenden Handels von Anteilen am Eigenkapital nicht.[148] Auch bei den Aktienbanken wirkt dieser wegen wirtschaftlicher (Kosten) und normativer (Kartellrecht) Grenzen von Unternehmensübernahmen nur schwach (Köhne & Tebroke, 1995).

Köhne und Tebroke (1995) kommen insgesamt zu dem Schluss, dass sich bei Sparkassen und Kreditgenossenschaften verglichen mit den Aktienbanken aufgrund des größeren Umfanges im Bereich der Jahresabschlussprüfungen Vorteile ergeben. Zusätzlich existieren Geschäftsführungsprüfungen der jeweiligen Verbände. Im Bereich der institutionellen Kontrollmechanismen sind die Kreditgenossenschaften am besten aufgestellt und die Eigentümerinteressen werden am besten gewahrt, da die Mitglieder eine direktere Einflussmöglichkeit haben, als die Bürger und die Aktionäre.

Abschließend ist an dieser Stelle der Forschungsarbeit festzustellen, dass sich neben den Unterschieden im Bereich der Eigentümer, Verfügungsrechte und Kontrollwirkungen auch auf Unternehmensebene alle Bankengruppen hinsichtlich ihres Geschäftsmodells, Kundenklientels, Geschäftsgebietes und Portfolios voneinander unterscheiden. Tabelle 12 zeigt auf Basis der vorangegangenen Abschnitte den Vergleich der Strukturen der Bankengruppen.

Zusammenfassend ist ein wesentlicher Faktor zur Unterscheidung der Bankengruppen die Trennung von Eigentum und Kontrolle. Sowohl bei öffentlichen, als auch bei genossenschaftlichen Kreditinstituten findet eine Trennung von Eigentum und Kontrolle statt. Lediglich im Sektor der Kreditbanken kann es bei einzelnen Erscheinungsformen durch das Selbstmanagement nahezu zu einer Einheit von Eigentum und Kontrolle kommen. Im Vergleich bringt jedoch auch eine existierende Trennung von Eigentum und Kontrolle jeweils unterschiedliche Probleme mit sich (Siekmann, 1995). So ist bspw. die Einflussmöglichkeit des Verwaltungsrates der Sparkasse auf das Management verglichen mit dem Aufsichtsrat einer Aktienbank größer, da „er nicht nur über Kontrollrechte, sondern auch über Beschlusskompetenzen verfügt und darüber hinaus satzungsgemäß an Entscheidungen der Geschäftsführung beteiligt sein kann" (Breuer & Breuer, 2008, S. 47). Die Trennung von Eigentum und Kontrolle hat in allen Bankengruppen eine mehrstufige Prinzipal-Agenten-Beziehung zur Folge. Die bei der Rechtsform der GmbH stark geminderte Trennung zeigt sich in einer bei Wegfall eines Aufsichtsrates sehr kurzen Prinzipal-Agenten-Kette. Diese wirkt sich reduzierend auf die möglichen Agenturkonflikte aus.

148 Ein Handel der Gesellschaftsanteile findet auch bei der GmbH nicht statt.

Tabelle 12: Struktureller Vergleich der Bankengruppen

	Kreditbanken		**Kreditgenossenschaften**	**Sparkassen**
Rechtsform	**GmbH**	**AG**	**eG**	**AdöR**
Organstruktur	• 2 bis 3-stufig (je nach Existenz eines Aufsichtsrates)	• 3-stufig	• 3-stufig bis 4-stufig (je nach Existenz einer Vertreterversammlung)	• 3-stufig
Eigentümerebene				
Eigentümer	• Gesellschafter (Familienmitglieder, juristische Personen)	• Institutionelle und private Anleger (Streubesitz)	• Mitglieder	• Träger sind kommunale Gebietskörperschaften; dahinter stehen die Bürger
Haftung	• Begrenzte Haftung	• Begrenzte Haftung	• Unbegrenzte bzw. begrenzte Haftung (nach Satzung, Haftsummenzuschlag)	• Nach Wegfall der Gewährträgerhaftung haftet der Haftungsverband der Sparkassen-Finanzgruppe. Haftung ist auf Sparkassenvermögen begrenzt
Ziele	• je nach Erscheinungsform der GmbH eher langfristig oder eher kurzfristig	• eher kurzfristig, Quartalsfokus • Shareholder-Gedanke; Kapitalmarktorientierung Maximierung des Unternehmenswertes	• eher langfristig • wirtschaftliche Förderung der Mitglieder (Förderauftrag)	• eher langfristig • Bürgerinteresse als Orientierung (öffentlicher Auftrag)

	Kreditbanken		Kreditgenossenschaften	Sparkassen
Rechtsform	**GmbH**	**AG**	**eG**	**AdöR**
Aufsichtsrat und Beirat				
Ausgestaltung des Aufsichtsorgans	• abhängig von der Existenz eines Aufsichtsrates • bei familiengeführten Privatbanken Kontrolle durch die Familienmitglieder	• abhängig von der Rechtsform • interne und externe Mitglieder • Jahresabschluss durch unabhängigen Wirtschaftsprüfer	• Überwachung gemäß §38 GenG • Organmitglieder sind Mitglieder der Genossenschaft • zusätzlich: General- oder Vertreterversammlung beschließt die Satzung, entscheidet über elementare Fragen gesellschaftlicher Natur • Externe Kontrollorgane: Aufsicht und Jahresabschlussprüfung, Geschäftsführungsprüfung	• Organmitglieder sind i. d. R. Arbeitnehmervertreter, Bürger, Verwaltungsbeamte und Mitglieder der Vertreterversammlung des Trägers. Besonderheit: Doppelmandatsträger • Externe Kontrollorgane: Aufsicht und Jahresabschlussprüfung, Geschäftsführungsprüfung
Managementebene				
Management	• je nach Erscheinungsform der GmbH Selbstmanagement oder Fremdmanagement	• Fremdmanagement (Trennung von Eigentum und Kontrolle)	• Fremdmanagement (Trennung von Eigentum und Kontrolle) • Manager sind zusätzlich gleichzeitig Mitglieder	• Fremdmanagement (Trennung von Eigentum und Kontrolle)
Identifikation mit dem Unternehmen	• Aufgrund der Aufgabe, ggf. familiärer oder persönlicher Bindung der Gesellschafter	• Aufgrund der Aufgabe und Verantwortung	• Aufgrund der Aufgabe und Verantwortung, Mitgliedschaft und regionaler Bindung	• Aufgrund Aufgabe und Verantwortung und regionaler Bindung

	Kreditbanken		Kreditgenossenschaften	Sparkassen
Rechtsform	**GmbH**	**AG**	**eG**	**AdöR**
Unternehmensebene				
Geschäftsmodell/ Portfolio/ Hauptkundenkreis	• je nach Historie und Erscheinungsform diverse z. T. spezialisierte Geschäftsfelder • regionale, sowie internationale Institute • Je nach Spezialisierung unterschiedliche Schwerpunkte bei dem Kundenklientel	• diverse Geschäftsfelder • Überregional, z. T. international • Schwerpunkt: gehobenes Firmenkunden-/Privatkundengeschäft und Wertpapierhandel • Hauptkunden: Großunternehmen und vermögende Privatkunden	• diverse Geschäftsfelder • regional • Konzentration auf den Mittelstand/ • Retailgeschäfte • Regionalprinzip • Hauptkunden: Privatpersonen und KMU	• diverse Geschäftsfelder • regional • Konzentration auf den Mittelstand / Retailgeschäfte • Regionalprinzip • Hauptkunden: Privatpersonen und KMU
Organisationen, Strukturen, Rechtsform	• kleines Filialnetz • eher geringe Anzahl an Hierarchieebenen • GmbH • häufig durch die Eigentümerstruktur an einen Konzern gebunden	• breites Filialnetz • große Anzahl an Hierarchieebenen • AG • Konzernstruktur: zentrale Entscheidungseinheit an der Spitze, darunter nicht selbständige Einheiten	• breites Filialnetz • geringe Anzahl an Hierarchieebenen • eG • mehrstufiges Verbundsystem: Entscheidungsmacht dezentraler Einheiten	• breites Filialnetz • geringe Anzahl an Hierarchieebenen • zumeist AdöR. Es gibt aber auch freie Sparkassen in privatrechtlicher Rechtsform • mehrstufiges Verbundsystem: Entscheidungsmacht dezentraler Einheiten

Quelle: Eigene Darstellung in Anlehnung an Schalkowski und Wendt (2011).

Die Bankengruppen unterscheiden sich hinsichtlich des Zieles ihres Geschäftsbetriebes elementar voneinander. Die Sparkassen unterscheiden sich von den Kreditbanken im Wesentlichen dadurch, dass „die Erzielung von Gewinn nicht der Hauptzweck des Geschäftsbetriebes" ist (vgl. z. B. § 3 Abs. 3 des Sparkassengesetzes von Nordrhein-Westfalen). Die Struktur der Ziele von Kreditbanken wird mit der Steigerung des Unternehmenswertes gemessen, während die Ziele öffentlicher Unternehmen vielschichtiger sind.[149] Beispielhaft seien neben der rein wirtschaftlichen Betrachtung die Sicherung der Beschäftigung, die Wirtschaftsförderung und der öffentliche Auftrag genannt (Institut für den öffentlichen Sektor, 2008). Die Verfügungsrechte über den Jahresabschluss unterscheiden die Rechte eines Aktionärs erheblich von der Trägerschaft: Es ist gesetzlich verankert, dass die Gewinnmaximierung nicht der Kern der unternehmerischen Tätigkeit[150] ist (Böhm-Dries et al., 2011). Während aus Sicht der Aufsichtsräte der Kreditbanken der Wert der Aktien und die Dividende im Vordergrund stehen, betrachtet der Verwaltungsrat der Sparkasse neben ökonomischen Zielen auch die Erfüllung des öffentlichen Auftrages (Klinger & Stille, 2007). Der Unterschied in der Zielstruktur wirkt sich auf den zeitlichen Horizont wie folgt aus: Bei den Aktiengesellschaften herrscht aufgrund der Kapitalmarktorientierung und des Shareholder-Gedanken ein Quartalsfokus (Heraeus, 2010). Bei den Kreditgenossenschaften ist der Zielfokus hingegen aufgrund des Förderauftrages langfristig angelegt. Das Gleiche ist bei den Sparkassen aufgrund des öffentlichen Auftrages und den familiengeführten Privatbanken aufgrund der Historie und familiären Bindung der Fall.

Bei der Betrachtung des Geschäftsmodelles, des Portfolios und der Kundenstruktur zeigen sich weiterhin wesentliche Unterschiede bei den Bankengruppen. Allein innerhalb des Sektors der Kreditbanken existiert ein sehr heterogenes Bild. Die großen Aktiengesellschaften sind überregional und teilweise international tätig. Kleine AGs sind wie die GmbHs auch regional aktiv und auf spezielle Kundengruppen oder Tätigkeitsgebiete fokussiert. Die Sparkassen und Kreditgenossenschaften sind strikt regional begrenzt tätig. Aktiengesellschaften haben ihren Schwerpunkt sowohl im gehobenen Firmenkunden- und Privatkundengeschäft,

149 Siekmann (1995) konstatiert den Sparkassen konkurrierende Ziele und unterteilt diese in in Sachziele (öffentlicher Auftrag) und die wirtschaftlichen Formalziele. Eine ungenaue Definition der Sachziele bietet Freiheiten der Zieldefinition für das Management.

150 In der Praxis ist jedoch die Erzielung von Gewinnen notwendig, da die Eigenmittel der Sparkassen überwiegend durch Gewinnthesaurierung generiert wurden (Böhm-Dries et al., 2011).

als auch im Wertpapiergeschäft. Hauptkunden sind Großunternehmen. Sparkassen und Kreditgenossenschaften konzentrieren sich hingegen auf den Mittelstand und die Geschäfte mit den Privatkunden. Ein weiteres Unterscheidungskriterium ist die durchschnittliche Institutsgröße (Abschnitt 5.1). Während die Kreditgenossenschaften durchschnittlich kleine Institute haben, sind die Sparkassen gemessen an dem Geschäftsvolumen im Durchschnitt größer. Die Kreditbanken sind heterogen aufgestellt und weisen sowohl sehr große, als auch sehr kleine Institute auf. Gemessen an dem Geschäftsvolumen haben sie jedoch im Schnitt die größten Kreditinstitute. Alle Bankengruppen decken fast zu gleichen Teilen mit ihren Bankstellen das Geschäftsgebiet ab. Auf Basis der vorangegangenen Betrachtungen ist zusammenfassend zu konstatieren, dass Kreditgenossenschaften und Sparkassen sowohl hinsichtlich ihrer Verteilung der Verfügungsrechte, als auch der Kontrollmechanismen die größten Übereinstimmungen unter den Bankengruppen aufweisen. Weiterhin haben Kreditgenossenschaften und Sparkassen vor allem in den ländlichen Regionen sehr hohe Marktanteile, während die Großbanken verstärkt in den Ballungsregionen vertreten sind (Tolkmitt, 2007). Die den beiden Bankengruppen gemeinsame historische Dezentralität wirkt sich reduzierend auf potenzielle Informationsasymmetrien aus. Dem steht auf der anderen Seite gleichermaßen der Verlust von Effizienz aufgrund nicht erreichbarer Skaleneffekte entgegen (Noack, 2009). Die Produktion der Finanzdienstleistungen erfolgt bei beiden Bankengruppen im Rahmen eines FinanzVerbundes (Breuer & Breuer, 2008).

In der Summe zeichnen sich die Sparkassen und Kreditgenossenschaften durch eine vergleichsweise hohe Homogenität innerhalb ihrer Sektoren aus (Auerbach, 2009). Der Sektor der Kreditbanken zeigt sich hingegen mit einer in sich äußerst heterogenen Struktur, sei es in seinen Rechtsformen, seinen Tätigkeitsgebieten, und seinem Kundenklientel oder in seiner Eigentümerstruktur.

Der vorangegangene Abschnitt diente der institutionenökonomischen Analyse des deutschen Bankensektors. Er zeigt anhand institutionenökonomischer Grundlagen neben relevanten Kennzahlen auch die Wesensmerkmale und die Willensbildungsprozesse in den Sparkassen, den Kreditgenossenschaften und den Kreditbanken. Es wurden weiterhin wesentliche Unterschiede sowie Gemeinsamkeiten in den Strukturen dargestellt. Hierfür war im vorangegangenen Teil der Arbeit die Beschreibung relevanter Strukturen zur Differenzierung grundlegend da gemäß Scholl (2004) der Zustand von Organisationen unter anderem durch die Organisationsziele, die Struktur, die Form und die Kultur beschrieben werden kann. Dies lässt darauf schließen, dass institutionelle Unterschiede auch die Veränderungsprozesse beeinflussen.

6 Zentrale Ergebnisse und Hypothesenbildung

Der nachfolgende Abschnitt führt die Erkenntnisse der theoretischen Überlegungen der Abschnitte 2 bis 5 der vorliegenden Arbeit zusammen. Hierzu wird zunächst eine Übersicht über die angenommen Ausprägungen der Strukturmerkmale der Bankengruppen erstellt. Danach werden diese auf Basis der in Abschnitt 3.3 aufgezeigten optimalen Strukturausprägungen für Unternehmensveränderungen, Innovativität und Flexibilität eingeordnet. Im Anschluss werden die zur Beantwortung der Forschungsfrage relevanten Hypothesen aufgestellt.

6.1 Zusammenführung der Erkenntnisse

Die Beschreibung der Entscheidungsprozesse sowie der Agenturkonflikte der Bankengruppen im vergangenen Abschnitt dient als Grundlage für die nachfolgende Einordnung der Strukturausprägungen der Bankengruppen. Gemäß Kieser und Walgenbach (2010) liegt ein Schwerpunkt empirischer Forschungsarbeiten zur Beschreibung von Organisationsstrukturen in der Analyse der Situationsvariable „Größe" (Abschnitt 3.1.1). Einen auf den Ergebnissen des Abschnitts 5.1 basierenden Überblick über die Größenverhältnisse der verschiedenen Bankengruppen gibt Tabelle 13.

Tabelle 13: Situationsdimension Größe nach Bankengruppen im Jahr 2014

Kriterien	**Kreditbanken**	**Sparkassen**	**Kreditgenossenschaften**
Anzahl der Institute	276	425	1.049
Bilanzsumme	3.758.585	2.206.954	1.069.126
Zweigstellen	10.251	12.367	12.319
Durchschnittliche Anzahl der Zweigstellen pro Institut	37	29	12
Anzahl der Beschäftigten	171.200	240.146	158.700
Durchschnittliche Anzahl der Beschäftigten pro Institut	620	565	151

Quelle: Eigene Darstellung und Berechnung in Anlehnung an AGVBanken (2015b), Deutsche Bundesbank (2015a) und BVR (2015b).

Generell kann die Größe von Unternehmen an verschiedenen Faktoren gemessen werden (Mitarbeiteranzahl, betriebswirtschaftliche Kennzahlen etc.). In der Forschung wird die Organisationsgröße an der Mitarbeiteranzahl gemessen. Dies wird auch in der vorliegenden Arbeit so gehandhabt. Es ist festzustellen, dass der Sektor der Kreditbanken gemessen an der Anzahl der Institute die durchschnittlich größte Mitarbeiteranzahl, gefolgt von dem Sektor der Sparkassen und zuletzt dem Sektor der Kreditgenossenschaften (mit der kleinsten Anzahl der Beschäftigten pro Institut) aufweist.[151] Diese Erkenntnis bildet eine wesentliche Grundlage für die sich anschließende Einordnung der Ausprägung der Strukturmerkmale der Bankengruppen. Bezüglich der Unterschiede in den Strukturausprägungen ist auf Basis der Tabelle 14 anzunehmen, dass Sparkassen und Kreditgenossenschaften sowie einige Erscheinungsformen der Kreditbanken hinsichtlich der in Abschnitt 3.1.1 vorgestellten Forschungsarbeiten zur Organisationsumwelt von Burns und Stalker (1961) aufgrund ihrer geringen Anzahl an Hierarchieebenen und dem vermeintlich geringeren Ausmaß an formalen Regelungen eine eher organische Organisationsstruktur aufweisen, während bei den Aktienbanken eine eher mechanistische Struktur vermutet wird.

Tabelle 14 zeigt auf Basis der gewonnenen Erkenntnisse die vermuteten Ausprägungen der Strukturmerkmale bei den einzelnen Bankengruppen. Die „Partizipation" der Mitarbeiter wird auf Basis der Erkenntnisse des Abschnitts 5 der vorliegenden Forschungsarbeit eingestuft. Hierbei haben aufgrund der verwaltungsinternen Kontrollmechanismen die Arbeitnehmer der Sparkasse die geringste Möglichkeit der Einflussnahme auf die Willensbildung. Da die Mitarbeiter einer Kreditgenossenschaft gleichzeitig in der Regel in ihrer Funktion als Mitglied und Kunde am Willensbildungsprozess teilnehmen, wird konstatiert, dass der Partizipationsgrad verglichen mit den anderen Bankengruppen am größten ist.[152]

151 Diese Größenverteilung zeigt sich nicht nur in der eben erwähnten Durchschnittsbildung, sondern auch in der jährlich vom Bankenverband veröffentlichten Liste der einhundert größten Kreditinstitute, welche von den Kreditbanken (insbesondere den Großbanken) gefolgt von den Sparkassen angeführt wird, während genossenschaftliche Institute fast gar nicht vertreten sind (Bankenverband, 2013).

152 Die Begründung, dass Mitarbeiter einer Kreditgenossenschaft überwiegend gleichzeitig Kunde und Mitglied ihrer Bank sind, ergibt sich aus dem Arbeitsverhältnis selbst. Es ist anzunehmen, dass Gehaltszahlungen lediglich auf Konten bei der Bank selbst und nicht zu Fremdbanken überwiesen werden. Auch eventuelle finanzielle Vorteile der Mitarbeiter bei der Nutzung der hauseigenen Finanzprodukte verbunden mit einer Mitgliedschaft legen eine Kundenbeziehung nahe. Die Mitgliedschaft ist grundsätzlich mit dem Erwerb eines Geschäftsanteils verbunden. Die Höhe ist in der Satzung der jeweiligen Bank geregelt. Diese ist oftmals nicht sehr hoch, so dass sie keine große Hürde für eine Mitgliedschaft eines Kunden oder Mitarbeiters darstellt. Dies zeigt die große Zahl von mehr als 18 Mio. Mitgliedern der Kreditgenossenschaften in Deutschland (Volksbanken Raiffeisenbanken, 2016).

Aufgrund der dominierenden Machtposition der Gesellschafter wird innerhalb der Kreditbanken bei den GmbHs eine eher geringe Möglichkeit der Partizipation vermutet.

Die „Entscheidungsdelegation" wird bei den Aktienbanken aufgrund ihrer Organisationsgröße „hoch" eingestuft, da mit steigender Größe einer Organisation auch die Notwendigkeit zur Delegation von Entscheidungen steigt. Das Management kann nicht mehr alle Entscheidungen selbst treffen (Kieser & Walgenbach, 2010).

Bei der Einordnung der Strukturmerkmale ist zu bedenken, dass lediglich verallgemeinernde Annahmen über die Ausprägungen getroffen werden können, da sich wie beschrieben auch innerhalb der einzelnen Sektoren die Kreditinstitute voneinander unterscheiden. Alleine bei den Kreditbanken existieren aufgrund der Heterogenität der Institute innerhalb der Rechtsform der GmbH erhebliche Unterschiede. Die verallgemeinernde Einordnung der Gruppe der GmbHs geschieht unter der Annahme, dass die Kreditinstitute in der Rechtsform der GmbH in der Regel weniger Mitarbeiter haben, und somit in die Kategorie vergleichsweise kleiner Institute einzuordnen sind.

Tabelle 14: Ausprägungen der Strukturmerkmale der Bankengruppen

Strukturmerkmale	**Kreditbanken**		**Sparkassen**	**Kreditgenossenschaften**
	GmbH	**AG**		
Macht: Leitungsspanne	Groß bis sehr groß	Klein	Mittel bis groß	Groß
Macht: Entscheidungsdelegation	Sehr gering	Hoch	Eher gering	Gering
Macht: Partizipation	Gering	Sehr gering	Mittel	Mittel
Spezialisierung: Arbeitsteilung	Gering	Hoch	Mittel	Gering
Spezialisierung: Autonomie	Gering	Gering	Mittel	Mittel
Koordination: Standardisierung	Gering	Hoch	Mittel	Mittel
Koordination: Planung	Zentral	Zentral	Eher dezentral	Dezentral
Formalisierung	Mittel	Sehr hoch	Hoch	Hoch

Quelle: Eigene Darstellung.

Nach der Einordnung der Ausprägung der Strukturmerkmale der Bankengruppen erfolgt ein Vergleich mit den in Abschnitt 3.3 gewonnenen Erkenntnissen optimaler Strukturausprägungen für Veränderung, Innovation und Flexibilität (Tabelle 15). Die Übersicht spiegelt die Annahme des vergangenen Abschnitts 5.5 vergleichsweise ähnlich ausgeprägter struktureller Merkmale bei den Sparkassen und den Kreditgenossenschaften wider. Es ist zu vermuten, dass sowohl die Sparkassen, als auch die Kreditgenossenschaften aufgrund ihrer strukturellen Ausprägungen in der Summe ein Vorteil aufgrund günstigerer organisationaler Voraussetzungen für gelungene Unternehmensveränderungen, Innovationen und Flexibilität gegenüber der in sich sehr heterogenen Gruppe der Kreditbanken haben.

Tabelle 15: Vergleichende Einordnung der Bankengruppen hinsichtlich Veränderung, Innovativität und Flexibilität

Strukturmerkmale	**Kreditbanken**		**Sparkassen**	**Kreditgenossen-schaften**
	GmbH	**AG**		
Macht: Leitungsspanne	+	– –	+	+
Macht: Entscheidungsdelegation	O	+	O	O
Macht: Partizipation	O	O	–	+
Spezialisierung: Arbeitsteilung	O	–	O	+
Spezialisierung: Autonomie	–	–	+	+
Koordination: Standardisierung	O	–	O	O
Koordination: Planung	O	–	+	+
Formalisierung	O	–	–	–

Quelle: Eigene Darstellung. 5-stufige Likert-Skala: – – (starker Nachteil) bis ++ (starker Vorteil).

Zusammenfassend werden bei den Sparkassen und den Kreditgenossenschaften in der Summe günstigere Voraussetzungen für Innovativität und Flexibilität erwartet, als bei dem heterogenen Sektor der Kreditbanken. Inwiefern diese vermeintlich besseren Voraussetzungen für aktive Unternehmensveränderungen von den genannten Bankengruppen genutzt werden, wird im Zuge der empirischen Analyse in Teil III der vorliegenden Forschungsarbeit untersucht.

6.2 Formulierung der Hypothesen

Ziel der vorangegangenen Abschnitte der Forschungsarbeit war es, ein möglichst umfassendes Bild der für Veränderungen, Innovativität und Flexibilität bedeutsamen Einflussfaktoren zu zeichnen. Hierzu sind unterschiedliche theoretische Ansätze zur Erklärung von Veränderungsprozessen beschrieben worden. In einem zweiten Schritt wurden die strukturellen Merkmalsunterschiede der Sektoren der Kreditinstitute analysiert, um im Nachgang Rückschlüsse zu den Voraussetzungen für die Bewältigung von Unternehmensveränderungen zu ziehen.

Das Ziel der vorliegenden Arbeit ist die Beschreibung und Analyse potenzieller struktureller Unterschiede der deutschen Bankengruppen und deren Wirkung auf die Veränderungsfähigkeit, Innovativität und Flexibilität. Aus diesem Grund ist die Auswahl eines geeigneten Veränderungsprozesses, welcher gleichermaßen Innovativität und Flexibilität von den Bankengruppen verlangt, für einen empirischen Vergleich notwendig. Es ist zur Beantwortung der Forschungsfrage wesentlich für das Problem der Neuartigkeit (Abschnitt 2.1.2) einen Bezugsrahmen zu finden. Aufgrund der Vergleichbarkeit soll der Prozess nachweisbar in allen Banken der deutschen Kreditwirtschaft vorkommen und bei allen Sektoren der Kreditinstitute eine hohe Priorität haben. Aus diesem Grund wird für die vorliegende Forschungsarbeit die „Umsetzung der Vereinbarkeit von Beruf und Familie" in den Kreditinstituten als Vergleichsprozess ausgewählt. Dies geschieht vor dem Hintergrund, dass das deutsche Kreditgewerbe das Thema als wesentliche Herausforderung der kommenden Jahre für die gesamte Branche ansieht. In einer Pressemitteilung vom 16.12.2011 konstatierten alle Verbände der deutschen Kreditwirtschaft das gemeinsame Ziel der Bewältigung der Anforderungen der „Vereinbarkeit von Beruf und Familie" für das deutsche Kreditgewerbe (Bankenverband, AGVBanken, 2011). Hierzu brachten das Bundesfamilienministerium und die Spitzenverbände der Kreditbranche, sowie das Netzwerkbüro „Erfolgsfaktor Familie" ein Positionspapier heraus (BMFSFJ, 2011). In der vorliegenden Arbeit wird anhand dieser Thematik überprüft, inwiefern sich die Bankengruppen in der Umsetzung von konkreten Veränderungsprozessen, in der Bewältigung, Innovativität und Flexibilität unterscheiden.

Ziel dieses Abschnittes ist es, basierend auf den theoretischen Erkenntnissen über Unternehmensveränderungen, Innovativität und Flexibilität sowie den Erkenntnissen über die verschiedenen strukturellen Unterschiede zwischen den Sektoren der Kreditinstitute konkrete Hypothesen abzuleiten. Hierzu werden zunächst die zentralen Themenbereiche dargestellt. Abbildung 20 zeigt die für die Beantwortung der Forschungsfrage relevanten Themenbereiche und deren Faktoren. Zunächst werden Indikatoren für Unternehmensveränderungen gebildet.

Diese basieren auf den Erkenntnissen des Abschnittes 2 der Arbeit. Weiterhin werden die Variablen der Organisationssituation, sowie die Variablen der Strukturmerkmale überprüft. Beide Themenbereiche basieren auf den Erkenntnissen der Abschnitte 3 und 4 der Arbeit. In einem letzten Schritt werden zur Testung der Veränderungsfähigkeit, Innovativität und Flexibilität Indikatoren der konkreten Umsetzung des Prozesses der „Vereinbarkeit von Beruf und Familie“ in den Bankengruppen gebildet.

Abbildung 20: Themenbereiche der Hypothesen

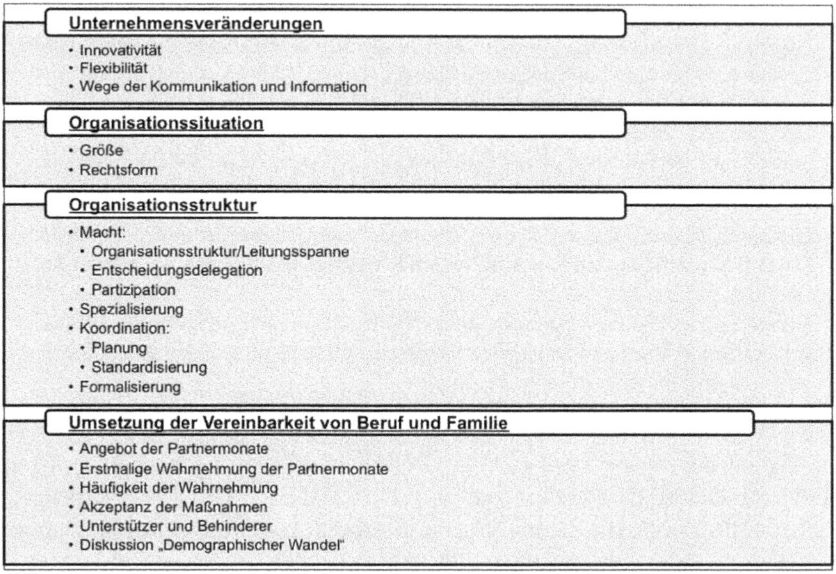

Quelle: Eigene Darstellung.

Gemäß der vorangegangenen Analyse des Abschnittes 5 wird bei den verschiedenen Sektoren der Kreditinstitute eine Vielzahl an strukturellen Unterschieden angenommen. Diese wurden in Abschnitt 6.1 den optimalen Strukturausprägungen für Veränderung, Innovativität und Flexibilität gegenübergestellt. Im Ergebnis stand die Annahme unterschiedlich günstiger Voraussetzungen der einzelnen Bankengruppen zur Bewältigung oder Initiierung aktiver Unternehmensveränderungen (Tabelle 15). Auf diesen Erkenntnissen beruhen die nachfolgenden Hypothesen.

Ist in den nachfolgend formulierten Hypothesen von Innovativität die Rede, so wird darunter die Einschätzung der Innovativität durch die Mitarbeiter des

Kreditinstitutes und die konkrete Umsetzung von innovativen Maßnahmen im Bereich der Vereinbarkeit von Beruf und Familie verstanden, so nicht explizit einer der beiden Bezugspunkte genannt ist. Wird weiterhin von Flexibilität gesprochen, so ist ausschließlich die Einschätzung selbiger durch die Mitarbeiter der Kreditinstitute gemeint.

Hypothesen zu Unternehmensveränderungen:

> Hypothese 1.1: *„Die Sektoren der Kreditinstitute unterscheiden sich hinsichtlich der Innovativität. Dabei sind die sowohl die Sparkassen als auch die Kreditgenossenschaften innovativer als Kreditbanken."*
> Hypothese 1.2: *„Die Bankengruppen unterscheiden sich in ihrer Rechtsform hinsichtlich der Innovativität. Dabei sind sowohl die Rechtsformen der AdöR als auch die der eG innovativer als die Rechtsformen der AG oder der GmbH."*
> Hypothese 1.3: *„Je höher die Innovativität der eigenen Bank eingeschätzt wird, desto mehr Maßnahmen zur Vereinbarkeit von Beruf und Familie werden in den Kreditinstituten angeboten."*

> Hypothese 2.1: *„Die Sektoren der Kreditinstitute unterscheiden sich in der Flexibilität. Dabei sind sowohl die Sparkassen als auch die Kreditgenossenschaften flexibler als Kreditbanken."*
> Hypothese 2.2: *„Die Bankengruppen unterscheiden sich in ihrer Rechtsform hinsichtlich der Flexibilität. Dabei sind sowohl die Rechtsformen der AdöR als auch die der eG flexibler als die Rechtsformen der AG oder der GmbH."*

Beide vorgenannte Hypothesen basieren auf den Ausführungen in Abschnitt 2.1 und darauf, dass eine weitere wichtige Größe bei Veränderungen die Ausprägung der Flexibilität ist, da diese Innovationen fördert (Elke, 1999; Kieser & Walgenbach, 2010). Es besteht daraus folgend die Annahme eines Zusammenhanges zwischen der Innovativität und der Flexibilität bei den Kreditinstituten.

> Hypothese 3: *„Es existiert ein Zusammenhang zwischen Innovativität und Flexibilität bei den Kreditinstituten. Je innovativer ein Kreditinstitut ist, desto flexibler ist dieses."*

Im Verlauf der theoretischen Fundierung der Arbeit wurde in Abschnitt 3.2.2 konstatiert, dass bei Unternehmensveränderungen Kommunikation und Information wesentlich für das Gelingen anzusehen sind (BMFSFJ, 2014). Diese dienen u. a. bei der Gestaltung von Veränderungsprozessen dem Abbau von Widerständen und der Befähigung bei dem Umgang mit den Veränderungen (Elke, 1999; Ulich, 2001; Schweiger & DeNisi, 1991). Weiterhin bewirken sie eine Steigerung der Mitarbeitermotivation (Bowers & Hausser, 1977; Gebert, 1976).

> Hypothese 4.1: *„Die Bankengruppen unterscheiden sich hinsichtlich ihres Sektors in der Intensität der Nutzung der Kommunikations- und Informationswege. Sparkassen und*

Kreditgenossenschaften nutzen mehr Wege der Information und Kommunikation als Kreditbanken."
Hypothese 4.2: „Die Bankengruppen unterscheiden sich hinsichtlich ihrer Rechtsform in der Intensität der Nutzung der Kommunikations- und Informationswege. AdöRs und eGs nutzen mehr Wege der Information und Kommunikation als AGs und GmbHs."
Hypothese 4.3: „Innovativere Kreditinstitute nutzen mehr Wege der Kommunikation und Information als weniger innovative Kreditinstitute."
Hypothese 4.4: „Flexiblere Kreditinstitute nutzen mehr Wege der Kommunikation und Information als weniger flexible Kreditinstitute."
Hypothese 4.5: „Es existieren Zusammenhänge bzw. Unterschiede zwischen der Nutzung der Kommunikations- und Informationswege und den Strukturmerkmalen „Leitungsspanne", „Partizipation" sowie „Planung"."

Hypothesen zur Organisationssituation:

Auf Basis der Analyse der Sektoren der Kreditinstitute besteht die Annahme, dass sich diese wesentlich in ihrer internen Organisationssituation unterscheiden. Es werden an dieser Stelle explizit gegenwartsbezogene Faktoren der internen Situation betrachtet.[153] Für die Untersuchung der Organisationssituation werden als Variablen die Organisationsgröße und die Rechtsform betrachtet (Abb. 3). Aus den theoretischen Überlegungen der vorangegangenen Abschnitte ergeben sich zunächst folgende Hypothesen zur Organisationsgröße:

Hypothese 5.1: „Es existiert ein Zusammenhang zwischen dem Sektor der Kreditinstitute und der Größe."
Hypothese 5.2: „Es existiert ein Zusammenhang zwischen der Rechtsform der Kreditinstitute und der Größe."
Hypothese 5.3: „Es existiert ein Zusammenhang zwischen der Größe der Kreditinstitute und der Innovativität. Je größer die Kreditinstitute sind, desto weniger innovativ sind diese."
Hypothese 5.4: „Es existiert ein Zusammenhang zwischen der Größe der Kreditinstitute und der Flexibilität. Größere Kreditinstitute sind weniger flexibler als kleinere Kreditinstitute."
Hypothese 5.5: „Es existiert ein Zusammenhang zwischen der Größe der Kreditinstitute und Nutzung der Kommunikations- und Informationswege. Mit steigender Größe der Kreditinstitute steigt auch die Anzahl genutzter Kommunikations- und Informationswege."

Das zweite betrachtete Merkmal der Organisationssituation ist die Rechtsform der Kreditinstitute. Die nachfolgende Hypothese dient der Überprüfung, inwiefern sich die verschiedenen Rechtsformen der Kreditinstitute (Abb. 3) in den forschungsrelevanten Strukturmerkmalen (Abschnitt 3.2 und 3.3) unterscheiden:

153 Siehe Abschnitt 3.1.2.

Hypothese 6: *„Die Bankengruppen unterscheiden sich in ihrer Rechtsform hinsichtlich ihrer Strukturmerkmale."*

Hypothesen zur Organisationsstruktur:

Die Annahmen über die strukturellen Unterschiede zwischen dem Sektor und der Rechtsform der Bankengruppen wurden in Tabelle 15 zusammengefasst. Es besteht auf Basis der theoretischen Analyse in Abschnitt 3 die Grundannahme, dass der Grad an Innovativität und Flexibilität mit der Ausgestaltung der Strukturmerkmale zusammenhängt.

Die Leitungsspanne definiert die Anzahl untergebener Mitarbeiter. Je größer die Leitungsspanne ist, desto weniger Hierarchieebenen werden benötigt (Abschnitt 3.2.3). Es wird angenommen, dass sowohl Sparkassen als auch Kreditgenossenschaften eine vergleichsweise eher „flache Hierarchie" (große Leitungsspanne) haben. Weiterhin wird vermutet, dass zwischen der Leitungsspanne und den Indikatoren für Unternehmensveränderung Zusammenhänge existieren. Hierauf beruhen folgende Hypothesen:

Hypothese 7.1: *„Es besteht ein Zusammenhang zwischen der Leitungsspanne und dem Sektor der Kreditinstitute."*
Hypothese 7.2: *„AGs haben unter den Bankengruppen den größten Anteil kleiner Leitungsspannen und GmbHs den größten Anteil großer Leitungsspannen."*
Hypothese 7.3: *„Es besteht ein Zusammenhang zwischen der Leitungsspanne und der Größe der Organisation. Kreditinstitute mit einer geringen Anzahl an Mitarbeitern haben größere Leitungsspannen als Kreditinstitute mit einer größeren Anzahl an Mitarbeitern."*
Hypothese 7.4: *„Innovativere Kreditinstitute haben größere Leitungsspannen."*
Hypothese 7.5: *„Flexiblere Kreditinstitute haben größere Leitungsspannen."*

Die Recherchen in Abschnitt 3.2.4 haben ergeben, dass zentralisierte Entscheidungen die Reaktionszeit erhöhen und die Arbeitswege verlängern (Hafen et al., 2000). Hierdurch werden die Innovativität und die Flexibilität eingeschränkt (Ulich, 2001; Frei et al., 1996). Je größer die Anzahl an dezentralen Betriebseinheiten ist, desto dezentraler werden Entscheidungen getroffen (Child, 1972). Die größte Anzahl dezentraler Einheiten und somit auch der größte Grad an Entscheidungsdelegation wird bei den Kreditbanken auf Basis ihrer durchschnittlichen Größe und Anzahl der Zweigstellen der Bankengruppen vermutet (Abschnitt 6.1).

Hypothese 8.1: *„Die Bankengruppen unterscheiden sich hinsichtlich der Entscheidungsdelegation."*
Hypothese 8.2: *„Der Grad der Entscheidungsdelegation ist bei den Kreditbanken am größten ausgeprägt."*

Hypothese 8.3: *„Es existiert ein Zusammenhang zwischen Innovativität und Entscheidungsdelegation. Innovativere Kreditinstitute weisen einen höheren Grad an Entscheidungsdelegation auf."*
Hypothese 8.4: *„Es existiert ein Zusammenhang zwischen Flexibilität und Entscheidungsdelegation. Flexiblere Kreditinstitute weisen einen höheren Grad an Entscheidungsdelegation auf."*

Das Recht der Mitarbeiter an der Teilnahme an den Willensbildungsprozessen wird in Abschnitt 3.2.2 und Abschnitt 6.1 betrachtet. Da die Mitarbeiter einer Kreditgenossenschaft gleichzeitig in ihrer Funktion als Mitglied und Kunde am Willensbildungsprozess teilnehmen, wird angenommen, dass die Partizipation der Mitarbeiter dort im Vergleich zu den anderen Bankengruppen am größten ist. Generell werden zwischen dem Grad an Partizipation und der Innovativität und Flexibilität Zusammenhänge vermutet. Aus diesen Annahmen heraus ergeben sich folgende Hypothesen:

Hypothese 9.1: *„Die Bankengruppen unterscheiden sich hinsichtlich der Partizipation. Der Grad an Partizipation ist bei den Kreditgenossenschaften am stärksten ausgeprägt."*
Hypothese 9.2: *„Es existiert ein Zusammenhang zwischen Partizipation und Innovativität. Je größer der Grad an Partizipation, desto innovativer sind die Kreditinstitute."*
Hypothese 9.3: *„Es existiert ein Zusammenhang zwischen Partizipation und Flexibilität. Je größer der Grad an Partizipation, desto flexibler sind die Kreditinstitute."*

Ein weiteres forschungsrelevantes Strukturmerkmal ist die Spezialisierung (Abschnitt 3.2.5). Kreditbanken haben die durchschnittlich größte Anzahl an Mitarbeitern (Tab. 13). Es wird daher angenommen, dass der Grad der Arbeitsteilung verglichen mit den anderen Institutsgruppen am größten und der Grad der Autonomie wiederum am geringsten ausgeprägt ist. Generell werden zwischen der Spezialisierung (Arbeitsteilung und Autonomie) und den Indikatoren für Unternehmensveränderungen (Abschnitt 8.1) Zusammenhänge vermutet. Es werden nachfolgende Hypothesen aufgestellt:

Hypothese 10.1: *„Die Bankengruppen unterscheiden sich hinsichtlich der Spezialisierung. Der Grad der Arbeitsteilung ist bei den Kreditbanken am stärksten und der Grad der Autonomie am niedrigsten ausgeprägt."*
Hypothese 10.2: *„Es gibt einen Zusammenhang zwischen Innovativität und Spezialisierung. Innovativere Kreditinstitute weisen einen niedrigeren Grad an Spezialisierung auf."*
Hypothese 10.3: *„Es gibt einen Zusammenhang zwischen Flexibilität und Spezialisierung. Flexiblere Kreditinstitute weisen einen niedrigeren Grad an Spezialisierung auf."*
Hypothese 10.4: *„Es gibt einen Zusammenhang zwischen der Spezialisierung und der Nutzung der Kommunikations- und Informationswege."*

Eine dezentrale Planung durch mehrere Funktionsträger über die Hierarchieebenen hinweg fördert die Eigenständigkeit und Flexibilität (Ulich, 2001). Es wird angenommen, dass große Unternehmen Veränderungsprozesse dezentraler planen als kleinere Unternehmen. Aus diesen Erkenntnissen ergeben sich folgende Hypothesen:

Hypothese 11.1: „Es existiert ein Zusammenhang zwischen der Zentralität der Planung der Maßnahmen zur Vereinbarkeit von Beruf und Familie und dem Sektor der Kreditinstitute. Kreditbanken planen dezentraler als die anderen Kreditinstitute."
Hypothese 11.2: „Es existieren Unterschiede zwischen der Innovativität und der Zentralität der Planung. Je innovativer ein Kreditinstitut ist, desto dezentraler ist die Planung."
Hypothese 11.3: „Es existieren Unterschiede zwischen der Flexibilität und der Zentralität der Planung. Je flexibler ein Kreditinstitut ist, desto dezentraler ist die Planung."

Der Grad der Standardisierung beschreibt die Anzahl immer gleich verlaufender Prozesse in Unternehmen. Eine hohe Standardisierung hemmt sowohl die Innovativität als auch die Flexibilität (Abschnitt 3.2.5). Es wird angenommen, dass sich die Bankengruppen in dem Grad ihrer Standardisierung unterscheiden. Weiterhin wird vermutet, dass Zusammenhänge zwischen der Standardisierung und den Indikatoren für Unternehmensveränderungen bestehen. Hierauf beruhen die folgenden Hypothesen:

Hypothese 12.1: „Die Bankengruppen unterscheiden sich hinsichtlich der Standardisierung."
Hypothese 12.2: „Innovativere Kreditinstitute weisen einen niedrigeren Grad an Standardisierung auf."
Hypothese 12.3: „Flexiblere Kreditinstitute weisen einen niedrigeren Grad an Standardisierung auf."
Hypothese 12.4: „Stärker standardisierte Kreditinstitute nutzen mehr Wege der Kommunikation und Information."

Der Grad der Formalisierung beschreibt die schriftliche Fixierung der Regeln der Organisation. Es wird angenommen, dass sich die Bankengruppen in dem Grad ihrer Formalisierung unterscheiden und weiterhin Zusammenhänge zwischen der Formalisierung und den Indikatoren für Unternehmensveränderungen bestehen:

Hypothese 13.1: „Die Bankengruppen unterscheiden sich hinsichtlich der Formalisierung."
Hypothese 13.2: „Es existiert ein Zusammenhang zwischen Formalisierung und Innovativität. Je größer der Grad an Formalisierung, desto flexibler sind die Kreditinstitute."
Hypothese 13.3: „Es existiert ein Zusammenhang zwischen Formalisierung und Flexibilität. Je größer der Grad an Formalisierung, desto weniger flexibel sind die Kreditinstitute."
Hypothese 13.4: „Es existiert ein Zusammenhang zwischen Formalisierung und der Nutzung der Kommunikations- und Informationswege. Je größer der Grad an Formalisierung, desto mehr Wege der Kommunikation und Information werden genutzt."

Hypothesen zur Umsetzung der Vereinbarkeit von Beruf und Familie

Zum 01.01.2007 wurden mit dem Elterngeld auch die sogenannten „Partnermonate" eingeführt. Dabei hat der Partner zu den 12 Monaten Elterngeld des Antragstellers Anspruch auf 2 weitere Monate. Nachfolgend existiert die Annahme, dass innovativere und flexiblere Kreditinstitute bereits vor der gesetzlichen Initiierung die Partnermonate angeboten haben. Hieraus ergeben sich nachfolgende Hypothesen:

> <u>Hypothese 14.1</u>: *„Es existiert ein Zusammenhang zwischen dem Angebot der Partnermonate schon vor der gesetzlichen Einführung und dem Sektor der Kreditinstitute."*
> <u>Hypothese 14.2</u>: *„Es existieren Unterschiede zwischen dem Angebot der Partnermonate vor dem Stichtag und der Innovativität. Die Kreditinstitute, welche die Möglichkeit der Partnermonate bereits vor der gesetzlichen Einführung angeboten haben, sind auch innovativer als Kreditinstitute, die das Angebot nicht gemacht haben."*
> <u>Hypothese 14.3</u>: *„Es existieren Unterschiede zwischen dem Angebot der Partnermonate vor dem Stichtag und der Flexibilität. Die Kreditinstitute, welche die Möglichkeit der Partnermonate bereits vor der gesetzlichen Einführung angeboten haben, sind auch flexibler als Kreditinstitute, die das Angebot nicht gemacht haben."*
> <u>Hypothese 14.4</u>: *„Es existieren Unterschiede zwischen dem Angebot der Partnermonate vor dem Stichtag und der Nutzung der Kommunikations- und Informationswege. Die Kreditinstitute, welche die Möglichkeit der Partnermonate bereits vor der gesetzlichen Einführung angeboten haben, nutzen mehr Wege der Kommunikation und Information als Kreditinstitute, die das Angebot nicht gemacht haben."*

Im Folgenden besteht basierend auf der Einführung der Partnermonate die Vermutung, dass sich die erstmalige Wahrnehmung der Partnermonate bei den Sektoren der Kreditinstitute unterscheidet. Dieser Indikator dient als Indiz für die erfolgreiche Umsetzung der gesetzlichen Neuerung durch die Kreditinstitute. Es wird angenommen, dass bei einer früheren Nutzung durch die Mitarbeiter bereits früher eine Veränderung aktiv unternehmensseitig initiiert oder beworben wurde.

> <u>Hypothese 15.1</u>: *„Die Bankengruppen unterscheiden sich hinsichtlich des Zeitpunktes der erstmaligen Wahrnehmung der Partnermonate durch männliche Angestellte voneinander".*
> <u>Hypothese 15.2</u>: *„Es existieren Zusammenhänge zwischen dem Zeitpunkt der erstmaligen Wahrnehmung der Partnermonate durch männliche Mitarbeiter und der Innovativität. Die Kreditinstitute, in denen männliche Mitarbeiter bereits früher die Partnermonate erstmalig wahrgenommen haben, sind auch innovativer als Kreditinstitute, in welchen der Zeitpunkt der erstmaligen Wahrnehmung später erfolgt ist."*
> <u>Hypothese 15.3</u>: *„Es existieren Zusammenhänge zwischen dem Zeitpunkt der erstmaligen Wahrnehmung der Partnermonate durch männliche Mitarbeiter und der Flexibilität. Die Kreditinstitute, in denen männliche Mitarbeiter bereits früher die Partnermonate erstmalig wahrgenommen haben, sind auch flexibler als Kreditinstitute, in welchen der Zeitpunkt der erstmaligen Wahrnehmung später erfolgt ist."*

Hypothese 15.4: „Es existieren Zusammenhänge zwischen dem Zeitpunkt der erstmaligen Wahrnehmung der Partnermonate durch männliche Mitarbeiter und der Nutzung der Kommunikations- und Informationswege. Die Kreditinstitute, in denen männliche Mitarbeiter bereits früher die Partnermonate erstmalig wahrgenommen haben, nutzen mehr Kommunikations- und Informationswege als Kreditinstitute, in welchen der Zeitpunkt der erstmaligen Wahrnehmung später erfolgt ist."

Einhergehend mit der Frage der erstmaligen Wahrnehmung der Partnermonate stellt sich auch die Frage nach der generellen Häufigkeit der Wahrnehmung der Elternzeit über die 2-monatigen Partnermonate hinaus als Indikator für die Akzeptanz und die Umsetzung in den Kreditinstituten. Auch hier werden Unterschiede zwischen den Sektoren der Kreditinstitute erwartet. Weiterhin wird angenommen, dass die Wahrnehmung einen maßgeblichen Zusammenhang mit den Indikatoren der Unternehmensveränderungen aufweist.

Hypothese 16.1: „Es besteht ein Zusammenhang zwischen der Häufigkeit der Wahrnehmung der Elternzeit durch männliche Angestellte über die 2-monatigen Partnermonate hinaus und den Sektoren der Kreditinstitute."
Hypothese 16.2: „Es existieren Zusammenhänge zwischen der Häufigkeit der Wahrnehmung der Elternzeit durch männliche Angestellte über die 2-monatigen Partnermonate hinaus und der Innovativität. Die Kreditinstitute, in denen männliche Mitarbeiter häufiger die Partnermonate wahrnehmen, sind auch innovativer als Kreditinstitute, in welchen die Wahrnehmungsquote niedriger ist."
Hypothese 16.3: „Es existieren Zusammenhänge zwischen der Häufigkeit der Wahrnehmung der Elternzeit durch männliche Angestellte über die 2-monatigen Partnermonate hinaus und der Flexibilität. Die Kreditinstitute, in denen männliche Mitarbeiter häufiger die Partnermonate wahrnehmen, sind auch flexibler als Kreditinstitute, in welchen die Wahrnehmungsquote niedriger ist."
Hypothese 16.4: „Es existieren Zusammenhänge zwischen der Häufigkeit der Wahrnehmung der Elternzeit durch männliche Angestellte über die 2-monatigen Partnermonate hinaus und der Nutzung der Kommunikations- und Informationswege. Die Kreditinstitute, in denen männliche Mitarbeiter häufiger die Partnermonate wahrnehmen, nutzen auch mehr Wege der Kommunikation und Information der angebotenen Maßnahmen zur Vereinbarkeit von Beruf und Familie."

Nach der Betrachtung der konkreten Veränderung aufgrund der gesetzlichen Initiierung der Partnermonate wird in übergeordneter Perspektive die Akzeptanz aller in den Kreditinstituten angebotenen Maßnahmen betrachtet. Diese werden im Rahmen der Befragung als Indikator für Innovativität erhoben. Hierbei wird die Akzeptanz als Indikator für eine erfolgreiche Unternehmensveränderung gesehen.

Hypothese 17.1: „Es existiert ein Zusammenhang zwischen der Akzeptanz der Maßnahmen zur Vereinbarkeit von Beruf und Familie und dem Sektor der Kreditinstitute."

Hypothese 17.2: „Es existiert ein Zusammenhang zwischen der Akzeptanz der Maßnahmen zur Vereinbarkeit von Beruf und Familie und der Innovativität. Je höher die Akzeptanz der Maßnahmen in den Kreditinstituten ist, desto innovativer sind die Kreditinstitute."
Hypothese 17.3: „Es existiert ein Zusammenhang zwischen der Akzeptanz der Maßnahmen zur Vereinbarkeit von Beruf und Familie und der Flexibilität. Je höher die Akzeptanz der Maßnahmen in den Kreditinstituten ist, desto flexibler sind die Kreditinstitute."
Hypothese 17.4: „Es existiert ein Zusammenhang zwischen der Akzeptanz der Maßnahmen zur Vereinbarkeit von Beruf und Familie und der Nutzung der Kommunikations- und Informationswege. Je höher die Akzeptanz der Maßnahmen in den Kreditinstituten ist, desto mehr Wege der Kommunikation und Information werden genutzt."

Im Zuge der theoretischen Analyse wurde die Bedeutung des Faktors „Macht" in Organisationen herausgearbeitet. Diese findet sich auch in den analysierten Willensbildungsprozessen der Bankengruppen wieder. Hierauf basierend wird angenommen, dass sich der Einfluss der Macht auf das Gelingen von Veränderungsprozessen am konkreten Beispiel der Vereinbarkeit von Beruf und Familie zeigt. Es werden nachfolgende Hypothesen aufgestellt:

Hypothese 18.1: „Es existiert ein Zusammenhang zwischen den Personengruppen der Unterstützer und dem Sektor der Kreditinstitute".
Hypothese 18.2: „Es existiert ein Zusammenhang zwischen den Personengruppen der Behinderer und dem Sektor der Kreditinstitute".
Hypothese 18.3: „Es bestehen Unterschiede zwischen der Anzahl der Personengruppen der Unterstützer und dem Sektor der Kreditinstitute. Bei den Sparkassen und Kreditgenossenschaften unterstützen mehr Personengruppen die Maßnahmen als bei den Kreditbanken".
Hypothese 18.4: „Es bestehen Unterschiede zwischen der Anzahl der Personengruppen der Behinderer und dem Sektor der Kreditinstitute. Bei den Kreditbanken behindern mehr Personengruppen die Maßnahmen als bei den Sparkassen und Kreditgenossenschaften".
Hypothese 18.5: „Je mehr Personengruppen die Maßnahmen bis zu ihrer Implementierung unterstützen, desto innovativer sind die Kreditinstitute".
Hypothese 18.6: „Je mehr Personengruppen die Maßnahmen bis zu ihrer Implementierung unterstützen, desto mehr Wege der Kommunikation und Information werden genutzt".
Hypothese 18.7: „Es existiert ein Zusammenhang zwischen den Personengruppen der Unterstützer, sowie der Behinderer und der Akzeptanz der Maßnahmen zur Vereinbarkeit von Beruf und Familie. Je mehr Parteien die Maßnahmen bis zu ihrer Implementierung unterstützen, desto größer ist die Akzeptanz der Maßnahmen".

Im Bundestag bestand zwischen 1992 und 2002 eine Enquéte-Kommission „Demographischer Wandel – Herausforderungen unserer älter werdenden Gesellschaft an den Einzelnen und die Politik". Im Jahr 2002 legte die Enquéte-Kommission ihren Abschlussbericht der Auswirkungen des demographischen Wandels auf den Einzelnen und die Gesellschaft vor. Vor diesem Hintergrund stellte sich die Frage, inwiefern Kreditinstitute das Thema „Demographischer

Wandel“ als Zeichen des Bewusstseins über Trends schon früher aufgegriffen haben, als andere Bankengruppen. Nur Unternehmen, welche Trends frühzeitig aufgreifen, können diesen auch aktiv begegnen.

> *Hypothese 19.1*: *„Es existiert ein Zusammenhang zwischen dem Zeitpunkt der erstmaligen Diskussion des Themas „Demographie“ und dem Sektor der Kreditinstitute. Bei den Sparkassen und den Kreditgenossenschaften wurde das Thema schon früher diskutiert“.*
> *Hypothese 19.2*: *„Es existiert ein Zusammenhang zwischen dem Zeitpunkt der erstmaligen Diskussion des Themas „Demographie“ und der Rechtsform der Kreditinstitute. Bei den AGs wurde das Thema zu einem späteren Zeitpunkt erstmalig im Management diskutiert, als bei den anderen Bankengruppen“.*

Teil III: Empirische Untersuchung

Der nachfolgende Teil III der Arbeit beinhaltet die empirische Überprüfung der in Abschnitt 6.2 aufgestellten Hypothesen und die anschließende Beantwortung der Forschungsfrage.

Hierzu wird zunächst in Abschnitt 7 das Untersuchungsdesign beschrieben. Inhalte sind die Darstellung der in der Arbeit angewendeten Methodik zur Hypothesenüberprüfung, die Erläuterungen zur Auswertung und die Beschreibung der Stichprobe.

In Abschnitt 8 erfolgt die Beschreibung der Ergebnisse der statistischen Auswertung forschungsrelevanter Zusammenhänge und Unterschiede. In Abschnitt 8.1 werden zunächst die Indikatoren für Unternehmensveränderung analysiert. Hierauf folgt die Beschreibung der empirischen Ergebnisse der Situationsvariablen „Größe" und „Rechtsform" der Kreditinstitute (Abschnitt 8.2). Im Anschluss werden in Abschnitt 8.3 die statistisch ausgewerteten Ergebnisse der Strukturmerkmale berichtet. Die Beschreibung der Überprüfung der Indikatoren zur Umsetzung einer Vereinbarkeit von Beruf und Familie findet in Abschnitt 8.4 statt.

In Abschnitt 9 der vorliegenden Arbeit erfolgt die Diskussion der Ergebnisse der vorausgegangenen statistischen Auswertung. Der Abschnitt schließt mit den Implikationen für künftige Forschungsarbeiten.

7 Methodik und Untersuchungsdesign

Die Beschreibung des empirischen Teils beginnt mit dem Aufbau der Untersuchung (schriftliche Befragung und Pretest), gefolgt von Erläuterungen zur Auswertung sowie der Auswahl der Befragungsteilnehmer. Die Erläuterungen zur Auswertung bedienen sich der Methoden der empirischen Sozialforschung.

7.1 Schriftliche Befragung und Pretest

Zur Beantwortung der Forschungsfrage wurde als quantitatives Erhebungsinstrument ein web-basierter „standardisierter Fragebogen", bestehend aus 24 geschlossenen und 2 offenen Fragestellungen eingesetzt (Anhang). Die schriftliche Befragung hat für die empirische Untersuchung eine elementare Bedeutung, da sie der Gruppe der Befragten Offenheit und Anonymität in der Beantwortung hinsichtlich der eigenen Arbeitssituation und des Umfeldes bietet (Schröder, 2003).

Die Fragen wurden theoriegeleitet entwickelt. Der Fragebogen wurde vor dem Versand zudem technisch getestet.

Die Durchführung der Online-Befragung teilte sich in zwei Phasen: den Pretest und die eigentliche Teilnehmerbefragung. Die erste Version des Fragebogens wurde im Zuge des Pretests von 11 Personen getestet. Diese setzten sich aus Führungskräften von Kreditinstituten verschiedener Fachbereiche, Wissenschaftlern aus den Sozialwissenschaften und Personen ohne Vorkenntnisse des Themengebietes zusammen. In diesem Test standen die technische Funktionalität des Fragebogens, die Qualität, die Verständlichkeit der Fragen und die zur Verfügung stehenden Antwortmöglichkeiten im Fokus. Grundlegende Änderungen mussten nicht vorgenommen werden. Nach Einarbeitung der Rückmeldungen[154] erfolgte der Versand des Fragebogens mittels eines in einer Email enthaltenen personalisierten Links zum Fragebogen an die Umfrageteilnehmer. Die Email enthielt Eingangs ein Anschreiben mit persönlicher Anrede, in welchem u. a. auf den Zweck der Erhebung hingewiesen wurde. Weiterhin wurden die angeschriebenen Personen informiert, dass sie persönlich entweder als Teilnehmer des Netzwerkes Vereinbarkeit von Beruf und Familie, als Zertifikatsträger des Audits Beruf und Familie, oder als Mitarbeiter einer Kreditbank ausgewählt wurden, an der Befragung teilzunehmen. In dem Anschreiben wurde die Autorin namentlich aufgeführt, um für eventuelle Verständnisfragen zur Verfügung stehen zu können. Eine personalisierte Erinnerungsmail wurde nach ungefähr 3 Wochen an alle Befragten versendet, die bis dahin den Fragebogen noch nicht beantwortet, oder ihre Teilnahme nicht ausdrücklich abgelehnt hatten. Die Beantwortung des Fragebogens erfolgte anonymisiert.

7.2 Erläuterung zur Auswertung

Nach Abschluss der Befragung wurden die Ergebnisse zur Auswertung aus dem Umfragetool in das Statistikprogramm Stata exportiert. Die Anzahl der vollständig ausgefüllten Fragebögen betrug am 11.12.2014 insgesamt 94. Die Variablen wurden kodiert und auf Basis einer Plausibilitätsprüfung bereinigt. Sämtliche Auswertungen wurden mit Hilfe von Stata durchgeführt. Die Graphiken wurden mit Stata und Microsoft Excel erstellt.

Die Auswertung der ausgefüllten Fragebögen erfolgt sowohl deskriptiv, als auch analytisch-induktiv. Deskriptive Methoden sind die Grundlage anknüpfender induktiver Methoden (Töpfer, 2010). Die deskriptive Statistik hat das Ziel,

154 In Frage 18 wurde aufgrund der Rückmeldungen als mögliche planende Abteilung der Maßnahmen zur Vereinbarkeit von Beruf und Familie der Betriebsrat ergänzt.

erhobene Daten übersichtlich zu gestalten (Mayer, 2002). Dies geschieht mittels Häufigkeitsverteilungen. Diese werden zusätzlich zu einer Beschreibung grafisch dargestellt, sofern sie einen Beitrag zur Veranschaulichung der Ergebnisse leisten. Die Häufigkeitsverteilung kann relativ oder absolut dargestellt werden (Atteslander, 2003). Sie „umfasst die Beschreibung von Verteilungen und Zusammenhängen" (Mayer, 2002, S. 111) der Forschungsdaten. Da eine relative Darstellung in Form von Prozentsätzen übersichtlicher ist, werden die Ergebnisse in dieser Arbeit teilweise prozentual wiedergegeben. Auffällige Zusammenhänge im Kontext der Themenkomplexe werden zusätzlich beschrieben.

Mittels induktiver (beurteilender) Verfahren werden „die Gewinnung von Erkenntnissen zu den Verhältnissen in der zu Grunde liegenden Grundgesamtheit [...] angestrebt bzw. Hypothesentests durchgeführt" (Töpfer, 2010, S. 235). Die induktiven Verfahren werden auch als „Signifikanz testende Verfahren" (Töpfer, 2010, S. 236) (Inferenzstatistik) bezeichnet, welche auf Basis der Stichprobe versuchen, Rückschlüsse auf die Grundgesamtheit zu ziehen. Dabei wurde zum Teil auf statistische Verfahren wie die Korrelationsanalyse oder Varianzanalyse zurückgegriffen. Vertiefende Beschreibungen der angewandten statistischen Verfahren, sowie der Gültigkeitsprüfungen sind bei Töpfer (2010), Cleff (2011) und Müller-Benedict (2011) zu finden.

Zur Analyse von Unterschieden zwischen Gruppen wird der Einfluss einer einzelnen kategorialen Variablen (UV) auf eine intervallskalierte Variable (AV) mittels einer Varianzanalyse getestet. Hierbei werden die Mittelwertsunterschiede der abhängigen Variablen zwischen den Gruppen der unabhängigen Variablen verglichen. In der vorliegenden Arbeit sind die Stichproben unabhängig und es wird der Einfluss von nur einem Faktor auf die abhängige Variable untersucht. Daher wird eine einfaktorielle Varianzanalyse (ANOVA) berechnet.[155] Diese prüft, ob der Unterschied zwischen mindestens einer der verglichenen Gruppen signifikant ist. Die Standardabweichung (*SD*) gibt dabei die Streubreite der Werte um den Mittelwert (*M*) an. Zur Prüfung, zwischen welchen Vergleichsgruppen signifikante Unterschiede bestehen, werden post-hoc t-Tests zum paarweisen Vergleich der Mittelwertsunterschiede durchgeführt. Die Voraussetzung der Normalverteilung wurde jeweils graphisch geprüft.

Zur Analyse der Zusammenhänge zwischen zwei Variablen werden Korrelationen berechnet (Bühner, 2004). Im Ergebnis lassen sich Richtung (positive, negative oder fehlende Trends) und Stärke der Zusammenhänge ermitteln. Für zwei metrische Variablen werden Bravais-Pearson-Korrelationskoeffizienten

155 Siehe hierzu weiterführend Cleff (2011).

(r) berechnet, für ordinal skalierte Variablen wird der Spearman-Rangkorrelationskoeffizient angewandt. Im Falle einer metrischen und einer ordinalen Variable folgt eine Rangbildung der metrischen Variablen und die Anwendung von Spearmans ρ. Während bei dem Bravais-Pearson-Korrelationskoeffizienten ein linearer Zusammenhang bestimmt wird, wird bei der Spearman-Korrelation ein monotoner Zusammenhang gemessen (Cleff, 2011). Die Spearman-Korrelation ist zum einen sehr nützlich bei der Betrachtung ordinaler Daten und ist zum anderen im Gegensatz zur Pearson Korrelation robust gegenüber Ausreißern.

Zur Ergebnisinterpretation der statistischen Verfahren wird für die vorliegende Arbeit ein Grenzwert definiert, der angibt, ab wann ein Zusammenhang oder Unterschied als signifikant bezeichnet wird. Als signifikant werden im Folgenden solche Zusammenhänge oder Unterschiede bezeichnet, bei welchen der p-Wert 0,05 unterschreitet. Gemäß Töpfer (2010, S. 305) werden folgende Signifikanzniveaus festgelegt:

- $p \leq 0{,}05$ bzw. 5 % (signifikant)
- $p \leq 0{,}01$ bzw. 1 % (sehr signifikant)
- $p \leq 0{,}001$ bzw. 0,1 % (hoch signifikant)

Cohen (1988) gibt für r die folgenden Intervalle an: .10 bis .30: kleiner Effekt; .30 bis .50: mittlerer Effekt; .50 und höher: starker Effekt. Bei nicht signifikanten Zusammenhängen oder Unterschieden wird der exakte p-Wert berichtet.

Werden Zusammenhänge zweier nominaler oder zweier ordinaler Variablen berechnet, so wird als Zusammenhangsmaß in der vorliegenden Arbeit Cramer´s V berechnet. Cramer´s V kann nur positive Werte annehmen, daher kann keine Aussage über die Richtung eines Zusammenhanges getroffen werden. Gemäß Töpfer (2010, S. 92) gelten diese folgenden Signifikanzniveaus für V:

- $V \in [0{,}00; 0{,}10]$ → kein Zusammenhang
- $V \in [0{,}10; 0{,}30]$ → schwacher Zusammenhang
- $V \in [0{,}30; 0{,}60]$ → mittlerer Zusammenhang
- $V \in [0{,}60; 1{,}00]$ → starker Zusammenhang

Die in der Befragung verwendete Skala bei den 8 geschlossenen Fragen unter Frage 20 des Fragebogens basiert auf einer 6-stufigen Likert-Skala (Likert, 1932). Das von Likert vorgeschlagene Verfahren der Einstellungsmessung findet in der Sozialforschung aus Gründen der Einfachheit und der praktischen Verwendbarkeit Anwendung. Streng genommen ist die Likert-Skala eine Ordinalskala, da nicht davon ausgegangen werden kann, dass der Befragte die

Abstände einzelner Antwortmöglichkeiten als äquidistant ansieht. In der empirischen Sozialforschung besteht jedoch auch die entgegengesetzte Annahme gleicher Abstände und somit der Intervallskalierung, was die Anwendung von varianzanalytischen Verfahren möglich macht (Bortz & Döring, 2006). Diese Annahme wird auch in der vorliegenden Arbeit vertreten, die Likert-Skala wird als „quasi-metrisch" betrachtet.

Hinsichtlich der Interpretation der Ergebnisse zeigt die Studie eine Vielzahl von signifikanten Korrelationen. Bei der Interpretation der Ergebnisse muss jedoch berücksichtigt werden, dass ein beobachteter Zusammenhang zwischen der Ausprägung Strukturmerkmale und der Unternehmenssituation nicht als Beweis für einen kausalen Wirkungszusammenhang gesehen werden darf. Dies heißt, ob eine Situationsvariable in der Realität einen direkten Einfluss auf die Unternehmensstruktur hat, oder nur mit anderen Faktoren korreliert, welche die Veränderung direkt beeinflussen, kann aus der vorliegenden Arbeit nicht abgeleitet werden. Zur besseren Lesbarkeit wird dennoch von Wirkung gesprochen. Dies darf aber nicht unbedingt als direkt-kausal bzw. mono-kausal interpretiert werden.

7.3 Beschreibung der Stichprobe

Mittels einer standardisierten Befragung wird eine statistische Repräsentativität (Verallgemeinerbarkeit der Ergebnisse für die Grundgesamtheit) beabsichtigt. Zu diesem Zweck muss eine kleinere Abbildung der Grundgesamtheit durch die Stichprobe der Befragten erfolgen (Kromrey, 2002). Eine Begrenzung der Grundgesamtheit durch eine Stichprobe wird in der Literatur durch einen ungerechtfertigt hohen Aufwand begründet, welchen die Befragung der Grundgesamtheit zur Folge hätte. Aus diesem Grund wird zugunsten einer sogenannten Teilerhebung oft auf eine Vollerhebung, verzichtet (Schnell et al., 2005). Damit dessen ungeachtet eine Übertragung der Stichprobe auf die Grundgesamtheit möglich ist, und der Repräsentationsschluss gezogen werden kann, ist die Stichprobe als verkleinertes Abbild der Grundgesamtheit erforderlich. Hierfür müssen sowohl die Grundgesamtheit, als auch die Stichprobe bekannt sein (Schnell et al., 2005; Friedrichs, 1983).

Die Auswahl der Befragungsteilnehmer erfolgte vor dem Hintergrund der Fragestellung, welche Herausforderung für ihre Branche nachweislich alle Bankengruppen in Deutschland in den kommenden Jahren als elementar erachten. In einer Pressemitteilung vom 16.12.2011 konstatieren alle Verbände der deutschen Kreditwirtschaft die Vereinbarkeit von Beruf und Familie für die deutsche Kreditwirtschaft als wegweisendes Ziel. Hierzu wurde eigens ein Heft herausgebracht, welches das Bundesfamilienministerium in Kooperation mit den Spitzenverbänden der Kreditbranche und dem Netzwerkbüro „Erfolgsfaktor Familie" erstellt hat. Die Stichprobe enthält hierauf basierend folgende Befragungsteilnehmer:

- Zertifikatsträger des Audits „berufundfamilie" der berufundfamilie gGmbH der Gemeinnützigen Hertie Stiftung (davon: 64 Sparkassen, 15 Kreditbanken, 12 Kreditgenossenschaften, 1 Privatbankier); n=91.
- Zum Zeitpunkt August 2014 teilnehmende Banken des Unternehmensnetzwerkes „Erfolgsfaktor Familie" des Bundesministerium für Familie, Senioren, Frauen und Jugend (BMFSFJ) (davon: 78 Sparkassen, 29 Kreditbanken und 67 Kreditgenossenschaften); n=174.

Es wurden, so dies möglich war, die Ansprechpartner der Kreditinstitute zum Thema der Vereinbarkeit von Beruf und Familie, Gleichstellungsbeauftragte oder Ansprechpartner aus dem Personalbereich ausgewählt.

In den vorgenannten Listen kamen zahlreiche Doppeleinträge vor, die entsprechend bereinigt wurden (Schnell et al., 2005). Somit verbleiben 114 Sparkassen, 32 Kreditbanken und 75 Kreditgenossenschaften in der Stichprobe (n=221). Aufgrund der geringen Anzahl an Kreditbanken (n=32) in der Teilnehmerauswahl, wurde versucht, die Population realitätsnäher abzubilden. Hierzu wurden die von der deutschen Bundesbank (2015b) gelisteten deutschen Kreditbanken (inklusive der 24 Privatbankiers), sowie Großbanken ergänzt, insofern direkte Ansprechpartner für die Thematik ermittelbar waren. Zweigstellen von Auslandsbanken wurden nicht für die Stichprobe ausgewählt, da der Fokus auf den deutschen Kreditinstituten liegt. 114 Institute wurden ergänzt. Insgesamt wurden demnach 121 Kreditbanken, 25 Privatbankiers, 114 Sparkassen und 75 Kreditgenossenschaften für die Befragung ausgewählt (n=335). Insgesamt wurden somit 335 Fragebögen versendet. Mit 94 vollständig ausgefüllten Fragebögen ergibt sich eine Rücklaufquote von ca. 28 %. Der Befragungszeitraum erstreckte sich vom 13.11.2014 bis zum 11.12.2014. Insgesamt liegen 94 beantwortete Fragebögen vor. Davon stammt lediglich ein Fragebogen aus dem Bereich der familiengeführten Privatbanken. Aus Gründen der Repräsentativität wurde die Umfrage um diese Beobachtung bereinigt.

Nach der Bereinigung des Datensatzes umfasst die finale Stichprobe für die weitere Analyse noch 93 Fälle. Die Verteilung der befragten Kreditinstitute in absoluten und relativen Werten ist der Tabelle 16 zu entnehmen. Es wurde im Fragebogen bewusst die Frage der Rechtsform gestellt, um ggf. rechtsformspezifische Unterschiede aufzeigen zu können. Die Überlegung, dass sich diesbezüglich signifikante Unterschiede zeigen können, geht auf die Diskussion in Abschnitt 5 der vorliegenden Arbeit zurück.

Tabelle 16: Realisierte Stichprobe nach Sektor und Rechtsform

Sektor/ Rechtsform	Final bereinigte Stichprobe (relativ in %)						Final bereinigte Stichprobe (absolut)					
	AdöR	**eG**	**AG**	**GmbH**	**Sonst.**	**Total**	**AdöR**	**eG**	**AG**	**GmbH**	**Sonst.**	**Total**
Sparkassen	77,1	0,0	8,3	0,0	14,6	100	37	0	4	0	7	48
Kreditgenossenschaften	0,0	96,2	0,0	0,0	3,9	100	0	25	0	0	1	26
Kreditbanken	0,0	0,0	47,4	36,8	15,8	100	0	0	9	7	3	19
Insgesamt	**39,8**	**26,9**	**14,0**	**7,5**	**11,8**	**100**	**37**	**25**	**13**	**7**	**11**	**93**

Quelle: Eigene Berechnungen auf Basis des erhobenen Datensatzes.

Die final bereinigte Stichprobe besteht zu 39,8 % aus AdöRs, zu 26,9 % aus eGs, zu 14 % aus AGs und zu 7 % aus GmbHs. Der Anteil sonstiger Rechtsformen liegt bei 11,8 %. An der Befragung haben 51,61 % Sparkassen, 27,96 % Kreditgenossenschaften und 20,43 % Kreditbanken teilgenommen. 8 befragte Sparkassen und jeweils eine Sparkasse und Kreditbank haben die Kategorie „Sonstige" Rechtsform ausgewählt. Eine Beobachtung wurde nach der Plausibilitätsprüfung rekodiert. Es kann keine Aussage darüber getroffen werden, ob die Kategorie „Sonstige" jeweils aufgrund des Fehlens einer „weiß nicht"-Antwortmöglichkeit oder aufgrund einer tatsächlich anderen Rechtsform gewählt wurde. Diese Kategorie wird daher im Verlauf der Arbeit nicht näher analysiert. Die Rechtsform der KG wurde in die Kategorie „Sonstige Rechtsformen" integriert, da nur 2 Beobachtungen vorlagen. Ein Vergleich der finalen Stichprobe mit der Grundgesamtheit aller deutschen Kreditinstitute zeigt, dass die Stichprobe nur bedingt der Grundgesamtheit entspricht. Demnach kann nur bedingt von einer repräsentativen Stichprobe im Hinblick auf die Branchenzugehörigkeit ausgegangen werden.

Tabelle 17 zeigt eine Übersicht der Verteilung der Größenklassen nach Bankensektor. Eine detaillierte Analyse der Variable erfolgt in Abschnitt 8.2 der vorliegenden Arbeit.

Tabelle 17: Anzahl der Mitarbeiter nach Sektor der Kreditinstitute

Sektor	Final bereinigte Stichprobe (relativ in %)					Final bereinigte Stichprobe (absolut)				
	1-249	250-749	750-2999	≥3000	Total	1-249	250-749	750-2999	≥3000	Total
Sparkassen	10,4	47,9	37,5	4,2	100	5	23	18	2	48
Kreditgenossen-schaften	46,2	50,0	3,9	0,0	100	12	13	1	0	26
Kreditbanken	73,7	5,3	10,5	10,5	100	14	1	2	2	19
Insgesamt	33,3	39,8	22,6	4,3	100	31	37	21	4	93

Quelle: Eigene Berechnungen auf Basis des erhobenen Datensatzes.

Neben der Rechtsform und der Größenklasse ist im Hinblick auf die Frage der Vereinbarkeit von Beruf und Familie ebenfalls interessant, wie die sich die Verteilung der Zertifikatsträger in den Instituten gestaltet. Eine Übersicht der relativen Häufigkeiten zeigt Abbildung 21. Insgesamt beträgt der Anteil der Zertifikatsträger an der Gesamtgröße 43,18 %. Zwischen den Merkmalen besteht ein Zusammenhang (Cramer´s V = .38).

Abbildung 21: Verteilung der Zertifikatsträger „Audit Beruf und Familie" nach Sektor der Kreditinstitute

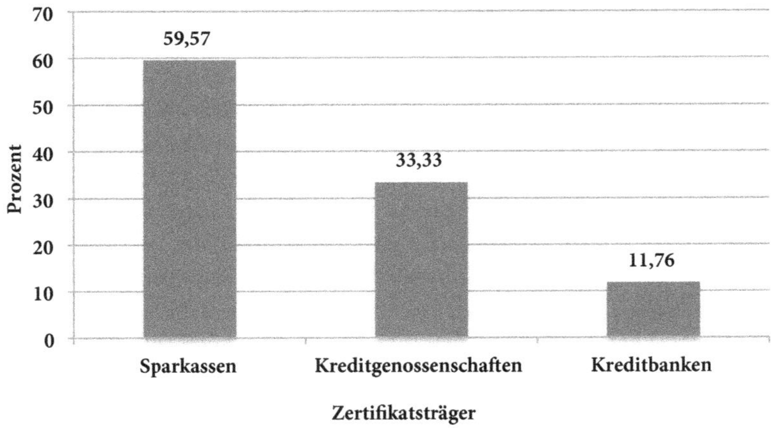

Quelle: Eigene Berechnungen auf Basis des erhobenen Datensatzes.

Neben dem Zertifikat des Audits „Beruf und Familie" existieren noch andere Möglichkeiten der Zertifizierung für die Unternehmen in dem Bereich der Vereinbarkeit von Beruf und Familie. In den Beschreibungen der anderweitigen Zertifikate wurden überwiegend regionale Auszeichnungen genannt. Von den Sparkassen sind 14 Institute im Besitz anderer Zertifikate und bei den Kreditgenossenschaften sind dies 7 Banken (Dies sind jeweils knapp 30 % der insgesamt teilnehmenden Bankengruppen nach Sektor). Anderweitige Zertifikate wurden bei den Kreditbanken nicht angegeben. Die Verteilung der Merkmale ist statistisch voneinander abhängig (Cramer´s V = .27).

Hinsichtlich der statistischen Fragen am Ende des Fragebogens zu den Fluktuationsquoten, dem Anteil weiblicher Mitarbeiter und dem Anteil weiblicher Mitarbeiter in Führungspositionen konnten nur wenige und zum Teil widersprüchliche Aussagen generiert werden. Diese waren nicht geeignet, um daraus konkrete Rückschlüsse zu ziehen. Daher finden diese Angaben in der Auswertung der Ergebnisse keine weitere Beachtung. Dies verhält sich gleichermaßen so bei den im Fragebogen erfragten Jahreszahlen des erstmaligen Angebotes der einzelnen Maßnahmen zur Vereinbarkeit von Beruf und Familie (Fragen 7 bis 9). Eine sinnvolle Auswertung ist hier ebenfalls nicht möglich gewesen.

Bei einigen Fragen des Fragebogens war den Befragten die Auswahlmöglichkeit einer „weiß nicht“-Kategorie gegeben. In diesen Fällen ist es möglich, dass der Befragte nicht über das benötigte Wissen zur Beantwortung verfügt, oder die Frage aus mangelnder Motivation nicht beantwortet wird. Da keine eindeutige Aussage über den Hintergrund der Auswahl der Kategorie „weiß nicht“ getroffen werden kann, werden diese Beobachtungen nicht in die Analysen einbezogen.

8 Analyse der Ergebnisse

Der nachfolgende Abschnitt berichtet die Ergebnisse der empirischen Überprüfung der in Abschnitt 6.2 aufgestellten Hypothesen. Die Diskussion der Ergebnisse findet im Anschluss in Abschnitt 9 statt. Die Betrachtung der Untersuchungsergebnisse der Variable der Unternehmenssituation „Rechtsform der Kreditinstitute“ erfolgt vorwiegend an geeigneter Stelle innerhalb der Abschnitte und nicht ausschließlich zentral in Abschnitt 8.2.2. Dies ist der engen inhaltlichen Verknüpfung mit dem „Sektor der Kreditinstitute“ geschuldet, welcher ebenfalls innerhalb der Abschnitte betrachtet wird.

8.1 Indikatoren für Unternehmensveränderungen

Die Indikatoren für Unternehmensveränderungen setzen sich aus den Indikatoren für Innovativität, dem Indikator für Flexibilität und der Nutzung der Kommunikations- und Informationswege zusammen (Abschnitte 2 und 6.2).

8.1.1 *Innovativität*

In der vorliegenden Arbeit werden zwei Indikatoren zur Messung der Innovativität gebildet. Der erste Indikator „Einschätzung der Innovativität" dient der Erfassung der Einschätzung der Befragten hinsichtlich der Innovativität des eigenen Kreditinstitutes im Vergleich zu anderen Banken der gesamten Branche. In der Befragung werden die Umfrageteilnehmer mittels einer 6-stufigen Likert-Skala nach ihrer Einschätzung zu „Im Vergleich zu anderen Banken der Branche ist die Bank sehr innovativ" gefragt. Der zweite Indikator für Innovativität „Angebotene Maßnahmen" bildet die tatsächliche Umsetzung der Maßnahmen zur Vereinbarkeit von Beruf und Familie in den Kreditinstituten ab. Im Hintergrund der Bildung dieses Indikators für Innovativität steht die Annahme, dass innovativere Banken bereits mehr der vom Bundesministerium für Familie, Senioren, Frauen und Jugend (BMFSFJ, 2013b) als fortschrittlich erachteten Maßnahmen um- bzw. eingesetzt haben als vergleichsweise weniger innovative Banken. Zur Erfassung dieses Items für Innovativität werden in der Befragung die Fragen 7 bis 9 genutzt. Diese beinhalten die in der Bank bereits angebotenen Maßnahmen im Bereich der „Vereinbarkeit von Beruf und Familie" analog der vom BMFSFJ genannten möglichen Maßnahmen (BMFSFJ, 2013a; BMFSFJ, 2012).[156] Die aufgeführten Maßnahmen sind den Unterkategorien „Regelmäßige Kinderbetreuung", „Punktuelle Kinderbetreuung" und „Arbeitszeitgestaltung für Familienpflegezeiten"[157] zugeordnet. In der Summe konnten maximal 26 Maßnahmen angekreuzt werden. Zur Überprüfung der Hypothesen wird eine neue Variable gebildet. Die Variable beinhaltet die Information für jeden Teilnehmer der Umfrage, wie viele angebotene Maßnahmen zur Vereinbarkeit von Beruf und Familie benannt werden. Die von den Befragten ausgewählten Maßnahmen werden ausgezählt und aggregiert. Zusammenfassend beinhaltet das Item „Einschätzung der Innovativität" die Einschätzung der Befragten der Innovativität der eigenen Bank im Vergleich zu anderen Banken der Branche, während das Item „Angebotene Maßnahmen"

156 An dieser Stelle ist zu bemerken, dass die Möglichkeit besteht, dass die Liste der hierdurch zur Auswahl stehenden Maßnahmen zur Vereinbarkeit von Beruf und Familie unvollständig ist und es in den Kreditinstituten weitere dort angebotene Maßnahmen gibt, welche an dieser Stelle nicht genannt sind. Siehe hierzu die Diskussion der Innovativität in Abschnitt 9.2.2.

157 Die Auswahl dieser Kategorie für die Befragung fand vor dem Hintergrund statt, dass das Bundeskabinett im März 2011 das Familienpflegezeitgesetz beschlossen hat, welches das Ziel der besseren Möglichkeiten der Vereinbarkeit von Beruf und Pflege hat.

die tatsächliche Umsetzung der Maßnahmen zur Vereinbarkeit von Beruf und Familie beinhaltet.

> *Hypothese 1.1: „Die Sektoren der Kreditinstitute unterscheiden sich hinsichtlich der Innovativität. Dabei sind sowohl die Sparkassen als auch die Kreditgenossenschaften innovativer als Kreditbanken."*
> *Hypothese 1.2: „Die Bankengruppen unterscheiden sich in ihrer Rechtsform hinsichtlich der Innovativität. Dabei sind sowohl die Rechtsformen der AdöR als auch die der eG innovativer als die Rechtsformen der AG oder der GmbH."*
> *Hypothese 1.3: „Je höher die Innovativität der eigenen Bank eingeschätzt wird, desto mehr Maßnahmen zur Vereinbarkeit von Beruf und Familie werden in den Kreditinstituten angeboten."*

Zur Überprüfung der Hypothese 1.1 wird zunächst mittels einer varianzanalytischen Überprüfung die Frage „Im Vergleich zu anderen Banken der Branche ist die Bank sehr innovativ" als abhängige Variable gewählt. Die mittlere Einschätzung der Innovativität im Bereich der Sparkassen beträgt $M = 4.10$ ($SD = 1.19$), die der Kreditgenossenschaften $M = 4.23$ ($SD = 0.95$) und die der Kreditbanken $M = 3$ ($SD = 1.33$). Die Mittelwertsunterschiede zwischen den Gruppen sind mit $F(2,90) = 7.51$; $p < .01$ statistisch signifikant. Die Ergebnisse der t-Tests zeigt die Tabelle 18. Während bei den Sparkassen und den Kreditgenossenschaften keine signifikanten Unterschiede hinsichtlich der Selbsteinschätzung der Innovativität der eigenen Bank, verglichen mit anderen Banken der Branche bestehen, zeigt sich jedoch, dass in dieser Hinsicht ein signifikanter Unterschied zwischen den Sparkassen und den Kreditbanken, sowie den Kreditgenossenschaften und den Kreditbanken existiert. Die Innovativität der Kreditbanken verglichen mit anderen Banken der Branche wird von den Mitarbeitern signifikant niedriger eingeschätzt, als dies bei den Sparkassen oder den Kreditgenossenschaften der Fall ist.

Tabelle 18: Ergebnisse der p-Werte der t-Tests für die Einschätzung der Innovativität nach Sektor des Kreditinstitutes

	Sparkassen (n=48)	**Kreditgenossenschaften (n=26)**	**Kreditbanken (n=19)**
Sparkassen	-	0.3208	0.0008***
Kreditgenossenschaften		-	0.0004***
Kreditbanken			-

Quelle: Eigene Berechnungen auf Basis des erhobenen Datensatzes.
Signifikanzniveaus: *p < .05. ** p < .01. *** p < .001.

Als weiterer Indikator für Innovativität dient die Anzahl der in den Banken „Angebotenen Maßnahmen" zur Vereinbarkeit von Beruf und Familie. Die varianzanalytische Überprüfung ergibt, dass das durchschnittliche Angebot der angebotenen Maßnahmen bei den Sparkassen $M = 8.04$ ($SD = 2.56$), bei den Kreditgenossenschaften $M = 7.27$ ($SD = 2.07$) und bei den Kreditbanken $M = 4.68$ ($SD = 2.77$) beträgt. Die Berechnungen der Mittelwertsunterschiede sind mit $F(2,90) = 12.53$; $p < .001$ statistisch signifikant.

Graphisch dargestellt, lassen sich die Unterschiede in Abbildung 22 erkennen. Während der überwiegende Teil der Kreditbanken bis zu 6 der angegebenen Maßnahmen zur Vereinbarkeit von Beruf und Familie anbietet, bietet der Großteil der Sparkassen und Kreditgenossenschaften mindestens 6 oder mehr Maßnahmen an. Die Ergebnisse der post-hoc durchgeführten t-Tests werden in Tabelle 19 berichtet. Diese zeigen signifikante Unterschiede zwischen den Sparkassen und den Kreditbanken ($T(65) = 4{,}73$; $p < .001$). Zwischen den Kreditgenossenschaften und den Kreditbanken existiert ebenfalls ein signifikanter Unterschied ($T(43) = 3.59$; $p < .001$).

Abbildung 22: Angebotene Maßnahmen zur Vereinbarkeit von Beruf und Familie nach Sektor der Kreditinstitute

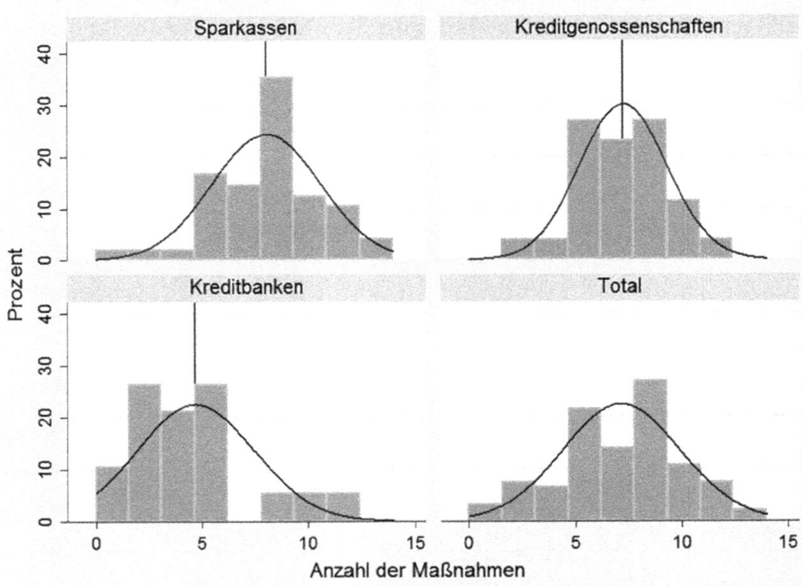

Quelle: Eigene Berechnungen auf Basis des erhobenen Datensatzes. Die vertikalen Linien zeigen die Mittelwerte der Gruppen an.

Tabelle 19: Ergebnisse der p-Werte der t-Tests für die Angebotenen Maßnahmen nach Sektor des Kreditinstitutes

	Sparkassen (n=48)	**Kreditgenossenschaften (n=26)**	**Kreditbanken (n=19)**
Sparkassen	-	0.0953	0.0001***
Kreditgenossenschaften		-	0.0004***
Kreditbanken			-

Quelle: Eigene Berechnungen auf Basis des erhobenen Datensatzes.
Signifikanzniveaus: *p < .05. ** p < .01. *** p < .001.

In einem nächsten Schritt wurde zur Beantwortung der Hypothese 1.2 untersucht, ob Mittelwertsunterschiede zwischen der abhängigen Variable „Einschätzung der Innovativität" und der unabhängigen Variable „Rechtsform der Kreditinstitute" existieren. Die varianzanalytische Überprüfung ergibt, dass die durchschnittliche Innovativität bei den AdöRs $M = 4.16$ ($SD = 1.19$), bei den eGs $M = 4.2$ ($SD = 0.96$), bei den AGs $M = 3.08$ ($SD = 1.61$), bei den GmbHs $M = 3.14$ ($SD = 1.35$) und bei den Sonstigen $M = 3.91$ ($SD = 0.94$) beträgt. Die Mittelwertsunterschiede sind mit $F(4,88) = 3.19$; $p < .05$ statistisch signifikant. Die Ergebnisse der t-Tests in Tabelle 20 zeigen signifikante Unterschiede der „Einschätzung der Innovativität" zwischen den AdöRs, und den Rechtsformen der Kreditbanken (in Form der AG und der GmbH). Die signifikanten Unterschiede sind ebenso zwischen den eGs und den Rechtsformen der Kreditbanken (AG und GmbH) festzustellen.

Tabelle 20: Ergebnisse der p-Werte der t-Tests für die Einschätzung der Innovativität nach Rechtsform

	AdöR (n=37)	**eG (n=25)**	**AG (n=13)**	**GmbH (n=7)**	**Sonstige (n=11)**
AdöR	-	0.4475	0.0066**	0.0240*	0.2609
eG		-	0.0051**	0.0124*	0.2025
AG			-	0.4637	0.0727
GmbH				-	0.0866
Sonstige					-

Quelle: Eigene Berechnungen auf Basis des erhobenen Datensatzes.
Signifikanzniveaus: *p < .05. ** p < .01. *** p < .001

Die varianzanalytische Überprüfung der Mittelwertsunterschiede zwischen den „Angebotenen Maßnahmen“ zur Vereinbarkeit von Beruf und Familie und der „Rechtsform der Kreditinstitute“ zeigt die durchschnittliche Anzahl angebotener Maßnahmen bei den AdöRs $M = 8.14$ ($SD = 2.15$), bei den eGs $M = 7.16$ ($SD = 2.03$), bei den AGs $M = 6.92$ ($SD = 4.09$), bei den GmbHs $M = 3.57$ ($SD = 1.72$) und bei den Sonstigen $M = 6.27$ ($SD = 2.97$) beträgt. Die Mittelwertsunterschiede sind mit $F(4,88) = 5.18$; $p < .001$ signifikant. Tabelle 21 zeigt die Ergebnisse der p-Werte der t-Tests für die angebotenen Maßnahmen nach Rechtsform. Eine graphische Darstellung der Unterschiede zeigt Abbildung 23.

Tabelle 21: Ergebnisse der p-Werte der t-Tests für die angebotenen Maßnahmen nach Rechtsform

	AdöR (n=37)	**eG (n=25)**	**AG (n=13)**	**GmbH (n=7)**	**Sonstige (n=11)**
AdöR	-	0.0393*	0.0902	0.0001***	0.0128*
eG		-	0.4059	0.0001***	0.1519
AG			-	0.0275*	0.3329
GmbH				-	0.0226*
Sonstige					-

Quelle: Eigene Berechnungen auf Basis des erhobenen Datensatzes.
Signifikanzniveaus: *p < .05. ** p < .01. *** p < .001.

Nachfolgend wird untersucht, inwiefern ein Zusammenhang der Items „Einschätzung der Innovativität“ und „Angebotene Maßnahmen zur Vereinbarkeit von Beruf und Familie“ besteht (Hypothese 1.3). Hierzu werden die Variablen „Einschätzung der Innovativität“ und „Angebotene Maßnahmen zur Vereinbarkeit von Beruf und Familie“ korreliert. Der Korrelationskoeffizient zwischen diesen beiden Variablen beträgt $r = .28$. Der p-Wert des Korrelationskoeffizienten bestätigt mit $p < .01$ eine statistisch signifikante Beziehung beider Variablen. Somit besteht ein positiver linearer Zusammenhang zwischen den beiden Merkmalen.

Abbildung 23: Angebotene Maßnahmen zur Vereinbarkeit von Beruf und Familie nach Rechtsform der Kreditinstitute

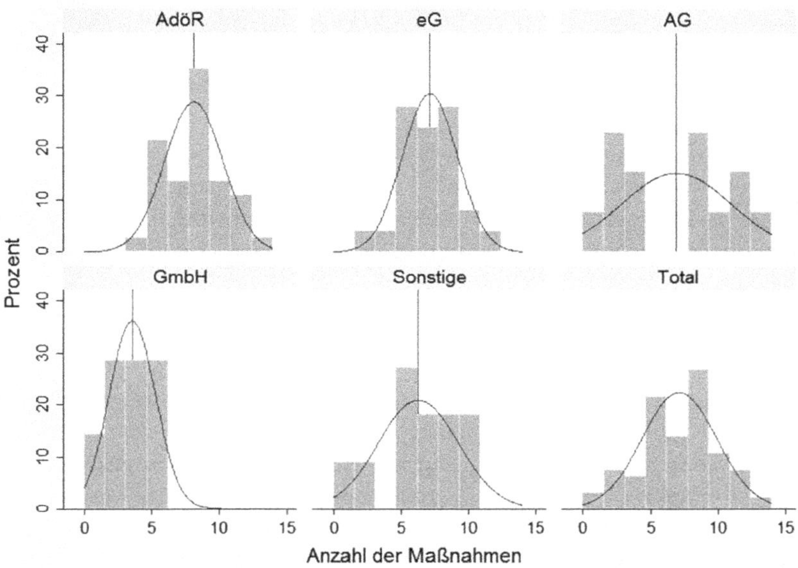

Quelle: Eigene Berechnungen auf Basis des erhobenen Datensatzes. Die vertikalen Linien zeigen die Mittelwerte der Gruppen an.

Bei Betrachtung der Ergebnisse der in Hypothese 1.1 angenommenen Unterschiede zwischen dem „Sektor der Kreditinstitute" und der Innovativität sind die Ergebnisse hypothesenkonform. Sowohl die Sparkassen als auch die Kreditgenossenschaften werden innovativer eingeschätzt als die Kreditbanken. Diese bieten zudem auch mehr Maßnahmen zur Vereinbarkeit von Beruf und Familie an als die Kreditbanken. Die Hypothese wird angenommen.

Die Überprüfung der Hypothese 1.2 bestätigt diese nur zum Teil. Die Ergebnisse bestätigen die Annahme, dass sich die beiden Gruppen nach ihrer Rechtsform in der Innovativität unterscheiden. Die Annahme, dass die Rechtsformen der AdöR und der eG innovativer sind, als die Rechtsformen der Kreditbanken (AG und GmbH), ist nur teilweise hypothesenkonform. Hinsichtlich der „Einschätzung der Innovativität" wird die Annahme bestätigt. Die Rechtsformen der AdöR und der eG unterscheiden sich signifikant von den Rechtsformen der AG und der GmbH in der „Einschätzung der Innovativität". Hinsichtlich des zweiten Items für Innovativität, den „Angebotenen Maßnahmen" zur Vereinbarkeit von Beruf und Familie entsprechen die dargestellten Unterschiede zwischen den „Angebotenen Maßnahmen“ und dem „Sektor der Kreditinstitute“ sowie der „Rechtsform der Kreditinstitute“ nur teilweise der Hypothese. Es bestehen signifikante Unterschiede zwischen der Rechtsform der GmbH und den AdöR, sowie den eG. Die vermuteten Unterschiede der „Angebotenen Maßnahmen“ zur Vereinbarkeit von Beruf und Familie zwischen den Rechtsformen AdöR sowie den eG und den AG werden nicht bestätigt.

Der vermutete Zusammenhang zwischen der „Einschätzung der Innovativität“ und den tatsächlich „Angebotenen Maßnahmen“ in Hypothese 1.3 wird bestätigt. Je höher die Innovativität der eigenen Bank eingeschätzt wird, desto mehr Maßnahmen zur Vereinbarkeit von Beruf und Familie werden in den Kreditinstituten angeboten.

8.1.2 Flexibilität

Der Indikator „Einschätzung der Flexibilität“ dient der Erfassung der Selbsteinschätzung der Befragten hinsichtlich der Flexibilität des eigenen Kreditinstitutes im Vergleich zu anderen Banken der gesamten Branche. Unter Frage 20 des Fragebogens wurden die Umfrageteilnehmer mittels einer 6-stufigen Likert-Skala nach ihrer Einschätzung zu „Im Vergleich zu anderen Banken der Branche ist die Bank sehr flexibel“ gefragt.

> *Hypothese 2.1: „Sektoren der Kreditinstitute unterscheiden sich in der Flexibilität. Dabei sind sowohl die Sparkassen als auch die Kreditgenossenschaften flexibler als Kreditbanken.“*
> *Hypothese 2.2: „Die Bankengruppen unterscheiden sich in ihrer Rechtsform hinsichtlich der Flexibilität. Dabei sind sowohl die Rechtsformen der AdöR als auch die der eG flexibler als die Rechtsformen der AG oder der GmbH.“*

Zur Überprüfung der Hypothese 2.1 mittels einer Varianzanalyse wird das Item „Im Vergleich zu anderen Banken der Branche ist die Bank sehr flexibel“ als abhängige Variable und der „Sektor der Kreditinstitute“ als unabhängige Variable gewählt.

Die durchschnittliche Flexibilität im Bereich der Sparkassen beträgt $M = 3.98$ ($SD = 1.31$), die der Kreditgenossenschaften $M = 4.31$ ($SD = 0.88$) und die der Kreditbanken $M = 4.26$ ($SD = 1.52$). Die Mittelwertsunterschiede zwischen den Gruppen sind mit $F(2,90) = 0.71$; $p = .49$ statistisch nicht signifikant (Abbildung 24).

In einem nächsten Schritt wurde zur Überprüfung der Hypothese 2.2 untersucht, ob Mittelwertsunterschiede zwischen der „Einschätzung der Flexibilität“ und der „Rechtsform der Kreditinstitute“ existieren. Die durchschnittliche Flexibilität im Bereich der AdöRs beträgt $M = 4$ ($SD = 1.29$), die der eGs $M = 4.36$ ($SD = 0.86$), die der AGs $M = 4$ ($SD = 1.73$), die der GmbHs $M = 4.86$ ($SD = 0.69$) und die der Sonstigen $M = 3.73$ ($SD = 1.42$). Die Mittelwertsunterschiede sind mit $F(4,88) = 1,23$; $p = .30$ nicht signifikant (Abbildung 25).

Abbildung 24: Mittelwertsvergleich der Einschätzung der Flexibilität der Bankengruppen

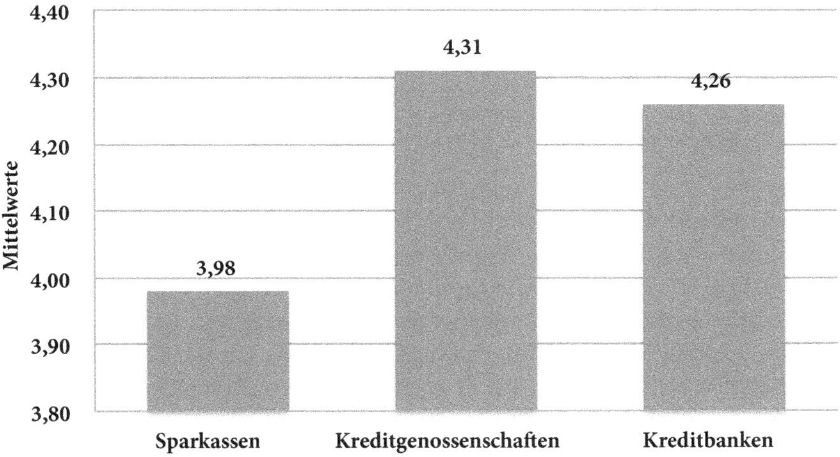

Quelle: Eigene Berechnungen auf Basis des erhobenen Datensatzes.

Abbildung 25: Mittelwertsvergleich der Einschätzung der Flexibilität nach Rechtsform

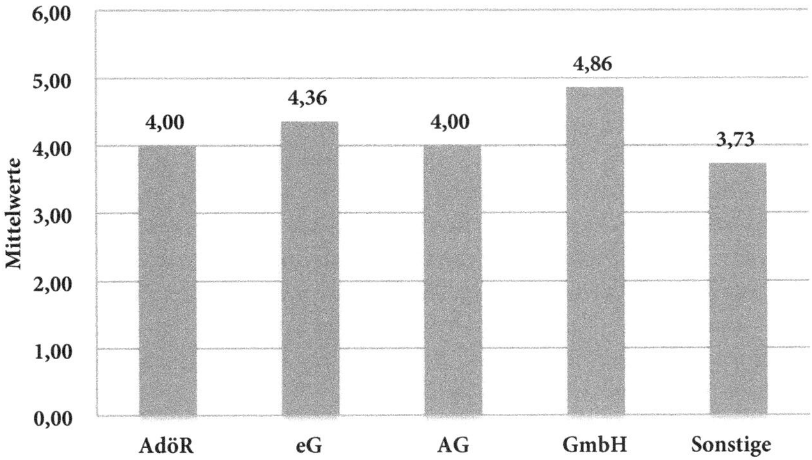

Quelle: Eigene Berechnungen auf Basis des erhobenen Datensatzes.

Bei Betrachtung des Items „Einschätzung der Flexibilität“ sind die Ergebnisse sowohl hinsichtlich des Sektors der Kreditinstitute, als auch hinsichtlich der Rechtsform nicht hypothesenkonform. Gemäß voriger Überprüfung können demnach die Hypothesen 2.1 und 2.2 nicht bestätigt werden. Es existieren keine nachweisbaren Unterschiede sowohl zwischen der „Einschätzung der Flexibilität“ und dem „Sektor der Kreditinstitute“, als auch zwischen der „Einschätzung der Flexibilität“ und der „Rechtsform der Kreditinstitute“.

8.1.3 Innovativität und Flexibilität

> *Hypothese 3: „Es existiert ein Zusammenhang zwischen Innovativität und Flexibilität bei den Kreditinstituten. Je innovativer ein Kreditinstitut ist, desto flexibler ist dieses.“*

Zur Beschreibung der Stärke und Richtung des Zusammenhanges beider metrischer Variablen „Einschätzung der Innovativität“ und „Einschätzung der Flexibilität“ wird der Pearson-Korrelationskoeffizient verwendet. Der Korrelationskoeffizient zwischen diesen beiden Variablen beträgt $r = .52$. Der p-Wert des Korrelationskoeffizienten bestätigt mit $p < .001$ eine statistisch signifikante Beziehung beider Variablen. Somit besteht ein positiver linearer Zusammenhang zwischen den beiden Merkmalen. Je größer die Einschätzung der Innovativität der Bank, desto größer auch die Einschätzung der Flexibilität.

In einem nächsten Schritt wurde untersucht, inwiefern ein Zusammenhang zwischen der „Einschätzung der Flexibilität“ und den „Angebotenen Maßnahmen“ zur Vereinbarkeit von Beruf und Familie besteht. Der Korrelationskoeffizient zwischen diesen beiden Variablen beträgt $r = - .16$. Der p-Wert des Korrelationskoeffizienten beträgt $p = .14$. Somit kann kein signifikanter Zusammenhang nachgewiesen werden.

Die Testergebnisse bestätigen die Hypothese 3 nur zum Teil. Bei Betrachtung des Zusammenhanges der Items „Einschätzung der Flexibilität“ und „Einschätzung der Innovativität“ sind die Ergebnisse hypothesenkonform. Je flexibler sich die Kreditinstitute einschätzen, desto innovativer schätzen diese sich auch ein. Die Betrachtung des vermuteten Zusammenhanges des zweiten Items für Innovativität, der „Angebotenen Maßnahmen“ zur Vereinbarkeit von Beruf und Familie und der „Einschätzung der Flexibilität“ spricht gegen die Hypothese. Ein Zusammenhang zwischen der Flexibilität und der Anzahl der „Angebotenen Maßnahmen“ zur Vereinbarkeit von Beruf und Familie wird nicht bestätigt. Die Hypothese 3 wird nur teilweise angenommen.

8.1.4 Kommunikations- und Informationswege

Das Item „Kommunikations- und Informationswege“ bildet die tatsächliche Anzahl der genutzten Kommunikations- und Informationswege in den Kreditinstituten ab. Der Indikator wurde basierend auf den vom BMFSFJ aufgelisteten Wegen der Kommunikation und Information gebildet (BMFSFJ, 2014). Zur Erfassung des Items „Kommunikations- und Informationswege“ wurde in der Befragung die Frage 10 genutzt. Diese beinhaltet die in den Kreditinstituten genutzten Kommunikations- und Informationswege für den Bereich „Vereinbarkeit von Beruf und Familie“. In der Summe konnten maximal 12 Maßnahmen angekreuzt werden. Zur Überprüfung der Hypothesen wird eine neue Variable gebildet. Die Variable beinhaltet die Information wie viele Kommunikations- und Informationswege benannt werden für jeden Teilnehmer der Umfrage. Die von den Befragten ausgewählten Maßnahmen werden ausgezählt und aggregiert.

> *Hypothese 4.1*: *„Die Bankengruppen unterscheiden sich hinsichtlich ihres Sektors in der Intensität der Nutzung der Kommunikations- und Informationswege. Sparkassen und Kreditgenossenschaften nutzen mehr Wege der Information und Kommunikation als Kreditbanken.“*
> *Hypothese 4.2*: *„Die Bankengruppen unterscheiden sich hinsichtlich ihrer Rechtsform in der Intensität der Nutzung der Kommunikations- und Informationswege. AdöRs und eGs nutzen mehr Wege der Information und Kommunikation als AGs und GmbHs.“*
> *Hypothese 4.3*: *„Innovativere Kreditinstitute nutzen mehr Wege der Kommunikation und Information als weniger innovative Kreditinstitute.“*
> *Hypothese 4.4*: *„Flexiblere Kreditinstitute nutzen mehr Wege der Kommunikation und Information als weniger flexible Kreditinstitute.“*
> *Hypothese 4.5*: *„Es existieren Zusammenhänge bzw. Unterschiede zwischen der Nutzung der Kommunikations- und Informationswege und den Strukturmerkmalen „Leitungsspanne“, „Partizipation“ sowie „Planung“.“*

Zur varianzanalytischen Überprüfung der Hypothese 4.1 wird zunächst das Item „Kommunikations- und Informationswege“ als abhängige Variable gewählt. Der „Sektor der Kreditinstitute“ ist die unabhängige Variable. Die durchschnittliche Nutzung der Kommunikations- und Informationswege im Bereich der Sparkassen beträgt $M = 6.25$ ($SD = 2.79$), die der Kreditgenossenschaften $M = 5.38$ ($SD = 2.76$) und die der Kreditbanken $M = 2.63$ ($SD = 2.67$). Die Mittelwertsunterschiede zwischen den Gruppen sind mit $F(2,90) = 11.73$; $p < .001$ statistisch signifikant (Abbildung 26).

Abbildung 26: Mittelwertsvergleich der Nutzung der Kommunikations- und Informationswege der Bankengruppen

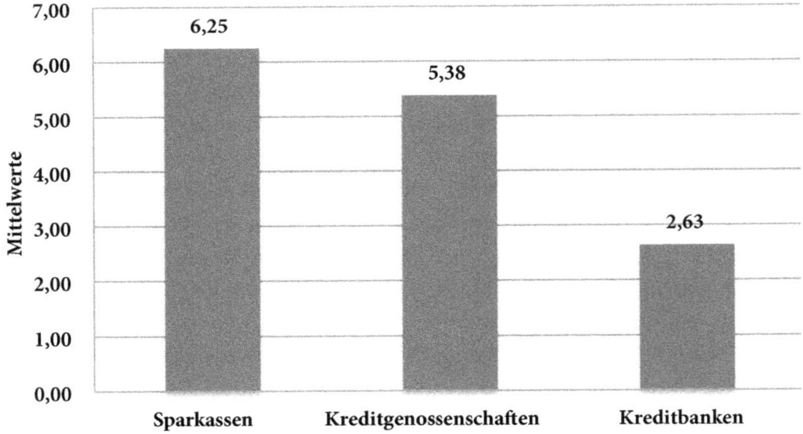

Quelle: Eigene Berechnungen auf Basis des erhobenen Datensatzes.

Die Ergebnisse der post-hoc durchgeführten t-Tests gibt die Tabelle 22 wieder. Es bestehen keine signifikanten Unterschiede hinsichtlich der Selbsteinschätzung der Innovativität der eigenen Bank bei den Sparkassen und Kreditgenossenschaften verglichen mit anderen Banken der Branche.

Tabelle 22: Ergebnisse der p-Werte der t-Tests für die Nutzung der Kommunikations- und Informationswege nach Sektor des Kreditinstitutes

	Sparkassen (n=48)	**Kreditgenossenschaften (n=26)**	**Kreditbanken**
Sparkassen	-	0.1028	0.0001***
Kreditgenossenschaften		-	0.0008***
Kreditbanken			-

Quelle: Eigene Berechnungen auf Basis des erhobenen Datensatzes.
Signifikanzniveaus: *p < .05. ** p < .01. *** p < .001.

Es zeigt sich jedoch, dass in dieser Hinsicht ein Unterschied zwischen den Sparkassen und Kreditbanken sowie den Kreditgenossenschaften und den Kreditbanken in dieser Hinsicht existiert.

Zur Überprüfung der Hypothese 4.2 wird in einem nächsten Schritt untersucht, inwiefern Mittelwertsunterschiede zwischen der Nutzung der „Kommunikations- und Informationswege“ und der unabhängigen Variable „Rechtsform der Kreditinstitute“ existieren. Die durchschnittliche Nutzung der Kommunikations-

und Informationswege im Bereich der AdöRs beträgt $M = 6.30$ ($SD = 2.68$), die der eGs $M = 5.4$ ($SD = 2.81$), die der AGs $M = 4.77$ ($SD = 4.04$), die der GmbHs $M = 2.57$ ($SD = 2.07$) und die der Sonstigen $M = 3.82$ ($SD = 2.79$). Die Mittelwertsunterschiede sind mit $F(4,8) = 3.44$; $p < .05$ signifikant. Die grafische Darstellung der Mittelwertsunterschiede findet sich in Abbildung 27.

Abbildung 27: Mittelwertsvergleich der Nutzung der Kommunikations- und Informationswege nach Rechtsformen

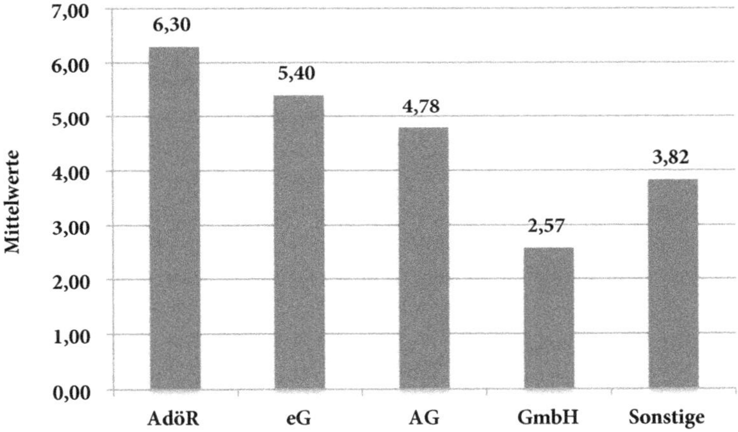

Quelle: Eigene Berechnungen auf Basis des erhobenen Datensatzes.

Die Ergebnisse der t-Tests in Tabelle 23 zeigen signifikante Unterschiede der Nutzung der Kommunikations- und Informationswege zwischen den Kreditbanken in der Rechtsform der GmbH und den AdöR bzw. den eG.

Tabelle 23: Ergebnisse der p-Werte der t-Tests für die Nutzung der Kommunikations- und Informationswege nach Rechtsform der Kreditinstitute

	AdöR (n=37)	**eG (n=25)**	**AG (n=13)**	**GmbH (n=7)**	**Sonstige (n=11)**
AdöR	-	0.1047	0.0649	0.0006***	0.0052**
eG		-	0.2884	0.0098**	0.0642
AG			-	0.0993	0.2587
GmbH				-	0.1627
Sonstige					-

Quelle: Eigene Berechnungen auf Basis des erhobenen Datensatzes.
Signifikanzniveaus: *p < .05. ** p < .01. *** p < .001.

Zur Überprüfung der Hypothese 4.3 wird der Zusammenhang beider metrischer Variablen „Einschätzung der Innovativität“ und „Kommunikations- und Informationswege“ untersucht. Der Korrelationskoeffizient beträgt $r = .34$. Der p-Wert des Korrelationskoeffizienten bestätigt mit $p < .001$ eine statistisch signifikante Beziehung beider Variablen. Somit besteht ein positiver linearer Zusammenhang zwischen den beiden Merkmalen. Je größer die Einschätzung der Innovativität der Bank, desto größer die Nutzung der Kommunikations- und Informationswege.

In einem weiteren Schritt der Überprüfung der Hypothese 4.3 wird untersucht, inwiefern ein Zusammenhang zwischen dem zweiten Indikator für Innovativität, den „Angebotenen Maßnahmen“ zur Vereinbarkeit von Beruf und Familie und der Nutzung der „Kommunikations- und Informationswege“ besteht. Der Korrelationskoeffizient zwischen diesen beiden Variablen bestätigt mit $r = .63$; $p < .001$ einen signifikanten Zusammenhang.

Die Überprüfung der Hypothese 4.4 zeigt folgendes Ergebnis: Der Korrelationskoeffizient der Variablen „Einschätzung der Flexibilität“ und „Kommunikations- und Informationswege“ beträgt $r = -.05$. Der p-Wert des Korrelationskoeffizienten $p = .62$ zeigt keine signifikante Beziehung beider Variablen.

Zur Überprüfung der Hypothese 4.5 wird zunächst der Unterschied zwischen der Nutzung der Kommunikations- und Informationswege und der Planung geprüft.

Der t-Test zeigt einen statistisch nicht signifikanten Unterschied zwischen der zentralen Planung ($M = 5.74$) und der dezentralen Planung ($M = 5.53$) in den Kreditinstituten ($T(81) = 0.24$; $p = .41$).

Zur Überprüfung des angenommenen Zusammenhanges von Partizipation und der Nutzung der Kommunikations- und Informationswege werden die Variablen korreliert. Der Korrelationskoeffizient beträgt $r = .06$. Der p-Wert des Korrelationskoeffizienten $p = .59$ zeigt keine statistisch signifikante Beziehung beider Variablen.

Zur Überprüfung des vermuteten Unterschiedes zwischen der Nutzung der Kommunikations- und Informationswege und der Leitungsspanne wird ein t-Test durchgeführt. Dieser zeigt einen statistisch nicht signifikanten Unterschied zwischen der großen Leitungsspanne ($M = 5.09$) und der kleinen Leitungsspanne ($M = 5.56$) in den Kreditinstituten ($T(91) = -0.72$; $p = .24$).

Es bestehen zusammengefasst signifikante Unterschiede zwischen der Nutzung der „Kommunikations- und Informationswege“ und dem „Sektor der Kreditinstitute“. Sparkassen und Kreditgenossenschaften nutzen nachweislich mehr Wege der Kommunikation und Information als Kreditbanken. Die Hypothese 4.1 wird angenommen.

Die Ergebnisse der Überprüfung der Hypothese 4.2 bestätigen, dass sich die Bankengruppen in ihrer Rechtsform hinsichtlich der Intensität der Nutzung der „Kommunikations- und Informationswege“ unterscheiden. Die Annahme, dass in den Rechtsformen der AdöR sowie der eG mehr Wege der Kommunikation und Information genutzt werden, als in den Rechtsformen der AG und der GmbH wird nur teilweise bestätigt. Es existieren lediglich zwischen den AdöRs sowie den eGs und den GmbHs nachweisbare Unterschiede. Hinsichtlich der Rechtsform der AG bestehen keine Unterschiede. Die Hypothese 4.2 wird nur teilweise angenommen.

Die Betrachtung des vermuteten Zusammenhanges zwischen der Innovativität und der „Kommunikations- und Informationswege“ (Hypothese 4.3) sind die Ergebnisse hypothesenkonform. Je größer die „Einschätzung der Innovativität“ der Bank, desto größer die Nutzung der „Kommunikations- und Informationswege“. Je mehr Wege der Kommunikation und Information genutzt werden, desto größer ist die höhere Anzahl der „Angebotenen Maßnahmen“ zur Vereinbarkeit von Beruf und Familie.

Die Testergebnisse der Überprüfung der Hypothese 4.4 „Flexiblere Kreditinstitute nutzen mehr Kommunikations- und Informationswege“ sprechen gegen die Annahme der Hypothese. Kreditinstitute, welche ihrer Einschätzung nach flexibler sind, als andere Institute der Branche setzen nicht nachweisbar mehr Kommunikations- und Informationswege ein, als andere Kreditinstitute.

Die Ergebnisse der Überprüfung der Hypothese 4.5 sind nicht hypothesenkonform. Es bestehen keine Zusammenhänge zwischen der Nutzung der Kommunikations- und Informationswege und den Strukturmerkmalen Leitungsspanne, Partizipation sowie Planung. Die Hypothese wird verworfen.

8.2 Überprüfung der Situationsvariablen

8.2.1 Größe

Unter Frage 3 des Fragebogens wurden die Umfrageteilnehmer mittels einer ordinalen Antwortskala nach der Anzahl der Mitarbeiter der Gesamtbank gefragt. Die Anzahl der Mitarbeiter dient als Indikator für die Größe (Abschnitt 3.1.1). Zur Überprüfung der Hypothesen wird eine neue Variable gebildet. Die Variable „Größe“ wird kategorisiert in die 4 Gruppen „1–249 Mitarbeiter“, „250–749“ Mitarbeiter, „750–2999 Mitarbeiter“ und „≥ 3000 Mitarbeiter“.

Hypothese 5.1: „Es existiert ein Zusammenhang zwischen dem Sektor der Kreditinstitute und der Größe."
Hypothese 5.2: „Es existiert ein Zusammenhang zwischen der Rechtsform der Kreditinstitute und der Größe."
Hypothese 5.3: „Es existiert ein Zusammenhang zwischen der Größe der Kreditinstitute und der Innovativität. Je größer die Kreditinstitute sind, desto weniger innovativ sind diese."
Hypothese 5.4: „Es existiert ein Zusammenhang zwischen der Größe der Kreditinstitute und der Flexibilität. Größere Kreditinstitute sind weniger flexibler als kleinere Kreditinstitute."
Hypothese 5.5: „Es existiert ein Zusammenhang zwischen der Größe der Kreditinstitute und der Nutzung der Kommunikations- und Informationswege. Mit steigender Größe der Kreditinstitute steigt auch die Anzahl genutzter Kommunikations- und Informationswege."

Zur Analyse der Variable „Größe der Kreditinstitute" nach Sektor der Kreditinstitute werden die Variablen deskriptiv in Abbildung 28 dargestellt. Hieraus ist zu erkennen, dass Unterschiede in den Strukturen der Kreditinstitute bestehen. Im Vergleich zu den anderen Bankengruppen ist die überwiegende Anzahl der Kreditbanken hinsichtlich der Anzahl der Mitarbeiter eher klein. Die Verteilung der Merkmale ist statistisch voneinander abhängig (Cramer´s $V = .45$).

Abbildung 28: Anzahl der Mitarbeiter nach Kreditinstituten

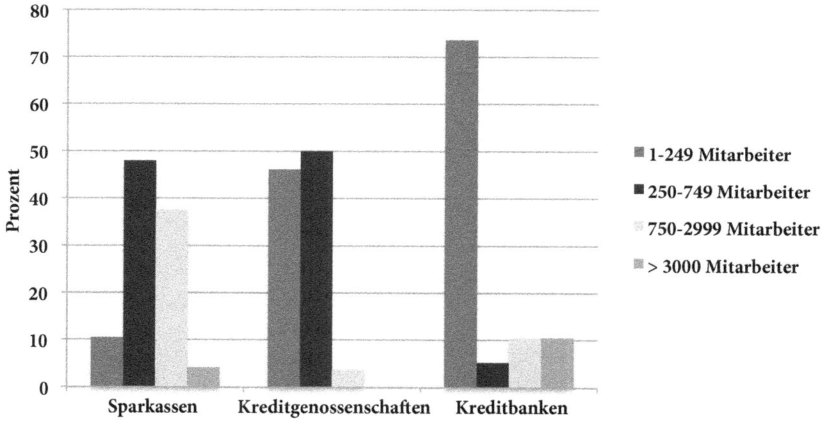

Quelle: Eigene Berechnungen auf Basis des erhobenen Datensatzes.

Zur Analyse der Variable „Größe der Kreditinstitute" nach Rechtsform der Kreditinstitute wird die Variable deskriptiv in Abbildung 29 dargestellt. Die Verteilung der Merkmale ist statistisch voneinander abhängig (Cramer´s $V = .48$).

Abbildung 29: Anzahl der Mitarbeiter nach Rechtsform

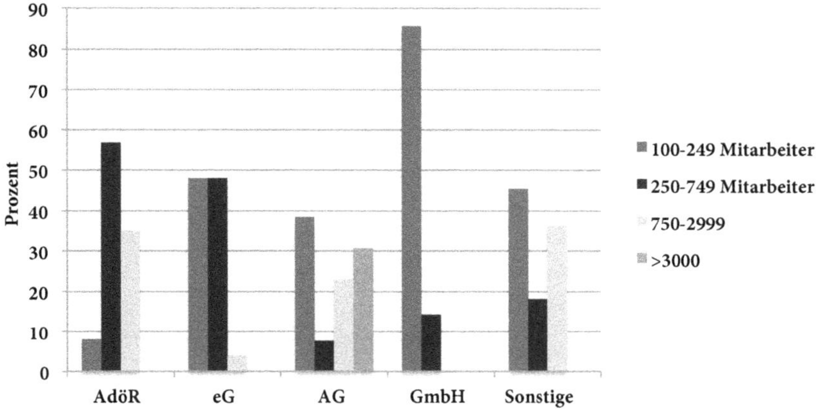

Quelle: Eigene Berechnungen auf Basis des erhobenen Datensatzes.

Die Abbildung zeigt, dass die Aktiengesellschaften als einzige Bankengruppe Institute mit mehr als 3000 Mitarbeitern aufweisen. Die Gruppe der GmbHs hat prozentual gesehen den größten Anteil an kleinen Instituten. Verglichen mit den AdöRs haben die Kreditgenossenschaften eine größere Anzahl an kleineren Instituten.

In einem nächsten Schritt wird zur Überprüfung der Hypothese 5.3, 5.4 und 5.5 untersucht, ob ein Zusammenhang zwischen der Größe der Kreditinstitute und der Innovativität, sowie der Einschätzung der Flexibilität und der Nutzung der Kommunikations- und Informationswege existiert. Tabelle 24 zeigt eine Übersicht der Korrelationskoeffizienten.

Tabelle 24: Spearman-Rangkorrelationskoeffizienten für das Item „Größe der Kreditinstitute"

	Einschätzung der Innovativität	**Angebotene Maßnahmen**	**Einschätzung der Flexibilität**	**Kommunikations- und Informationswege**
Größe	-0.1201 (0.2514)	0.4393*** (<0.0001)	-0.3563*** (0.0005)	0.5015*** (<0.0001)

Quelle: Eigene Berechnungen auf Basis des erhobenen Datensatzes.
Signifikanzniveaus: *p < .05. ** p < .01. *** p < .001; (n = 93; *p*-Werte in Klammern).

Die Testergebnisse des vorangegangenen Abschnitts bestätigen den Zusammenhang zwischen der Größe der Kreditinstitute und dem Sektor, sowie der Rechtsform der Kreditinstitute. Die Hypothesen 5.1 und 5.2 werden angenommen.

Bei Betrachtung der Ergebnisse der Überprüfung der Hypothese 5.3 sind diese nur teilweise hypothesenkonform. Ein Zusammenhang zwischen der „Größe der Kreditinstitute“ und der „Einschätzung der Innovativität“ wird nicht bestätigt. Es existiert jedoch ein positiver Zusammenhang zwischen der „Größe der Kreditinstitute“ und „Angebotenen Maßnahmen“ zur Vereinbarkeit von Beruf und Familie. Mit steigender Größe der Kreditinstitute steigt auch die Anzahl der angebotenen Maßnahmen in den Kreditinstituten. Der erste Teil der Hypothese wird somit nur teilweise bestätigt. Die zweite Annahme der Hypothese 5.3 wird nicht bestätigt. Insgesamt wird die Hypothese 5.3 somit nur in Teilen angenommen.

Die Annahme eines Zusammenhanges der „Einschätzung der Flexibilität“ und der „Größe der Kreditinstitute“ bestätigt die Hypothese 5.4. Mit steigender Größe der Kreditinstitute betrachten sich die Kreditinstitute als weniger flexibel verglichen mit anderen Banken der Branche. Die Hypothese wird angenommen.

Die Ergebnisse der Überprüfung der Hypothese 5.5 sind hypothesenkonform. Sie bestätigen die Annahme, dass mit steigender Größe der Kreditinstitute auch die Anzahl genutzter Kommunikations- und Informationswege steigt.

8.2.2 Rechtsform

Zur Erfassung des Items „Rechtsform“ wurden die Umfrageteilnehmer in der Befragung unter Frage 2 mittels einer nominalen Antwortskala nach der Rechtsform ihres Kreditinstitutes befragt.

> *Hypothese 6: „Die Bankengruppen unterscheiden sich in ihrer Rechtsform hinsichtlich ihrer Strukturmerkmale.“*

Nachfolgend werden die Unterschiede zwischen den Rechtsformen der Kreditinstitute bei den Strukturmerkmalen betrachtet, welche nicht im Zuge im Zusammenhang mit weiteren Hypothesen betrachtet werden. Zur varianzanalytischen Überprüfung der Hypothese wird zunächst das Item „Entscheidungsdelegation“ als abhängige Variable gewählt. Die „Rechtsform der Kreditinstitute“ bildet die unabhängige Variable. Die mittlere Entscheidungsdelegation im Bereich der AdöRs beträgt $M = 2.65$ ($SD = 1.34$), die der eGs $M = 2.8$ ($SD = 1.19$), die der AGs $M = 1.92$ ($SD = 0.86$), die der GmbHs $M = 1.57$ ($SD = 0.53$) und die der Sonstigen $M = 3.64$ ($SD = 0.92$).

Tabelle 25: Ergebnisse der p-Werte der t-Tests für die Entscheidungsdelegation nach Rechtsform

	AdöR (n=37)	**eG (n=25)**	**AG (n=13)**	**GmbH (n=7)**	**Sonstige (n=11)**
AdöR	-	0.3249	0.0375*	0.0217*	0.0135*
eG		-	0.0122*	0.0066**	0.0232*
AG			-	0.1711	0.0001***
GmbH				-	<0.0001***
Sonstige					-

Quelle: Eigene Berechnungen auf Basis des erhobenen Datensatzes.
Signifikanzniveaus: *p < .05. ** p < .01. *** p < .001

Die Mittelwertsunterschiede zwischen den Gruppen sind mit $F(4,88) = 4.90$; $p < .01$ statistisch signifikant. Die Ergebnisse der posthoc durchgeführten t-Tests berichtet Tabelle 25.

Zur Überprüfung vermuteter Unterschiede der Partizipation zwischen den Rechtsformen wird zunächst das Item „Partizipation" als abhängige Variable gewählt. Die „Rechtsform der Kreditinstitute" bildet die unabhängige Variable. Die durchschnittliche Partizipation im Bereich der AdöRs beträgt $M = 3.49$ ($SD = 0.96$), die der eGs $M = 3.52$ ($SD = 0.92$), die der AGs $M = 3.08$ ($SD = 1.38$), die der GmbHs $M = 2.86$ ($SD = 1.21$) und die der Sonstigen $M = 3.55$ ($SD = 1.21$). Die Mittelwertsunterschiede zwischen den Gruppen sind mit $F(4,88) = 0.94$; $p = .44$ statistisch nicht signifikant.

Die Überprüfung angenommener Unterschiede der Arbeitsteilung zwischen den Rechtsformen ergibt eine durchschnittliche Arbeitsteilung im Bereich der AdöRs von $M = 4.59$ ($SD = 0.86$), die der eGs $M = 4.6$ ($SD = 1.15$), die der AGs $M = 4.31$ ($SD = 1.32$), die der GmbHs $M = 3.14$ ($SD = 1.68$) und die der Sonstigen $M = 4.09$ ($SD = 1.14$). Die Mittelwertsunterschiede zwischen den Gruppen sind mit $F(4,88) = 2.94$; $p < .05$ statistisch signifikant. Die Ergebnisse der posthoc durchgeführten t-Tests berichtet Tabelle 26.

Tabelle 26: Ergebnisse der p-Werte der t-Tests für die Arbeitsteilung nach Rechtsform

	AdöR (n=37)	**eG (n=25)**	**AG (n=13)**	**GmbH (n=7)**	**Sonstige (n=11)**
AdöR	-	0.4916	0.1882	0.0006***	0.0609
eG		-	0.2423	0.0061**	0.1146
AG			-	0.0514	0.3365
GmbH				-	0.0849
Sonstige					-

Quelle: Eigene Berechnungen auf Basis des erhobenen Datensatzes.
Signifikanzniveaus: *p < .05. ** p < .01. *** p < .001

Die Überprüfung vermuteter Unterschiede der Autonomie zwischen den Rechtsformen ergibt eine durchschnittliche Autonomie im Bereich der AdöRs von $M = 3.89$ ($SD = 1.13$), die der eGs $M = 3.8$ ($SD = 1$), die der AGs $M = 3.38$ ($SD = 1.19$), die der GmbHs $M = 3.71$ ($SD = 1.25$) und die der Sonstigen $M = 4.27$ ($SD = 1.35$). Die Mittelwertsunterschiede zwischen den Gruppen sind mit $F(4,88) = 0.96$; $p = .43$ nicht signifikant.

Die Ergebnisse der Überprüfung angenommener Unterschiede der Standardisierung zwischen den Rechtsformen zeigt eine durchschnittliche Standardisierung im Bereich der AdöRs von $M = 4.59$ ($SD = 0.93$), die der eGs $M = 4.36$ ($SD = 0.76$), die der AGs $M = 3.92$ ($SD = 1.26$), die der GmbHs $M = 4.86$ ($SD = 0.90$) und die der Sonstigen $M = 3.73$ ($SD = 1.10$). Die Mittelwertsunterschiede zwischen den Gruppen sind mit $F(4,88) = 2.91$; $p < .05$ statistisch signifikant. Die Ergebnisse der t-Tests zeigt Tabelle 27.

Tabelle 27: Ergebnisse der p-Werte der t-Tests für die Standardisierung nach Rechtsform

	AdöR (n=37)	**eG (n=25)**	**AG (n=13)**	**GmbH (n=7)**	**Sonstige (n=11)**
AdöR	-	0.1489	0.0232*	0.2469	0.0061**
eG		-	0.0942	0.0752	0.0267*
AG			-	0.0501	0.3458
GmbH				-	0.0189*
Sonstige					-

Quelle: Eigene Berechnungen auf Basis des erhobenen Datensatzes.
Signifikanzniveaus: *p < .05. ** p < .01. *** p < .001

Die varianzanalytische Überprüfung angenommener Unterschiede der Formalisierung zwischen den Rechtsformen ergibt eine durchschnittliche Formalisierung im Bereich der AdöRs von $M = 4.97$ ($SD = 1.12$), die der eGs $M = 4.72$ ($SD = 0.94$), die der AGs $M = 4.69$ ($SD = 1.18$), die der GmbHs $M = 4.57$ ($SD = 1.51$) und die der Sonstigen $M = 4.73$ ($SD = 0.90$). Die Mittelwertsunterschiede zwischen den Gruppen sind mit $F(4,88) = 0.39$; $p = .82$ statistisch nicht signifikant.

Die prozentualen Häufigkeiten dezentraler Planung nach Rechtsform der Kreditinstitute zeigt Abbildung 30. Die Verteilung der Merkmale zeigt einen schwachen Zusammenhang (Cramer´s V = .15).

Abbildung 30: Dezentrale Planung nach Rechtsform

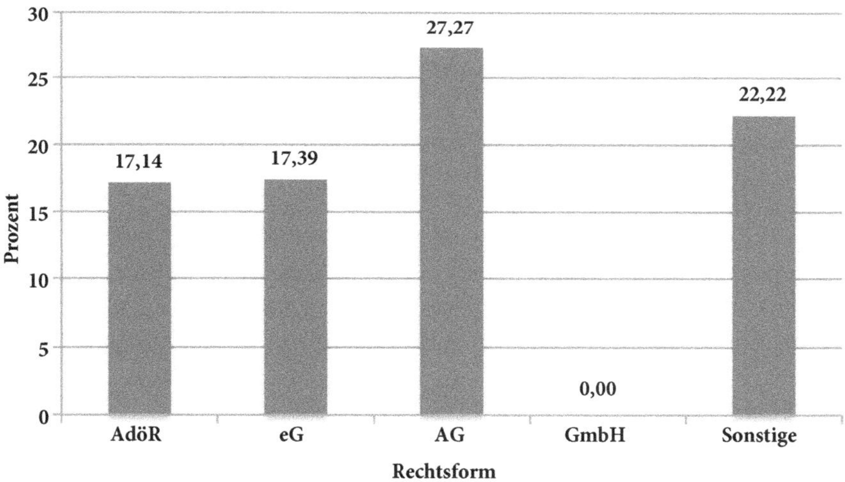

Quelle: Eigene Berechnungen auf Basis des erhobenen Datensatzes.

Bei der Betrachtung der Ergebnisse der Überprüfung der Hypothese 6 sind diese nur zum Teil hypothesenkonform. Die Bankengruppen unterscheiden sich in ihrer Rechtsform in den Strukturmerkmalen Leitungsspanne[158], Entscheidungsdelegation, Arbeitsteilung und Standardisierung. Es existieren keine nachweisbaren signifikanten Unterschiede oder Zusammenhänge im Bereich der Partizipation, der Autonomie und der Formalisierung. Die Hypothese wird somit nur zum Teil angenommen.

8.3 Überprüfung der Strukturmerkmale

Nachfolgend werden zunächst die drei Strukturmerkmale des Bereiches „Macht" in Organisationen analysiert (Abschnitt 8.3.1 bis 8.3.3).

---

158 Die statistische Überprüfung erfolgt in Abschnitt 8.3.1.

8.3.1 Macht: Organisationsstruktur und Leitungsspanne

Der Indikator „Leitungsspanne" dient der Erfassung der Ausprägungen der hierarchischen Organisation der Kreditinstitute. Zur Erfassung des Items wurden die Umfrageteilnehmer in der Befragung unter Frage 19 nach der Anzahl der Hierarchieebenen (Führungsebenen) in ihrem Kreditinstitut befragt.

> *Hypothese 7.1: „Es besteht ein Zusammenhang zwischen der Leitungsspanne und dem Sektor der Kreditinstitute."*
> *Hypothese 7.2: „AGs haben unter den Bankengruppen den größten Anteil kleiner Leitungsspannen und GmbHs den größten Anteil großer Leitungsspannen."*
> *Hypothese 7.3: „Es besteht ein Zusammenhang zwischen der Leitungsspanne und der Größe der Organisation. Kreditinstitute mit einer geringen Anzahl an Mitarbeitern haben größere Leitungsspannen als Kreditinstitute mit einer größeren Anzahl an Mitarbeitern."*
> *Hypothese 7.4: „Innovativere Kreditinstitute haben größere Leitungsspannen."*
> *Hypothese 7.5: „Flexiblere Kreditinstitute haben größere Leitungsspannen."*

Zur Analyse der Variable „Leitungsspanne" wurde die Variable deskriptiv in Abbildung 31 dargestellt. Hieraus ist zu erkennen, dass Unterschiede in den Strukturen der Kreditinstitute bestehen.

Ist nachfolgend von einer „flachen Hierarchie" die Rede, so sind eine große Leitungsspanne sowie eine geringe Anzahl an Hierarchieebenen (1–3 Ebenen) gemeint. Wird von einer „steilen Hierarchie" gesprochen, so werden darunter eine kleine Leitungsspanne sowie eine große Anzahl an Hierarchieebenen (4–6 Ebenen) verstanden.

Abbildung 31: Leitungsspanne der Kreditinstitute nach Bankensektor

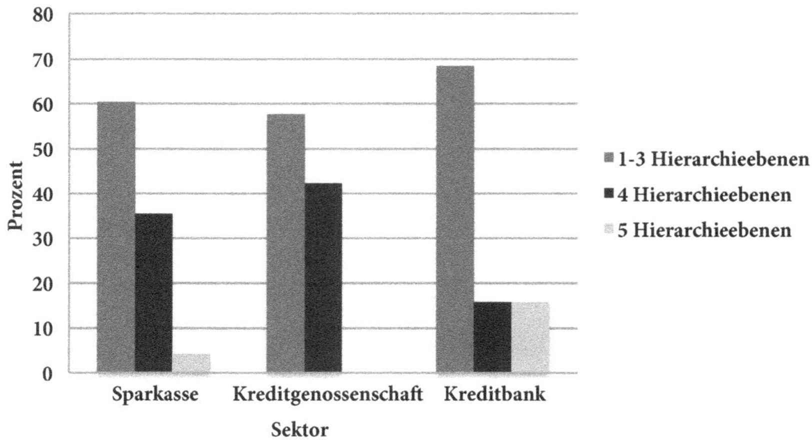

Quelle: Eigene Berechnungen auf Basis des erhobenen Datensatzes.

Die Institute mit den prozentual kleinsten Leitungsspannen sind im Bereich der Kreditbanken zu finden. Auch einige Institute der Sparkassen haben 5 Hierarchieebenen. Bei den Kreditgenossenschaften hat bei den Befragten kein Institut mehr als 4 Hierarchieebenen. Generell hat die Mehrheit der Institute aller Bankengruppen 1 bis 3 Führungsebenen. Die Kreditbanken haben sowohl den größten prozentualen Anteil der kleinsten, sowie der größten Leitungsspannen. Die Verteilung der Merkmale ist statistisch voneinander abhängig und zeigt einen schwachen Zusammenhang (Cramer´s V = .21).

Zur Überprüfung der Hypothese 7.2 wird die Variable dichotomisiert und in Abbildung 32 die Verteilung des prozentualen Anteils großer Leitungsspannen (1–3 Hierarchieebenen) deskriptiv dargestellt. Hieraus ist ersichtlich, dass die GmbHs ausschließlich große Leitungsspannen haben. Die AGs haben den größten Anteil an kleinen Leitungsspannen (4–6 Hierarchieebenen). Die Verteilung der Merkmale ist statistisch voneinander abhängig und zeigt einen schwachen Zusammenhang (Cramer´s V = .23).

Abbildung 32: Anteil flacher Hierarchieebenen nach Rechtsform

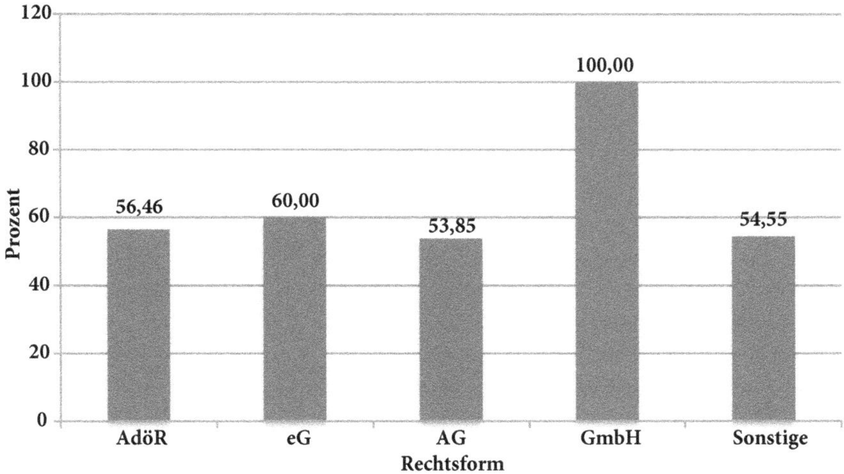

Quelle: Eigene Berechnungen auf Basis des erhobenen Datensatzes.

Weiterhin wird zur Überprüfung der Hypothese 7.3 die prozentuale Verteilung der Variable „Größe" hinsichtlich des prozentualen Anteils großer Leitungsspannen (1–3 Hierarchieebenen betrachtet. Aus Abbildung 33 ist zu erkennen, dass Banken mit einer geringeren Anzahl an Mitarbeitern auch eine weniger Hierarchieebenen haben. Die Verteilung der Merkmale ist statistisch voneinander abhängig (Cramers *V* = .41).

Abbildung 33: Verteilung flacher Hierarchieebenen nach Anzahl der Mitarbeiter

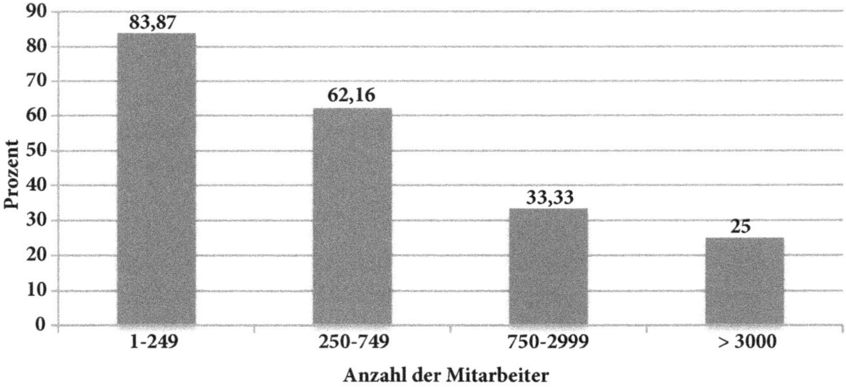

Quelle: Eigene Berechnungen auf Basis des erhobenen Datensatzes.

Die Untersuchung der Mittelwertsunterschiede der Überprüfung der Hypothese 7.4 zeigt mit $T(91) = 1.36$; $p = .09$ keinen signifikanten Unterschied der „Einschätzung der Innovativität" zwischen der flachen Hierarchie ($M = 4.05$) und der steilen Hierarchie ($M = 3.69$) in den Kreditinstituten. Die Untersuchung der Mittelwertsunterschiede der „Angebotenen Maßnahmen" zeigt mit $T(91) = -1.47$; $p = .07$ ebenfalls keinen signifikanten Unterschied des Angebotes der Maßnahmen zur Vereinbarkeit von Beruf und Familie zwischen der flachen Hierarchie ($M = 4.05$) und der steilen Hierarchie ($M = 3.69$) in den Kreditinstituten.

In einem nächsten Schritt wird untersucht, ob Mittelwertsunterschiede zwischen der „Flexibilität" und der „Leitungsspanne" existieren (Hypothese 6.5). Der t-Test ergab mit $T(91) = 3.14$; $p < .01$ einen signifikanten Unterschied der Flexibilität zwischen der flachen Hierarchie ($M = 4.44$) und der steilen Hierarchie ($M = 3.64$) in den Kreditinstituten.

Die Testergebnisse bestätigen den vermuteten Zusammenhang des Sektors der Kreditinstitute und der Leitungsspanne. Die Hypothese 7.1 wird angenommen.

Bei der Überprüfung der Hypothese 7.2 sind die Ergebnisse hypothesenkonform. Die AGs haben den größten Anteil an kleinen Leitungsspannen. Die GmbHs haben den größten Anteil an großen Leitungsspannen.

Die Annahme, dass Kreditinstitute mit einer geringeren Anzahl an Mitarbeitern größere Leitungsspannen haben als Kreditinstitute mit einer größeren Anzahl an Mitarbeitern wird durch die Ergebnisse der Überprüfung bestätigt. Die Hypothese 7.3 wird angenommen.

Die Ergebnisse der Überprüfung der Hypothese 7.4 sind nicht hypothesenkonform. Die Hypothese wird verworfen.

Die Ergebnisse der Überprüfung der Hypothese 7.5 bestätigen diese. Kreditinstitute mit einer großen Leitungsspanne sind ihrer Einschätzung nach flexibler. Die Hypothese wird angenommen.

8.3.2 Macht: Entscheidungsdelegation

Der Indikator „Entscheidungsdelegation“ dient der Erfassung der Information der Verlagerung von Entscheidungen in Kreditinstituten auf untere Ebenen. Zur Erfassung des Items für die Delegation von Entscheidungen wurden in der Befragung die Umfrageteilnehmer mittels einer 6-stufigen Likert-Skala nach ihrer Einschätzung zu „In der Bank werden Entscheidungen möglichst auf die unteren Ebenen verlagert“ befragt.

> *Hypothese 8.1: „Die Bankengruppen unterscheiden sich hinsichtlich der Entscheidungsdelegation.“*
> *Hypothese 8.2: „Der Grad der Entscheidungsdelegation ist bei den Kreditbanken am größten ausgeprägt.“*
> *Hypothese 8.3: „Es existiert ein Zusammenhang zwischen Innovativität und Entscheidungsdelegation. Innovativere Kreditinstitute weisen einen höheren Grad an Entscheidungsdelegation auf.“*
> *Hypothese 8.4: „Es existiert ein Zusammenhang zwischen Flexibilität und Entscheidungsdelegation. Flexiblere Kreditinstitute weisen einen höheren Grad an Entscheidungsdelegation auf.“*

Zur varianzanalytischen Überprüfung der Hypothesen 8.1 und 8.2 wird zunächst das Item „Entscheidungsdelegation“ als abhängige Variable, der „Sektor der Kreditinstitute“ als unabhängige Variable gewählt. Die durchschnittliche Entscheidungsdelegation im Bereich der Sparkassen beträgt $M = 2.81$ ($SD = 1.27$), die der Kreditgenossenschaften $M = 2.85$ ($SD = 1.19$) und die der Kreditbanken $M = 1.84$ ($SD = 1.01$). Die Mittelwertsunterschiede zwischen den Gruppen sind mit $F(2,90) = 5.09$; $p < .01$ statistisch signifikant. Die Ergebnisse der t-Tests gibt die Tabelle 28 wieder. Während keine signifikanten Unterschiede hinsichtlich der Einschätzung der Entscheidungsdelegation zwischen den Sparkassen und Kreditgenossenschaften bestehen, zeigen sich jedoch signifikante Unterschiede beider vorgenannter Gruppen und der Kreditbanken.

Tabelle 28: Ergebnisse der p-Werte der t-Tests für die Einschätzung der Entscheidungsdelegation nach Sektor des Kreditinstitutes

	Sparkassen (n=48)	**Kreditgenossenschaften (n=26)**	**Kreditbanken (n=19)**
Sparkassen	-	0.4558	0.0020**
Kreditgenossenschaften		-	0.0024**
Kreditbanken			-

Quelle: Eigene Berechnungen auf Basis des erhobenen Datensatzes.
Signifikanzniveaus: *p < .05. ** p < .01. *** p < .001.

Zur Testung der Hypothese 8.3 wird untersucht, inwiefern ein Zusammenhang zwischen der „Einschätzung der Innovativität" und der „Entscheidungsdelegation" besteht. Der Korrelationskoeffizient zwischen diesen beiden Variablen beträgt $r = .36$. Der p-Wert des Korrelationskoeffizienten bestätigt mit $p < .001$ eine statistisch hochsignifikante Beziehung beider Variablen. Somit besteht ein positiver linearer Zusammenhang zwischen den beiden Merkmalen.

Weiterhin wird untersucht, inwiefern ein Zusammenhang zwischen der „Entscheidungsdelegation" und den „Angebotenen Maßnahmen" zur Vereinbarkeit von Beruf und Familie besteht. Der Korrelationskoeffizient zwischen diesen beiden Variablen beträgt $r = .18$; ($p = .08$). Somit kann an dieser Stelle kein signifikanter Zusammenhang nachgewiesen werden.

Nachstehend erfolgt die Untersuchung des in Hypothese 8.4 vermuteten Zusammenhanges zwischen der Einschätzung der Flexibilität und der Entscheidungsdelegation. Der Korrelationskoeffizient zwischen diesen beiden Variablen beträgt $r = .11$; ($p = .27$). Somit kann kein signifikanter Zusammenhang nachgewiesen werden.[159]

Zusammengefasst kann gemäß voriger statistischer Testverfahren die Hypothese 8.1 „Die Bankengruppen unterscheiden sich hinsichtlich der Entscheidungsdelegation" angenommen werden.

Die Ergebnisse der Überprüfung der Hypothese 8.2 sprechen gegen die Hypothese. Der Grad der Entscheidungsdelegation ist nicht bei den Kreditbanken,

159 Zusammenhang zwischen Entscheidungsdelegation und Nutzung der Kommunikations- und Informationswege: Der Korrelationskoeffizient zwischen diesen beiden Variablen beträgt $r = .09$. Der p-Wert $p = .40$ ist nicht signifikant. Demnach setzen Kreditinstitute, welche ihre Entscheidungen möglichst auf die unteren Ebenen verlagern, nicht signifikant nachweisbar mehr Wege zur Kommunikation und Information der Maßnahmen zur Vereinbarkeit von Beruf und Familie ein.

sondern bei den Kreditgenossenschaften am größten ausgeprägt. Die Ausprägung der Entscheidungsdelegation bei den Sparkassen ist fast so groß wie die der Kreditgenossenschaften.

Die Ergebnisse der Hypothese 8.3 sind nur zum Teil hypothesenkonform. Kreditinstitute, welche ihrer Einschätzung gemäß innovativer sind, als andere Banken der Branche, verlagern ihre Entscheidungen auch mehr auf die unteren Ebenen. Dem gegenüber bieten Kreditinstitute, welche ihre Entscheidungen auf die unteren Ebenen verlagern, nicht gleichermaßen auch mehr Maßnahmen zur Vereinbarkeit von Beruf und Familie an. Die Hypothese kann nur zum Teil angenommen.

Die Ergebnisse der Hypothese 8.4 sind nicht hypothesenkonform. Kreditinstitute, welche ihrer Einschätzung gemäß flexibler sind als andere Banken der Branche verlagern nicht gleichzeitig mehr ihrer Entscheidungen auf die unteren Ebenen.

8.3.3 Macht: Partizipation

Der Indikator „Partizipation" dient der Erfassung der Information, inwiefern Mitarbeiter in Entscheidungsprozesse überstellter Einheiten eingebunden werden. Die Umfrageteilnehmer wurden mittels einer 6-stufigen Likert-Skala nach ihrer Einschätzung zu „Die Mitarbeiter nehmen an den Entscheidungsprozessen überstellter Hierarchieebenen aktiv teil" gefragt.

> *Hypothese 9.1: „Die Bankengruppen unterscheiden sich hinsichtlich der Partizipation. Der Grad an Partizipation ist bei den Kreditgenossenschaften am stärksten ausgeprägt."*
> *Hypothese 9.2: „Es existiert ein Zusammenhang zwischen Partizipation und Innovativität. Je größer der Grad an Partizipation, desto innovativer sind die Kreditinstitute."*
> *Hypothese 9.3: „Es existiert ein Zusammenhang zwischen Partizipation und Flexibilität. Je größer der Grad an Partizipation, desto flexibler sind die Kreditinstitute."*

Zur varianzanalytischen Überprüfung der Hypothese 9.1 wird das Item „Teilnahme an Entscheidungen überstellter Ebenen" als abhängige Variable, der „Sektor der Kreditinstitute" als unabhängige Variable gewählt. Die mittlere Partizipation an Entscheidungen überstellter Hierarchieebenen im Bereich der Sparkassen beträgt $M = 3.52$ ($SD = 0.99$), die der Kreditgenossenschaften $M = 3.54$ ($SD = 0.90$) und die der Kreditbanken $M = 2.89$ ($SD = 1.33$). Die Mittelwertsunterschiede zwischen den Gruppen sind mit $F(2,90) = 2.77$; $p = .07$ statistisch nicht signifikant.[160]

---

160 Das Item „Eigenständigkeit der Entscheidungen" weist inhaltlich eine Verwandtschaft mit dem Item Partizipation auf. Daher werden die Variablen „Teilnahme an Entscheidungen überstellter Ebenen" und „Eigenständigkeit der Entscheidungen"

Abbildung 34 zeigt grafisch den Vergleich der Mittelwerte der Partizipation nach Sektor der Kreditinstitute.

Abbildung 34: Mittelwertsvergleich der Partizipation nach Sektor der Kreditinstitute

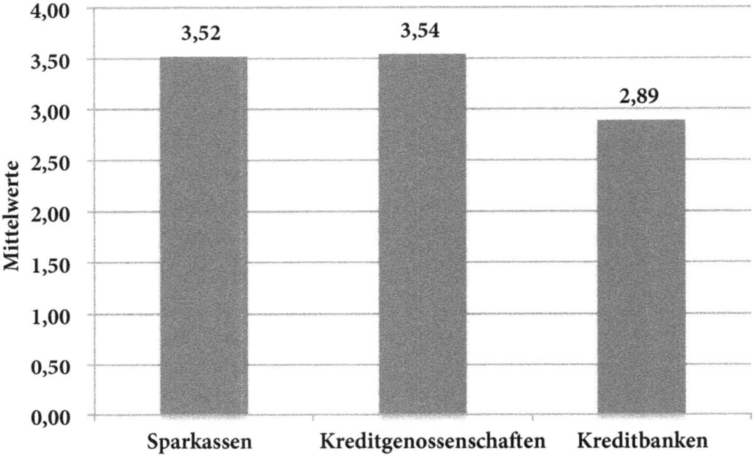

Quelle: Eigene Berechnungen auf Basis des erhobenen Datensatzes.

In einem nächsten Schritt wird zur Überprüfung der Hypothese 9.2 untersucht, inwiefern ein Zusammenhang zwischen Partizipation und Innovativität besteht. Tabelle 29 zeigt dazu die Pearson-Korrelationskoeffizienten.

Tabelle 29: Pearson-Korrelationskoeffizienten der Partizipation

	Einschätzung der Innovativität	**Angebotene Maßnahmen**	**Einschätzung der Flexibilität**
Teilnahme an Entscheidungen überstellter Ebenen	0.3887*** (0.0001)	0.1246 (0.2342)	0.3440*** (0.0007)

Quelle: Eigene Berechnungen auf Basis des erhobenen Datensatzes.
Signifikanzniveaus: *p < .05. ** p < .01. *** p < .001; (n = 93; *p*-Werte in Klammern).

korreliert. Der Korrelationskoeffizient zwischen diesen beiden Variablen beträgt $r = .24$ Der p-Wert des Korrelationskoeffizienten bestätigt mit $p < .05$ eine statistisch signifikante Beziehung beider Variablen. Somit besteht ein positiver linearer Zusammenhang zwischen den beiden Merkmalen. Je größer die Teilnahme an Entscheidungen überstellter Ebenen, desto eigenständiger kann der Mitarbeiter Entscheidungen innerhalb seines Tätigkeitsgebietes treffen.

Die Ergebnisse der Überprüfung der Hypothese 9.1 sind nicht hypothesenkonform. Die Bankengruppen unterscheiden sich hinsichtlich der Partizipation an Entscheidungen überstellter Hierarchieebenen nicht signifikant voneinander. Bei Betrachtung der Items für Innovativität sind die Ergebnisse der Überprüfung der Hypothese 9.2 hinsichtlich des Zusammenhanges zwischen „Partizipation" und der „Einschätzung der Innovativität" im Vergleich mit anderen Banken der Branche hypothesenkonform. Es besteht ein mittlerer Zusammenhang der beiden Variablen. Je größer demnach der Grad an Partizipation ist, desto höher ist die Einschätzung der Innovativität der eigenen Bank. Die Ergebnisse der Überprüfung des Zusammenhanges der Partizipation und des zweiten Items für Innovativität, der Anzahl der „Angebotenen Maßnahmen" zur Vereinbarkeit von Beruf und Familie sprechen gegen die Hypothese 9.2. Ein Zusammenhang zwischen einem hohen Grad an Teilnahme an Entscheidungen überstellter Ebenen geht nicht nachweislich mit einer hohen Anzahl an angebotenen Maßnahmen einher. Die Hypothese 9.2, dass ein Zusammenhang zwischen Partizipation und Innovativität existiert, wird somit nur zum Teil bestätigt.

Die Korrelationsanalyse der Zusammenhänge zwischen den Items für Partizipation und dem Item Flexibilität bestätigt die Hypothese 9.3. Es existiert ein signifikanter Zusammenhang zwischen der Teilnahme an Entscheidungen überstellter Ebenen und der Einschätzung der Flexibilität. Je größer die Teilnahme an Entscheidungen überstellter Ebenen ist, desto höher ist der Grad der Flexibilität. Die Hypothese 9.3. wird angenommen.

8.3.4 Spezialisierung

Zur Erfassung der Items für „Standardisierung" wurden die Umfrageteilnehmer in der Befragung mittels einer 6-stufigen Likert-Skala nach ihrer Einschätzung zur „Arbeitsteilung" („Die Gesamtheit aller Aufgaben ist auf viele Teilbereiche in der Bank verteilt") und nach ihrer Einschätzung zur „Autonomie" („Die Mitarbeiter treffen Entscheidungen hinsichtlich ihrer Tätigkeiten eigenständig") gebeten. Beide Items bilden zusammen den Indikator für Spezialisierung.

> *Hypothese 10.1: „Die Bankengruppen unterscheiden sich hinsichtlich der Spezialisierung. Der Grad der Arbeitsteilung ist bei den Kreditbanken am stärksten und der Grad der Autonomie am niedrigsten ausgeprägt."*
> *Hypothese 10.2: „Es gibt einen Zusammenhang zwischen Innovativität und Spezialisierung. Innovativere Kreditinstitute weisen einen niedrigeren Grad an Spezialisierung auf."*
> *Hypothese 10.3: „Es gibt einen Zusammenhang zwischen Flexibilität und Spezialisierung. Flexiblere Kreditinstitute weisen einen niedrigeren Grad an Spezialisierung auf."*
> *Hypothese 10.4: „Es gibt einen Zusammenhang zwischen der Spezialisierung und der Nutzung der Kommunikations- und Informationswege."*

Zur varianzanalytischen Überprüfung der Hypothese 10.1 wird zunächst das Item „Arbeitsteilung“ als abhängige Variable und der „Sektor der Kreditinstitute“ als unabhängige Variable gewählt. Die mittlere Arbeitsteilung im Bereich der Sparkassen beträgt $M = 4.5$ ($SD = 0.95$), die der Kreditgenossenschaften $M = 4.62$ ($SD = 1.13$) und die der Kreditbanken $M = 3.79$ ($SD = 1.51$). Die Mittelwertsunterschiede zwischen den Gruppen sind mit $F(2,90) = 3.42$; $p < .05$ statistisch signifikant (Abbildung 35). Die Ergebnisse der posthoc durchgeführten t-Tests zeigt Tabelle 30.

Abbildung 35: Mittelwertsvergleich der Arbeitsteilung nach Sektor der Kreditinstitute

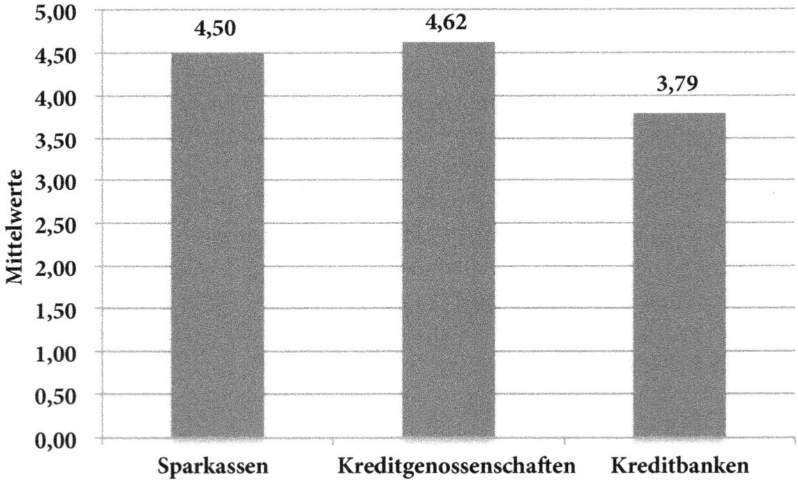

Quelle: Eigene Berechnungen auf Basis des erhobenen Datensatzes.

Tabelle 30: Ergebnisse der p-Werte der t-Tests für die Arbeitsteilung nach Sektor des Kreditinstitutes

	Sparkassen (n=48)	**Kreditgenossenschaften (n=26)**	**Kreditbanken (n=19)**
Sparkassen	-	0.3120	0.0118*
Kreditgenossenschaften		-	0.0210*
Kreditbanken			-

Quelle: Eigene Berechnungen auf Basis des erhobenen Datensatzes.
Signifikanzniveaus: *p < .05. ** p < .01. *** p < .001.

In einem nächsten Schritt werden die Mittelwertsunterschiede zwischen der „Autonomie" und dem „Sektor der Kreditinstitute" betrachtet. Die durchschnittliche Autonomie im Bereich der Sparkassen beträgt $M = 3.94$ ($SD = 1.16$), die der Kreditgenossenschaften $M = 3.85$ ($SD = 1.01$) und die der Kreditbanken $M = 3.53$ ($SD = 1.26$). Die Mittelwertsunterschiede zwischen den Gruppen sind mit $F(2,90) = 0.89$; $p = .41$ statistisch nicht signifikant.

Zur statistischen Überprüfung der vermuteten Zusammenhänge der Hypothesen 9.2, 9.3 und 9.4 wurden die Pearson-Korrelationskoeffizienten der Variablen berechnet. Tabelle 31 zeigt die Korrelationskoeffizienten der Items der Spezialisierung und der Items für Innovativität, Flexibilität und Kommunikations- und Informationswege.

Tabelle 31: Pearson-Korrelationskoeffizienten der Spezialisierung

Spezialisierung	**Einschätzung der Innovativität**	**Angebotene Maßnahmen**	**Einschätzung der Flexibilität**	**Kommunikations- und Informationswege**
Arbeitsteilung	0.3481*** (0.0006)	0.2869** (0.0053)	0.0475 (0.6514)	0.2300* (0.0265)
Autonomie	0.2128* (0.0406)	0.0972 (0.3538)	0.1529 (0.1435)	0.0975 (0.3525)

Quelle: Eigene Berechnungen auf Basis des erhobenen Datensatzes.
Signifikanzniveaus: *p < .05. ** p < .01. *** p < .001, (n=93; p-Werte in Klammern).

Gemäß voriger Überprüfung der Hypothese 10.1 sind die Ergebnisse nur teilweise hypothesenkonform. Die Bankengruppen unterscheiden sich hinsichtlich der „Arbeitsteilung" signifikant voneinander, hinsichtlich der „Autonomie" (Eigenständigkeit der Entscheidungen der Mitarbeiter) allerdings nicht.

Die Annahme, dass der Grad der Arbeitsteilung bei den Kreditbanken am stärksten und der Grad der Autonomie am niedrigsten ausgeprägt ist, bestätigt sich ebenfalls nur zum Teil. Der Grad der Arbeitsteilung ist bei den Kreditbanken entgegen der Annahme am niedrigsten ausgeprägt. Der Grad der Eigenständigkeit der Entscheidungen der Mitarbeiter hinsichtlich des eigenen Tätigkeitsbereiches (Autonomie) ist wie angenommen im Vergleich mit den anderen Bankengruppen bei den Kreditbanken am niedrigsten ausgeprägt. Die vorige Überprüfung der Unterschiede der Bankengruppen in der Spezialisierung zeigte jedoch keine signifikanten Ergebnisse. Die Hypothese wird daher nur zum Teil angenommen.

Der in Hypothese 10.2 angenommene Zusammenhang zwischen der Innovativität und der Spezialisierung wird ebenfalls nur teilweise bestätigt. Zusammenhänge können hinsichtlich des Items „Arbeitsteilung" konstatiert werden. Je höher der Grad der „Arbeitsteilung" ist, desto größer ist auch die „Einschätzung der Innovativität" der Bank, verglichen mit anderen Banken der gesamten Branche. Eine hohe Ausprägung bei der „Arbeitsteilung" geht ebenfalls mit einer hohen Anzahl an „Angebotenen Maßnahmen" zur Vereinbarkeit von Beruf und Familie einher. Die Ergebnisse der Untersuchung der Zusammenhänge des Items „Autonomie" sind nur teilweise hypothesenkonform. Je höher der Grad der „Autonomie" ist, desto größer wird auch die Innovativität des Kreditinstitutes eingeschätzt. Ein Zusammenhang zwischen der „Autonomie" und der Menge der „Angebotenen Maßnahmen" zur Vereinbarkeit von Beruf und Familie kann jedoch nicht nachgewiesen werden. Die Hypothese 10.2 wird nur teilweise angenommen.

Die Ergebnisse der Überprüfung der Hypothese 10.3 sind nicht hypothesenkonform. Der vermutete Zusammenhang zwischen der „Spezialisierung" und der „Flexibilität" wird nicht bestätigt. Die Hypothese wird somit verworfen.

Die Ergebnisse der Überprüfung der Hypothese 10.4 zeigen einen signifikanten Zusammenhang zwischen der „Arbeitsteilung" und der Nutzung der „Kommunikations- und Informationswege". Je größer der Grad der Arbeitsteilung, desto mehr Wege der Kommunikation und Information werden genutzt. Ein vermuteter Zusammenhang zwischen der „Autonomie" und den genutzten Wegen der „Kommunikation und Information" wird nicht bestätigt. Die Hypothese 10.4 wird folglich nur teilweise angenommen.

8.3.5 Koordination: Planung

Der Indikator „Planung" dient der Erfassung der Einschätzung der Befragten hinsichtlich der Zentralität oder Dezentralität der Planung der Maßnahmen zur Vereinbarkeit von Beruf und Familie in Ihrem Kreditinstitut. Unter Frage 18 wurden die Umfrageteilnehmer nach ihrer Einschätzung zu: „Von welcher Abteilung werden die Maßnahmen zur „Vereinbarkeit von Beruf und Familie" in Ihrem Haus federführend geplant" befragt.

> *Hypothese 11.1: „Es existiert ein Zusammenhang zwischen der Zentralität der Planung der Maßnahmen zur Vereinbarkeit von Beruf und Familie und dem Sektor der Kreditinstitute. Kreditbanken planen dezentraler als die anderen Kreditinstitute."*
> *Hypothese 11.2: „Es existieren Unterschiede zwischen der Innovativität und der Zentralität der Planung. Je innovativer ein Kreditinstitut ist, desto dezentraler ist die Planung."*
> *Hypothese 11.3: „Es existieren Unterschiede zwischen der Flexibilität und der Zentralität der Planung. Je flexibler ein Kreditinstitut ist, desto dezentraler ist die Planung."*

Zur Analyse der Variable „Planung“ wurde eine Kategorisierung der Variable in „zentrale Planung“ und „dezentrale Planung“ vorgenommen.[161] Die prozentualen Häufigkeiten dezentraler Planung nach Sektor der Kreditinstitute zeigt Abbildung 36. Die Verteilung der Merkmale ist statistisch nicht voneinander abhängig (Cramer´s V =.05).

Abbildung 36: Dezentrale Planung nach Sektor der Kreditinstitute

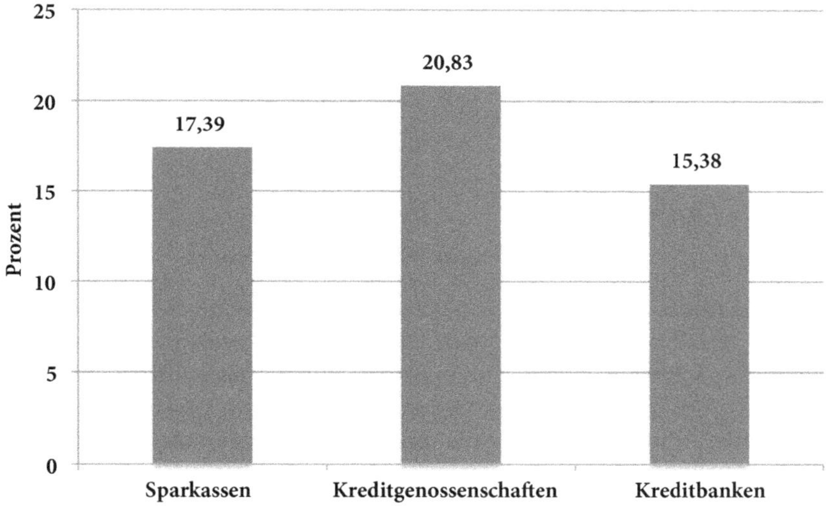

Quelle: Eigene Berechnungen auf Basis des erhobenen Datensatzes.

Zur Überprüfung der Hypothese 11.2 wird zunächst mittels eines t-Tests die Frage beantwortet, inwiefern zwischen den Sektoren der Kreditinstitute Unterschiede hinsichtlich der Zentralität der „Planung“ der Maßnahmen zur Vereinbarkeit von Beruf und Familie und der „Einschätzung der Innovativität“ existieren. Der t-Test zeigt einen nicht signifikanten Unterschied von $T(81) = 0.56$; $p = .29$ zwischen der zentralen ($M = 4.06$) und der dezentralen Planung ($M = 3.87$) in den Kreditinstituten (Abbildung 37).

161 In der Kategorie Planung der Maßnahmen durch den Betriebsrat gibt es keine Beobachtungen. Aus diesem Grund ist die Variable dichotomer Natur.

Abbildung 37: Mittelwertsvergleich der Planung der Maßnahmen nach Einschätzung der Innovativität

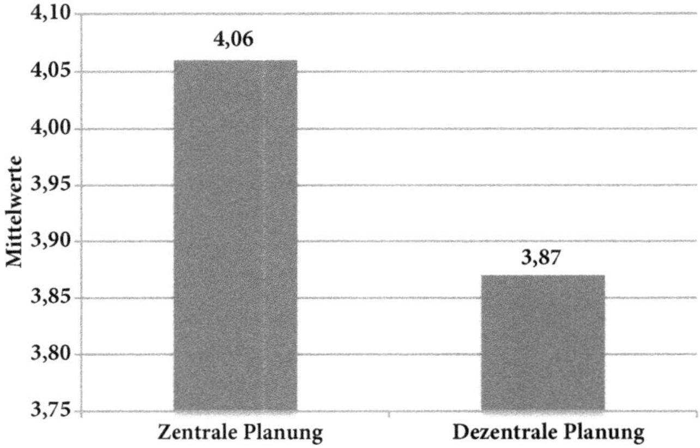

Quelle: Eigene Berechnungen auf Basis des erhobenen Datensatzes.

In einem nächsten Schritt wird untersucht, ob Mittelwertsunterschiede zwischen dem zweiten Indikator für Innovativität, den „Angebotenen Maßnahmen zur Vereinbarkeit von Beruf und Familie" und der „Planung der Maßnahmen" existieren. Der t-Test ergab einen nicht signifikanten Unterschied von $T(81) = 0.24$; $p = .41$ zwischen der zentralen ($M = 7.51$) und der dezentralen Planung ($M = 7.33$) in den Kreditinstituten (Abbildung 38).

Abbildung 38: Mittelwertsvergleich der Planung der Maßnahmen nach Angebot der Maßnahmen zur Vereinbarkeit von Beruf und Familie

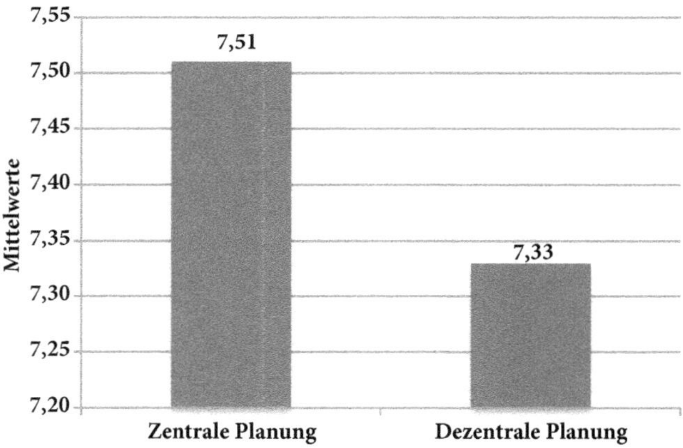

Quelle: Eigene Berechnungen auf Basis des erhobenen Datensatzes.

Bei der Überprüfung der Hypothese 11.3 ergab der t-Test einen nicht signifikanten Unterschied zwischen der zentralen (M = 4.19) und der dezentralen Planung (M = 4.33) in den Kreditinstituten $T(81) = -0.42$; $p = .34$. Abbildung 39 zeigt den grafischen Vergleich der Mittelwerte.

Abbildung 39: Mittelwertsvergleich der Planung der Maßnahmen nach Einschätzung der Flexibilität

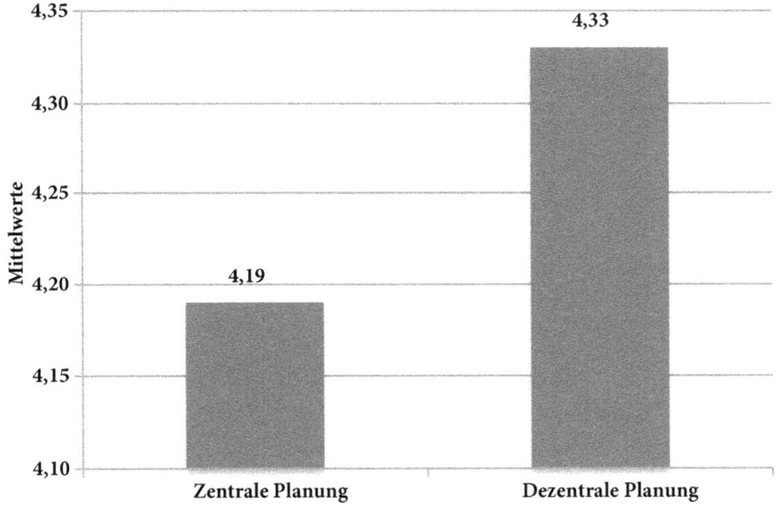

Quelle: Eigene Berechnungen auf Basis des erhobenen Datensatzes.

Zusammengefasst zeigt sich, dass bei der statistischen Überprüfung der Annahme eines Zusammenhanges der Sektoren der Kreditinstitute und der Zentralität der Planung die Ergebnisse der Hypothese 11.1 nicht hypothesenkonform sind. Kreditbanken planen nicht dezentraler als die anderen Kreditinstitute. Die Hypothese 11.1 wird verworfen.

Die Ergebnisse der Überprüfung der Hypothese 11.2 bestätigen die Hypothese nicht. Es können keine Unterschiede zwischen der Zentralität der Planung und der Innovativität der Kreditinstitute nachgewiesen werden. Die Hypothese wird nicht angenommen.

Die Ergebnisse der Überprüfung der Hypothese 11.3 sind ebenfalls nicht hypothesenkonform. Es können keine Unterschiede zwischen der Zentralität der Planung und der Flexibilität der Kreditinstitute nachgewiesen werden. Die Hypothese wird verworfen.

8.3.6 *Koordination: Standardisierung*

Der Indikator „Standardisierung" dient der Erfassung des Ausmaßes an immer gleich verlaufenden Prozessen in den Kreditinstituten. Die Umfrageteilnehmer wurden mittels einer 6-stufigen Likert-Skala nach ihrer Einschätzung zu: „In der Bank laufen Prozesse standardisiert ab" gefragt.

> *Hypothese 12.1: „Die Bankengruppen unterscheiden sich hinsichtlich der Standardisierung."*
> *Hypothese 12.2: „Innovativere Kreditinstitute weisen einen niedrigeren Grad an Standardisierung auf."*
> *Hypothese 12.3: „Flexiblere Kreditinstitute weisen einen niedrigeren Grad an Standardisierung auf."*
> *Hypothese 12.4: „Stärker standardisierte Kreditinstitute nutzen mehr Wege der Kommunikation und Information."*

Zur Überprüfung der Hypothese 12.1 wird zunächst das Item „Standardisierung" als abhängige Variable und der Sektor der Kreditinstitute als unabhängige Variable gewählt. Die mittlere Standardisierung im Bereich der Sparkassen beträgt $M = 4.46$ ($SD = 0.94$), die der Kreditgenossenschaften $M = 4.38$ ($SD = 0.75$) und die der Kreditbanken $M = 4.05$ ($SD = 1.32$). Die Mittelwertsunterschiede zwischen den Gruppen sind mit $F(2,90) = 1.15$ $p = .32$ statistisch nicht signifikant (Abbildung 40).

Abbildung 40: Mittelwertsvergleich der Standardisierung nach Sektor der Kreditinstitute

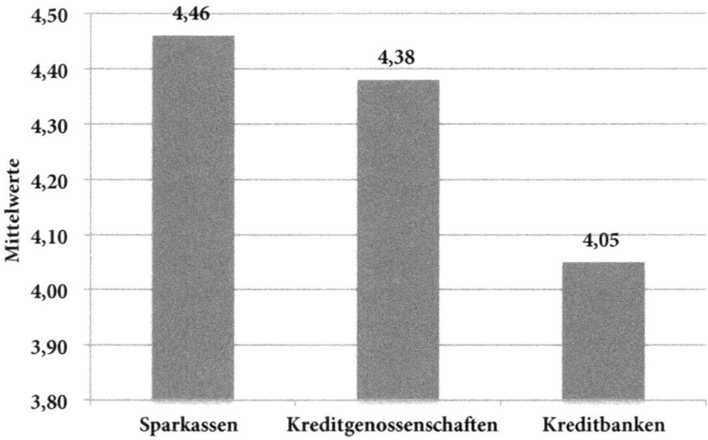

Quelle: Eigene Berechnungen auf Basis des erhobenen Datensatzes.

In einem nächsten Schritt wird untersucht, inwiefern ein Zusammenhang zwischen der Standardisierung und den Items für Innovativität sowie der Flexibilität besteht (Hypothesen 12.2 bis 12.4). Tabelle 32 zeigt die Pearson-Korrelationskoeffizienten zur Überprüfung der Zusammenhänge.

Tabelle 32: Pearson-Korrelationskoeffizienten der Standardisierung

	Einschätzung der Innovativität	**Angebotene Maßnahmen**	**Einschätzung der Flexibilität**	**Kommunikations- und Informationswege**
Standardisierung	0.2803** (0.0065)	0.1511 (0.1483)	0.2590* (0.0122)	0.2212* (0.0331)

Quelle: Eigene Berechnungen auf Basis des erhobenen Datensatzes.
Signifikanzniveaus: *p < .05. ** p < .01. *** p < .001; (n = 93; *p*-Werte in Klammern).

Gemäß voriger Überprüfung der Hypothese 12.1 ist das Ergebnis nicht hypothesenkonform. Die Bankengruppen unterscheiden sich hinsichtlich der Standardisierung der Prozesse nicht voneinander. Die Hypothese wird verworfen.

Die Ergebnisse der Überprüfung der Hypothese 12.2 sind nur zum Teil hypothesen-konform. Kreditinstitute, welche ihrer Einschätzung nach innovativer sind als andere Banken der Branche, sind in der Einschätzung der Befragten auch standardisierter in ihren Prozessen. Dem gegenüber bieten Kreditinstitute, welche einen höhere Ausprägung immer gleich verlaufender Prozesse aufweisen, nicht gleichermaßen auch mehr Maßnahmen zur Vereinbarkeit von Beruf und Familie an. Die Hypothese wird nur bedingt angenommen.

Die Betrachtung der Testergebnisse der Hypothese 12.3 und 12.4 sind hypothesenkonform. Kreditinstitute, welche ihrer Einschätzung gemäß flexibler sind, als andere Banken der Branche, sind in der Einschätzung der Befragten auch standardisierter in ihren Prozessen. Kreditinstitute, welche einen hohen Grad der Standardisierung aufweisen, nutzen auch mehr Wege der Kommunikation und Information.

8.3.7 Formalisierung

Der Indikator „Formalisierung" dient der Erfassung des Ausmaßes an Normen und Arbeitsanweisungen in den Kreditinstituten. Die Umfrageteilnehmer wurden mittels einer 6-stufigen Likert-Skala nach ihrer Einschätzung zu „Die Bank hat eine große Anzahl an Arbeitsanweisungen und Normen" gefragt.

> *Hypothese 13.1: „Die Bankengruppen unterscheiden sich hinsichtlich der Formalisierung."*
> *Hypothese 13.2: „Es existiert ein Zusammenhang zwischen Formalisierung und Innovativität. Je größer der Grad an Formalisierung, desto flexibler sind die Kreditinstitute."*
> *Hypothese 13.3: „Es existiert ein Zusammenhang zwischen Formalisierung und Flexibilität. Je größer der Grad an Formalisierung, desto weniger flexibel sind die Kreditinstitute."*

Hypothese 13.4: *„Es existiert ein Zusammenhang zwischen Formalisierung und der Nutzung der Kommunikations- und Informationswege. Je größer der Grad an Formalisierung, desto mehr Wege der Kommunikation und Information werden genutzt."*

Zur varianzanalytischen Überprüfung der Hypothese 13.1 wird zunächst das Item „Formalisierung" als abhängige Variable, die Sektoren der Banken als unabhängige Variable gewählt.

Die durchschnittliche Formalisierung im Bereich der Sparkassen beträgt $M = 4.96$ ($SD = 1.05$), die der Kreditgenossenschaften $M = 4.73$ ($SD = 0.92$) und die der Kreditbanken $M = 4.53$ ($SD = 1.31$). Die Mittelwertsunterschiede zwischen den Gruppen sind mit $F(2,90) = 1.19$; $p = .31$ statistisch nicht signifikant. Die Mittelwertsunterschiede zeigt Abbildung 41.

Abbildung 41: Mittelwertsunterschiede der Einschätzung der Flexibilität nach Sektor der Kreditinstitute

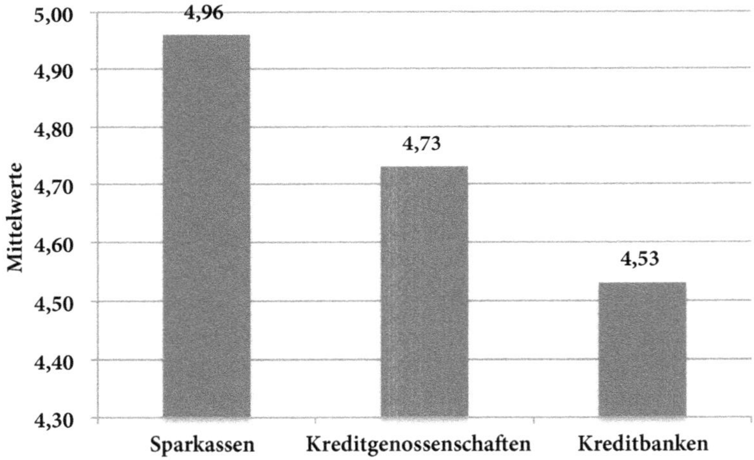

Quelle: Eigene Berechnungen auf Basis des erhobenen Datensatzes.

Zur Überprüfung der Hypothese 13.2 bis 13.4 wird die Frage beantwortet, inwiefern Zusammenhänge zwischen den Items „Formalisierung" und den Items „Einschätzung der Innovativität", den „Angebotenen Maßnahmen", der „Einschätzung der Flexibilität" und der Nutzung der „Kommunikations- und Informationswege" bestehen. Hierzu werden die Variablen korreliert. Tabelle 33 zeigt die Pearson-Korrelationskoeffizienten.

Tabelle 33: Pearson-Korrelationskoeffizienten der Formalisierung

	Einschätzung der Innovativität	Angebotene Maßnahmen	Einschätzung der Flexibilität	Kommunikations- und Informationswege
Formalisierung	0.1912 (0.0664)	0.1513 (0.1478)	0.0671 (0.5228)	0.1840 (0.0774)

Quelle: Eigene Berechnungen auf Basis des erhobenen Datensatzes.
Signifikanzniveaus: *p < .05. ** p < .01. *** p < .001; (n = 93; *p*-Werte in Klammern).

Im Ergebnis unterscheiden sich die Bankengruppen hinsichtlich des Grades an Formalisierung nicht signifikant voneinander. Die Hypothese 13.1 wird verworfen.

Bei der Überprüfung der vermuteten Zusammenhänge der Hypothesen 13.2 bis 13.4 sind die Ergebnisse nicht hypothesenkonform. Die Hypothesen werden nicht angenommen.

8.4 Indikatoren der Umsetzung der Vereinbarkeit von Beruf und Familie

Im nachfolgenden Abschnitt werden die Variablen der Umsetzung von Vereinbarkeit von Beruf und Familie in den Kreditinstituten betrachtet. Diese sind Indikatoren für die tatsächliche Umsetzung der Veränderungsvorhaben.

8.4.1 Angebot der Partnermonate in den Kreditinstituten vor der gesetzlichen Einführung

Der Indikator „Angebot vor dem Stichtag" dient der Beantwortung der Frage, inwiefern Kreditinstitute schon vor der gesetzlichen Einführung der Partnermonate erweiterte Möglichkeiten der Elternzeit angeboten haben. In der Befragung wurde die Umfrageteilnehmer unter Frage 12 mittels einer kategorialen (dichotomen) Antwortskala nach ihrer Einschätzung zu der folgenden Aussage befragt: „Zum 01.01.2007 wurden mit dem Elterngeld auch die sogenannten „Partnermonate" eingeführt. Dabei hat der Partner zu den 12 Monaten Elterngeld des Antragstellers Anspruch auf 2 weitere Monate. Hat Ihre Bank bereits vor diesem Stichtag die Partnermonate (bezahlt oder unbezahlt) für tarifangestellte männliche Mitarbeiter aktiv angeboten?".

> *Hypothese 14.1: „Es existiert ein Zusammenhang zwischen dem Angebot der Partnermonate schon vor der gesetzlichen Einführung und dem Sektor der Kreditinstitute."*
> *Hypothese 14.2: „Es existieren Unterschiede zwischen dem Angebot der Partnermonate vor dem Stichtag und der Innovativität. Die Kreditinstitute, welche die Möglichkeit der*

Partnermonate bereits vor der gesetzlichen Einführung angeboten haben, sind auch innovativer als Kreditinstitute, die das Angebot nicht gemacht haben."

Hypothese 14.3: *„Es existieren Unterschiede zwischen dem Angebot der Partnermonate vor dem Stichtag und der Flexibilität. Die Kreditinstitute, welche die Möglichkeit der Partnermonate bereits vor der gesetzlichen Einführung angeboten haben, sind auch flexibler als Kreditinstitute, die das Angebot nicht gemacht haben."*

Hypothese 14.4: *„Es existieren Unterschiede zwischen dem Angebot der Partnermonate vor dem Stichtag und der Nutzung der Kommunikations- und Informationswege. Die Kreditinstitute, welche die Möglichkeit der Partnermonate bereits vor der gesetzlichen Einführung angeboten haben, nutzen mehr Wege der Kommunikation und Information als Kreditinstitute, die das Angebot nicht gemacht haben."*

Zur Beantwortung der Hypothese 14.1 erfolgt zunächst eine deskriptive Darstellung des Angebotes der Partnermonate schon vor der gesetzlichen Einführung. Die Abbildung 42 zeigt, inwiefern die Kreditinstitute bereits vor der gesetzlichen Einführung Partnermonate angeboten haben. Mit rund 33 Prozent haben fast doppelt so viele Sparkassen verglichen mit den Kreditbanken den Mitarbeitern das Angebot der Partnermonate vor der gesetzlichen Einführung gemacht. Mit rund 28,6 Prozent liegen die Kreditgenossenschaften mit 5 Prozent Unterschied nahe an der Quote der Sparkassen. Die Ergebnisse der Überprüfung weisen einen schwachen Zusammenhang auf (Cramer´s V = .14).

Abbildung 42: Angebot der Partnermonate vor dem Stichtag 01.01.2007

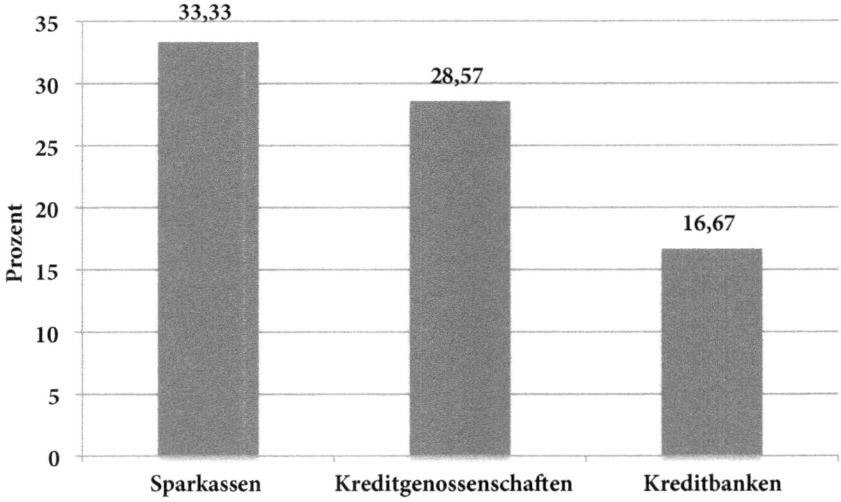

Quelle: Eigene Berechnungen auf Basis des erhobenen Datensatzes.

Eine varianzanalytische Überprüfung der Hypothesen 14.2, 14.3 und 14.4 dient der Beantwortung der Frage, inwiefern Unterschiede zwischen dem „Angebot vor dem Stichtag“ und der Items für Innovativität, Flexibilität, sowie Kommunikations- und Informationswege existieren. Bei der Überprüfung der Hypothese 14.2 ergibt der t-Test einen signifikanten Unterschied zwischen der Einschätzung der Innovativität und dem Angebot der Partnermonate vor der gesetzlichen Einführung ($M = 4.25$), sowie des nicht erfolgten bankseitigen Angebotes ($M = 3.73$) in den Kreditinstituten $T(82) = -1.78$; $p > .05$. Abbildung 43 zeigt grafisch einen Vergleich der Mittelwerte.

Abbildung 43: Mittelwertsunterschiede des Angebotes der Partnermonate schon vor dem Stichtag und der Einschätzung der Innovativität

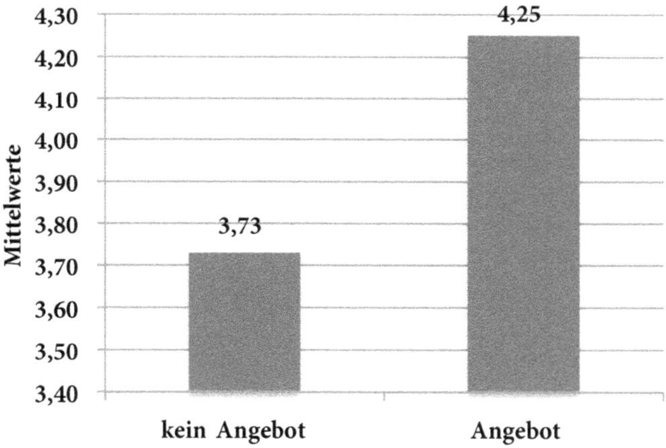

Quelle: Eigene Berechnungen auf Basis des erhobenen Datensatzes.

In einem nächsten Schritt wurde untersucht, ob Mittelwertsunterschiede zwischen dem „Angebot vor dem Stichtag“ und den „Angebotenen Maßnahmen“ zur Vereinbarkeit von Beruf und Familie bestehen. Der t-Test ergibt einen nicht signifikanten Unterschied zwischen dem Angebot der Maßnahmen zur Vereinbarkeit von Beruf und Familie und dem Angebot der Partnermonate vor der gesetzlichen Einführung ($M = 7.75$), sowie des nicht erfolgten bankseitigen Angebotes ($M = 6.63$) in den Kreditinstituten $T(82) = -1.66$; $p = .05$. Abbildung 44 zeigt den grafischen Vergleich der Mittelwerte.

Abbildung 44: Mittelwertsunterschiede des Angebotes der Partnermonate schon vor dem Stichtag und dem Angebot der Maßnahmen

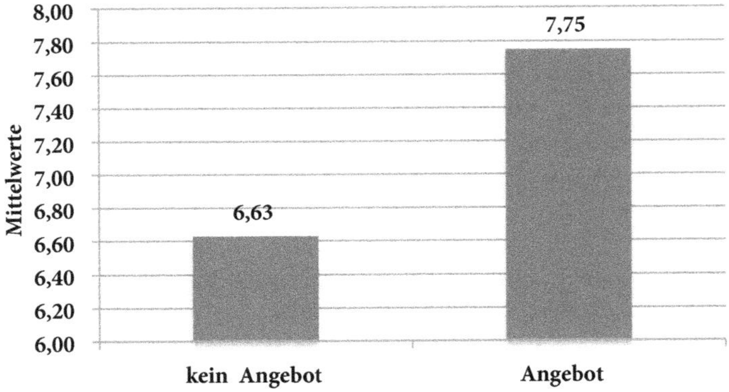

Quelle: Eigene Berechnungen auf Basis des erhobenen Datensatzes.

Die Untersuchung der Unterschiede zwischen dem Angebot der Partnermonate vor dem Stichtag und der Flexibilität (Hypothese 14.3) zeigt folgendes Ergebnis: Der t-Test zeigt einen nicht signifikanten Unterschied zwischen der Einschätzung der Flexibilität und dem Angebot der Partnermonate vor dem Stichtag ($M = 4.38$), sowie des nicht erfolgten bankseitigen Angebotes ($M = 4.03$) in den Kreditinstituten $T(82) = -1.17$; $p = .12$. Abbildung 45 zeigt grafisch einen Vergleich der Mittelwerte.

Abbildung 45: Mittelwertsunterschiede des Angebotes der Partnermonate und der Einschätzung der Flexibilität

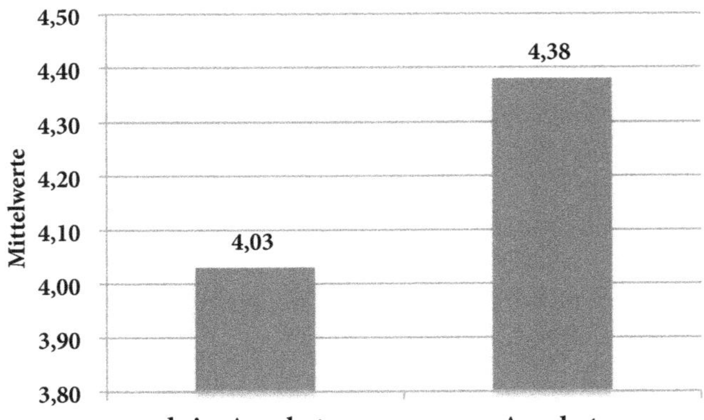

Quelle: Eigene Berechnungen auf Basis des erhobenen Datensatzes.

Die Betrachtung der Mittelwertsunterschiede des „Angebotes vor dem Stichtag“ und der „Nutzung der Kommunikations- und Informationswege“ zeigt, dass die durchschnittliche Nutzung der Kommunikations- und Informationswege im Bereich der angebotenen Partnermonate $M = 5.88$ ($SD = 0.69$) beträgt, die bei einem nicht erfolgten Angebot der Partnermonate $M = 4.73$ ($SD = 0.37$). Die Mittelwertsunterschiede zwischen den Gruppen sind mit $T(82) = -1.55$; $p = .06$. statistisch nicht signifikant.

Zusammengefasst zeigen die Ergebnisse der Betrachtung der Hypothese 14.1 sowohl deskriptiv, als auch statistisch Unterschiede zwischen den Bankengruppen im Angebot der Partnermonate vor der gesetzlichen Einführung. Die Hypothese kann somit angenommen werden.

Hinsichtlich der Überprüfung vermuteter Unterschiede zwischen dem „Angebot vor dem Stichtag“ und der Items für Innovativität sind die Ergebnisse nur teilweise hypothesenkonform. Es bestehen signifikante Unterschiede zwischen dem „Angebot vor dem Stichtag“ und der „Einschätzung der Innovativität“. Es können jedoch keine Unterschiede zwischen dem „Angebot vor dem Stichtag“ und den „Angebotenen Maßnahmen“ zur Vereinbarkeit von Beruf und Familie bestätigt werden. Die Hypothese 14.2 wird nur teilweise angenommen.

Bei Betrachtung der Ergebnisse der Überprüfung der Hypothesen 14.3 und 14.4 sind diese nicht hypothesenkonform. Es existieren keine nachweisbaren Unterschiede zwischen dem „Angebot der Partnermonate“ vor dem Stichtag und der „Einschätzung der Flexibilität“, sowie der Anzahl der genutzten „Kommunikations- und Informationswege“. Die Hypothesen 14.3 und 14.4 werden verworfen.

8.4.2 Erstmalige Wahrnehmung der Partnermonate in den Kreditinstituten

Der Indikator „Erstmalige Wahrnehmung“ misst mittels einer metrischen Antwortskala den Zeitpunkt der erstmaligen Wahrnehmung der Partnermonate in den Kreditinstituten. Unter Frage 13 wurde den Befragten die Frage: „In welchem Jahr wurden die „Partnermonate“ von den männlichen Mitarbeitern in Ihrem Kreditinstitut das erste Mal wahrgenommen?“ gestellt.

> <u>Hypothese 15.1</u>: *„Die Bankengruppen unterscheiden sich hinsichtlich des Zeitpunktes der erstmaligen Wahrnehmung der Partnermonate durch männliche Angestellte voneinander“.*
> <u>Hypothese 15.2</u>: *„Es existieren Zusammenhänge zwischen dem Zeitpunkt der erstmaligen Wahrnehmung der Partnermonate durch männliche Mitarbeiter und der Innovativität. Die Kreditinstitute, in denen männliche Mitarbeiter bereits früher die Partnermonate erstmalig wahrgenommen haben, sind auch innovativer als Kreditinstitute, in welchen der Zeitpunkt der erstmaligen Wahrnehmung später erfolgt ist.“*

Hypothese 15.3: „Es existieren Zusammenhänge zwischen dem Zeitpunkt der erstmaligen Wahrnehmung der Partnermonate durch männliche Mitarbeiter und der Flexibilität. Die Kreditinstitute, in denen männliche Mitarbeiter bereits früher die Partnermonate erstmalig wahrgenommen haben, sind auch flexibler als Kreditinstitute, in welchen der Zeitpunkt der erstmaligen Wahrnehmung später erfolgt ist."

Hypothese 15.4: „Es existieren Zusammenhänge zwischen dem Zeitpunkt der erstmaligen Wahrnehmung der Partnermonate durch männliche Mitarbeiter und der Nutzung der Kommunikations- und Informationswege. Die Kreditinstitute, in denen männliche Mitarbeiter bereits früher die Partnermonate erstmalig wahrgenommen haben, nutzen mehr Kommunikations- und Informationswege als Kreditinstitute, in welchen der Zeitpunkt der erstmaligen Wahrnehmung später erfolgt ist."

Zur Überprüfung der Hypothese 15.1 zeigt die Abbildung 46 deskriptiv den Zeitpunkt der erstmaligen Wahrnehmung der Partnermonate in den Kreditinstituten.

Abbildung 46: Zeitpunkt der erstmaligen Wahrnehmung der Partnermonate

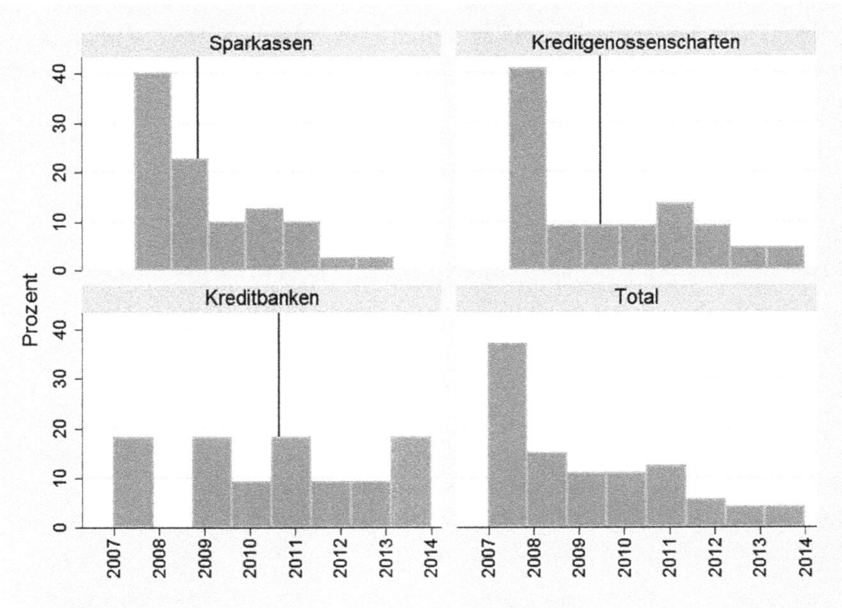

Quelle: Eigene Berechnungen auf Basis des erhobenen Datensatzes. Die vertikalen Linien zeigen die Mittelwerte der Gruppen an.

Bei keinem der befragten Kreditinstitute wurde ein bankseitiges Angebot vor der gesetzlichen Einführung wahrgenommen. Aus der Abbildung ist zudem nicht ersichtlich, dass bei rund 35 % der Kreditbanken die Angabe gemacht wurde, dass bis dato noch kein männlicher Angestellter die Partnermonate wahrgenommen hat, während dies bei mehr als 95 Prozent der Sparkassen und bei allen befragten Kreditgenossenschaften der Fall ist. Die varianzanalytische Überprüfung dient der Beantwortung der Frage, inwiefern signifikante Unterschiede zwischen der erstmaligen Wahrnehmung der Partnermonate bei den Sektoren der Kreditinstitute existieren. Die durchschnittliche erstmalige Wahrnehmung der Partnermonate bei den Sparkassen beträgt M = 2.48 (SD = 1.66), bei den Kreditgenossenschaften M = 3.14 (SD = 2.29) und bei den Kreditbanken M = 4.64 (SD = 2.50). Die Mittelwertsunterschiede zwischen den Gruppen sind mit F(2,70) = 5.09; p < .01 signifikant. Die Ergebnisse der t-Tests gibt die Tabelle 34 wieder.

Tabelle 34: Ergebnisse der p-Werte der t-Tests für die Wahrnehmung der Partnermonate nach Sektor der Kreditinstitute

	Sparkassen (n=40)	**Kreditgenossenschaften (n=22)**	**Kreditbanken (n=19)**
Sparkassen	-	0.0984	0.0007***
Kreditgenossenschaften		-	0.0478*
Kreditbanken			-

Quelle: Eigene Berechnungen auf Basis des erhobenen Datensatzes.
Signifikanzniveaus: *p < .05. ** p < .01. *** p < .001.

In einem nächsten Schritt wird zur Überprüfung der Hypothesen 15.2 bis 15.5 untersucht, inwiefern ein Zusammenhang zwischen der erstmaligen Wahrnehmung der Partnermonate und der Items für Innovativität, Flexibilität, sowie Kommunikations- und Informationswege existiert. Tabelle 35 zeigt die Pearson-Korrelationskoeffizienten.

Tabelle 35: Pearson-Korrelationskoeffizienten der erstmaligen Wahrnehmung der Partnermonate

	Einschätzung der Innovativität	**Angebotene Maßnahmen**	**Einschätzung der Flexibilität**	**Kommunikations- und Informationswege**
Erstmalige Wahrnehmung	0.2145 (0.0685)	0.2598* (0.0264)	-0.0432 (0.7169)	0.4604*** (<0.0001)

Quelle: Eigene Berechnungen auf Basis des erhobenen Datensatzes.
Signifikanzniveaus: *p < .05. ** p < .01. *** p < .001; (n=73; *p*-Werte in Klammern).

Gemäß voriger Überprüfung wird die Hypothese 15.1 angenommen. Die Bankengruppen unterscheiden sich hinsichtlich des Zeitpunktes der erstmaligen Wahrnehmung der Partnermonate durch männliche Angestellte signifikant voneinander.

Die Ergebnisse der Überprüfung der Hypothese 15.2 sind nur teilweise hypothesen-konform. Es existieren keine Zusammenhänge zwischen dem Zeitpunkt der erstmaligen Wahrnehmung der Partnermonate durch männliche Mitarbeiter und der Einschätzung der Innovativität. Es bestehen jedoch signifikante Zusammenhänge zwischen dem Zeitpunkt der erstmaligen Wahrnehmung der Partnermonate durch männliche Mitarbeiter und dem Angebot der Maßnahmen zur Vereinbarkeit von Beruf und Familie. Je früher der Zeitpunkt der erstmaligen Wahrnehmung der Partnermonate durch männliche Mitarbeiter in den Kreditinstituten ist, desto größer ist das Angebot der Maßnahmen zur Vereinbarkeit von Beruf und Familie in den Kreditinstituten. Die Hypothese 15.2 wird nur teilweise angenommen.

Die Betrachtung der Testergebnisse der Hypothese 15.3 wiederlegt die Hypothese. Es existieren keine signifikanten Zusammenhänge zwischen dem Zeitpunkt der erstmaligen Wahrnehmung der Partnermonate durch männliche Mitarbeiter und der Einschätzung der Flexibilität der Kreditinstitute. Die Hypothese 15.3 wird verworfen.

Bei der Betrachtung der Ergebnisse der Überprüfung der Hypothese 15.4 sind die Ergebnisse hypothesenkonform. Es existiert ein signifikanter Zusammenhang zwischen dem Zeitpunkt der erstmaligen Wahrnehmung der Partnermonate durch männliche Mitarbeiter und der Anzahl der genutzten Kommunikations- und Informationswege. Je früher der Zeitpunkt der erstmaligen Wahrnehmung der Partnermonate durch männliche Mitarbeiter in den Kreditinstituten ist, desto höher ist die genutzte Anzahl der Kommunikations- und Informationswege.

8.4.3 Häufigkeit der Wahrnehmung der Elternzeit

Der Indikator „Häufigkeit Wahrnehmung" misst mittels einer ordinalen Antwortskala die Häufigkeit der Wahrnehmung der Elternzeit von männlichen Angestellten über die 2-monatigen Partnermonate hinaus. Die Antwortmöglichkeiten erstrecken sich 5-stufig von „sehr häufig" bis zu „gar nicht". Das Item „Häufigkeit der Wahrnehmung" beinhaltet die Frage 14: „Wie häufig wird in Ihrem Hause die Elternzeit über die 2-monatigen „Partnermonate" hinaus von den männlichen Angestellten wahrgenommen?"

> *Hypothese 16.1: „Es besteht ein Zusammenhang zwischen der Häufigkeit der Wahrnehmung der Elternzeit durch männliche Angestellte über die 2-monatigen Partnermonate hinaus und den Sektoren der Kreditinstitute."*

<u>Hypothese 16.2</u>: „Es existieren Zusammenhänge zwischen der Häufigkeit der Wahrnehmung der Elternzeit durch männliche Angestellte über die 2-monatigen Partnermonate hinaus und der Innovativität. Die Kreditinstitute, in denen männliche Mitarbeiter häufiger die Partnermonate wahrnehmen, sind auch innovativer als Kreditinstitute, in welchen die Wahrnehmungsquote niedriger ist."

<u>Hypothese 16.3</u>: „Es existieren Zusammenhänge zwischen der Häufigkeit der Wahrnehmung der Elternzeit durch männliche Angestellte über die 2-monatigen Partnermonate hinaus und der Flexibilität. Die Kreditinstitute, in denen männliche Mitarbeiter häufiger die Partnermonate wahrnehmen, sind auch flexibler als Kreditinstitute, in welchen die Wahrnehmungsquote niedriger ist."

<u>Hypothese 16.4</u>: „Es existieren Zusammenhänge zwischen der Häufigkeit der Wahrnehmung der Elternzeit durch männliche Angestellte über die 2-monatigen Partnermonate hinaus und der Nutzung der Kommunikations- und Informationswege. Die Kreditinstitute, in denen männliche Mitarbeiter häufiger die Partnermonate wahrnehmen, nutzen auch mehr Wege der Kommunikation und Information der angebotenen Maßnahmen zur Vereinbarkeit von Beruf und Familie."

Bei der Hälfte der befragten Kreditbanken wurde die Elternzeit noch nicht über die 2-monatigen Partnermonate hinaus von den männlichen Angestellten wahrgenommen. Bei den Sparkassen und Kreditgenossenschaften zeigt diese Gruppe Werte von circa 15 Prozent. Die Überprüfung des Zusammenhanges zwischen der Häufigkeit der Wahrnehmung über die 2-monatigen Partnermonate hinaus und dem Sektor der Kreditinstitute zeigt einen schwachen Zusammenhang (Cramer´s V = .27). Die Abbildung 47 zeigt die Häufigkeit der Wahrnehmung der Partnermonate in den Kreditinstituten.

Abbildung 47: Häufigkeit der Wahrnehmung der Partnermonate nach Kreditinstituten

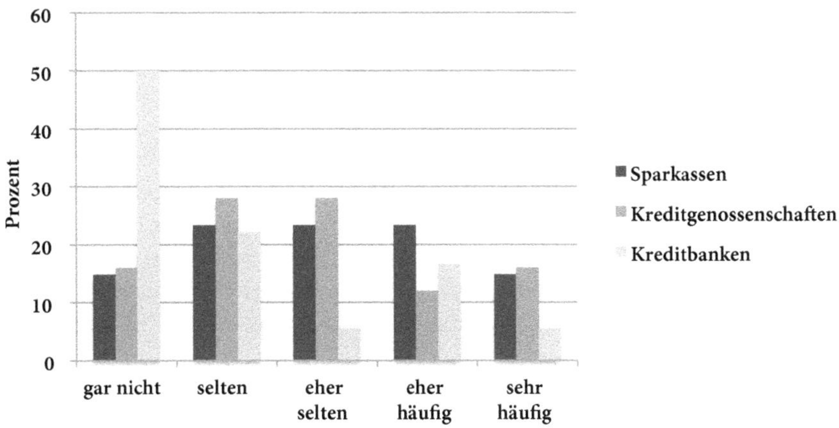

Quelle: Eigene Berechnungen auf Basis des erhobenen Datensatzes.

In einem nächsten Schritt wird untersucht, inwiefern Zusammenhänge zwischen der „Häufigkeit der Wahrnehmung“ der Partnermonate und den Items für Innovativität, „Flexibilität“, sowie der „Kommunikations- und Informationswege“ existieren. Zur statistischen Überprüfung der Zusammenhänge werden die Spearman-Rangkorrelationskoeffizienten berechnet (Tabelle 36).

Tabelle 36: Spearman-Rangkorrelationskoeffizienten der Häufigkeit der Wahrnehmung der Partnermonate

	Einschätzung der Innovativität	**Angebotene Maßnahmen**	**Einschätzung der Flexibilität**	**Kommunikations- und Informationswege**
Wahrnehmung der Partnermonate	0.2151* (0.0418)	0.3214** (0.0020)	-0.0746 (0.4844)	0.3938*** (0.0001)

Quelle: Eigene Berechnungen auf Basis des erhobenen Datensatzes.
Signifikanzniveaus: *p < .05. ** p < .01. *** p < .001; (n = 90; p-Werte in Klammern).

Gemäß voriger statistischer Analyse wird die Hypothese 16.1 angenommen. Es besteht ein signifikanter Zusammenhang zwischen der „Häufigkeit der Wahrnehmung“ der Elternzeit durch männliche Angestellte über die 2-monatigen Partnermonate hinaus und den „Sektoren der Kreditinstitute“.

Bei Betrachtung der Items für Innovativität sind die Ergebnisse der Überprüfung der Hypothese 16.2 hypothesenkonform. Es besteht ein Zusammenhang der Häufigkeit der „Wahrnehmung“ der Elternzeit durch männliche Angestellte über die 2-monatigen Partnermonate hinaus und der Innovativität. Je häufiger demnach die Elternzeit über die Partnermonate hinaus genommen wird, desto höher wird der Grad der Innovativität der Kreditinstitute eingeschätzt. Je häufiger die Elternzeit über die Partnermonate hinaus genommen wird, desto größer ist die Anzahl an „Angebotenen Maßnahmen“ zur Vereinbarkeit von Beruf und Familie. Die Hypothese 16.2 wird angenommen.

Die Ergebnisse der Überprüfung der Hypothese 16.3 bestätigen diese nicht. Es besteht kein nachweisbarer Zusammenhang zwischen der „Häufigkeit der Wahrnehmung“ der Elternzeit durch männliche Angestellte über die 2-monatigen Partnermonate hinaus und der „Flexibilität“. Die Hypothese wird verworfen.

Die Überprüfung des vermuteten Zusammenhanges zwischen der „Häufigkeit der Wahrnehmung“ und der Nutzung der „Kommunikations- und Informationswege“ bestätigt die Hypothese 16.4. Die Kreditinstitute, in denen männliche Mitarbeiter häufiger die Partnermonate wahrnehmen, nutzen auch signifikant mehr Wege der Kommunikation und Information der angebotenen Maßnahmen zur Vereinbarkeit von Beruf und Familie.

8.4.4 Akzeptanz der Maßnahmen zur Vereinbarkeit von Beruf und Familie

Der Indikator „Akzeptanz der Maßnahmen" misst mittels einer ordinalen Antwortskala die Einschätzung der Akzeptanz der angebotenen Maßnahmen in den Kreditinstituten. Die Antwortmöglichkeiten erstrecken sich 4-stufig von „sehr gut" bis „schlecht". Zur Erfassung eines Items „Akzeptanz der Maßnahmen" wurden in der Befragung unter Frage 11 die Umfrageteilnehmer nach ihrer Beurteilung der Akzeptanz der Maßnahmen zur Vereinbarkeit von Beruf und Familie in ihrem Hause seitens der Mitarbeiter befragt.

> *Hypothese 17.1: „Es existiert ein Zusammenhang zwischen der Akzeptanz der Maßnahmen zur Vereinbarkeit von Beruf und Familie und dem Sektor der Kreditinstitute."*
> *Hypothese 17.2: „Es existiert ein Zusammenhang zwischen der Akzeptanz der Maßnahmen zur Vereinbarkeit von Beruf und Familie und der Innovativität. Je höher die Akzeptanz der Maßnahmen in den Kreditinstituten ist, desto innovativer sind die Kreditinstitute."*
> *Hypothese 17.3: „Es existiert ein Zusammenhang zwischen der Akzeptanz der Maßnahmen zur Vereinbarkeit von Beruf und Familie und der Flexibilität. Je höher die Akzeptanz der Maßnahmen in den Kreditinstituten ist, desto flexibler sind die Kreditinstitute."*
> *Hypothese 17.4: „Es existiert ein Zusammenhang zwischen der Akzeptanz der Maßnahmen zur Vereinbarkeit von Beruf und Familie und der Nutzung der Kommunikations- und Informationswege. Je höher die Akzeptanz der Maßnahmen in den Kreditinstituten ist, desto mehr Wege der Kommunikation und Information werden genutzt."*

Zur Beantwortung der Hypothese 17.1 erfolgt zunächst eine deskriptive Darstellung der Akzeptanz der Maßnahmen zur Vereinbarkeit von Beruf und Familie nach Sektor der Kreditinstitute (Abbildung 48).

Abbildung 48: Akzeptanz der Maßnahmen nach Bankengruppen

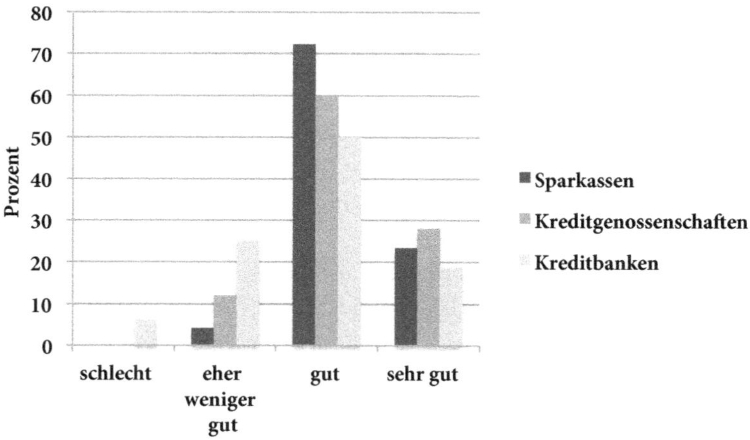

Quelle: Eigene Berechnungen auf Basis des erhobenen Datensatzes.

Die Überprüfung des Zusammenhanges zwischen der „Akzeptanz der Maßnahmen“ und dem „Sektor der Kreditinstitute“ zeigt einen schwachen Zusammenhang (Cramer´s V = .25).

In einem nächsten Schritt wird untersucht, inwiefern Zusammenhänge zwischen der „Akzeptanz der Maßnahmen“ zur Vereinbarkeit von Beruf und Familie und den Items für Innovativität, „Flexibilität“ sowie „Kommunikations- und Informationswege“ existieren. Zur statistischen Überprüfung der Zusammenhänge wurden die Spearman-Rangkorrelationskoeffizienten berechnet (Tabelle 37).

Tabelle 37: Spearman-Rangkorrelationskoeffizienten der Akzeptanz der Maßnahmen

	Einschätzung der Innovativität	**Angebotene Maßnahmen**	**Einschätzung der Flexibilität**	**Kommunikations- und Informationswege**
Akzeptanz der Maßnahmen	0.3536*** (0.0007)	0.3520*** (0.0008)	0.1595 (0.1378)	0.3782*** (0.0003)

Quelle: Eigene Berechnungen auf Basis des erhobenen Datensatzes.
Signifikanzniveaus: *p < .05. ** p < .01. *** p < .001; (n = 88; p-Werte in Klammern).

Gemäß der statistischen Überprüfung wird die Hypothese 17.1 angenommen. Es existiert ein Zusammenhang zwischen der „Akzeptanz der Maßnahmen“ zur Vereinbarkeit von Beruf und Familie und dem „Sektor der Kreditinstitute“.

Die vermuteten Zusammenhänge der „Akzeptanz der Maßnahmen“ und der Innovativität der Kreditinstitute bestätigen die Ergebnisse der Überprüfung der Hypothese 17.2. Je höher die Innovativität der Kreditinstitute eingeschätzt wird, desto größer ist die Akzeptanz der Maßnahmen zur Vereinbarkeit von Beruf und Familie. Mit der Anzahl der angebotenen Maßnahmen zur Vereinbarkeit von Beruf und Familie in den Kreditinstituten steigt auch deren Akzeptanz. Die Hypothese 17.2 wird angenommen.

Die Ergebnisse der Überprüfung der Hypothese 17.3 sind nicht hypothesenkonform. Ein Zusammenhang zwischen der Akzeptanz der Maßnahmen und der Einschätzung der Flexibilität in den Kreditinstituten kann nicht nachgewiesen werden. Die Hypothese wird verworfen.

Die Analyse der Hypothese 17.4 bestätigt die Vermutung, dass die Akzeptanz der Maßnahmen zur Vereinbarkeit von Beruf und Familie mit der Anzahl der genutzten Kommunikations- und Informationswege steigt. Hinsichtlich der „Akzeptanz der Maßnahmen“ und der Nutzung der „Kommunikations- und Informationswege“ existiert ein mittlerer positiver Zusammenhang. Die Hypothese wird angenommen.

8.4.5 *Unterstützer und Behinderer der Maßnahmen*

Der Indikator „Unterstützer" betrachtet mittels einer nominalen Antwortskala die Personengruppen in den Kreditinstituten, welche die Maßnahmen zur Vereinbarkeit von Beruf und Familie bis zu deren Einführung maßgeblich unterstützt haben. Der Indikator „Behinderer" bietet die jeweils gleichen Personengruppen zur Auswahl und betrachtet die Personengruppen, welche die Maßnahmen zur Vereinbarkeit von Beruf und Familie maßgeblich erschwert haben. Beide Fragestellungen beinhalten die Möglichkeit für die Befragten, sonstige Initiatoren oder Behinderer, die nicht aufgeführt wurden, zu ergänzen. Zur Erfassung des Items „Unterstützer" wurden die Umfrageteilnehmer unter Frage 16 um ihre Einschätzung zu: „Welche Personengruppen haben die Maßnahmen zur „Vereinbarkeit von Beruf und Familie" bis zu ihrer Einführung maßgeblich unterstützt/gefördert?" gebeten. Zur Erfassung des Items „Behinderer" wurden in der Befragung unter Frage 17 die Umfrageteilnehmer: „Welche Personengruppen haben die Maßnahmen zur „Vereinbarkeit von Beruf und Familie" bis zu ihrer Einführung maßgeblich eher erschwert?" befragt.

Hypothese 18.1: „Es existiert ein Zusammenhang zwischen den Personengruppen der Unterstützer und dem Sektor der Kreditinstitute".
Hypothese 18.2: „Es existiert ein Zusammenhang zwischen den Personengruppen der Behinderer und dem Sektor der Kreditinstitute".
Hypothese 18.3: „Es bestehen Unterschiede zwischen der Anzahl der Personengruppen der Unterstützer und dem Sektor der Kreditinstitute. Bei den Sparkassen und Kreditgenossenschaften unterstützen mehr Personengruppen die Maßnahmen als bei den Kreditbanken".
Hypothese 18.4: „Es bestehen Unterschiede zwischen der Anzahl der Personengruppen der Behinderer und dem Sektor der Kreditinstitute. Bei den Kreditbanken behindern mehr Personengruppen die Maßnahmen als bei den Sparkassen und Kreditgenossenschaften".
Hypothese 18.5: „Je mehr Personengruppen die Maßnahmen bis zu ihrer Implementierung unterstützen, desto innovativer sind die Kreditinstitute".
Hypothese 18.6: „Je mehr Personengruppen die Maßnahmen bis zu ihrer Implementierung unterstützen, desto mehr Wege der Kommunikation und Information werden genutzt".
Hypothese 18.7: „Es existiert ein Zusammenhang zwischen den Personengruppen der Unterstützer, sowie der Behinderer und der Akzeptanz der Maßnahmen zur Vereinbarkeit von Beruf und Familie. Je mehr Parteien die Maßnahmen bis zu ihrer Implementierung unterstützen, desto größer ist die Akzeptanz der Maßnahmen".

Abbildung 49: Personengruppen der Unterstützer

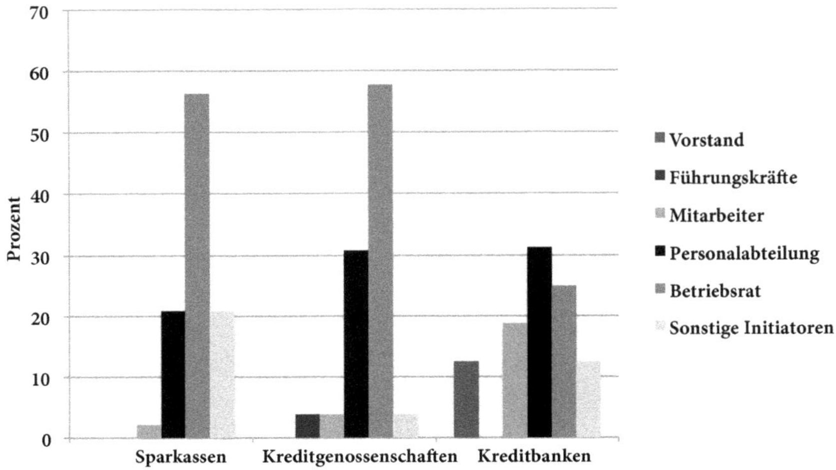

Quelle: Eigene Berechnungen auf Basis des erhobenen Datensatzes.

Abbildung 49 zeigt deskriptiv, dass wesentliche Unterstützer der Maßnahmen zur Vereinbarkeit von Beruf und Familie in den Gruppen Betriebsrat und Personalabteilung zu finden sind. Unter den „sonstigen Initiatoren" nannten die Befragten überwiegend die Frauenbeauftragten, Gleichstellungsbeauftragten und Projektgruppen. Als wesentliche Behinderer der Maßnahmen bis zu ihrer Umsetzung werden die Führungskräfte genannt.[162]

Die Überprüfung des Zusammenhanges zwischen der Gruppe der „Unterstützer" der Maßnahmen zur Vereinbarkeit von Beruf und Familie bis zu deren Implementierung und dem „Sektor der Kreditinstitute" zeigt einen mittleren Zusammenhang (Cramer´s V = .37).

Die Überprüfung des Zusammenhanges zwischen der Gruppe der „Behinderer" der Maßnahmen zur Vereinbarkeit von Beruf und Familie bis zu deren Implementierung und dem „Sektor der Kreditinstitute" zeigt ebenfalls einen mittleren Zusammenhang (Cramer´s V = .43). Die prozentuale Verteilung der Personen-

162 In der Stichprobe haben n=90 Befragte Personengruppen angegeben, welche die Maßnahmen bis zu ihrer Einführung unterstützt haben. Mit n=33 hat nur knapp ein Drittel der befragten Kreditinstitute Angaben hinsichtlich der Behinderer der Maßnahmen gemacht. Aufgrund der geringen Anzahl der Beobachtungen wird das Item „Behinderer" nicht weiter analysiert.

gruppe der Behinderer der Maßnahmen zur Vereinbarkeit von Beruf und Familie bis zu ihrer Umsetzung nach Sektor der Kreditinstitute zeigt Abbildung 50.

Abbildung 50: Personengruppen der Behinderer

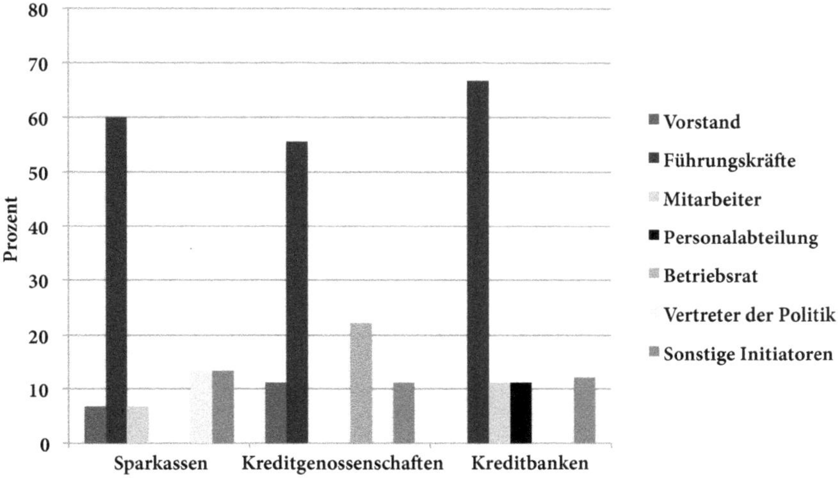

Quelle: Eigene Berechnungen auf Basis des erhobenen Datensatzes.

Zur Überprüfung der Hypothesen 18.3 bis 18.7 wird eine neue Variable gebildet. Die Variable beinhaltet die Information für jeden Teilnehmer der Umfrage, wie viele Behinderer Maßnahmen zur Vereinbarkeit von Beruf und Familie benannt wurden. Die von den Befragten ausgewählten Personengruppen werden ausgezählt und aggregiert.

Die varianzanalytische Überprüfung der Hypothese 18.3 ergibt eine mittlere Anzahl an Unterstützern der Maßnahmen bei den Sparkassen $M = 3.42$ ($SD = 1.44$), die der Kreditgenossenschaften $M = 3.35$ ($SD = 1.23$) und die der Kreditbanken $M = 1.63$ ($SD = 1.16$). Die Mittelwertsunterschiede zwischen den Gruppen sind mit $F(2,90) = 13.72$; $p < .001$ statistisch hoch signifikant (Abbildung 51).

Abbildung 51: Mittelwertsunterschiede der Unterstützer nach Sektor der Kreditinstitute

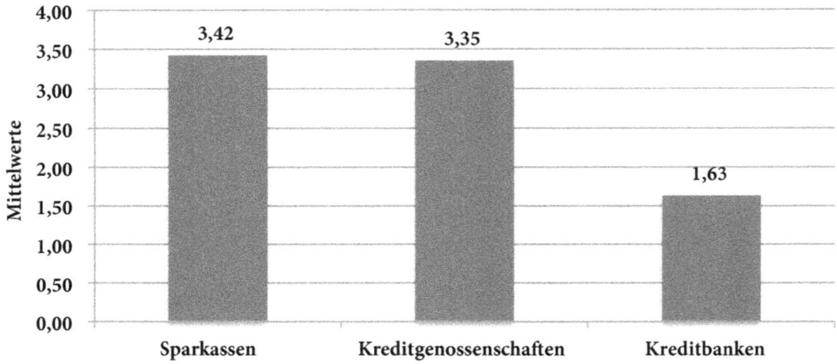

Quelle: Eigene Berechnungen auf Basis des erhobenen Datensatzes.

Die Ergebnisse der t-Tests gibt die Tabelle 38 wieder. Während keine signifikanten Unterschiede hinsichtlich der Anzahl der Unterstützer der Maßnahmen bei den Sparkassen und Kreditgenossenschaften bestehen, zeigt sich jedoch, dass ein Unterschied bezüglich der Sparkassen und Kreditbanken, sowie der Kreditgenossenschaften und Kreditbanken existiert.

Tabelle 38: Ergebnisse der p-Werte der t-Tests für die Unterstützer der Maßnahmen nach Sektor des Kreditinstitutes

	Sparkassen (n=48)	**Kreditgenossenschaften (n=26)**	**Kreditbanken (n=19)**
Sparkassen	-	0.4148	0.0001***
Kreditgenossenschaften		-	0.0001***
Kreditbanken			-

Quelle: Eigene Berechnungen auf Basis des erhobenen Datensatzes.
Signifikanzniveaus: *p < .05. ** p < .01. *** p < .001.

Die varianzanalytische Überprüfung der Hypothese 18.4 ergibt, eine mittlere Anzahl an Behinderern der Maßnahmen bei den Sparkassen $M = 0.36$ ($SD = 0.64$), die der Kreditgenossenschaften $M = 0.58$ ($SD = 1.10$) und die der Kreditbanken $M = 0.58$ ($SD = 0.69$). Die Mittelwertsunterschiede zwischen den Gruppen sind mit $F(2,90) = 0.74$; $p = .48$ statistisch nicht signifikant.

Die Ergebnisse der Überprüfung der vermuteten Zusammenhänge der Hypothesen 18.5, 18.6 und 18.7 zeigt Tabelle 39.

Tabelle 39: Pearson-Korrelationskoeffizienten der Unterstützer der Maßnahmen

	Einschätzung der Innovativität	Angebotene Maßnahmen	Einschätzung der Flexibilität	Kommunikations- und Informationswege
Förderer	0.5238*** (<0.0001)	0.2801** (0.0065)	0.2443* (0.0183)	0.4780*** (<0.0001)

Quelle: Eigene Berechnungen auf Basis des erhobenen Datensatzes.
Signifikanzniveaus: *p < .05. ** p < .01. *** p < .001,(n = 93; p-Werte in Klammern).

Die Ergebnisse der Überprüfung der Hypothese 18.1 und 18.2 sind hypothesenkonform. Sie zeigen jeweils einen mittleren Zusammenhang zwischen den Personengruppen der „Unterstützer", sowie den Personengruppen der „Behinderer" der Maßnahmen zur Vereinbarkeit von Beruf und Familie bis zu deren Implementierung und dem „Sektor der Kreditinstitute". Die Hypothesen werden angenommen.

Der in der Hypothese 18.3 vermutete Unterschied zwischen der Anzahl der Personengruppen der Unterstützer und dem Sektor der Kreditinstitute wird bestätigt. Bei den Sparkassen und Kreditgenossenschaften unterstützen mehr Personengruppen die Maßnahmen als bei den Kreditbanken. Die Hypothese 18.3 wird angenommen.

Die Ergebnisse der Überprüfung der Hypothese 18.4 sind nicht hypothesenkonform. Es können keine bestehenden Unterschiede zwischen der Anzahl der Personengruppen der „Behinderer" und dem „Sektor der Kreditinstitute" konstatiert werden. Die Hypothese wird verworfen.

Die Überprüfung der vermuteten Zusammenhänge der Hypothesen 18.5, 18.6 und 18.7 bestätigen die Hypothesen. Je mehr Personengruppen die Maßnahmen bis zur Implementierung unterstützen, desto höher sind die Einschätzung der Innovativität sowie die Anzahl der angebotenen Maßnahmen zur Vereinbarkeit von Beruf und Familie. Je größer die Anzahl unterstützender Personengruppen ist, desto flexibler sind die Kreditinstitute verglichen mit anderen Banken der Branche. Mit steigender Anzahl der unterstützenden Personengruppen steigt auch Anzahl der genutzten Wege der Kommunikation und Information der Maßnahmen in den Kreditinstituten.

8.4.6 Diskussion Demographie

Der Indikator „Diskussion Demographie" betrachtet mittels einer ordinalen Antwortskala den Zeitpunkt der erstmaligen Diskussion des Themas „Demographischer Wandel" in den Kreditinstituten. Unter Frage 6 wurden die Umfrageteilnehmer nach: „Wann wurde das Thema „Demographischer Wandel" das erste Mal im Management Ihres Hauses diskutiert/behandelt?" gefragt.

Hypothese 19.1: „Es existiert ein Zusammenhang zwischen dem Zeitpunkt der erstmaligen Diskussion des Themas „Demographie" und dem Sektor der Kreditinstitute. Bei den Sparkassen und den Kreditgenossenschaften wurde das Thema schon früher diskutiert".
Hypothese 19.2: „Es existiert ein Zusammenhang zwischen dem Zeitpunkt der erstmaligen Diskussion des Themas „Demographie" und der Rechtsform der Kreditinstitute. Bei den AGs wurde das Thema zu einem späteren Zeitpunkt erstmalig im Management diskutiert, als bei den anderen Bankengruppen".

Abbildung 52: Zeitpunkte der erstmaligen Diskussion des Themas „Demographischer Wandel" nach Sektor der Kreditinstitute

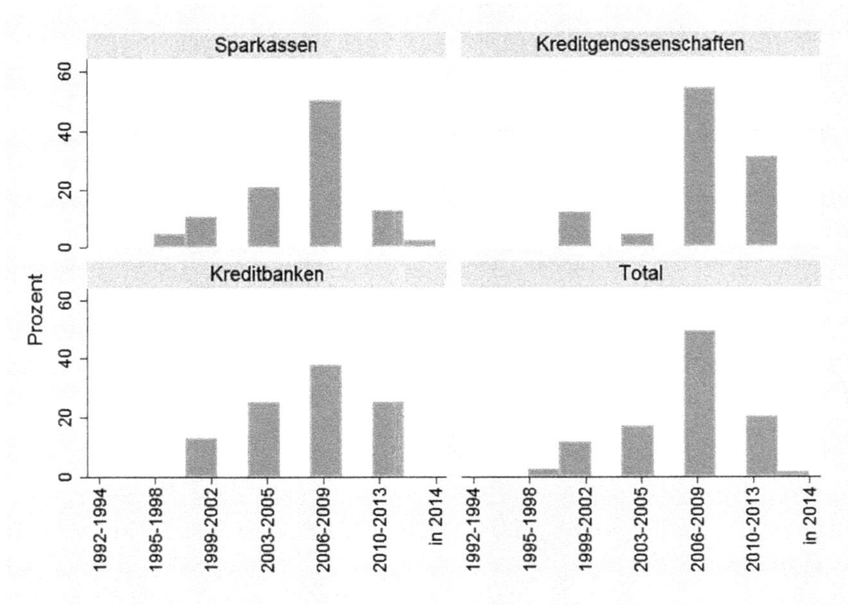

Quelle: Eigene Berechnungen auf Basis des erhobenen Datensatzes.

Abbildung 52 zeigt deskriptiv die Zeitpunkte der erstmaligen Diskussion des Themas des Demographischen Wandels in den Kreditinstituten. Die Verteilung der Merkmale ist statistisch voneinander abhängig (Cramer´s V = .35). Es ist zu erkennen, dass die Sparkassen im Durchschnitt am frühesten das Thema im Management diskutiert haben. 4,17 % der befragten Sparkassen gab an, bereits im Zeitraum zwischen 1995 und 1998 das Thema behandelt zu haben, während keine andere Institutsgruppe eine so frühe Angabe gemacht hat. Der prozentual größte Teil (mit jeweils ca. 50 % der Institute) der Sparkassen und Kreditgenossenschaften hat das Thema im Zeitraum 2006 bis 2009 das erste

Mal behandelt. Bei den Kreditbanken waren dies zu in diesem Zeitraum nur knapp 32 %. Aus der Abbildung ist hingegen die Antwortkategorie „noch gar nicht“ nicht ersichtlich. Bei der Institutsgruppe der Kreditbanken haben 16 % der Institute angegeben, das Thema des demographischen Wandels noch nicht im Management des Hauses diskutiert zu haben. Dies ist bei keiner anderen Institutsgruppe der Fall.

Abbildung 53 zeigt die Zeitpunkte der erstmaligen Diskussion des Themas „Demographischer Wandel“ nach Rechtsform der Kreditinstitute. Die Verteilung der Merkmale ist statistisch voneinander abhängig (Cramer´s V = .31). Die Abbildung zeigt, dass die Ergebnisse der Rechtsformen der AdöR und der eG denen der Bankengruppen der Sparkassen und der Kreditgenossenschaften ähneln. Die Ergebnisse der GmbHs sind denen ebenfalls sehr gleich. Die Diskussion des „Demographischen Wandels“ verteilte sich bei den Aktiengesellschaften hingegen über die Zeitabschnitte.

Abbildung 53: Zeitpunkte der erstmaligen Diskussion des Themas „Demographischer Wandel“ nach Rechtsform

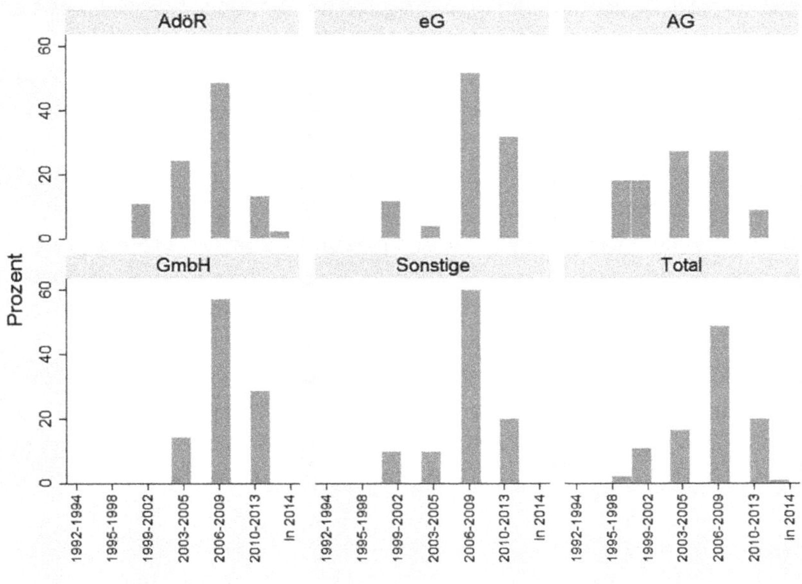

Quelle: Eigene Berechnungen auf Basis des erhobenen Datensatzes.

9 Diskussion der zentralen Ergebnisse

Im folgenden Abschnitt werden die Ergebnisse der theoretischen Analyse (Teil II) mit den Daten der schriftlichen Befragung verglichen und analysiert. Nachfolgend werden zunächst die Stichprobe und die Methodik der vorliegenden Arbeit kritisch beleuchtet. Dem folgt die Diskussion der zentralen Ergebnisse der Überprüfung der Hypothesen. Zuletzt werden zusammenfassend die Implikationen für zukünftige Forschungsarbeiten aufgezeigt.

9.1 Diskussion der Methodik und der Stichprobe

9.1.1 Diskussion der Methodik

Hinsichtlich der Methodik der vorliegenden Arbeit ist zu bemerken, dass anstelle des gewählten Instrumentes der standardisierten (webbasierten) Befragung der quantitativen Sozialforschung auch der Einsatz qualitativer Forschungsmethoden, wie beispielsweise Experteninterviews oder Beobachtungen, möglich gewesen wäre. Dies hätte den Vorteil tiefgreifenderer Erkenntnisse über Ursachen und Kausalitäten geboten. Der Einsatz einer webbasierten Umfrage war jedoch aufgrund der Vorteile der besseren Erreichbarkeit der Befragten der Stichprobe und der Generierung einer größeren Anzahl an Beobachtungen sinnvoll. Die Gefahr höherer Ausfallquoten durch eine Nichtbeantwortung sowie die Tatsache, dass die gewählte Methodik keine kausalen Rückschlüsse ermöglicht, musste in Kauf genommen werden.[163]

Unter methodischen Gesichtspunkten ist die Auswahl des Prozesses der „Vereinbarkeit von Beruf und Familie" als Unternehmensveränderung für den Vergleich der Bankengruppen ebenfalls kritisch zu beleuchten. Sicherlich ist dies eine Veränderung, welche nachweislich in allen Sektoren der Kreditinstitute stattfindet. Dies ist jedoch auch bei gesetzlich initiierten Veränderungsprozessen der Fall. Bei der Auswahl einer gesetzlich initiierten Veränderung ist die Schnelligkeit jedoch von eher untergeordneter Bedeutung und von den Unternehmen ist zudem keine Innovativität gefordert. Somit ist die Wahl eines eigeninitiierten Veränderungsvorhabens geeigneter für die Überprüfung der Forschungsfrage. Die gewählten Indikatoren für die Umsetzung der „Vereinbarkeit von Beruf und

163 Die empirisch beobachteten Zusammenhänge können nicht kausal interpretiert werden, da dies Wiederholungen bei der Messung und Mehrfachbefragungen, sowie Versuchs- und Kontrollgruppen voraussetzt. Im weiteren Verlauf der Forschungsarbeit können daher nur Annahmen hinsichtlich kausaler Zusammenhänge getroffen werden.

Familie“ lassen jedoch die Frage offen, inwiefern alle relevanten Aspekte der Veränderung betrachtet wurden. Es besteht die Gefahr, dass die Ergebnisse durch die Auswahl der Items eine Verzerrung erfahren.

Bei einer kritischen Diskussion der Methodik ist auch die Erfassung geeigneter Indikatoren für die Überprüfung der Unternehmensveränderungen bei den Bankengruppen zu betrachten. Bei der Erfassung der Indikatoren für Innovativität war ein Rückgriff auf bestehende Instrumente nicht möglich. Aus diesem Grund mussten eigene Indikatoren zur Messung entwickelt und definiert werden. Diese Vorgehensweise führt in der Folge zu einer Limitation der vorliegenden Ergebnisse, da womöglich nicht alle Faktoren in den gebildeten Items für Innovativität berücksichtigt werden. Bei der Überprüfung der Items für Innovativität wurde in der vorliegenden Arbeit sowohl subjektiv nach der Einschätzung der Befragten, als auch nach objektiv beobachtbaren Elementen der Umsetzung des Veränderungsprozesses der „Vereinbarkeit von Beruf und Familie“ gefragt. Es ist kritisch anzumerken, dass durch die Auswahl eines konkreten Veränderungsprozesses offen bleibt, inwiefern bei einer Übertragung der Vorgehensweise auf andere Prozesse der Unternehmensveränderungen differente Ergebnisse aufgezeigt werden würden. Dies erscheint wahrscheinlich, da im vorliegenden Fall der Vereinbarkeit von Beruf und Familie die allgemeine Einschätzung und die spezifische (messbare) Vereinbarkeit auseinanderfallen und sich dies in der Vermutung bei anderen Unternehmensveränderungen gleich verhält.

9.1.2 Diskussion der Stichprobe

Bei der Diskussion der Stichprobe ist anzumerken, dass es nur annähernd gelungen ist, eine echte Zufallsstichprobe zu generieren. Durch die Selbstselektion sind systematische Verzerrungen möglich. Die Übertragbarkeit der Ergebnisse auf alle Kreditinstitute ist somit nur eingeschränkt möglich. Hinsichtlich des Umfangs der vollständig beantworteten Fragebögen ist eine Größe von n=94 akzeptabel. Im Verlauf der Erhebung entstand jedoch bei der Analyse der Zertifikatsträger des Audits „Beruf und Familie“ und der Teilnehmer des „Netzwerkes Beruf und Familie“ der Eindruck, dass die Gruppe der Kreditbanken einen nicht repräsentativen, da sehr niedrigen Anteil an der Grundgesamtheit der Kreditinstitute abbildet. In der Folge fand eine Nachrekrutierung zur Erreichung einer sich möglichst wenig von der Population unterscheidenden Stichprobe statt.

In Bezug auf die Auswahl der Stichprobe fällt auf, dass obwohl sich alle Verbände der deutschen Kreditwirtschaft gemeinsam für die Wichtigkeit der Bewältigung der „Vereinbarkeit von Beruf und Familie“ für das deutsche Kreditgewerbe ausgesprochen haben (Bankenverband, AGVBanken, 2011), sich nur eine im Vergleich zur Grundgesamtheit äußerst geringe Anzahl (n=25) der Kreditbanken unter den Zertifikatsträgern des Audits „Beruf und Familie“ oder den Teilnehmern des „Netzwerkes Beruf und Familie“ befindet. Gemessen an der Gesamtzahl der Kreditgenossenschaften in Deutschland ist die Anzahl der Kreditgenossenschaften ebenfalls gering. Die im Vergleich hohe Anzahl der sich in dieser Auswahlgruppe befindenden Sparkassen kann vermutlich auf die von dort ausgehende politische Initiative der Thematik oder die von der Politik beeinflussten Strukturen der Sparkassen zurückgeführt werden.

9.2 Diskussion der Ergebnisse

Nachfolgend findet die Diskussion der zentralen Ergebnisse der vorangegangenen Abschnitte statt. Dies erfolgt immer vor dem Hintergrund der Beantwortung der forschungsleitenden Frage, welche Sektoren der Kreditinstitute vermeintlich günstigere strukturelle Voraussetzungen für Unternehmensveränderungen haben und welche Sektoren in der Bewältigung der Unternehmensveränderungen bisher erfolgreicher und innovativer sind als andere Bankengruppen.

Nach der theoretischen Fundierung (Teil II) wurden in Abschnitt 6.1 Annahmen über die in den verschiedenen Bankengruppen gegebenen Voraussetzungen für Unternehmensveränderungen auf Basis der Ausprägungen ihrer strukturellen Merkmale getroffen. Es wird angenommen, dass sowohl Sparkassen, als auch Kreditgenossenschaften überwiegend günstigere Voraussetzungen bei der Begegnung mit Unternehmensveränderungen haben als Kreditbanken. In ihren strukturellen Ausprägungen ähneln sich die beiden Institutsgruppen am meisten. Es wird auch vermutet, dass eine aktive Initiierung von Veränderungsprozessen eher in Sparkassen und Kreditgenossenschaften stattfindet als in Kreditbanken. Inwiefern sich vermeintlich günstigere Voraussetzungen auch in der Umsetzung konkreter Veränderungsprozesse zeigen, wird nachfolgend betrachtet. In einem ersten Schritt findet eine zusammenfassende Analyse der Ergebnisse der Überprüfung der Strukturmerkmale der Bankengruppen statt.

9.2.1 Diskussion der Strukturmerkmale

Zunächst wird die Frage beantwortet, ob sich die Bankengruppen wie angenommen nicht nur theoretisch in ihren Strukturmerkmalen maßgeblich unterscheiden. Hierzu werden die Ergebnisse der Überprüfung der Hypothesen hinsichtlich der in Abschnitt 6.2 getroffenen theoretischen Annahmen über die strukturellen Unterschiede der Bankengruppen nach Sektor und Rechtsform analysiert. Tabelle 40 zeigt eine Übersicht über die signifikanten Effekte der Überprüfung der Strukturmerkmale der Sektoren der Kreditinstitute.

Tabelle 40: Effekte der Strukturmerkmale der Sektoren der Kreditinstitute

Strukturmerkmale	**Sektor der Kreditinstitute**
Macht: Leitungsspanne	+
Macht: Entscheidungsdelegation	+
Macht: Partizipation	o
Spezialisierung: Arbeitsteilung	+
Spezialisierung: Autonomie	o
Koordination: Planung	o
Koordination: Standardisierung	o
Formalisierung	o

Quelle: Eigene Berechnungen auf Basis des erhobenen Datensatzes. +: symbolisiert signifikante Effekte, o: symbolisiert nicht signifikante Effekte.

Die Tabelle zeigt bei insgesamt drei Strukturmerkmalen signifikante Effekte. Zwei Strukturmerkmale sind der Strukturdimension „Macht" zugeordnet. Es werden ein (schwacher) Zusammenhang zwischen der „Leitungsspanne" und dem „Sektor der Kreditinstitute" sowie signifikante Unterschiede in der „Entscheidungsdelegation" bei den „Sektoren der Kreditinstitute" bestätigt. Signifikante Unterschiede bestehen weiterhin zwischen dem Item der „Arbeitsteilung" und dem „Sektor der Kreditinstitute". Bei allen weiteren 5 Strukturmerkmalen haben sich keine signifikanten Unterschiede zwischen den Bankengruppen gezeigt.

Verglichen mit den in Abschnitt 6.1 (Tabelle 15) vermuteten strukturellen Unterschieden zwischen den Bankengruppen sind die Ergebnisse zunächst nicht erwartungskonform. Es wurde eine größere Anzahl an Unterschieden bei den Strukturmerkmalen zwischen den Bankengruppen erwartet. Ein möglicher Grund kann in der Größe der Stichprobe liegen.

Zur Beantwortung der übergeordneten Forschungsfrage wird weiterhin die Frage gestellt, inwiefern sich neben dem Sektor auch die Rechtsformen der Kreditinstitute in ihren Strukturmerkmalen maßgeblich unterscheiden. Die Rechtsform ist nicht unabhängig von dem Sektor, dem ein Kreditinstitut zugehörig ist (Cramer´s V = .38). Dieser Zusammenhang kann darauf zurückgeführt werden, dass Sparkassen nahezu ausschließlich der Rechtsform AdöR zugeordnet werden können und die Kreditgenossenschaften ausschließlich in der Rechtsform der eG firmieren. Kreditbanken hingegen weisen hauptsächlich die Rechtsformen AG und GmbH auf. Die rechtsformspezifische Betrachtung teilt die in sich heterogene Gruppe der Kreditbanken in AGs und GmbHs auf. Eine Übersicht über die signifikanten Effekte der Überprüfung der Strukturmerkmale der Rechtsformen der Kreditinstitute zeigt die Tabelle 41.

Tabelle 41: Effekte der Strukturmerkmale und der Rechtsform

Strukturmerkmale	**Rechtsform der Kreditinstitute**
Macht: Leitungsspanne	+
Macht: Entscheidungsdelegation	+
Macht: Partizipation	o
Spezialisierung: Arbeitsteilung	+
Spezialisierung: Autonomie	o
Koordination: Planung	+
Koordination: Standardisierung	+
Formalisierung	o

Quelle: Eigene Berechnungen auf Basis des erhobenen Datensatzes. +: symbolisiert signifikante Effekte, o: symbolisiert nicht signifikante Effekte.

Auf den ersten Blick sind fünf signifikante Effekte zu konstatieren. Verglichen mit den sektoralen Ergebnissen der Strukturmerkmale der Kreditinstitute (Tabelle 40) bestätigt die rechtsformspezifische Betrachtung somit eine deutlich höhere Anzahl signifikanter Effekte. Eine Begründung kann auf die vorstehend genannte Heterogenität der Gruppe der Kreditbanken zurückgeführt werden.

Zusammenfassend zeigt die Analyse der sektoralen und der rechtsformspezifischen Ergebnisse, dass sich die signifikanten Unterschiede der Bankengruppen gleichermaßen in den Strukturmerkmalen „Leitungsspanne", „Entscheidungsdelegation" und „Arbeitsteilung" zeigen. Darüber hinaus bestehen Unterschiede der Strukturmerkmale zwischen den Rechtsformen der Kreditinstitute bei den Items „Planung" und „Standardisierung". Nachfolgend werden zunächst die drei deckungsgleichen Effekte bei den Strukturmerkmalen betrachtet.

In Abschnitt 5.2 bis 5.4 wurden die Unterschiede der Bankengruppen in den Willensbildungsprozessen analysiert. Diese ließen vermuten, dass sich die Unterschiede besonders in den Strukturmerkmalen der Strukturdimension „Macht" zeigen. Bei den zwei Strukturmerkmalen „Leitungsspanne" und „Entscheidungsdelegation" ist dies auch der Fall.

Bei der Betrachtung des Strukturmerkmales „Leitungsspanne" wird zunächst ein Zusammenhang zwischen dem „Sektor der Kreditinstitute" (Cramer´s V = .21) und der „Leitungsspanne" bestätigt. Auch bei der rechtsformspezifischen Betrachtung zeigt sich der Zusammenhang der Merkmale (Cramer´s V = .23). Der Sektor sowie die Rechtsform der Kreditinstitute sind demnach nicht unabhängig von der Anzahl der Hierarchieebenen, die ein Kreditinstitut hat. Wie in Hypothese 7.2 angenommen, haben die Kreditbanken mit der Rechtsform der AG den signifikant größten Anteil an kleinen Leitungsspannen und die Kreditbanken mit der Rechtsform der GmbH den größten Anteil großer Leitungsspannen. Dies kann vermutlich auf die Unterschiede in der Größe der Sektoren der Kreditinstitute zurückgeführt werden (Abschnitt 6.1). Bei der Überprüfung bestätigt sich, dass kleinere Institute eine größere Leitungsspanne und somit eine signifikant geringere Anzahl an Hierarchieebenen haben (Hypothese 7.3). Selbst wenn zu beachten ist, dass bei der Leitungsspanne nur ein mittlerer Zusammenhang mit dem Sektor der Bankengruppen besteht, kann angenommen werden, dass die Unterschiede in der Willensbildung ursächlich für besagte Unterschiede in den Strukturmerkmalen des Indikators „Macht" sind.

Die Betrachtung der Ergebnisse der Überprüfung angenommener Unterschiede bei den Bankengruppen hinsichtlich der „Entscheidungsdelegation" ist nur teilweise mit dem Stand der Forschung konform. Zunächst wird der vermutete Zusammenhang zwischen der Delegation von Entscheidungen und dem Sektor sowie der Rechtsform der Kreditinstitute durch die Ergebnisse bestätigt. Die Ausprägungen bei den Bankengruppen entsprechen jedoch nicht der bisherigen Theorie. Kieser und Walgenbach (2010) konstatieren, dass mit steigender Größe einer Organisation auch die Notwendigkeit zur Delegation von Entscheidungen steigt, da das Management nicht mehr alle Entscheidungen selbst treffen kann. Hierauf basierend wurde vermutet, dass die Kreditbanken aufgrund des hohen Anteils an Aktienbanken und ihrer durchschnittlich größten Anzahl an Mitarbeitern auch den größten Grad an Entscheidungsdelegation aufweisen. Die Ergebnisse der vorliegenden Arbeit zeigen jedoch ein genau umgekehrtes Bild. Hier ist der Grad der Delegation von Entscheidungen bei den Sparkassen und den Kreditgenossenschaften am größten ausgeprägt.[164]

Bei der Betrachtung der Institute nach ihrer Rechtsform unterscheiden sich auch die Rechtsformen der Kreditbanken wesentlich von den Rechtsformen der Sparkassen und der Kreditgenossenschaften. Der Grad der Entscheidungsdelegation ist entgegen der theoretischen Überlegungen bei den AGs gering und bei den GmbHs noch geringer ausgeprägt.

164 Die beiden Institutsgruppen unterscheiden sich in ihrer „Entscheidungsdelegation" nicht voneinander.

Eine mögliche Begründung liegt in der Stichprobe. Wie in Abschnitt 7.3 dargestellt, enthält die Stichprobe der Kreditbanken viele kleine Institute. Es ist anzunehmen, dass bei den kleinen Kreditbanken ein geringerer Grad an Entscheidungsdelegation vorherrscht. Wäre eine größere Stichprobe gezogen worden, wären vermutlich auch größere Kreditbanken beinhaltet gewesen. Der erwartete Befund eines hohen Ausprägungsgrades der Entscheidungsdelegation bei den Kreditbanken könnte dadurch bestätigt werden. Ein weiterer Erklärungsansatz liegt in der Heterogenität des Sektors der Kreditbanken (Abschnitt 5.4.1). Die ursprüngliche Hypothese der Einordnung der Strukturmerkmale der Kreditbanken in Abschnitt 6.1 bezog sich auf die Mittelwerte (Anzahl der Mitarbeiter, Bilanzsumme etc.). Durch die innerhalb des Sektors bestehende große Unterschiedlichkeit der einzelnen Banken, sei es hinsichtlich ihrer Größe oder Rechtsform, mag das Ergebnis nicht hypothesenkonform sein. Wäre die Überprüfung noch weiter ausdifferenziert worden, würde sich ggf. die Varianz innerhalb der Gruppen noch deutlicher erklären.[165] Eine Begründung für das diskrepante Ergebnis könnte weiterhin in der Formulierung des Items selbst liegen. Es ist denkbar, dass die Befragten das Fragebogenitem unterschiedlich interpretiert haben und sich bei der Beantwortung auf unterschiedliche Hierarchieebenen beziehen.

Das letzte übereinstimmend signifikante Ergebnis der Überprüfung der Strukturmerkmale zeigt sich bei der „Arbeitsteilung". In Übereinstimmung mit Hypothese 10.1 werden Unterschiede in der Arbeitsteilung zwischen den Bankengruppen aufgezeigt. Entgegen der Hypothese ist jedoch nicht wie vermutet der Grad der Arbeitsteilung bei den Kreditbanken, sondern bei den Sparkassen und den Kreditgenossenschaften am stärksten ausgeprägt. Werden die Ergebnisse der Unterschiede der Rechtsformen betrachtet (Tabelle 26), zeigt sich, dass die Unterteilung aller Aufgaben in Teilbereiche bei den GmbHs signifikant niedriger ausgeprägt ist als bei den AdöRs und den eGs. Dies verhält sich auch bei den AGs gleichermaßen, die Unterschiede zu den anderen Rechtsformen sind jedoch nicht signifikant. Die Ergebnisse zeigen erneut die Heterogenität der Rechtsformen der Kreditbanken. Die Gründe für dieses Ergebnis der sektoralen und der rechtsformspezifischen Unterschiede können analog der vorstehenden Diskussion der Ergebnisse der „Entscheidungsdelegation" in der Stichprobe oder der Heterogenität des Sektors der Kreditbanken liegen.

---

165 Eine weitere Ausdifferenzierung ist in diesem Fall jedoch aufgrund der zur Verfügung stehenden Datenmenge nicht möglich, da die dadurch gebildeten Gruppen für eine empirische Überprüfung zu klein werden würden.

Nach der Analyse der sowohl bei sektoraler als auch bei rechtsformspezifischer Betrachtung deckungsgleichen signifikanten Effekte, werden nachfolgend die bei letzterer Betrachtungsweise darüber hinausgehend signifikanten Items der Strukturdimension „Koordination“ („Planung“ und „Standardisierung“) diskutiert. Die rechtsformspezifische Betrachtung zeigt bei den Strukturmerkmalen der „Koordination“ signifikante Effekte auf, die bei der Betrachtung nach Banksektoren nicht gefunden werden. Dies hängt damit zusammen, dass sich in der Stichprobe die GmbHs dadurch auszeichnen, dass dort die Planung der Maßnahmen ausschließlich zentral stattfindet. Die Gruppe der AGs zeigt deutliche Unterschiede zu den anderen Rechtsformen durch eine geringere Standardisierung ihrer Abläufe.

Die Analyse des Items „Planung“ nach Rechtsform zeigt zwar einen nur schwachen signifikanten Zusammenhang der Merkmale, es wird jedoch deutlich, dass gemäß des Forschungsstandes die AGs mit 27 % den größten Grad dezentraler Planung bei den Kreditinstituten aufweisen, während bei den sich in der Stichprobe befindenden GmbHs ausschließlich eine zentrale Planung stattfindet. Zwischen den Rechtsformen der AdöR und der eG ist der Grad dezentraler Planung annähernd gleich hoch (17 %). Die Überprüfung der Ergebnisse des Items „Standardisierung“ zeigt unerwartet lediglich einen signifikanten Unterschied zwischen den Rechtsformen AdöR und AG. Die Betrachtung sektoraler Unterschiede zeigt jedoch wie beschrieben keine signifikanten Unterschiede.

Zuletzt stellt sich die Frage, wieso bei den Kreditinstituten keine Unterschiede bei dem Merkmal „Partizipation“ festgestellt werden, während sich bei den anderen beiden Merkmalen des Indikators „Macht“ signifikante Effekte zeigen. Die „Partizipation“ wurde im Fragebogen mit einem Item auf Basis der Einschätzung der Befragten gemessen. In der Frage wurde das Wort „Partizipation“ durch die Frage nach der „Teilnahme an Entscheidungsprozessen“ beschrieben. Es ist möglich, dass es durch die Umschreibung nicht gelungen ist, die Partizipation zu messen, und sich somit kein signifikanter Effekt zeigt.

Im Ergebnis dieses Abschnittes wird ein Zusammenhang des Sektors und der Rechtsform der Kreditinstitute konstatiert. Die Betrachtung potenzieller Unterschiede zwischen den Kreditinstituten nach deren Rechtsform ist im Vergleich präziser und differenzierter. Es lassen sich mehr Hypothesen abbilden als bei der Betrachtung nach dem Sektor der Kreditinstitute. Die Vorgehensweise einer sektoralen sowie einer rechtsformspezifischen Betrachtung der strukturellen Unterschiede zwischen den Kreditinstituten ist in der Bewertung zur Beantwortung der Fragestellung geeignet. In künftigen Forschungsarbeiten sollten jedoch neben dem Sektor und der Rechtsform noch weitere zusätzliche Variablen untersucht werden, um gegebenenfalls noch detailliertere Erkenntnisse über die Unterschiede zu gewinnen.[166] Zusätzlich erscheint eine Ergänzung der untersuchten Strukturmerkmale zur Präzisierung und Validierung der Ergebnisse sinnvoll.[167] Die Erweiterung der Strukturmerkmale bietet den Vorteil einer größeren Erfassung relevanter Aspekte.

9.2.2 Diskussion der Innovativität

Im Kern der Arbeit steht die forschungsleitende Frage, inwiefern sich die Bankengruppen des Dreisäulensystems hinsichtlich der aktiven und innovativen Begegnung mit Unternehmensveränderungen voneinander unterscheiden. Zentrale Faktoren der Unternehmensveränderungen sind die Innovativität und die Flexibilität, sowie die Kommunikation und Information (Abschnitt 2). Nach der Analyse der strukturellen Unterschiede zwischen den Kreditinstituten werden nachstehend zunächst die Ergebnisse der Hypothesen zur Innovativität analysiert und diskutiert.

In der vorliegenden Arbeit wurden zur Operationalisierung der Innovativität mangels eines etablierten Maßes zwei Zugangswege zur Innovativität gewählt. Die gewählten Items zur Erfassung der Innovativität basieren zum Einen auf der Einschätzung der Befragten, welche subjektiver Natur ist, und zum Anderen auf der tatsächlichen Umsetzung der innovativen Prozesse der Vereinbarkeit von Beruf und Familie in den Banken, welche als objektiv messbar gelten können. Die nicht perfekte aber dennoch existente Korrelation beider Zugangswege zeigt den Zusammenhang beider Zugangswege. Jeder Zugangsweg bildet für sich einen Teil der Innovativität ab. Durch die Nutzung von zwei Zugangswegen ergibt sich die Möglichkeit herauszufinden, inwiefern sich die Befunde gleichermaßen zeigen oder nicht – also inwiefern sich das Muster der Konstrukte deckt.

Bei dem subjektiven Zugangsweg geben die Befragten anhand ihrer Einschätzung, Annahmen und Erfahrungswerte Auskunft darüber, was sie glauben, wie innovativ ihr Kreditinstitut ist. Ein potenzieller Nachteil der subjektiven Messung ist die Gefahr einer Verzerrung der Ergebnisse durch eine Abweichung zwischen der subjektiven Einschätzung der Innovativität und der Realität.

---

166 Interessant erscheint bspw. ein Einbezug vergangenheitsbezogener Faktoren, wie des Alters der Organisation. Eine Betrachtung der externen Unternehmenssituation, wie z. B. der Konkurrenzsituation, regionaler Aspekte oder der Kundenstruktur kann ebenfalls weitere Erkenntnisse bringen.

167 Denkbar ist an dieser Stelle die Analyse des Grades der Technisierung von Handlungsabläufen – gerade vor dem Hintergrund des Megatrends „Technisierung“, welcher auch in der Bankenbranche weitreichende Auswirkungen hat.

Bei dem objektiven Zugangsweg werden die real angebotenen Maßnahmen zur Vereinbarkeit von Beruf und Familie gemessen. Hinsichtlich des objektiven Maßes für Innovativität ist zu diskutieren, inwiefern dieses als gut gewählt gelten kann. Es besteht die Möglichkeit, dass die Liste der Angebote unvollständig ist oder die einzelnen zur Auswahl stehenden Maßnahmen als nicht richtig bezeichnet werden können.

In der vorliegenden Arbeit wurden alle angebotenen Maßnahmen zur Vereinbarkeit von Beruf und Familie gleich gewichtet. Es wurde bewusst auf eine unterschiedliche Gewichtung verzichtet, da diese Vorgehensweise die Gefahr einer Ergebnisverzerrung aufgrund einer falsch angenommenen Gewichtung in sich birgt. Zudem stand zunächst die generelle Prüfung der Sinnhaftigkeit einer objektiven Messung durch eine ungewichtete Auswertung im Fokus.

Zur Beantwortung der Forschungsfrage ist es von Interesse, inwiefern sich die Bankengruppen wie angenommen sowohl hinsichtlich ihres Sektors als auch ihrer Rechtsform in ihrer Innovativität unterscheiden. Eine Übersicht der Ergebnisse zeigt Tabelle 42. Die Annahmen der Hypothesen werden sowohl bei dem subjektiven als auch bei dem objektiven Zugangsweg zur Innovativität bestätigt.

Tabelle 42: Effekte der Bankengruppen und der Innovativität

Innovativität	**Sektor der Bankengruppen**	**Rechtsform der Bankengruppen**
Einschätzung der Innovativität	+	+
Angebotene Maßnahmen zur Vereinbarkeit von Beruf und Familie	+	+

Quelle: Eigene Berechnungen auf Basis des erhobenen Datensatzes. +: symbolisiert signifikante Effekte, o: symbolisiert nicht signifikante Effekte.

Bei der subjektiv eingeschätzten Innovativität zeigen sich sowohl bei dem Sektor als auch bei der Rechtsform der Kreditinstitute die gleichen signifikanten Effekte. Bei einer detaillierteren Betrachtung der Ergebnisse unterscheidet sich die Gruppe der Kreditbanken wesentlich von den Sparkassen und den Kreditgenossenschaften. Diese Gruppe wird signifikant weniger innovativ eingeschätzt als die anderen beiden Gruppen. Die gleichen Unterschiede zeigen sich wie erwartet auch bei einer rechtsformspezifischen Betrachtung. Sowohl die AGs als auch die GmbHs unterschieden sich signifikant von den Gruppen der AdöRs sowie der eGs. Inhaltlich wird erwartungsgemäß den AGs und den GmbHs der niedrigste Grad der Innovativität bescheinigt.

Die Ergebnisse der objektiven Messung der Innovativität entsprechen ebenfalls der Erwartung und sind somit hypothesenkonform. Zunächst unterscheiden sich die „Sektoren der Kreditinstitute" hinsichtlich des „Angebotes an Maßnahmen" zur Vereinbarkeit von Beruf und Familie. Die Kreditbanken bieten, wie angenommen wurde, signifikant weniger Maßnahmen an als die anderen Bankengruppen. Bei der Betrachtung der Rechtsformunterschiede zeigt sich, dass es innerhalb der Rechtsformen der Kreditbanken die GmbHs sind, die sich signifikant von allen anderen Rechtsformen unterscheiden. Sie haben das mit Abstand geringste Angebot an Maßnahmen. Die AGs unterscheiden sich nicht von den anderen Rechtsformen. Es wird vermutet, dass das im Vergleich sehr kleine Angebot der GmbHs in deren Größe begründet liegt. Bei der Überprüfung von Hypothese 5.3 wurde bestätigt, dass mit einer steigenden Größe der Kreditinstitute auch die Anzahl der „Angebotenen Maßnahmen" zur Vereinbarkeit von Beruf und Familie steigt. Es scheint naheliegend, dass kleinere Institute aufgrund der Transaktionskosten Investitionen eher scheuen. Ein kausal begründeter Nachweis dieser Vermutung kann an dieser Stelle jedoch nicht erbracht werden.

Bei der Betrachtung der rechtsformspezifischen Unterschiede bei den „Angebotenen Maßnahmen" fällt auf, dass sich bei der Innovativität ein signifikanter Unterschied zwischen den Rechtsformen der AdöR und der eG zeigt. Die Gruppe der eGs bietet signifikant weniger Maßnahmen zur Vereinbarkeit von Beruf und Familie an als die Gruppe der AdöRs. Bei der sektoralen Betrachtung war dies bei den Sparkassen und den Kreditgenossenschaften nicht der Fall. Es scheint, dass die Betrachtung nach Rechtsform auch hier detailliertere Ergebnisse zeigt. Inhaltlich kann bei dem konstatierten Unterschied vermutet werden, dass gerade die politische Initiative zur Vereinbarkeit von Beruf und Familie die hohe Ausprägung bei den AdöRs zur Folge hat und somit die Unterschiede zu den eGs signifikant werden.

Eine mögliche Begründung der vorstehend bestätigten sektoralen und rechtsformspezifischen Unterschiede der Kreditinstitute liegt in den in Abschnitt 9.2.1 diskutierten Unterschieden in den Strukturmerkmalen der Kreditinstitute. Es ist zu vermuten, dass ein Zusammenhang zwischen der Ausprägung der Strukturmerkmale und der Innovativität besteht. Um der Frage eines möglichen Zusammenhanges der Strukturmerkmale und der Innovativität nachzugehen, werden nachfolgend die Ergebnisse der Überprüfung diskutiert.

Eine Übersicht über die signifikanten Effekte der Überprüfung der Innovativität und der Strukturmerkmale zeigt die Tabelle 43. Es fällt zunächst auf, dass sich bei der subjektiven Messung der Innovativität fünf signifikante Effekte zeigen, während sich bei der objektiven Messung nur ein signifikanter Effekt zeigt. Die erwarteten Ergebnisse bestätigen sich in der Folge über die subjektive „Einschätzung der Innovativität“ häufiger als über den objektiven Zugangsweg der „Angebotenen Maßnahmen“ zur Vereinbarkeit von Beruf und Familie.

Tabelle 43: Effekte der Innovativität und der Strukturmerkmale

Innovativität		**Strukturmerkmale**
Einschätzung der Innovativität	**Angebotene Maßnahmen zur Vereinbarkeit von Beruf und Familie**	
o	o	Macht: Leitungsspanne
+	o	Macht: Entscheidungsdelegation
+	o	Macht: Partizipation
+	+	Spezialisierung: Arbeitsteilung
+	o	Spezialisierung: Autonomie
o	o	Koordination: Planung
+	o	Koordination: Standardisierung
o	o	Formalisierung

Quelle: Eigene Berechnungen auf Basis des erhobenen Datensatzes. +: symbolisiert signifikante Effekte, o: symbolisiert nicht signifikante Effekte.

Die bei den Items für Innovativität zum Teil unterschiedlichen Ergebnisse können diverse Gründe haben. Wie Eingangs beschrieben, bilden beide Zugangswege der Innovativität unterschiedliche Aspekte ab. Sie weisen einen signifikanten mittleren Zusammenhang, aber keine perfekte Korrelation auf. Somit sind auch die Unterschiede in den Ergebnissen nachvollziehbar. Ein weiterer möglicher Grund für die Unterschiede ist in den Befragten selbst zu vermuten. Möglicherweise differiert das Verständnis der Befragten aufgrund des Arbeitsalltages in der eigenen Bank, und es besteht ein Einfluss auf die Einschätzung der Innovativität, welcher das Ergebnis letztlich verzerrt.

Hinsichtlich der zwei Zugangswege zur Innovativität bestehen bei den vier Items „Leitungsspanne“, „Arbeitsteilung“, „Planung“ und „Formalisierung“ gleiche Muster des Ergebnisses der Überprüfung. Hier ist die Methode der Messung allem Anschein nach nicht von Bedeutung für das Ergebnis. Die Items der „Leitungsspanne“, „Planung“ und der „Formalisierung“ sind gleichermaßen nicht signifikant. Eine mögliche Begründung dieser nicht signifikanten Effekte liegt auch an dieser Stelle in der Erhebungsmethode der Arbeit oder der Stichprobe selbst.

Die einzige Übereinstimmung signifikanter Zusammenhänge bei beiden Messmethoden zeigt sich in der „Arbeitsteilung". Wie in der Hypothese 10.2 angenommen, wird bei einem hohen Grad der „Arbeitsteilung" die Innovativität hoch eingeschätzt. Zudem steigt mit einer hohen „Arbeitsteilung" auch die Zahl „Angebotener Maßnahmen" zur Vereinbarkeit von Beruf und Familie.

Bei der Arbeitsteilung wurden in Abschnitt 9.2.1 sowohl sektorale als auch rechtsformspezifische Unterschiede der Kreditinstitute bestätigt. Ein Rückschluss auf einen Kausalzusammenhang kann zwar an dieser Stelle nicht erfolgen, entsprechende Wirkungszusammenhänge aber zumindest vermutet werden. Gemäß des Standes der Forschung können Organisationen mit einer hohen Eigenständigkeit der Unternehmenseinheiten dynamischer auf externe Anforderungen reagieren (Abschnitt 3.2.5). Es ist denkbar, dass der Unterschied der Kreditinstitute bei der Arbeitsteilung auch mit Auswirkungen in der Innovativität verknüpft ist. Dann würde sich die bei den Kreditgenossenschaften am größten ausgeprägte Arbeitsteilung positiv, und die bei den Kreditbanken am geringsten ausgeprägte Arbeitsteilung negativ auf deren Innovativität auswirken.

Obgleich eines nicht signifikanten Ergebnisses fällt auf, dass bei einer dezentralen Planung die Innovativität geringfügig niedriger eingeschätzt wird, und auch weniger Maßnahmen zur Vereinbarkeit von Beruf und Familie angeboten werden. In der Literatur wurde konstatiert, dass sich eine zentrale Planung flexibilitätsmindernd auf die Eigenständigkeit der Bereiche auswirkt (Abschnitt 3.2.6). Dadurch wurde in der Folge vermutet, dass eine Minderung der Innovativität stattfindet. Dieser Rückschluss scheint nicht folgerichtig gewesen zu sein. Falls jedoch kein Irrtum durch einen falschen Rückschluss vorliegt, liegt ein möglicher Grund des nicht erwartungskonformen Ergebnisses in der Fragestellung. Es mag sein, dass die Bezeichnung „Stabsabteilung" zur Beschreibung einer „zentralen Planung" nicht allen Befragten geläufig war, oder unterschiedlich interpretiert wurde, und somit das Ergebnis verzerrt wurde.

Zusammenfassend kann bei der Betrachtung beider Zugangswege zur Innovativität, übereinstimmend mit den Erkenntnissen der Forschung, den Sparkassen und Kreditgenossenschaften eine höhere Innovativität und eine bessere Umsetzung des konkreten Veränderungsvorhabens konstatiert werden. Die Unterschiede zwischen den Sparkassen und den Kreditgenossenschaften sind dabei je nach betrachtetem Zugangsweg oftmals in ihrer Ausprägung nur klein und bei der erzielten Stichprobengröße nicht signifikant.

In Abschnitt 8.1.1 wurde deutlich, dass sich die Sparkassen und Kreditgenossenschaften in ihrer Innovativität ähnlich sind und sich deutlich von den Kreditbanken unterscheiden. Die Ergebnisse sind insofern schlüssig, als dass im Sektor der Kreditbanken eine große Anzahl kleiner Institute besteht. Dies könnte u. a. ursächlich für die geringe Anzahl angebotener Maßnahmen zur Vereinbarkeit von Beruf und Familie in den Kreditbanken sein.[168] Die statistischen Ergebnisse in Abschnitt 8.2 haben gezeigt, dass mit steigender Unternehmensgröße auch die Anzahl der angebotenen Maßnahmen zur Vereinbarkeit von Beruf und Familie steigt. Die höhere Einschätzung der Innovativität steigt jedoch nicht mit steigender Unternehmensgröße.

Generell bleibt zu diskutieren, ob die Zugehörigkeit zu einer Bankengruppe kausal für die Unterschiede in der Innovativität verantwortlich ist. Sowohl theoretisch als auch inhaltlich erscheint es plausibel, dass die Ursachen und Bedingungen für Innovativität vielseitig sind und dass eine monokausale Erklärung des Phänomens zu kurz greift.

9.2.3 Diskussion der Flexibilität

Ein weiterer zentraler Faktor der Unternehmensveränderungen ist die Flexibilität (Abschnitt 2.1.3). Nach der Analyse der Ergebnisse der Hypothesen zur Innovativität werden nachstehend die Ergebnisse der Hypothesen zur Flexibilität analysiert und diskutiert.

Der Nachweis eines Zusammenhanges zwischen der subjektiven Einschätzung der Innovativität und der subjektiv eingeschätzten Flexibilität (Abschnitt 8.1.3) geht konform mit der theoretischen Annahme, dass Flexibilität Innovationen fördert und somit eine wichtige Größe bei Veränderungen darstellt (Abschnitt 2.1.3). Je höher die Innovativität eingeschätzt wird, desto signifikant höher wird auch die Flexibilität der Kreditinstitute eingeschätzt (Abschnitt 8.1.3). Dies kann daran liegen, dass hinter der Einschätzung beider Items die gleiche Alltagserfahrung der Befragten steht, und sich die Ergebnisse angleichen. Ein Zusammenhang zwischen dem objektiven Zugangsweg zur Innovativität und der subjektiv eingeschätzten Flexibilität bestätigt sich nicht. Es mag sein, dass die Operationalisierung der Innovativität nicht gelungen, und somit ein Vergleich nicht erwartungskonform ist.

168 Zu dem Ergebnis, dass sich größere Unternehmen im Kontext des Demographischen Wandels auch „die Investition in „ungewöhnliche“ oder aufwändigere Maßnahmen leisten“ (Organomics und ddn, 2012, S. 11) können, allerdings im Ergebnis der betriebswirtschaftliche Gewinn im Vordergrund steht, kommt auch eine Studie der Organomics GmbH und des Demographie Netzwerks (ddn) (2012). Auch der DIHK (2007) konstatiert in seinen Ergebnissen einer Online-Befragung des unternehmerischen Ehrenamtes der IHK-Organisation, dass die Vielfalt der Ansatzmöglichkeiten für die Vereinbarkeit von Beruf und Familie mit der Unternehmensgröße steigt.

Die in dieser Arbeit zentrale Annahme eines Unterschiedes der Kreditinstitute in den Bereichen ihres Sektors oder der Rechtsform bestätigt sich hinsichtlich ihrer Flexibilität nicht nachweisbar. Die vermutete Annahme, dass die Flexibilität bei den Sparkassen und den Kreditgenossenschaften am größten ausgeprägt ist, wurde verworfen. Die Überprüfung zeigte jedoch eine im Vergleich mit den anderen beiden Bankengruppen etwas geringer eingeschätzte Flexibilität bei den Sparkassen.

Bei der rechtsformspezifischen Betrachtung haben sich ebenfalls keine signifikanten Unterschiede gezeigt. Inhaltlich sind jedoch kleine Unterschiede in Form einer geringfügig besser eingeschätzten Flexibilität bei den Rechtsformen der GmbH und der eG zu berichten. Es ist anzunehmen, dass das Ergebnis bei einer größeren Stichprobe signifikante Unterschiede in der Flexibilität zwischen den Sektoren und Rechtsformen der Kreditinstitute aufzeigt. Wenn sich bei den GmbHs und den eGs dann eine signifikant höhere Einschätzung der Flexibilität zeigt, ist zu vermuten, dass Gründe hierfür in der bestätigten Annahme der Hypothese 5.3 liegen könnten, dass größere Kreditinstitute weniger flexibel sind als kleinere Institute. Die GmbHs und die eGs haben durchschnittlich die kleinsten Institutsgrößen.

Gründe für die nicht erwartungskonformen Ergebnisse der Überprüfung eines Unterschiedes zwischen den Kreditinstituten hinsichtlich ihrer Flexibilität können weiterhin in der Messmethodik liegen. Es wurde lediglich nach der subjektiven Einschätzung der Befragten gefragt. Die Frage nach der subjektiven Einschätzung der Flexibilität bringt die gleichen potenziellen Nachteile mit sich, die bereits dem Item der Einschätzung der Innovativität konstatiert wurden (Abschnitt 9.2.2). Wie schon bei der Operationalisierung der Innovativität berichtet wurde, wäre auch bei der Messung der Flexibilität ein zusätzlicher objektiver Zugang für den Erkenntnisgewinn sinnvoll. Durch die Messung der Flexibilität auf Basis einer einzigen Variable werden vermutlich nicht all deren Aspekte abgedeckt, und die Möglichkeit einer nicht vollständigen Erfassung muss bei der Interpretation bedacht werden.

Da keine nachweisbaren Effekte der Flexibilität zwischen den Sektoren sowie den Rechtsformen der Kreditinstitute berichtet werden können, werden nachfolgend nur kurz zusammenfassend die signifikanten Effekte der Flexibilität und der Strukturmerkmale berichtet. Es fällt auf, dass signifikante Effekte zwischen der Flexibilität und den Strukturmerkmalen lediglich bei den 3 Strukturmerkmalen „Leitungsspanne", „Partizipation" und „Standardisierung" nachgewiesen werden (Tabelle 44).

Tabelle 44: Effekte der Flexibilität und der Strukturmerkmale

Flexibilität	**Strukturmerkmale**
+	Macht: Leitungsspanne
o	Macht: Entscheidungsdelegation
+	Macht: Partizipation
o	Spezialisierung: Arbeitsteilung
o	Spezialisierung: Autonomie
o	Koordination: Planung
+	Koordination: Standardisierung
o	Formalisierung

Quelle: Eigene Berechnungen auf Basis des erhobenen Datensatzes. +: symbolisiert signifikante Effekte, o: symbolisiert nicht signifikante Effekte.

Verglichen mit der Betrachtung der signifikanten Effekte der Strukturmerkmale und der Einschätzung der Innovativität (Tabelle 43) ist bei dem Vergleich mit der Einschätzung der Flexibilität eine kleinere Anzahl signifikanter Effekte zu berichten. Bei den zwei Items „Partizipation" und „Standardisierung" decken sich die signifikanten Ergebnisse der sektoralen und der rechtsformspezifischen Betrachtung.

Zusammenfassend ist zu konstatieren, dass der Grad der Einschätzung der Flexibilität zwar wesentlich mit dem Grad der Einschätzung der Innovativität korreliert, dies aber offensichtlich kein Unterscheidungskriterium bei Unternehmensveränderungen für die Bankengruppen darstellt. Die theorieseitig konstatierte Wichtigkeit einer hohen Flexibilität für die Innovativität zeigt sich in der vorliegenden Arbeit nicht. Dies kann an der gewählten Unternehmensveränderung der „Vereinbarkeit von Beruf und Familie" liegen. Es ist z. B. denkbar, dass sich die Rolle der Flexibilität sich bei einer anderen Unternehmensveränderung in anderer Form ausgeprägt hätte.

9.2.4 Diskussion der Kommunikations- und Informationswege

Der Grad der Nutzung der Kommunikations- und Informationswege wurde in der vorliegenden Arbeit als ein letztes elementares Merkmal bei Unternehmensveränderungen erhoben, da Kommunikation und Information elementar für deren Gelingen sind (BMFSFJ, 2014). Es besteht die Annahme, dass sich die Kreditinstitute in ihren Sektoren und der Rechtsform durch ihre Wege der Kommunikation und Information unterscheiden. Diese Annahme wird durch signifikante Unterschiede zwischen den Sektoren der Kreditinstitute bestätigt. Die Nutzung der Kommunikations- und Informationswege ist bei den Sparkassen, gefolgt von den Kreditgenossenschaften, signifikant höher ausgeprägt als bei den Kreditbanken. Diese nutzen durchschnittlich nur knapp die Hälfte der angegebenen Kommunikations- und Informationswege. Bei der rechtsformspezifischen Betrachtung zeigt sich, dass die signifikanten Unterschiede im Wesentlichen bei der Gruppe der GmbHs zu finden sind. Diese unterscheidet sich durch eine sehr geringe Nutzung der Kommunikations- und Informationswege signifikant von den Gruppen der AdöRs und der eGs. Die AdöRs zeigen die intensivste Nutzung der Kommunikations- und Informationswege. Dies erscheint insofern schlüssig, als dass die AdöRs auch das größte Angebot an Maßnahmen zu Vereinbarkeit von Beruf und Familie haben. Eine gute Kommunikation und Information fördert die Nutzung der „Angebotenen Maßnahmen" zur Vereinbarkeit von Beruf und Familie. Anders formuliert bedeutet dies, dass Kreditinstitute, welche ein großes und gutes Angebot haben, dieses auch kommunizieren.

Eine weitere mögliche Ursache für die geringe Nutzung der Kommunikations- und Informationswege ist bei der unterschiedlichen Größe der Kreditinstitute zu finden. Bei der Überprüfung der Hypothese 5.5 wurde die Annahme bestätigt, dass mit steigender Größe der Kreditinstitute auch die Nutzung der Kommunikations- und Informationswege signifikant steigt. Da die Kreditbanken durch ihre Heterogenität in der Stichprobe durch viele kleine Institute vertreten sind, ist es insofern schlüssig, dass hier auch die geringste Nutzung der Kommunikations- und Informationswege stattfindet.

Generell ist bei der Betrachtung der Ergebnisse analog des objektiven Zugangsweges zur Operationalisierung der Innovativität zu diskutieren, inwiefern die Liste der nutzbaren Kommunikations- und Informationswege vollständig ist, und ob die bereits zur Auswahl stehenden Wege als sinnvoll und richtig bezeichnet werden können. In der vorliegenden Arbeit wurden auch in diesem Fall alle Kriterien gleich gewichtet. Aus den gleichen Gründen wie bei der Operationalisierung der objektiven Innovativität wurde auf eine Gewichtung verzichtet (Abschnitt 9.2.2).

Nach der Feststellung der sektoralen und rechtsformspezifischen Unterschiede der Kreditinstitute hinsichtlich ihrer Kommunikations- und Informationswege stellt sich die Frage, inwiefern signifikante Effekte der Kommunikations- und Informationswege und der Strukturmerkmale existieren. Diese Erkenntnis bietet die Möglichkeit, weitere Annahmen über Zusammenhänge und Wirkungsgefüge zu treffen, gleichwohl ein kausaler Rückschluss wie bereits erwähnt nicht möglich ist. Die Überprüfung signifikanter Effekte der Kommunikations- und Informationswege deckt sich wie aus Tabelle 45 ersichtlich ist, bei zwei Konstrukten.

Tabelle 45: Effekte der Kommunikations- und Informationswege und der Strukturmerkmale

Kommunikations- und Informationswege	**Strukturmerkmale**
o	Macht: Leitungsspanne
o	Macht: Entscheidungsdelegation
o	Macht: Partizipation
+	Spezialisierung: Arbeitsteilung
o	Spezialisierung: Autonomie
o	Koordination: Planung
+	Koordination: Standardisierung
o	Formalisierung

Quelle: Eigene Berechnungen auf Basis des erhobenen Datensatzes. +: symbolisiert signifikante Effekte, o: symbolisiert nicht signifikante Effekte.

Analog der Ergebnisse der Überprüfung der Innovativität zeigen sich auch bei den Kommunikations- und Informationswegen signifikante Effekte bei der Arbeitsteilung. Die Ergebnisse zeigen, dass mit einer steigenden Arbeitsteilung die Nutzung der Kommunikations- und Informationswege steigt. Dies ist nachvollziehbar, da die Arbeitsteilung gemäß des Standes der Forschung Auswirkung auf die bereichsübergreifende und die bereichsinterne Kommunikation hat (Abschnitt 3.2.5). Es ist zu vermuten, dass eine steigende Arbeitsteilung mehr Zugangswege zu Informationen benötigt, da sonst ein Informationsdefizit zwischen den Einheiten und den Bereichen entsteht. Der Grad der Arbeitsteilung ist bei den Sparkassen und Kreditgenossenschaften am größten ausgeprägt. Bei diesen beiden Sektoren werden auch signifikant mehr Wege der Kommunikation und Information der Maßnahmen zur Vereinbarkeit von Beruf und Familie genutzt. Es ist anzunehmen, dass diese Faktoren einen ursächlichen Zusammenhang aufweisen. Bei einer tiefergehenden Forschung wäre die Überprüfung eines Kausalzusammenhanges von Interesse.

Die signifikanten Effekte der Standardisierung bei den Strukturmerkmalen der Kreditinstitute zeigen, dass mit einem steigenden Grad an Standardisierung auch die Nutzung der Kommunikations- und Informationswege steigt. Somit ist es schlüssig, dass die Gruppe der GmbHs den signifikant geringsten Grad der Standardisierung und gleichzeitig auch die geringste Nutzung an Kommunikations- und Informationswegen aufweist.[169] Weiterhin kann dies bedeuten, dass die GmbHs durch ihre gering ausgeprägte Standardisierung Vorteile in der Flexibilität und Innovativität haben, jedoch die geringe Nutzung der Kommunikations- und Informationswege in dieser Hinsicht nachteilig ist. Der Zusammenhang alleine kann jedoch nicht fundiert kausal begründet werden. Dies sollte daher Inhalt künftiger Forschungsarbeiten sein.

Nach der erfolgten Betrachtung signifikanter Effekte wird an dieser Stelle der Fokus auf das Strukturmerkmal „Formalisierung" gelegt. Im Ergebnis zeigte die „Formalisierung" bei keiner bisherigen Betrachtungsweise und Überprüfung signifikante Effekte. Entgegen aller Annahmen zeigen sich keine Unterschiede zwischen den Sektoren und Rechtsformen der Bankengruppen. Es existieren keine nachgewiesenen Zusammenhänge mit der Innovativität oder der Flexibilität, sowie den Kommunikations- und Informationswegen. Der nicht erwartungsgemäß bestätigte Unterschied in der Formalisierung zwischen den Kreditinstituten mag daran liegen, dass die Bankenbranche per se durch den hohen Einfluss der Gesetzgebung und der überwachenden Institutionen einen hohen Grad an Formalisierung hat. Gesetzliche Vorgaben verlangen Arbeitsanweisungen und kontrollieren formale Regelungen in Organisationen.

Die weiteren nicht signifikanten Effekte sind mit der gewählten Fragestellung zu begründen. Zur Erhebung des Grades an Formalisierung wurde nach der „Anzahl der Arbeitsanweisungen und Normen" gefragt. Es ist denkbar, dass der Begriff der „Normen" von den Befragten nicht einheitlich verstanden oder interpretiert wurde, und somit in der Folge somit eine Verzerrung des Ergebnisses stattfindet.

9.2.5 Diskussion der Größe der Kreditinstitute

In der Forschung ist die Unternehmensgröße ein viel erforschtes Merkmal der Organisationssituation. Gemäß den Erkenntnissen in Abschnitt 3.1.2 hat die Unternehmensgröße einen Einfluss auf die Strukturmerkmale und somit auf die Effizienz einer Organisation.

In der vorliegenden Forschungsarbeit besteht basierend auf den Erkenntnissen in Abschnitt 6.1 die Annahme, dass die Kreditinstitute sich mittels ihrer Größe unterscheiden, und die Größe selbst einen Einfluss auf Unternehmensverände-

169 Eine geringe Ausprägung der Standardisierung ist auch bei der Rechtsform der AG vorhanden. Auch hier zeigt sich eine zwar nicht signifikante aber dennoch im Vergleich zu den Sparkassen und Kreditgenossenschaften niedrigere Nutzung der Kommunikations- und Informationswege.

rungen hat. Es ist an dieser Stelle zunächst von Interesse, inwiefern ein Zusammenhang zwischen der Unternehmensgröße und den Kreditinstituten existiert. Die Ergebnisse bestätigen jeweils einen mittleren Zusammenhang zwischen der Unternehmensgröße und sowohl dem Sektor (Cramer`s V = .45), als auch der Rechtsform der Kreditinstitute (Cramer´s V = .48), (Hypothesen 5.1 und 5.2).

Nachfolgend zeigt Tabelle 46 die signifikanten Effekte der Situationsvariable „Größe" der Kreditinstitute und der Variablen der Unternehmensveränderung. Es zeigen sich 3 signifikante Effekte. Die Betrachtung der Ergebnisse der zwei Zugangswege zur Innovativität zeigt zunächst keinen signifikanten Effekt der Unternehmensgröße auf die Einschätzung der Innovativität. Die Annahme, dass mit steigender Unternehmensgröße auch das Angebot der Maßnahmen zur Vereinbarkeit von Beruf und Familie steigt, wird jedoch bestätigt. Letzteres ist insofern schlüssig, als dass anzunehmen ist, dass bei größeren Kreditinstituten auch mehr Mittel und Ressourcen für die Implementierung der Maßnahmen zur Verfügung stehen.

Tabelle 46: Effekte der Größe und der Variablen der Unternehmensveränderung

Variablen der Unternehmensveränderung	**Größe**
Innovativität: Einschätzung der Innovativität	o
Innovativität: Angebotene Maßnahmen zur Vereinbarkeit von Beruf und Familie	+
Flexibilität	+
Nutzung der Kommunikations- und Informationswege	+

Quelle: Eigene Berechnungen auf Basis des erhobenen Datensatzes. +: symbolisiert signifikante Effekte, o: symbolisiert nicht signifikante Effekte.

Das Ergebnis lässt sich auf den Sektor der Kreditinstitute übertragen: Die Sparkassen sind durchschnittlich größer als die Kreditgenossenschaften und haben gleichzeitig ein höheres „Angebot an Maßnahmen" zur Vereinbarkeit von Beruf und Familie. Ob dies letztlich wirklich lediglich aufgrund ihrer Größe der Fall ist, oder ob hierbei noch andere Faktoren Einfluss nehmen, kann an dieser Stelle nicht abschließend geklärt werden.

Die Diskrepanz der Ergebnisse beider Zugangswege zur Innovativität ist vermutlich auf die subjektive Wahrnehmung der Befragten zurückzuführen. Erlebnisse des Alltages nehmen Einfluss auf das Bewertungsergebnis und verzerren dieses in der Folge. Es ist weiterhin möglich, dass bei einer größeren Stichprobe die Ergebnisse signifikant sind, da gegebenenfalls eine größere Anzahl großer Kreditinstitute in der Stichprobe enthalten ist.

In der vorliegenden Arbeit wird auf Basis des Standes der Forschung angenommen, dass mit einer steigenden Unternehmensgröße die Flexibilität sinkt. Die Ergebnisanalyse des Zusammenhanges ist erwartungskonform (Hypothese 5.4). Es ist denkbar, dass das Ergebnis darauf zurückzuführen ist, dass größere Unternehmen Einschränkungen in ihrer Flexibilität aufweisen, da mit steigender Größe gleichzeitig eine kleinere Leitungsspanne (Hypothese 7.3) und ein daraus folgend hoher Leitungsaufwand einhergeht (Abschnitt 3.2.3). Dies würde bedeuten, dass die im Vergleich sehr kleinen GmbHs und eGs strukturelle Vorteile gegenüber den Kreditinstituten, die in anderen Rechtsformen firmieren genießen, welche wiederum die Flexibilität fördern.

Die Annahme, dass mit steigender Organisationsgröße auch die Nutzung der Kommunikations- und Informationswege steigt, wird bestätigt. Ein Grund könnte darin liegen, dass aufgrund der kleineren Leitungsspanne ein höherer Abstimmungs- und Informationsbedarf entsteht. Dass eine hohe Nutzung der Kommunikations- und Informationswege jedoch lediglich der Größe der Organisation geschuldet ist, ist anzuzweifeln. Sicherlich können auch andere Faktoren wie beispielsweise die Rechtsform oder die Historie einen Einfluss auf eine umfangreiche Nutzung der Wege der Kommunikation und Information haben.

Zusammenfassend ist zu konstatieren, dass die Situationsvariable „Größe" auch bei vorliegender Fragestellung von Bedeutung für eine Unterscheidung der Bankengruppen ist. Es scheint, dass die Größe eines Unternehmens bei Unternehmensveränderungen Einfluss nimmt. Es zeigt sich, dass es in diesem Kontext Faktoren gibt, bei denen Kreditinstitute aufgrund ihrer Größe Vor- wie Nachteile haben.

9.2.6 Diskussion der Vereinbarkeit von Beruf und Familie

Um die forschungsleitende Hypothese eines unterschiedlichen Veränderungsprozesses in den Sektoren der Kreditinstitute zu überprüfen, ist es erforderlich einen solchen konkreten Veränderungsprozess auszuwählen. In dieser Arbeit wurde die Unternehmensveränderung der „Vereinbarkeit von Beruf und Familie" untersucht, die im Folgenden diskutiert wird. Im Hintergrund steht die aus der Theorie abgeleitete Annahme, dass sich bei den gewählten Items dieser konkreten Unternehmensveränderung Unterschiede zwischen den Kreditinstituten zeigen. Eine generelle Diskussion der Auswahl des Prozesses der „Vereinbarkeit von Beruf und Familie" für den Vergleich der Kreditinstitute erfolgte bereits in Abschnitt 8.1.1. Die Auswahl der gewählten Items zur Erfassung dieser Unternehmensveränderung ist sicherlich ebenfalls diskussionswürdig. Es wurden insgesamt sechs Items gewählt, welche die Frage beantworten sollten, inwiefern manche Institutsgruppen frühzeitiger und aktiver die Bewältigung des Themas angehen als andere Institutsgruppen. Weiterhin sollte untersucht werden, wie hoch die Akzeptanz der Unternehmensveränderung in den Kreditinstituten bewertet werden kann.

Die zur Operationalisierung der „Vereinbarkeit von Beruf und Familie" genutzten Items basieren auf gesetzlichen Grundlagen sowie auf der Akzeptanz und der Unterstützung der Maßnahmen in der Organisation. Durch die Auswahl dieser Items ist es möglich, dass eine unvollständige Erfassung erfolgt und wesentliche Aspekte außer Acht bleiben. Die signifikanten Effekte der Umsetzung des Veränderungsprozesses der „Vereinbarkeit von Beruf und Familie" und des Sektors der Kreditinstitute zeigt Tabelle 47.

Tabelle 47: Effekte der „Vereinbarkeit von Beruf und Familie" und des Sektors der Kreditinstitute

Vereinbarkeit von Beruf und Familie	**Sektor der Kreditinstitute**
Angebot der Partnermonate	+
Erstmalige Wahrnehmung	+
Häufigkeit der Wahrnehmung	+
Akzeptanz der Maßnahmen	+
Unterstützer der Maßnahmen	+
Diskussion Demographie	+

Quelle: Eigene Berechnungen auf Basis des erhobenen Datensatzes. +: symbolisiert signifikante Effekte, o: symbolisiert nicht signifikante Effekte.

Bei der Analyse sind bei allen Items erwartungskonform signifikante Effekte zu berichten. Es ist jedoch anzumerken, dass bei den Items „Angebot der Partnermonate", sowie „Häufigkeit der Wahrnehmung" und „Akzeptanz der Maßnahmen" jeweils nur schwache Zusammenhänge mit dem Sektor der Kreditinstitute bestätigt werden konnten. Bei den Items „Unterstützer", sowie „Behinderer" und „Diskussion Demographie" werden jeweils mittlere Zusammenhänge mit dem Sektor der Kreditinstitute konstatiert.

Die nachfolgende Tabelle 48 zeigt die Effekte der Indikatoren der „Vereinbarkeit von Beruf und Familie" und der Innovativität. Die in der Tabelle dargestellten Items zur Abbildung des Themas „Vereinbarkeit von Beruf und Familie" sind mit wenigen Ausnahmen signifikant hinsichtlich der Selbsteinschätzung der Innovativität und der konkreten Umsetzung des Veränderungsvorhabens in der Praxis.

In den überwiegenden Fällen ist die Verteilung der Merkmale der Innovativität und der Vereinbarkeit von Beruf und Familie statistisch voneinander abhängig.

Tabelle 48: Effekte der Innovativität und der Indikatoren der „Vereinbarkeit von Beruf und Familie"

Innovativität		**Vereinbarkeit von Beruf und Familie**
Einschätzung der Innovativität	**Angebotene Maßnahmen zur Vereinbarkeit von Beruf und Familie**	
+	o	Angebot der Partnermonate
o	+	Erstmalige Wahrnehmung
+	+	Häufigkeit der Wahrnehmung
+	+	Akzeptanz der Maßnahmen
+	+	Unterstützer der Maßnahmen

Quelle: Eigene Berechnungen auf Basis des erhobenen Datensatzes. +: symbolisiert signifikante Effekte, o: symbolisiert nicht signifikante Effekte.

Nachstehend erfolgt die zusammenfassende Analyse der Ergebnisse beider vorangegangener Tabellen. Bei der inhaltlichen Betrachtung des Items des „Angebotes der Partnermonate" zeigt sich, dass 33,33 % der Sparkassen, sowie 28,57 % der Kreditgenossenschaften bereits vor der gesetzlichen Einführung im Jahr 2007 aktiv die Partnermonate für tarifangestellte männliche Mitarbeiter angeboten haben. Bei den Kreditbanken waren es mit 16,67 % nur knapp halb so viele Kreditinstitute, wie bei den anderen Bankengruppen. Dies lässt darauf schließen, dass die Kreditbanken verglichen mit den anderen Bankengruppen eher die gesetzliche Einführung von Veränderungen abwarten, als diese aktiv anzugehen.

In Abschnitt 8.4.1 bestätigte sich erwartungskonform, dass Institute, welche bereits vor der gesetzlichen Einführung der Partnermonate ihren männlichen Angestellten das Angebot gemacht haben als innovativer eingeschätzt werden. Es fällt jedoch auf, dass sich dies nicht gleichermaßen in einem höheren Angebot an Maßnahmen zur Vereinbarkeit von Beruf und Familie zeigt.

Obgleich in Instituten, welche das Angebot schon vor der gesetzlichen Einführung gemacht haben, die Innovativität des Hauses signifikant höher eingeschätzt wird, wird die Flexibilität nicht ebenfalls höher eingeschätzt (Abschnitt 8.4.1).

Zusammenfassend lässt sich vermuten, dass Kreditinstitute, welche schon frühzeitig aktiv sind und nicht lediglich aufgrund gesetzlicher Vorgaben tätig werden, auch innovativer sind als andere Kreditinstitute. Falls im Zuge weiterer Forschungsarbeiten ein ursächlicher Zusammenhang bestätigt werden sollte, würde dies bedeuten, dass sowohl die Sparkassen als auch die Kreditgenossenschaften aufgrund ihrer frühzeitigen aktiven Begegnung mit der Veränderung innovativer sind als die Kreditbanken.

In einem weiteren Schritt stellt sich nach der Frage des aktiven Angebotes von Partnermonaten durch die Unternehmen auch die Frage, wann die Partnermonate in den Kreditinstituten erstmalig wahrgenommen wurden. Es wurden erwartungskonform signifikante Unterschiede zwischen den Sektoren der Kreditinstitute bestätigt.

Obwohl bei einigen Kreditinstituten bereits vor der gesetzlichen Einführung ein Angebot der Partnermonate bestand, wurde dieses erst nach dem Stichtag der gesetzlichen Einführung von dem Mitarbeitern genutzt. Dieser Befund könnte so erklärt werden, dass eine Hemmung besteht, auf solche Angebote (ohne gesetzlichen Anspruch) zuzugreifen. Eine gesetzliche Regelung stellt potenziell eine zusätzliche Legitimation zur Nutzung dieser Angebote dar und erleichtert es möglicherweise, diese einzufordern. Diese Interpretation der Ergebnisse sollte in weiteren Studien unbedingt qualitativ und quantitativ überprüft werden.

Bei den Sparkassen sowie bei den Kreditgenossenschaften fand die erstmalige Wahrnehmung der Partnermonate durch die männlichen Angestellten signifikant früher statt als bei den Kreditbanken. Dies ist insofern schlüssig, als dass Sparkassen und Kreditgenossenschaften bereits früher aktiv die Partnermonate angeboten haben als Kreditbanken.

In Abschnitt 8.4.2 wurde bestätigt, dass Kreditinstitute, in welchen bereits früher die Partnermonate wahrgenommen wurden, auch generell ein signifikant höheres Angebot an Maßnahmen zur „Vereinbarkeit von Beruf und Familie“ haben. In dieser Arbeit dient dies zugleich als ein Zugangsweg zur Operationalisierung von Innovativität.

Betrachtet man die selbst eingeschätzte Innovativität, so zeigt sich der vermutete Zusammenhang zwischen Innovativität und der Nutzung der Partnermonate nicht. Eine Erklärung für diesen widersprüchlichen Befund könnte darin bestehen, dass sich die Mitarbeiter bei der Einschätzung der Innovativität der Organisation an anderen Merkmalen orientieren. Die erstmalige Nutzung der Partnermonate scheint keinen Einfluss auf die Einschätzung der Innovativität der Organisation durch die Mitarbeiter zu haben.

Nach der Beantwortung der Frage der erstmaligen Wahrnehmung stellt sich weiterhin die Frage nach der Häufigkeit der Wahrnehmung der Elternzeit durch männliche Angestellte über die Partnermonate hinaus. Auch hier zeigen sich deutliche Unterschiede zwischen den Sektoren.

Während bei der Hälfte der Kreditbanken gar keine Wahrnehmung der Elternzeit männlicher Angestellter über die Partnermonate hinaus stattfindet, gaben die Befragten aus Sparkassen und Kreditgenossenschaften an, dass dieses Angebot bei ihnen häufiger wahrgenommen wird. Die Häufigkeit der Wahrnehmung ist bei den Sparkassen und den Kreditgenossenschaften in etwa gleich ausgeprägt.

Tabelle 48 zeigt erwartungskonform, dass Kreditinstitute, bei denen häufiger die Elternzeit über die Partnermonate hinaus von den männlichen Angestellten wahrgenommen wird, gleichermaßen innovativer sind.

Zusätzlich wurde bestätigt, dass in Instituten mit einer größeren Wahrnehmungsquote der Elternzeit auch signifikant mehr Wege der Kommunikation und Information zu diesen Maßnahmen genutzt werden. Dies erscheint schlüssig, da nur die Kenntnis seitens der Mitarbeiter über die sich ihnen bietenden Möglichkeiten überhaupt zu einer Nutzung von Angeboten führt.

Ein weiterer Indikator für die Umsetzung der Unternehmensveränderung in den Bankengruppen ist die Akzeptanz der Maßnahmen zur Vereinbarkeit von Beruf und Familie. Hier zeigt sich bei den Sparkassen und den Kreditgenossenschaften eine höhere Akzeptanz der Maßnahmen als bei den Kreditbanken. Eine Begründung hierfür kann in dem erwartungskonform bestätigten Zusammenhang zwischen dem Angebot der Maßnahmen und der Akzeptanz selbiger liegen (Hypothese 17.2). Je größer das Angebot ist, desto höher ist auch die Akzeptanz. Es ist demnach zu vermuten, dass die größere Akzeptanz der Maßnahmen bei den Sparkassen und den Kreditgenossenschaften auf das größere Angebot der Maßnahmen zurückzuführen ist.

Im Bereich der Nutzung der Kommunikations- und Informationswege zeigt sich ebenfalls, dass diese bei den Sparkassen und den Kreditgenossenschaften signifikant höher ausgeprägt ist, als bei den Kreditbanken (Hypothese 4.1). In Kreditinstituten, in welchen mehr Wege der Kommunikation und Information genutzt werden, ist auch die Akzeptanz der Maßnahmen größer (Hypothese 17.4). Dies führt zu der Annahme, dass die größere Akzeptanz der Maßnahmen bei den Sparkassen und den Kreditgenossenschaften auf die bessere Nutzung der Kommunikations- und Informationswege in diesen Bankengruppen zurückzuführen sein könnte. Diese Hypothese eines kausalen Zusammenhangs sollte daher in weiteren Studien geprüft werden. Sollte dieser sich bestätigen, würde dies den Stellenwert der Nutzung von Kommunikations- und Informationswegen in der Bankenbranche unterstreichen.

Im Verlauf der theoretischen Analyse dieser Forschungsarbeit stellte sich der Indikator „Macht“ als zentral bei Unternehmensveränderungen heraus (Abschnitt 3.2.1). Aus diesem Grund wurden die Personengruppen in den Kreditinstituten betrachtet, welche die Maßnahmen zur „Vereinbarkeit von Beruf und Familie“ bis zu ihrer Implementierung maßgeblich unterstützt oder behindert haben.

Bei den Unterstützern der Maßnahmen zeigte sich eine in allen Bankengruppen dominierende Rolle des Betriebsrates und der Personalabteilung. Der Vorstand wurde ausnahmslos bei den Kreditbanken als Unterstützer genannt. Hier war auch die größte Quote der Personengruppe der Mitarbeiter als Unterstützer berichtet worden.

Es fällt auf, dass die Personengruppe der Führungskräfte keine (Sparkassen und Kreditbanken) oder fast gar keine (Kreditgenossenschaften) unterstützende Rolle bei allen Bankengruppen eingenommen hat. Betrachtet man, welche Personengruppen häufig als Behinderer solcher Maßnahmen genannt werden, so werden hier Führungskräfte am häufigsten genannt.

Eine Erklärung für die mangelnde Unterstützung seitens der Führungskräfte in diesem Bereich könnte sein, dass Führungskräfte in der Regel auf die Anwesenheit und Mitarbeit ihres Teams angewiesen sind, um ihre Ziele zu erreichen. Nutzen Mitarbeiterinnen und Mitarbeiter die Angebote zur „Vereinbarkeit von Beruf und Familie“, so befürchten Führungskräfte möglicherweise deren Abwesenheit und damit einhergehend den Verlust von Arbeitskraft, Macht und Einfluss.

Insgesamt zeigt sich, dass die Anzahl unterstützender Personengruppen erwartungsgemäß bei den Kreditbanken signifikant niedriger ist als bei den Sparkassen und den Kreditgenossenschaften (Hypothese 18.3). Dieser Befund passt in das Gesamtbild der bisherigen Ergebnisse, die darauf hindeuten, dass Kreditbanken signifikant weniger Maßnahmen zur „Vereinbarung von Beruf und Familie“ anbieten und Informations- und Kommunikationswege in diesem Bereich schlechter nutzen. Es bestätigt sich weiterhin wie angenommen, dass in innovativeren Kreditinstituten die Anzahl von Personengruppen, welche die Maßnahmen bis zu ihrer Implementierung unterstützen, signifikant größer ist. Kreditinstitute mit einer größeren Anzahl unterstützender Personengruppen werden nicht nur als innovativer und flexibler eingeschätzt, sie nutzen auch die Wege der Kommunikation und Information intensiver.

Das letzte Item „Demographischer Wandel“ diente der Beantwortung der Frage, inwiefern sich Kreditinstitute bereits früher als andere Kreditinstitute mit dem Megatrend „Demographischer Wandel“ befasst haben. Bei der Betrachtung der Ergebnisse zeigt sich, dass in einigen Sparkassen eine Diskussion des Themas bereits etwas früher stattfand (Abbildung 52). Der Gesamtüberblick zeigt ein recht einheitliches Bild in den Bankengruppen. Der Großteil der Institute hat das Thema „Demographischer Wandel“ in den Jahren 2006 bis 2009 erstmalig im Management diskutiert. Bei einer rechtsformspezifischen Betrachtung zeigt sich, dass die GmbHs erst eine Periode später als alle anderen Bankengruppen das Thema aufgegriffen haben. Dies fügt sich in das Gesamtbild der bisherigen Erkenntnisse.

Vor dem Hintergrund der vom Jahr 1992 bis zum Jahr 2002 bestehenden Enquéte-Kommission „Demographischer Wandel“ zeigt sich hier eine zeitliche Verzögerung zwischen dem Zeitpunkt des Abschlussberichtes und der tatsächlichen Präsenz bzw. dem Aufgreifen des Themas in den Kreditinstituten. In den Jahren 2010 bis 2013 fanden immer noch mehr erstmalige Diskussionen des Themas statt, als in dem Zeitraum vor dem Jahr 2006. Inwiefern dies auf die Tatsache zurückgeführt werden kann, dass alle Verbände der deutschen Kreditwirtschaft das gemeinsame Ziel der Bewältigung der Anforderungen der „Vereinbarkeit von Beruf und Familie“ für das deutsche Kreditgewerbe im Jahr 2011 (Bankenverband, AGVBanken, 2011) konstatierten, bleibt nur zu vermuten.

Nachfolgend wird auf Basis der bis zu diesem Punkt gewonnen Erkenntnisse in Abschnitt 9.3 der über die vorliegende Arbeit hinausgehende Forschungsbedarf beschrieben.

9.3 Implikationen für die Forschung

Der Einsatz einer webbasierten Umfrage war in der vorliegenden Forschungsarbeit insofern sinnvoll, als dass Veränderungsprozesse in Organisationen insbesondere im Bereich der Vereinbarkeit von Beruf und Familie in der bisherigen Forschung nicht intensiv untersucht worden sind. Diese standardisierte Befragungsmethode ermöglicht es in einem ersten Schritt, ökonomisch ein neues Forschungsfeld zu erschließen und dabei festzustellen, ob erste theoretisch formulierte Unterschiede und Zusammenhänge empirisch belegbar sind. Diese Forschungsmethode ermöglicht es jedoch nicht, aus den gewonnenen Ergebnissen direkt kausale Schlüsse zu ziehen. In einem nächsten Schritt sollte daher für zukünftige Forschungsarbeiten in diesem Gebiet eine Herangehensweise, welche die Erfassung zu mehreren Messzeitpunkten erfordert und die zur Prüfung kausaler Hypothesen imstande ist, in Betracht gezogen werden. Insbesondere die Frage, ob die Zugehörigkeit zu einer Bankengruppe tatsächlich kausal für die Unterschiede in der Innovativität verantwortlich ist, sollte dabei in den Fokus gerückt werden. Hierfür ist eine größere Datenmenge sinnvoll. Die Überprüfung multikausaler

Erklärungen der Ursachen für die Innovativität erfordert umfangreiche personelle und zeitliche Ressourcen.

Hinsichtlich der Implikationen für künftige Forschungsarbeiten hat sich im Bereich der Methodik zur Operationalisierung der Innovativität gezeigt, dass die Entwicklung geeigneter und anerkannter Instrumente zur Messung der Innovativität, die Verwendung einheitlicher Definitionen sowie eine saubere Validierung sinnvoll sind. In dieser Arbeit wurden zwei Ideen zur Operationalisierung von Innovativität vorgestellt, die zu jeweils unterschiedlichen Ergebnissen führten. Künftige Studien zum Thema Innovativität sollen nun die prädiktive Validität der beiden Zugangswege untersuchen.

Im Rahmen zukünftiger Forschungsarbeiten ist weiterhin die Übertragung der vorliegenden Überlegungen auf andere Branchen interessant. Denkbar ist hier beispielsweise die Betrachtung des medizinischen Sektors. Eine ähnliche Aufteilung in private, gemeinnützige und öffentliche Einrichtung existiert auch hier. Es wäre daher aufschlussreich, inwiefern sich abweichende oder ähnliche Ergebnisse auch bei einer Übertragung auf eine andere Branche zeigen.

Teil IV: Schlussbetrachtung

In dem letzten Teil der Arbeit werden die Ergebnisse noch einmal zusammengefasst.

Das übergeordnete Ziel dieser Arbeit war die Erkenntnis darüber, welche Sektoren der Kreditinstitute vermeintlich günstigere strukturelle Voraussetzungen für die Unternehmensveränderungen der „Vereinbarkeit von Beruf und Familie" haben, und welche Bankengruppen in der Bewältigung dieser Unternehmensveränderung bisher erfolgreicher und innovativer waren als andere Bankengruppen. Die gewonnenen Erkenntnisse lieferten einen Überblick über die bestehenden Unterschiede zwischen den Sektoren der Kreditinstitute und können künftig als grundlegendes Element zur Planung einer Umsetzung von Veränderungsprozessen genutzt werden.

Das erste Forschungsziel der vorliegenden Arbeit war daher die Analyse und Erklärung der einleitend genannten potenziellen strukturellen Merkmalsunterschiede zwischen den Sektoren der Kreditinstitute des Dreisäulensystems.

Das zweite Forschungsziel war die Beantwortung der Frage, inwiefern sich die Sektoren der Kreditinstitute daraus folgend hinsichtlich ihres Umganges mit den vorstehend genannten Herausforderungen des Arbeitsmarktes – insbesondere denen der Vereinbarkeit von Beruf und Familie – unterscheiden.

In einem ersten Teil wurde zunächst die der Arbeit zugrunde liegende Problematik aufgezeigt. Ein Trend, den es durch die Kreditinstitute eigeninitiiert zu bewältigen gilt, ist der Demographische Wandel. Eine elementare Herausforderung für die Institute ist hierbei die Umsetzung der „Vereinbarkeit von Beruf und Familie". Die Brisanz des Themas zeigt sich im Wesentlichen durch die Veränderungen im ErwerbspersonenPotenzial bei den Kreditinstituten aufgrund des Demographischen Wandels. Hier schlägt sich schon heute die Alterung der Gesellschaft in dem großen Anteil der über 50-jährigen Beschäftigten nieder. Ein hoher Anteil an weiblichen Beschäftigten im Kreditgewerbe bringt einen zusätzlichen Ersatzbedarf sowie veränderte Anforderungen mit sich, welche es zur langfristigen Sicherung der Wettbewerbsfähigkeit und Existenz der einzelnen Banken zu bewältigen gilt.

In dem zweiten Teil der Arbeit wurden zunächst die zentralen Begrifflichkeiten definiert. In einem weiteren Schritt wurden Ansätze zur Analyse und Erklärung struktureller Unterschiede von Organisationen betrachtet. Im Ergebnis stand die Erkenntnis, dass die Verwendung eines multivariaten Ansatzes zur Beantwortung der Forschungsfrage geeigneter ist als eine monovariate Betrachtungsweise. Aufgrund der Kritik am „Situativen Ansatz", welche insbesondere die Vernachlässigung des Macht- und Interessenfaktors bemängelt, wurde bei der Ableitung der für diese Arbeit relevanten Strukturmerkmale zur Erklärung von Organisationen unter anderem auch der Faktor „Macht“ berücksichtigt.

Abschnitt 3.3 diente der Erarbeitung einer Übersicht der für Unternehmensveränderungen, Innovativität und Flexibilität optimalen Strukturausprägungen und sorgte für eine inhaltliche Verknüpfung der beiden Themenbereiche „Unternehmensveränderung“ und „Ansätze zur Erklärung von Organisationsstrukturen“. Auf dieser Basis wurden die erarbeiteten strukturellen Ausprägungen bei den Kreditinstituten erfasst und beurteilt. Die Erkenntnis der Notwendigkeit der Einbindung institutionenökonomischer Ansätze zur Erklärung von Unternehmensveränderungen – da diese das ökonomische (nutzenmaximierende) Handeln der Akteure bei Veränderungsprozessen erklären können – führte zu einer Darstellung der zentralen Forschungsteilansätze der Institutionenökonomik in Abschnitt 4 der Arbeit.

Abschnitt 5 diente der Beschreibung des deutschen Bankensektors und der drei Sektoren der Kreditinstitute unter Einbindung der institutionenökonomischen Teiltheorien. Das Ergebnis zeigte in einem Überblick auf vielen Ebenen deutliche Unterschiede zwischen den Bankengruppen. Wesentliche Unterschiedsbereiche sind in der Eigentümerstruktur, der Willensbildung, der Rechtsform, den historischen Gegebenheiten und den Kundenstrukturen zu finden. Es wurde herausgearbeitet, dass neben den vergleichsweise homogenen Sektoren der Sparkassen und der Kreditgenossenschaften eine große Heterogenität innerhalb des Sektors der Kreditbanken besteht. Die Analyse zeigte nicht nur Unterschiede zwischen den Institutsgruppen der Kreditbanken in deren Größe und deren Eigentümerstruktur, sondern vor allem Unterschiede in deren Rechtsformen.

In einem weiteren Schritt wurden die theoretischen Erkenntnisse zusammengefasst und eine Übersicht über die vermuteten Ausprägungen der Strukturmerkmale bei den Bankengruppen erstellt. Diese wurde mit den in Abschnitt 3.3 erarbeiteten optimalen Strukturausprägungen für Unternehmensveränderungen, Innovativität und Flexibilität abgeglichen. Das Ergebnis zeigte, dass sich Sparkassen und Kreditgenossenschaften aufgrund ihrer Struktur in ihren Voraussetzungen ähnlich sind. Der Sektor der Kreditbanken ist in sich sehr heterogen aufgestellt. Im Kern der Erkenntnis stand die Annahme vermeintlich schlechterer struktureller Voraussetzungen des Sektors der Kreditbanken für die aktive Bewältigung von Unternehmensveränderungen, Innovativität und Flexibilität. Auf Basis der vorigen Erkenntnisse sowie aufgrund des Vorteiles seiner Neuartigkeit und der Tatsache, dass dieser nachweislich in allen Sektoren der Kreditwirtschaft von großer Bedeutung ist, wurde am Ende des Teil II der Arbeit der Prozess der „Vereinbarkeit von Beruf und Familie" für den Vergleich ausgewählt. Die Hypothesen zur Überprüfung der Forschungsfrage wurden im Anschluss herausgearbeitet.

Im dritten Teil der Arbeit wurden die bisher gewonnenen Erkenntnisse einer empirischen Überprüfung unterzogen. Dabei wurde analysiert, inwiefern in den vier definierten Themenbereichen der Hypothesen die vermuteten Unterschiede zwischen den Bankengruppen anhand der konkreten Unternehmensveränderung der „Vereinbarkeit von Beruf und Familie" bestätigt werden können. Während sich die Sparkassen und die Kreditgenossenschaften in vielen Bereichen sehr ähnlich sind, unterscheiden sich beide Institutsgruppen wesentlich von den Kreditbanken. Die zentrale Annahme gravierender Unterschiede zwischen den Sektoren des Dreisäulensystems konnte somit bestätigt werden.

Aus den theoretischen Vorüberlegungen ließ sich ableiten, dass Kreditbanken träger und weniger innovativ agieren müssten als die anderen Institutsgruppen. Diese Unterschiede zeigten sich auch in der konkreten Umsetzung der Unternehmensveränderung der „Vereinbarkeit von Beruf und Familie" durch ein beispielsweise deutlich geringeres Angebot an Maßnahmen für die Mitarbeiter sowie eine vergleichsweise schlechter ausgeprägte Kommunikation und Information derselben. Auch in der subjektiven Einschätzung der Innovativität der Organisation schnitten die Kreditbanken signifikant schlechter ab, als deren Wettbewerber. Kausale Ursachen und Zusammenhänge konnten dabei vermutet, jedoch aufgrund des Forschungsdesigns und der zur Verfügung stehenden Daten nicht nachgewiesen werden. Gleichwohl können Hinweise auf relevante Wirkungszusammenhänge gegeben werden.

Bei der Gesamtbetrachtung der Ergebnisse der Innovativität und der Flexibilität wurde zusammenfassend aufgezeigt, dass sich die Sparkassen und die Kreditgenossenschaften wie zuvor angenommen in ihrer Innovativität und Flexibilität stark ähneln. Über fast alle Ebenen hinweg zeigten sich bei den Kreditbanken nachteilige Strukturen und Ausprägungen sowie geringere Umsetzungsgrade bei der konkreten Unternehmensveränderung der „Vereinbarkeit von Beruf und Familie". Es zeigte sich zudem, dass die Sparkassen und die Kreditgenossenschaften nicht nur theoretische Vorteile aufgrund ihrer Struktur besitzen, sie scheinen diese auch in der praktischen Umsetzung verglichen mit den Kreditbanken besser zu nutzen.

Die heterogene Struktur des Sektors der Kreditbanken kann für die Thematik der Unternehmensveränderung und Innovativität als nicht vorteilhaft gesehen werden. Diese Struktur bedingt, dass bei einer zentralen Strategieplanung durch den Bankenverband, der als Zusammenschluss der Kreditbanken die kollektiven Interessen selbiger vertritt, in diesem Sektor die Unterschiede der einzelnen Bankhäuser berücksichtigt werden müssten, was einen höheren Aufwand bedeutet und sicherlich nur schwer gelingen würde. Gerade deshalb müssten die Anstrengungen zur Erhaltung der Wettbewerbsfähigkeit in den einzelnen Instituten an dieser Stelle umso größer sein.

Die Annahme, dass vermeintlich günstigere Voraussetzungen für die Bewältigung von Unternehmensveränderungen direkte Vorteile im Unternehmensalltag mit sich bringen, ließ sich nicht generell bestätigen. Es zeigte sich, dass die Kreditgenossenschaften theoretisch in der Summe bessere Voraussetzungen mitbringen als die Sparkassen (Abschnitt 6.1). Dieser Vorteil bestätigte sich beim Blick auf die konkrete Unternehmensveränderung im Bereich „Vereinbarkeit von Beruf und Familie“ nicht. Generell sollten die einzelnen Sektoren ihre strukturellen Vorteile deutlicher ausbauen und aktiver und nachhaltiger in der Umsetzung von Unternehmensveränderungen sein.

Es ist auffallend, dass trotz der zwischen 1992 und 2002 im Bundestag bestehenden Enquéte-Kommission „Demographischer Wandel“, eines gemeinsamen Statements der Verbände der Bankengruppen sowie der Initiative des BMSFJ im Jahr 2011, die Umsetzung der Thematik in den Kreditinstituten nicht nur sehr unterschiedlich, sondern je nach Sektor auch als sehr gering einzustufen ist. Dies ist an dem zuweilen niedrigen Angebot von Maßnahmen zur „Vereinbarkeit von Beruf und Familie“ der Kreditinstitute und deren Akzeptanz abzulesen.

Zusammenfassend lässt sich festhalten, dass das erste Forschungsziel erreicht wurde und gezeigt werden konnte, wie sich die Sektoren der Kreditinstitute im Hinblick auf Ihre Struktur- und Situationsmerkmale unterscheiden. Blickt man auf das zweite Forschungsziel, so kann bestätigt werden, dass Unterschiede im Umgang mit den Herausforderungen der „Vereinbarkeit von Beruf und Familie“ zwischen den Sektoren der Kreditinstitute bestehen. Die empirischen Ergebnisse dieser Studie weisen darauf hin, dass Sparkassen und Kreditgenossenschaften diese Herausforderungen insgesamt innovativer und erfolgreicher bewältigen als Kreditbanken.

Die Ergebnisse der vorliegenden Arbeit können somit allen Kreditinstituten der deutschen Bankenlandschaft vor dem Hintergrund der aktuellen und künftigen Herausforderungen des Demographischen Wandels zur Reflektion ihrer strukturellen Gegebenheiten und Möglichkeiten sowie ihrer internen Prozesse der Vereinbarkeit von Beruf und Familie dienen. Sie zeigt den einzelnen Institutsgruppen ihre Chancen aufgrund ihrer charakteristischen Unterschiede, die es zu bündeln, und im Wesentlichen zu nutzen gilt.

Literaturverzeichnis

Achampong, F. & Zemedkun, W. (1995): An Empirical and Ethical Analysis of Factors Motivating Managers´ Merger Decisions. In: Journal of Business Ethics, 14(10), S. 855–865.

Adrian, R. & Heidorn, T. (Hrsg.) (2000): Der Bankbetrieb (15. Aufl.). Wiesbaden: Gabler.

Agrell, A. & Gustafson, R. (1996): Innovation and Creativity in Work Groups. In: West, M. A. (Hrsg.): The Handbook of Work Group Psychology. Chichester: Wiley, S. 317–343.

AGVBanken (Hrsg.) (2015a): Beschäftigte im Kreditgewerbe. URL: http://www.agvbanken.de/AGVBanken/Statistik/_doc_Statistik/Statistik_Beschäftigte.pdf (letzter Zugriff am 04.01.2016).

AGVBanken (Hrsg.) (2015b): Beschäftigtenzahl im Kreditgewerbe leicht rückläufig. Pressemitteilung vom 30.06.2015. Berlin. URL.: http://www.agvbanken.de/agvbanken/presse/ Pressemitteilungen/_Pressemitteilungen/150630_PM_Beschaeftigung.pdf (letzter Zugriff am 13.11.2015).

AGVBanken (Hrsg.) (2015c): Bericht 2014/2015. URL: http://www.agvbanken.de/AGVBanken/Publikationen/_Jahresberichte/Jahresbericht_AGV-Banken_2014-2015.pdf (letzter Zugriff am 04.01.2016).

AGVBanken (Hrsg.) (2015d): Altersstruktur der Beschäftigten im privaten Bankgewerbe 2014 (I). URL: http://www.agvbanken.de/AGVBanken/Statistik/_doc_Statistik/Statistik_Altersstruktur.pdf (letzter Zugriff am 03.01.2016).

Alchian, A. & Demsetz, H. (1972): Production, Information Costs, and Economic Organization. In: The American Economic Review, 62(5), S. 777–795.

Amabile, T. M., Conti, R., Coon, H., Lazenby, J. & Herron, M. (1996): Assessing the Work Environment for Creativity. In: Academy of Management Journal, 39(5), S. 1154–1184.

Aregger, K. (1976): Innovation in sozialen Systemen. Einführung in die Innovationstheorie der Organisation. Band 1. Bern u. a.: Haupt.

Atteslander, P. (2003): Methoden der empirischen Sozialforschung (10. Aufl.). Berlin u. a.: Walter de Gruyter.

Auerbach, C. (2009): Fusionen deutscher Kreditinstitute: Erfolg und Erfolgsfaktoren am Beispiel von Sparkassen und Kreditgenossenschaften. Wiesbaden: Gabler. Zugl.: Oestrich-Winkel, Europ. Business School, Diss., 2009.

AVR (Hrsg.) (2015): Beschäftigungsstruktur. URL: http://www.avr.org/avr.nsf/DFF0197809AF5693C12571CB0025AB6D/$FILE/Personalstatistik%202014%20Besch%C3%A4ftigungsstruktur.pdf (letzter Zugriff am 03.01.2016).

Baitsch, C. (1986): Agenten der Veränderung. In: Duell, W. & Frei F. (Hrsg.): Arbeit gestalten – Mitarbeiter beteiligen: eine Heuristik qualifizierender Arbeitsgestaltung. Frankfurt: Campus, S. 60–73.

Bankenverband (Hrsg.) (2015): Zahlen, Daten, Fakten der Kreditwirtschaft. URL: https://bankenverband.de/media/publikationen/08122015_Zahlen_und_Fakten_V2.pdf (letzter Zugriff am 04.01.2016).

Bankenverband (Hrsg.) (2013): Top 100 Kreditinstitute. URL: https://bankenverband.de/media/file/top100-2012 (letzter Zugriff am 02.03.2014).

Bankenverband, AGVBanken (Hrsg.) (2011): Kreditwirtschaft: Vereinbarkeit von Beruf und Familie ein wichtiges Ziel. Presseinformation vom 16.12.2011. URL: http://www.agvbanken.de/agvbanken/presse/Pressemitteilungen/_Pressemitteilungen/2011-12-16_PM_Brosch%C3%BCre_Vereinbarkeit.pdf (letzter Zugriff am 13.11.2015).

Barnard, C. (1938): The Functions Of The Executive. Cambridge, Massachusetts: Harvard University Press.

Baumgärtler, T. (2000): Neuere Ansätze zur Erklärung der Mitgliederpartizipation in Kreditgenossenschaften: eine empirische Analyse der Beteiligungsfaktoren. Nürnberg: Forschungsinstitut für Genossenschaftswesen. Zugl.: Erlangen-Nürnberg, Univ., Diss., 2000.

Bea, F. & Göbel, E. (2006): Organisation (3. Aufl.). Stuttgart: Lucius & Lucius.

Becke, G. (2002): Wandel betrieblicher Rationalisierungsmuster durch Mitarbeiterbeteiligung: Eine figurationssoziologische Fallstudie aus dem Dienstleistungsbereich. Frankfurt am Main u. a.: Campus. Zugl.: Dortmund, Univ., Diss., 2000 u.d.T.: Becke, G.: Etablierte und Außenseiter im betrieblichen Wandel.

Behrends, T. (2001): Organisationskultur und Innovativität: eine kulturtheoretische Analyse des Zusammenhanges zwischen sozialer Handlungsgrammatik und innovativem Organisationsverhalten. München u. a.: Rainer Hampp. Zugl.: Lüneburg, Univ., Diss., 2000.

Benson, K. (1983): Paradigm and Practice in Organizational Analysis. In: Cummings, L. L. & Staw, B. W. (Hrsg.): Research in Organizational Behavior, 5, S. 33–55.

Berg, O. E. (1994): Eigenmittelbindung in Kreditgenossenschaften: eine Analyse alternativer Ansätze zur Überwindung der Problematik des variablen Eigenkapitals. Münster u. a.: Lit. Zugl. Münster (Westfalen), Univ., Diss., 1993.

Bergmann, R. & Garrecht, M. (2008): Organisation und Projektmanagement (1. Aufl.). Heidelberg: Physica-Verlag.

Betge, P. (1996): Bankbetriebslehre. Berlin u. a.: Springer Verlag.

Beuck, K. (2005): Widerstand von Mitarbeitern bei organisatorischen Veränderungen in Kreditinstituten. Flensburg, Univ., Diss., 2005. Online abrufbar unter: URL: http://www.zhb-flensburg.de/fileadmin/content/spezial-einrichtungen/zhb/dokumente/dissertationen/beuck/dissertation-knut-are-beuck.pdf

Blau, P. M. & Schoenherr, R. A. (1971): The Structure of Organizations. New York u. a.: Basic Books.

Bleicher, K. (1996): Das Konzept Integriertes Management (4. Aufl.). Frankfurt am Main u. a.: Campus.

Blum, U., Dudley, L., Leibbrand, F. & Weiske, A. (2005): Angewandte Institutionenökonomik: Theorien – Modelle – Evidenz. Wiesbaden: Gabler.

Boettcher, E. (1974): Kooperation und Demokratie in der Wirtschaft. Tübingen: Mohr.

Böhm-Dries, A., Eggers, H. & Hortmann, S. (2011): Zukunft der Corporate Governance von Sparkassen. In: Betriebswirtschaftliche Blätter, Nr. 1, S. 27–31.

Bonus, H., Kring, T. & Polster, D. (1999): Der genossenschaftliche Finanzverbund als strategisches Netzwerk: neue Wege der Kleinheit. In: Institut für Genossenschaftswesen (Hrsg.): Arbeitspapiere des Instituts für Genossenschaftswesen der Westfälischen Wilhelms-Universität, Nr. 16, Münster. Online abrufbar unter: URL: https://www.wiwi.uni-muenster.de/06/nd/fileadmin/documents/workingpapers/AP16.pdf

Bornewasser, M. (2009): Organisationsdiagnostik und Organisationsentwicklung. In: Von der Oelsnitz, D. & Weibler, J. (Hrsg.): Organisation & Führung, Stuttgart: Kohlhammer.

Bortz, J. & Döring, N. (2006): Forschungsmethoden und Evaluation für Human- und Sozialwissenschaftler (4. Aufl.). Berlin: Springer.

Bowers, D. G. & Hausser, D. L. (1977): Work Group Types and Intervention Effects in Organizational Development. In: Administrative Science Quarterly, 22(1), S. 76–94.

Brettel, M., Endres, J., Plag, M. & Weber, J. (2002): Grundgedanken zu einer Theorie des Veränderungsmanagements. WHU-Forschungspapier Nr. 89, August 2002.

Breuer, C. & Breuer, W. (2008): Rechtsformspezifische Unterschiede bei Kreditinstituten. In: Oehler, A. & Terstege U. (Hrsg.): Finanzierung, Investition und

Entscheidung. Einzelwirtschaftliche Analysen zur Bank- und Finanzwirtschaft, Festschrift für Michael Bitz. Wien u. a.: Bank Verlag, S. 44–63.

Breyer, F., Zweifel, P. & Kifmann, M. (2013): Gesundheitsökonomik (6. Aufl.). Berlin u. a.: Springer.

Brixner, U. (1969): Steuerungsfunktionen der Genossenschaft: Dargestellt am Beispiel landwirtschaftlicher Warengenossenschaften. Mannheim, Univ., Diss., 1969.

Brunner, W. & Kühl, M. (2002): Corporate Governance – ein Modell für öffentlich-rechtliche Kreditinstitute. In: Zeitschrift für das gesamte Kreditwesen (ZfgK), 55 (20), S. 650–654.

Brussig, M. (2015): Demographischer Wandel, Alterung und Arbeitsmarkt in Deutschland. In: Kölner Zeitschrift für Soziologie und Sozialpsychologie, 67(1), S. 295–324.

Buchanan, D. & Boddy, D. (1992): The Expertise of the Change Agent: Public Performance and Backstage Activity. Hemel Hempstead: Prentice-Hall.

Budäus, D. (2008): Public Corporate Governance in der öffentlichen Wirtschaft: Probleme – Ziele – Strukturen. In: Gesellschaft für öffentliche Wirtschaft (Hrsg.): Corporate Governance in der öffentlichen Wirtschaft (Heft 27). Berlin. S. 26–43. Online abrufbar unter: URL: http://www.bvoed.de/assets/files/downloads/Beitraege/Heft_27.pdf

Budäus, D. (2007): Corporate Governance in öffentlichen Instituten. In: Schäfer, B. (Hrsg.): Handbuch Regionalbanken (2. Aufl.). Wiesbaden: Gabler, S. 625–648.

Bühner, M. (2004): Einführung in die Test- und Fragebogenkonstruktion (1. Aufl.). München u. a.: Pearson Studium.

Bünting, H. (1995): Organisatorische Effektivität von Unternehmungen: ein zielorientierter Ansatz. Wiesbaden: Gabler. Zugl.: Bochum, Univ., Diss., 1994.

Buhl, L. (1974): Mariners and Machines: Resistance to Technological Change in the American Navy, 1865–1869. In: The Journal of American History, 61(3), S. 703–727.

Bullock, R. & Batten, D. (1985): It´s Just a Phase We´re Going Through: A Review and Synthesis of OD Phase Analysis. In: Group & Organization Studies, 10(4), S. 383–412.

Bundesministerium der Finanzen (Hrsg.) (2013): Bundesregierung beschließt Trennbankengesetz und neue Strafrechtsregelungen im Finanzsektor. Pressemitteilung vom 06.02.2013. URL: https://www.bundesfinanzministerium.de/Content/DE/Pressemitteilungen/Finanzpolitik/2013/02/2013-02-06-PM12.html (letzter Zugriff am 16.11.2015).

Bundesministerium für Familie, Senioren, Frauen und Jugend (BMFSFJ) (Hrsg.) (2014): Beruf und Familie im Unternehmen zu Thema machen. Berlin. URL: http://www.bmfsfj.de/RedaktionBMFSFJ/Broschuerenstelle/Pdf-Anlagen/Beruf-undFamilie-im-Unternehmen-zum-Thema-machen,property=pdf,bereich=bmfsfj,sprache=de,rwb=true.pdf (letzter Zugriff am 16.11.2015).

Bundesministerium für Familie, Senioren, Frauen und Jugend (BMFSFJ) (Hrsg.) (2013a): Unternehmensmonitor Familienfreundlichkeit 2013. Berlin. URL: http://www.bmfsfj.de/RedaktionBMFSFJ/Broschuerenstelle/Pdf-Anlagen/Unternehmensmonitor-Familienfreundlichkeit-2013,property=pdf,bereich=bmfsfj,sprache=de,rwb=true.pdf (letzter Zugriff am 16.11.2015).

Bundesministerium für Familie, Senioren, Frauen und Jugend (BMFSFJ) (Hrsg.) (2013b): Unternehmen Kinderbetreuung: Praxisleitfaden für betriebliche Kinderbetreuung. Stand: Juni 2013. Berlin. URL: https://www.erfolgsfaktor-familie.de/dlw.asp?filename=Unternehmen_Kinderbetreuung_Praxisleitfaden.pdf (letzter Zugriff am 16.11.2015).

Bundesministerium für Familie, Senioren, Frauen und Jugend (BMFSFJ) (Hrsg.) (2012): Unternehmen Kinderbetreuung – Praxisleitfaden für betriebliche Kinderbetreuung (4. Aufl.). Berlin. URL: http://www.bmfsfj.de/RedaktionBMFSFJ/Broschuerenstelle/Pdf-Anlagen/Unternehmen-Kinderbetreuung-Praxisleitfaden-betriebliche-Kinderbetreuung,property=pdf,bereich=bmfsfj,sprache=de,rwb=true.pdf (letzter Zugriff am 16.11.2015).

Bundesministerium für Familie, Senioren, Frauen und Jugend (BMFSFJ) (Hrsg.) (2011): Vereinbarkeit von Beruf und Familie im Kreditgewerbe. Berlin. URL: https://www.erfolgsfaktor-familie.de/dlw.asp?filename=Broschuere_Kreditgewerbe_aktive_PDF.pdf (letzter Zugriff am 16.11.2015).

Burmann, C. (2002): Strategische Flexibilität und Strategiewechsel als Determinanten des Unternehmenswertes. Wiesbaden: Deutscher Universitätsverlag. Zugl.: Münster, Univ., Habil.-Schr., 2001.

Burns, T. & Stalker, G. (1994): The Management of Innovation (3 Aufl.). Oxford u. a.: Oxford University Press.

Burns, T. & Stalker, G. (1971): Mechanistische und organische Systeme des Managements. In: Mayntz, R. (Hrsg.): Bürokratische Organisation. Köln u. a.: Kiepenheuer & Witsch, S. 147–154.

Burns, T. & Stalker, G. (1961): The Management of Innovation. London: Travistock.

BVR (Hrsg.) (2015a): Entwicklung der Volksbanken und Raiffeisenbanken ab 1970. Zahlen, Daten, Fakten vom 24. März 2015. URL: http://www.bvr.de/p.nsf/0/F0F8A6D1636D3A1CC1257D0A00540564/$file/3_Entwicklung-seit-1970–2014.pdf (letzter Zugriff am 16.11.2015).

BVR (Hrsg.) (2015b): Mitarbeiter (Köpfe) in den Kreditgenossenschaften seit 1990 in Gesamtdeutschland. URL: http://www.bvr.de/p.nsf/0/92520CFE9AF551C3C125D0A00561E4E/$file/BVR_Table_Beschaeftigte_SB.pdf (letzter Zugriff am 14.01.2016).

BVR (Hrsg.) (2011): Wirtschaftlicher Wandel und entstehende Not, vom „Brodverein" zur Kreditgenossenschaft. URL: http://www.bvr.de/p.nsf/index.html?ReadForm&main=4&sub=25 (letzter Zugriff am 20.03.2011).

Cameron, E. & Green, M. (2009): Making Sense of Change Management (2. Aufl.). London u. a.: Kogan Page.

Capgemini (Hrsg.) (2010): Change Management Studie 2010: Business Transformation – Veränderungen erfolgreich gestalten. Studie Januar 2010. Berlin. URL: http://wirkt.de/wp-content/uploads/Change_Management_Studie_2010.pdf (letzter Zugriff am 16.11.2015).

Capgemini (Hrsg.) (2007): Change Management-Studie 2008: Business Transformation – Veränderungen erfolgreich gestalten. Studie Dezember 2007. Berlin. URL: http://www.wirtschaftsplan.ch/images/content/03_forum/pdf_publikationen/Change_Management-Studie_2008.pdf (letzter Zugriff am 16.11.2015).

Capgemini (Hrsg.) (2003): Change Management 2003/2008: Bedeutung, Strategien, Trends. Studie. URL: http://www.unternehmenskulturentwicklung.de/fileadmin/pdf/ukult/capgemini_changemanagement.pdf (letzter Zugriff am 16.11.2015).

Caplow, T. (1956): The Effect of Increasing Size on Organizational Structure in Industry. In: Transactions of the Third World Congress of Sociology. Vol. 1, S. 157–164.

Child, J. (1975): Managerial and Organizational Factors Associated With Company Performance. In: Journal of Management Studies, 12(1), S. 12–27.

Child, J. (1973): Predicting and Understanding Organization Structure. In: Administrative Science Quarterly, 18(2), S. 168–185.

Child, J. (1972): Organizational Structure, Environment and Performance: The Role of Strategic Choice. In: Sociology, 6(1), S. 1–22.

Cleff, T. (2011): Deskriptive Statistik und moderne Datenanalyse. Wiesbaden: Gabler.

Coase, R. (1960): The Problem of Social Cost. In: Journal of Law and Economics. Vol. 3. S. 1–44.

Coase, R. (1937): The Nature of the Firm. In: Economica, 16(4), S. 386–405.

Cohen, J. (1988): Statistical Power Analysis for the Behavioral Sciences (2. Aufl.). Hillsdale/New Jersey: Lawrence Erlbaum Associates.

Collins, D. (1998): Organizational Change: Sociological Perspectives. London: Routledge.

Crozier, M. & Friedberg, E. (1979): Macht und Organisation. Die Zwänge kollektiven Handelns. Königstein/Taunus: Athenäum.

Davis, J., Schoormann, F. & Donaldson, L. (1997): Toward a Stewardship Theory of Management. In: Academy of Management Review, 22(1), S. 20–47.

Delbecq, A. & Weiss, J. (1988): The Business Culture of Silicon Valley: Is it a Model for the Future? In: Hage J. (Hrsg.): Futures of Organizations: Innovating to Adapt Strategy and Human Resources to Rapid Technological Change. Lexington/MA: Lexington Books, S. 123–142.

Demsetz, H. (1967): Towards a Theory of Property Rights. In: The American Economic Review, 57(2), S. 347–359.

Deutsche Bundesbank (Hrsg.) (2015a): Bankstellenbericht 2014: Entwicklungen des Bankstellennetzes im Jahr 2014. Bericht vom 20.07.2015. Frankfurt am Main. URL: https://www.bundesbank.de/Redaktion/DE/Downloads/Aufgaben/Bankenaufsicht/Dokumentationen/bankstellenbericht_2014.pdf?__blob=publicationFile (letzter Zugriff am 16.11.2015).

Deutsche Bundesbank (Hrsg.) (2015b): Verzeichnis der Kreditinstitute und ihrer Verbände sowie der Treuhänder für Kreditinstitute in der Bundesrepublik Deutschland. Frankfurt am Main. URL: https://www.bundesbank.de/Redaktion/DE/Downloads/Bundesbank/Aufgaben_und_Organisation/verzeichnis_der_kreditinstitute_und_ihrer_verbaende.pdf?__blob=publicationFile (letzter Zugriff am 16.11.2015).

Deutsche Bundesbank (Hrsg.) (2013): Stellungnahme anlässlich der öffentlichen Anhörung des Finanzausschusses des Deutschen Bundestages am 22. April 2013, Stellungnahme vom 18.04.2013, Frankfurt am Main, URL: https://www.bundesbank.de/Redaktion/DE/Kurzmeldungen/Stellungnahmen/2013_04_18_sanierung_abwicklung_kreditinstitute.html (letzter Zugriff am 22.09.2015).

Deutscher Bundestag (Hrsg.) (2013a): Wirtschaft warnt vor einem Trennbankensystem. URL: http://www.bundestag.de/dokumente/textarchiv/2013/43643655_kw17_pa_finanzen_trennbanken/211734 (letzter Zugriff am 22.09.2015).

Deutscher Bundestag (Hrsg.) (2013b): Einführung des Trennbankensystems beschlossen. Aktuelle Meldungen vom 15.05.2013. URL: www.bundestag.de/presse/hib/2013_05/01/255142 (letzter Zugriff am 22.09.2015).

DGFP e. V. (Hrsg.) (2010): Change Management – Veränderungsprozesse aus der Sicht des Personalmanagements. PraxisPapier 1/2010. Düsseldorf.

DGRV (Hrsg.) (2011): Genossenschaft. URL: http://www.dgrv.de/de/genossenschaftswesen/genossenschaft.html (letzter Zugriff am 11.03.2011).

DGRV (Hrsg.) (2010a): Zahlen und Fakten der genossenschaftlichen Banken-, Waren- und Dienstleistungsgenossenschaften 2010. Berlin.

DGRV (Hrsg.) (2010b): Historie Genossenschaft. URL: http://www.dgrv.de/de/genossenschaftswesen/historiegenossenschaft.html (letzter Zugriff am 30.10.2010).

DGRV (Hrsg.) (2010c): Wirtschaftsfaktor. URL: http://www.dgrv.de/de/genossenschaftswesen/wirtschaftsfaktor.html (letzter Zugriff am 16.10.2010).

DGRV (Hrsg.) (2010d): Die deutschen Genossenschaften in Europa. Positionspapier vom 08.02.2010. URL: https://www.dgrv.de/webde.nsf/7d5e59ec98e72442c1256e5200432395/d3fc2a811834162cc12576c4002a989a/$FILE/Die%20deutschen%20Genossenschaften%20in%20Europa.pdf (letzter Zugriff am 16.11.2015).

Die Akademie (Akademie für Führungskräfte der Wirtschaft GmbH) (Hrsg.) (1999): Warum Veränderungsprojekte scheitern. Ergebnisse der Akadamie-Studie 1999, Bad Harzburg.

DIHK (Hrsg.) (2007): Vereinbarkeit von Familie und Beruf – Die Sicht der Unternehmen. URL: https://www.handelskammer-bremen.de/blob/hbihk24/gruendung_foerderung/downloads/1301370/051426af80abdd2e0dd97592763bd3b9/Broschuere_Vereinbarkeit_Familie_und_Beruf-data.pdf (letzter Zugriff am 11.01.2016).

Donges, J., Eekhoff, J., Möschel, W., Neumann, M. & Sievert, O. (2001): Privatisierung von Landesbanken und Sparkassen. Band 38. Bad Homburg: Frankfurter Institut – Stiftung Marktwirtschaft und Politik.

Doppler, K., Fuhrmann, H., Lebbe-Waschke, B. & Voigt, B. (2011): Unternehmenswandel gegen Widerstände. Change Management mit den Menschen (2. Aufl.). Frankfurt u. a.: Campus.

Draheim, G. (1954): Genossenschaft und Erwerbsunternehmung. In: Zeitschrift für das gesamte Genossenschaftswesen (ZfgG), Band 4, S. 125–148.

Draheim, G. (1952): Die Genossenschaft als Unternehmungstyp. Göttingen: Vandenhoeck & Ruprecht.

Dreher, C., Eggers, T., Kinkel, S. & Spomenka, M. (2006): Gesamtwirtschaftlicher Innovationswettbewerb und betriebliche Innovationsfähigkeit. In: Bullinger, H.-J.(Hrsg.): Fokus Innovation – Kräfte bündeln – Prozesse beschleunigen. München u. a.: Carl Hanser, S. 1–28.

Dülfer, E. (1995): Betriebswirtschaftslehre der Genossenschaften und vergleichbarer Kooperative. Göttingen: Vandenhoeck & Ruprecht.

Dülfer, E. (1983): Brauchen die Genossenschaften eine eigene Betriebswirtschaftslehre? – Kritik und konstruktiver Vorschlag. In: Zeitschrift für das gesamte Genossenschaftswesen (ZfgG). Band 33, S. 247–257.

Ebers, M. & Gotsch, W. (2006): Institutionenökonomische Theorien der Organisation. In: Kieser, A. & Ebers M. (Hrsg.): Organisationstheorien (6. Aufl.). Stuttgart: Kohlhammer. S. 247–308.

Eichhorn, P. (1989): Das öffentliche Interesse an der Unternehmensverfassung. In: Eichhorn, P. & Friedrich, P. (Hrsg.): Unternehmensverfassung in der privaten und öffentlichen Wirtschaft. Festschrift für Prof. Dr. Erich Potthoff zur Vollendung des 75. Lebensjahres. Baden-Baden: Nomos, S. 15–20.

Eim, A. (2007): Governancestrukturen des genossenschaftlichen FinanzVerbundes, Eine institutionenökonomische Analyse aus Primärbankensicht. Aachen: Shaker Verlag.

Eisenbeis, R. (2007): Die Interpretation des Förderauftrages von Wohnungsgenossenschaften. Saarbrücken: VDM Verlag.

Eisenhardt, K. (1989): Agency Theory: An Assessment and Review. In: Academy of Management Review, 14(1), S. 57–74.

Elke, G. (1999): Organisationsentwicklung: Diagnose, Intervention und Evaluation. In: Hoyos, C. G. & Frey D. (Hrsg.): Arbeits- und Organisationspsychologie. Weinheim: Psychologie Verlags Union, S. 449–467.

Erlei, M., Leschke, M. & Sauerland, D. (2007): Neue Institutionenökonomik (2. Aufl.). Stuttgart: Schäffer-Poeschel.

Eschenburg, R. (1972): Genossenschaftstheorie als Konflikttheorie. In: Boettcher, E. (Hrsg.): Theorie und Praxis der Kooperation, Schriften zur Kooperationsforschung, A. Studien. Band 3. Tübingen, S. 55–71.

Estrin, S. (1998): State Ownership, Corporate Governance and Privatisation. In: OECD Proceedings: Corporate Governance, State-Owned Enterprises and Privatisation, S. 11–32.

Fabry, B. (2002): Organisationsformen öffentlicher Unternehmen. In: Fabry, B. & Augsten U. (Hrsg.): Handbuch Unternehmen der öffentlichen Hand. Baden-Baden: Nomos, S. 1–56.

Fackelmann, B. (2008): Spezifika der internen Kommunikation des öffentlichen Sektors und ihre Auswirkungen auf Veränderungsprozesse. Zugl.: Hamburg, Univ., Diss., 2007.

Fama, E. & Jensen, M. (1983): Agency Problems and Residual Claims. In: Journal of Law and Economics, 26(2), S. 327–349.

Fehl, U. (2007): Subsidiarität in der Genossenschaft und im genossenschaftlichen Verbundsystem. In: Brockmeier, T. & Fehl U. (Hrsg.): Volkswirtschaftliche Theorie der Kooperation in Genossenschaften. Marburger Schriften zum Genossenschaftswesen. Band 100. Göttingen: Vandenhoeck & Ruprecht, S. 455–478.

Fernandez, S., & Rainey, H. (2006): Managing Successful Organizational Change in the Public Sector. In: Public Administration Review, 66(2), S. 168–176.

Finanzgruppe Deutscher Sparkassen- und Giroverband (DSGV) (Hrsg.) (2015): Finanzbericht 2014; Unser Ergebnis – Unser Beitrag. Berlin. URL: http://www.dsgv.de/_download_gallery/Publikationen/Finanzbericht_2014_DE.pdf (letzter Zugriff am 16.09.2015).

Finanzgruppe Deutscher Sparkassen- und Giroverband (DSGV) (Hrsg.) (2014): Kennzahlen der Sparkassen-Finanzgruppe 2014. Ergänzende Statistiken. URL: http://www.dsgv.de/_download_gallery/Publikationen/Statistisches_Beiheft_2014.pdf (letzter Zugriff: 04.01.2016).

Finanzgruppe Deutscher Sparkassen und Giroverband (DSGV) (Hrsg.) (2011): Haasis: „Erwerb der Deka-Anteile wichtiger strategischer Schritt für Sparkassen in Deutschland“, Pressemitteilung Nr. 55 vom 08.06.2011, URL: http://www.dsgv.de/de/presse/pressemitteilungen/110608_PM_Closing_DekaBank_55.pdf (letzter Zugriff am 16.09.2015).

Föhr, S. (1997): Organisation und Gleichgewicht: Möglichkeit und Grenzen einer strukturalistisch fundierten Organisationstheorie. Wiesbaden: Gabler. Zugl.: Würzburg, Univ., Habil.-Schr., 1996.

Fox-Wolfgram, S., Boal, K. & Hunt, J. (1998): Organizational Adaptation to Institutional Change: A Comparative Study of First-order Change in Prospector and Defender Banks. In: Administrative Science Quarterly, 43(1), S. 87–126.

Fraunhofer Institut für Arbeitswirtschaft und Organisation (IAO) (Hrsg.) (2012): Trendstudie Bank und Zukunft 2012. Fraunhofer Verlag.

Frei, F., Hugentobler, M., Alioth, A., Duell, W. & Ruch, L. (1996): Die kompetente Organisation (2. Aufl.). Zürich: vdf Hochschulverlag.

Frese, E. (2005): Grundlagen der Organisation. Konzept – Prinzipien – Strukturen (9. Aufl.). Wiesbaden: Gabler.

Frese, E., Beecken, T., Engels, M., Lehmann, P. & Theuvsen, L. (1995): Nach der ersten Restrukturierungswelle. Überlegungen zu Kurskorrekturen und Entwicklungsbedarf. In: Die Unternehmung, 5(49), S. 293–319.

Frese, E. (1992): Organisationstheorie – Historische Entwicklung, Ansätze, Perspektiven (2. Aufl.). Wiesbaden: Gabler.

Friedrichs, J. (1983): Methoden empirischer Sozialforschung (11. Aufl.). Opladen: Westdeutscher Verlag.

Fuchs-Heinritz, W., Lautmann, R., Rammstedt, O. & Wienold, H. (Hrsg.) (1994): Lexikon zur Soziologie (3. Aufl.). Opladen: Westdeutscher Verlag.

Furubotn, E. & Pejovic, S. (1974): Introduction. In: Furubotn, E. & Pejovic S. (Hrsg.): The Economics of Property Rights. Cambridge/Mass, S. 1–9.

Furubotn, E. & Pejovich, S. (1972): Property Rights and Economic Theory: A Survey of Recent Literature. In: Journal of Economic Literature, 10(4), S. 1137–1162.

Gebert, D. (1976): Zur Erarbeitung und Einführung einer neuen Führungskonzeption: Theorie und Empirie. Berlin: Duncker & Humblot.

Gemünden, H. & Walter , A. (1996): Förderung des Technologietransfers durch Beziehungspromotoren. In: ZfO , 65(4), S. 237–245.

George, J. & Jones, G. (2001): Towards a Process Model of Individual Change in Organizations. In: Human Relations, 54(4). London u. a.: Sage Publications, S. 419–444.

Göbel, E. (2002): Neue Institutionenökonomik. Stuttgart: Lucius & Lucius.

Göbel, E. (2004): Neue Institutionenökonomik und ihre mögliche Bedeutung für die Organisation der Wahrnehmung öffentlicher Aufgaben. In: Gesellschaft für öffentliche Wirtschaft (Hrsg.): Neue Institutionenökonomik, Public Private Partnership, Gewährleistungsstaat. Referate der Tagung des Wissenschaftlichen Beirats der Gesellschaft für öffentliche Wirtschaft am 5./6. März 2003 in Berlin. Berlin. S. 3–21.

Goltz, S. & Hietapelto, A. (2002): Using the Operant and Strategic Contingencies Models of Power to Understand Resistance to Change. In: Journal of Organizational Behavior Management, 22(3), S. 3–22.

Greif, S., Runde, B. & Seeberg, I. (2004): Erfolge und Misserfolge beim Change Management. Göttingen u. a.: Hogrefe.

Grill, W. & Perczynski, H. (2009): Wirtschaftslehre des Kreditwesens (43. Aufl.), Troisdorf: Bildungsverlag EINS.

Guinnane, T. (2002): Delegated Monitors, Large and Small: Germany´s Banking System, 1800–1914. In: Journal of Economic Literature, 40(1), S. 73–124.

Häfele, W. (Hrsg.) (2009): OE-Prozesse initiieren und gestalten: Ein Handbuch für Führungskräfte, Berater/innen und Projektleiter/innen (2. Aufl.). Bern u. a.: Haupt.

Hafen, U., Künzler, C. & Fischer, D. (2000): Erfolgreich restrukturieren in KMU: Werkzeuge und Beispiele für eine nachhaltige Veränderung (2. Aufl.). Zürich: vdf Hochschulverlag.

Hage, J. (1988): The Pathways of Evolution in Organizations. In: Hage, J. (Hrsg.): Futures of Organizations: Innovating to Adapt Strategy and Human Resources to Rapid Technological Change. Lexington/MA: Lexington Books, S. 44–65.

Hage, J. & Aiken, M. (1970): Social Change in Complex Organizations. New York: Random House.

Hall, R., Haas, E. & Johnson, N. (1967): Organizational Size, Complexity and Formalization. In: American Sociological Review, 32(6), S. 903–912.

Handelsblatt Online (Hrsg.) (2005): IWF fordert Reform des deutschen Bankwesens. In: Handelsblatt Online vom 08.03.2005, URL: http://www.handelsblatt.com/politik/international/kritik-am-drei-saeulen-modell-aus-privaten-banken-sparkassen-und-genossenschaften-iwf-fordert-reform-des-deutschen-bankwesens-seite-3/2482018–3.html (letzter Zugriff am 16.11.2015).

Handelsblatt Online (Hrsg.) (2003): IWF: Die Mittelstandsfinanzierung rechtfertigt kein Drei-Säulen-Modell. In: Handelsblatt Online vom 11.05.2003. URL: http://www.handelsblatt.com/politik/international/waehrungsfonds-stellt-regionalprinzip-von-sparkassen-und-kreditgenossen-in-frage-iwf-die-mittelstandsfinanzierung-rechtfertigt-kein-drei-saeulen-modell/2283946.html(letzter Zugriff am 16.11.2015).

Hansen, H. (2006): Die Geschichte der Großbanken: Stürmische Zeiten. In: Die Bank, Ausgabe 1, S. 32–36.

Hatum, A. & Pettigrew, A. (2006): Determinants of Organizational Flexibility: A Study in an Emerging Economy. In: British Journal of Management, 17(2), S. 115–137.

Hauschildt, J. (1991): Managementrolle: Innovator. In: Staehle, W. (Hrsg.): Handbuch Management. Wiesbaden: Gabler, S. 225–239.

Hauschildt, J. & Salomo, S. (2011): Innovationsmanagement (5. Aufl.). München: Vahlen.

Heraeus, J. (2010): Das Familienunternehmen muss seine Governance an der einer Publikumsgesellschaft ausrichten. In: Koeberle-Schmid, D., Fahrion, H.-J. & Witt, P. (Hrsg.): Familiy Business Governance. Berlin: Erich Schmidt, S. 17–23.

Herder-Dorneich, P. (1989): Was leistet die Anreiz-Beitrags-Theorie im Genossenschaftswesen. In: Zerche, J., Herder-Dorneich, P. & Engelhardt, W. (Hrsg.): Genossenschaften und genossenschaftswissenschaftliche Forschung. Regensburg: Transfer, S. 23–33.

Herzog, H. (2010): Compliance-Organisation und die Neue Institutionenökonomik. In: ZRFC: Risk, Fraud & Compliance: Prävention und Aufdeckung in der Compliance-Organisation, 5(1), S. 12–17.

Hettlage, R. (1987): Genossenschaftstheorie und Partizipationsdiskussion. Göttingen: Vandenhoeck & Ruprecht.

Higgs, M. & Rowland, D. (2005): All Changes Great and Small: Exploring Approaches to Change and its Leadership. In: Journal of Change Management, 5(2), S. 121–151.

Hill, W., Fehlbaum, R. & Ulrich, P. (1994): Organisationslehre 1 (5. Aufl.). Bern u. a.: Haupt.

Hirte, N. (2004): Corporate Governance bei öffentlich-rechtlichen Kreditinstituten. Hamburg: Diplomica.

Hölscher, R. & Dähne, C. (2014): Anforderungen an Aufsichtsorgane von Kreditinstituten im Rahmen des dualen Führungssystems. In: Paetzmann, K. & Schöning S. (Hrsg.): Corporate Governance von Kreditinstituten. Berlin: Erich Schmidt, S. 271–295.

Hornung, H. (2014): Örtliche Finanzkontrolle als Innovationsfaktor. Kassel: Kassel University Press. Zugl.: Kassel, Univ. Diss., 2013.

Hummel, J. (2002): Die Grundlagen der Digitalen Ökonomie: eine Analyse aus Sicht der Neuen Institutionenökonomie. St. Gallen: Universität St. Gallen mcm Institute.

Hungenberg, H. (1995): Zentralisation und Dezentralisation: Strategische Entscheidungsverteilung in Konzernen. Wiesbaden: Gabler.

Ilter, M. (2015): Corporate Governance in der GmbH. In: Gleiss Lutz (Hrsg.): Schriftenreihe zum deutschen und internationalen Wirtschaftsrecht. Band 52. Baden-Baden: Nomos. Zugl.: Freiburg, Univ., Diss., 2014.

Institut für den öffentlichen Sektor (2008): Schwerpunktthema Aufgaben und Verantwortlichkeit der Sparkassenorgane am Beispiel der Zusammenlegung von Sparkassen. In: Institut für den öffentlichen Sektor (Hrsg.): PublicGovernance, S. 6–15. URL: http://www.publicgovernance.de/docs/PG_II_2008.pdf (letzter Zugriff am 16.11.2015).

Institut für den öffentlichen Sektor (2007): Schwerpunktthema: Die Qualifikation von Aufsichtsräten in öffentlichen Unternehmen. In: Institut für den öffentlichen Sektor (Hrsg.): PublicGovernance, S. 6–11. URL: http://www.publicgovernance.de/docs/PG_IV_2007_Qualifikation_AR.pdf (letzter Zugriff am 16.11.2015).

Inversini von Tramelan, S. (2005): Wirkungsvolles Change Management in Abhängigkeit von situativen Anforderungen. Zugl. Potsdam, Univ., Diss. 2005.

Janes, A., Prammer, K. & Schulte-Derne, M. (2001): Transformations-Management: Organisationen von Innen verändern. Wien u. a.: Springer.

Jensen, M. & Meckling, W. (1976): Theory of the Firm: Managerial Behavior, Agency Costs and Ownership Structure. In: Journal of Financial Economics, 3(4), S. 305–360.

Jick, T. & Peiperl, M. (2011): Managing Change: Cases and Concepts (3. Aufl.). New York: McGraw-Hill.

Jula, R. (2004): Der GmbH-Gesellschafter: GmbH-Gründung, Rechte und Pflichten, Haftungsrisiken, Ausscheiden und Abfindung (2. Aufl.). Berlin u. a.: Springer-Verlag.

Kallfass, H. (1992): Managementkontrolle in Publikumsgesellschaften. In: Hamburger Jahrbuch für Wirtschafts- und Gesellschaftspolitik, 37. Jhg. Tübingen: Mohr, S. 277–290.

Kienbaum (2012): Change. Points of View. Change Management Studie 2011–2012. URL: http://www.kienbaum.de/Portaldata/1/Resources/downloads/brochures/Kienbaum_Change_Studie.pdf (letzter Zugriff am 13.01.2016).

Kieser, A. (1973): Einflussgrößen der Unternehmensorganisation. Der Stand der empirischen Forschung und Ergebnisse einer eigenen Erhebung. Köln, Univ., Habil.-Schr.

Kieser, A. & Ebers, M. (Hrsg.) (2006): Organisationstheorien (6. Aufl.). Stuttgart: Kohlhammer.

Kieser, A. & Kubicek, H. (Hrsg.) (1992): Organisation (3. Aufl.). Berlin: de Gruyter.

Kieser, A. & Kubicek, H. (Hrsg.) (1983): Organisation (2. Aufl.). Berlin u. a.: Springer.

Kieser, A. & Walgenbach, P. (Hrsg.) (2010): Organisation (6. Aufl.). Stuttgart: Schäffer-Poeschel.

Kirchhof, F. (2000): Entwicklungsperspektiven kommunaler Sparkassen in Deutschland. In: Kirchhof, F. & Hennecke, H.-G. (Hrsg.): Entwicklungsperspektiven kommunaler Sparkassen in Deutschland. Stuttgart u. a.: Richard Boorberg, S. 11–80.

Kirsch, W., Esser, W.-M. & Gabele, E. (1979): Das Management des geplanten Wandels von Organisationen. Stuttgart.

Kistler, E. & Hilpert, M. (2001): Auswirkungen des demographischen Wandels auf Arbeit und Arbeitslosigkeit. In: Bundeszentrale für politische Bildung (Hrsg.): Aus Politik und Zeitgeschichte. Band 3–4, S. 5–13.

Klein, M. (2003): Die Privatisierung der Sparkassen und Landesbanken: Begründungen, Probleme und Möglichkeiten aus ökonomischer und rechtlicher Perspektive. In: Europäische Hochschulschriften, Reihe 5, Volks- und Betriebswirtschaft, Band 2994, Frankfurt am Main u. a.: Peter Lang. Zugl.: Passau, Univ., Diss., 2003.

Klinger, M. & Stille, J. (2007): Anforderung an Verwaltungsratsmitglieder von Sparkassen. In: Schäfer, B. (Hrsg.): Handbuch Regionalbanken (2. Aufl.). Wiesbaden: Gabler, S. 649–670.

Klug, C. (2009): Erfolgsfaktoren in Transformationsprozessen öffentlicher Verwaltungen: empirische Untersuchung zur Entwicklung eines Veränderungsmanagements. Kassel: Kassel University Press. Zugl.: Kassel, Univ., Diss. 2008.

Kluge, A. (2007): Genossenschaften in der Geschichte. In: Brockmeier, T. & Fehl, U. (Hrsg.): Volkswirtschaftliche Theorie der Kooperation in Genossenschaften, Marburger Schriften zum Genossenschaftswesen, Band 100. Göttingen: Vandenhoeck & Ruprecht, S. 3–38.

Knight, K. (1967): A Descriptive Model of the Intra-Firm Innovation Process. In: The Journal of Business, 40(4), S. 478–496.

Koeberle-Schmid, A., Witt, P. & Fahrion, H.-J. (2010): Family Business Governance als Erfolgsfaktor von Familienunternehmen. In: Koeberle-Schmid, A., Fahrion, H.-J. & Witt, P. (Hrsg.): Family Business Governance. Berlin: Erich Schmidt, S. 24–41.

Köhne, D. & Tebroke, H. (1995): Managementkontrolle in Kreditinstituten: eine vergleichende Analyse aus Sicht der Sparkassen. In: Zeitschrift für öffentliche und gemeinwirtschaftliche Unternehmen (ZögU), 18(3), S. 312–333.

Kommission der Europäischen Gemeinschaften (Hrsg.) (2004): Mitteilung der Kommission an den Rat, das Parlament, der Europäische Wirtschafts- und Sozialausschuss, und den Ausschuss der Regionen über die Förderung der Genossenschaften in Europa, Brüssel 23.02.2004, KOM (2004) 018.

Kormann, H. (2010): Unter welchen Bedingungen habe ich eine Überlebenschance von hundert Jahren?. In: A. Koeberle-Schmid, H.-J. Fahrion, & P. Witt (Hrsg.): Family Business Governance. Berlin: Erich Schmidt. S. 45–49.

Kostka, C. & Mönch, A. (2006): Change Management. 7 Methoden für die Gestaltung von Veränderungsprozessen (3. Aufl.). München: Hanser.

Kostka, C. & Mönch, A. (2002): Change Management. 7 Methoden für die Gestaltung von Veränderungsprozessen (2. Aufl.). München u. a.: Hanser.

Kotter, J. (1995): Leading Change. Why Transformation Efforts Fail. In: Harvard Business Review, 73(2), S. 59–67.

Kräkel, M. (2010): Organisation und Management (4. Aufl.). Tübingen: Mohr Siebeck.

Kraus, G., Becker-Knolle, C. & Fischer, T. (Hrsg.) (2004): Handbuch Change Management (1. Aufl.). Berlin: Cornelsen.

Kristof, K. (2010): Models of Change. Einführung und Verbreitung sozialer Innovationen und gesellschaftlicher Veränderungen in transdisziplinärer Perspektive. Zürich: vdf Hochschulverlag.

Kromrey, H. (2002): Empirische Sozialforschung. Modelle und Methoden der standardisierten Datenerhebung und Datenauswertung (10. Aufl.). Opladen: Leske & Budrich.

Krumnow, J., Gramlich, L., Lange, T. & Dewner, T. (Hrsg.) (2002): Gabler Bank-Lexikon: Bank – Börse – Finanzierung (13. Aufl.). Wiesbaden: Springer Verlag.

Kubicek, H. & Welter, G. (1985): Messung der Organisationsstruktur. Eine Dokumentation von Instrumenten zur quantitativen Erfassung von Organisationsstrukturen. Stuttgart: Enke.

Kubicek, H. & Wollnik, M. (1973): Zur empirischen Grundlagenforschung in der Organisationstheorie. Arbeitspapier Nr. 2 des Seminars für allgemeine Betriebswirtschaftslehre und Organisationslehre an der Universität zu Köln.

Kubicek, H. & Wollnik, M. (1975): Zur Notwendigkeit empirischer Grundlagenforschung in der Organisationstheorie. In: Zeitschrift Führung & Organisation, 44(3), S. 301–312.

Kuhn, N. (2007): Kreditbürgschaft und institutionelles Gefüge als Erfolgsfaktoren der Volksbank– eine Weiterentwicklung des Transaktionskostenansatzes zur Entstehung der Kreditgenossenschaften. In: Brockmeier, T. & Fehl, U. (Hrsg.): Volkswirtschaftliche Theorie der Kooperation in Genossenschaften, Marburger Schriften zum Genossenschaftswesen, Band 100. Göttingen: Vandenhoeck & Ruprecht, S. 341–372.

Lamprecht, D. & Donschen, A. (2006): Der Nutzen des Member Value Reporting für Genossenschaftsbanken, Arbeitspapier Nr. 58. Arbeitspapiere des Instituts für Genossenschaftswesen der Westfälischen Wilhelms-Universität Münster.

Lawrence, P. & Lorsch, J. (1967): Organization and Environment: Managing Differentiation and Integration. Cambridge/MA: Harvard University Press.

Learmount, S. (2003): Theorizing Corporate Governance: Organizational Alternatives. In: Journal of Interdisciplinary Economics, 14(1), S. 159–173.

Lell, O. (2008): Public Corporate Governance aus Sicht der Verbraucher. In: Gesellschaft für öffentliche Wirtschaft (Hrsg.): Corporate Governance in der öffentlichen Wirtschaft. Band 27, Berlin. S. 141–145.

Levy, A. & Merry, U. (1986): Organizational Transformation: Approaches, Strategies, Theories, New York: Praeger.

Lewin, K. (1958): Group Decision and Social Change. In: Maccoby, E., Newcomb, T. & Hartley, E. (Hrsg.): Readings in Social Psychology (3. Aufl.). New York: Holt, S. 197–211.

Likert, R. (1932): A Technique for the Measurement of Attitudes. In: Archives of Psychology, 22(140), S. 1–55.

Lindinger, C. & Goller, I. (2004): Change Management leicht gemacht: Heute hier, morgen dort? (1. Aufl.). Frankfurt am Main: Redline Wirtschaft bei Ueberreuter.

Lippitt, R., Watson, J. & Westley, B. (1958): The Dynamics of Planned Change. New York: Harcourt.

Lütke-Uhlenbrock, C. (2007): Bewertung öffentlich-rechtlicher Sparkassen. Wiesbaden: Gabler. Zugl.: Oldenburg, Univ., Diss., 2006.

Lux, J. P. (2007): Genossenschaftliche Forschung im Zeichen des homo oeconomicus. In: Brockmeier, T. & Fehl, U. (Hrsg.): Volkswirtschaftliche Theorie der Kooperation in Genossenschaften, Marburger Schriften zum Genossenschaftswesen, Band 100. Göttingen: Vandenhoeck & Ruprecht, S. 313–336.

Matthews, R. (1986): The Economics of Institutions and the Sources of Economic Growth. In: Economic Journal, 96(4), S. 903–918.

Mayer, H. (2002): Interview und schriftliche Befragung. Entwicklung, Durchführung und Auswertung. München u. a.: Oldenbourg Verlag.

Michler, A. (2001): Anreizunverträglichkeiten im öffentlich-rechtlichen Bankensystem. In: Delhaes-Guenther, D., Hartwig, K.-H. & Vollmer, U. (Hrsg.): Monetäre Institutionenökonomik. Stuttgart: Lucius & Lucius, S. 161–196.

Miles, R. & Snow, C. (1978): Organizational Strategy, Structure, and Process. New York u. a.: McGraw-Hill.

Mintzberg, H. (1981): Organization design: Fashion or Fit? In: Harvard Business Review, 59(1), 103–116.

Mintzberg, H. (1979): An Emerging Strategy of "Direct" Research. In: Administrative Science Quarterly, 24(24), S. 582–589.

Mohr, N. (1997): Kommunikation und organisatorischer Wandel: ein Ansatz für ein effizientes Kommunikationsmanagement im Veränderungsprozess. Wiesbaden: Gabler.

Mühlenkamp, H. (1999): Eine ökonomische Analyse ausgewählter institutioneller Arrangements zur Erfüllung öffentlicher Aufgaben. Baden-Baden: Nomos.

Müller-Benedict, V. (2011): Grundkurs Statistik in den Sozialwissenschaften (5. Aufl.). Wiesbaden: VS Verlag für Sozialwissenschaften.

Nettelnstroth, W. (2003): Intelligenz im Rahmen der beruflichen Tätigkeit. Dissertation, Freie Universität Berlin, Berlin, 2003. Online abrufbar unter: URL: http://www.diss.fu-berlin.de/diss/receive/FUDISS_thesis_000000000908

Nippa, M. (1997): Erfolgsfaktoren organisatorischer Veränderungsprozesse in Unternehmen: Ergebnisse einer Expertenbefragung. In: Nippa, M. & Scharfenberg, H. (Hrsg.): Implementierungsmanagement: Über die Kunst, Reengineeringkonzepte erfolgreich umzusetzen. Wiesbaden: Gabler, S. 21–57.

Noack, H. (2009): Back to the roots: Konsolidierung als kompetenter Partner der Sparkassen. In: Friedrich Ebert Stiftung (Hrsg.): WISO Diskurs: Expertisen und Dokumentationen zur Wirtschafts- und Sozialpolitik. Dezember 2009, S. 5–19.

North, D. C. (2009): Institutions, Institutional Change, and Economic Performance (28. Aufl.). Cambridge: Cambridge University Press.

Offenhammer, C. (2012): Effektivitätsorientierte Ausgestaltung von Audit Committees – Eine Analyse der Zusammensetzung, Aufgaben, Ressourcen und Sorgfalt des Verwaltungsrats. Wiesbaden: Springer Gabler. Zugl.: St. Gallen, Univ., Diss., 2012.

Oreg, S. (2006): Personality, Context ,and Resistance to Organizational Change. In: European Journal of Work and Organizational Psychology, 15(1), S. 73–101.

Organomics GmbH und ddn (Hrsg.) (2012): Demographischer Wandel in der Bankenbranche. Basisbericht. Köln 2012. In Kooperation mit Prof. Dr. Jörg Felfe, Helmut-Schmidt-Universität, Hamburg. URL: http://www.organomics.de/wp-content/uploads/2015/11/Demogr._Wandel_Banken_Basisbericht_2012.pdf (letzter Zugriff am 11.01.2016).

Ottaway, R. (1983): The Change Agent: A Taxonomy in Relation to the Change Process. In: Human Relations, 36(4), S. 361–392.

Paaßen, V. (1991): Die finanzielle Beteiligung an einer Kreditgenossenschaft: ein Beitrag zur ökonomischen Analyse von Institutionen. In: Institut für Genossenschaftswesen der Westfälischen Wilhelms-Universität Münster (Hrsg.): Kooperations- und genossenschaftswissenschaftliche Beiträge. Münster: Regensberg.

Pescher, J. (2010): Change Management: Taxonomie und Erfolgsauswirkungen (1. Aufl.). In: Stock-Homburg, R. & Wieseke, J. (Hrsg.) Neue Perspektiven der marktorientierten Unternehmensführung. Wiesbaden: Gabler. Zugl.: Darmstadt, Univ., Diss., 2009.

Pettigrew, A., Woodman, R. & Cameron, K. (2001): Studying Organizational Change and Development: Challenges for Future Research. In: Academy of Management Journal, 44(4), S. 697–713.

Picot, A. (1981): Der Beitrag der Theorie der Verfügungsrechte zur ökonomischen Analyse von Unternehmensverfassungen. In: Bohr, K.,Drukarczyk, J., Drumm, H.-J. & Scherrer, G. (Hrsg.): Unternehmensverfassung als Problem der Betriebswirtschaftslehre. Berlin: Erich Schmidt, S. 153–197.

Picot, A., Dietl, H. & Franck, E. (2008): Organisation: Eine ökonomische Perspektive (5. Aufl.). Stuttgart: Schäffer-Poeschel.

Pieper, C. (2005): Banken im Umbruch, Strukturwandel im deutschen Bankensektor und regionalwirtschaftliche Implikationen. Münster u. a.: LIT.

Polster, D. (2001): Finanzintermediation und institutioneller Wandel: Finanzsystem, Universalbanken, Kreditgenossenschaften. In: Institut für Genossenschaftswesen der Westfälischen Wilhelms-Universität Münster (Hrsg.): Münstersche Schriften zur Kooperation. Band 50. Aachen: Shaker. Zugl.: Münster, Univ., Diss., 2001.

Poole, M. (2004): Central Issues in the Study of Change and Innovation. In: Poole, M. & Van de Ven, A. (Hrsg.): Handbook of Organizational Change and Innovation. New York: Oxford University Press, S. 3–31.

Pugh, D. & Hickson, D. (1976): Organizational Structure in its Context. The Aston Programme I. Westmead: Lexington.

Pugh, D. & Hickson, D. (1971): Eine dimensionale Analyse bürokratischer Strukturen. In: Mayntz, R. (Hrsg.): Bürokratische Organisation (2. Aufl.). Köln u. a.: Kiepenheuer & Witsch, S. 82–93.

Pugh, D., Hickson, D., Hinings, C. & Turner, C. (1969): The Context of Organization Structures. In: Administrative Science Quarterly, 14(1), S. 91–114.

Pugh, D., Hickson, D., Hinnings, C. & Turner, C. (1968): Dimensions of Organization Structure. In: Administrative Science Quarterly, 13(1), S. 65–105.

Quattrone, P. & Hopper, T. (2001): What Does Organizational Change Mean? Speculations on a Taken for Granted Category. In: Management Accounting Research, 12(4), S. 403–435.

Rajagopalan, N. & Spreitzer, G. (1996): Toward a Theory of Strategic Change: A Multi-lens Perspective and Integrative Framework. In: Academy of Management Review, 22(1), S. 48–79.

Reichwald, R. & Möslein, K. (1999): Organisation: Strukturen und Gestaltung. In: Hoyos, C. & Frey, D. (Hrsg.): Arbeits- und Organisationspsychologie. Weinheim: Psychologie Verlags Union, S. 29–49.

Reimann, H., Giesen, B., Goetze, D., Kiefer, K., Meyer, P., Mühlfeld, C., Schmid, M. (Hrsg.) (1991): Basale Soziologie: Hauptprobleme (4. Aufl.). Opladen: Westdeutscher Verlag.

Reuther, S. (2013): Bankensystem und Wirtschaftskrise: Trennbanken- vs. Universalbankensysteme. Hamburg: Diplomica Verlag GmbH.

Richter, R. & Furubotn, E. (2003): Neue Institutionenökonomik (3. Aufl.). Tübingen: Mohr Siebeck.

Rieckmann, H. (2000): Managen und Führen am Rande des 3. Jahrtausends. Praktisches, Theoretisches, Bedenkliches (2. Aufl.). Frankfurt am Main u. a.: Peter Lang.

Ringle, G. (1983): Mitgliederaktivierung und Partizipation in modernen Primärgenossenschaften, mit einer Stellungnahme von Dietrich Hill, Mitgliederaktivierung notwendig und möglich. Band 2. In: Bänsch, A., Herrmann, A.,

Hill, D., Lürig, R. & Ringle, G. (Hrsg.): Hamburger Schriften zum Genossenschaftswesen. Göttingen: Vandenhoeck & Ruprecht.

Robbins, S. (1994): Management (4 . Aufl.). Englewood Cliffs/NJ: Prentice Hall.

Robbins, S. (1990): Organization Theory: Structure, Design, and Applications. Vol. 3. Englewood Cliffs/NJ: Prentice-Hall.

Robertson, P., Roberts, D. & Porras, J. (1992): A Meta-Analytic Review of the Impact of Planned Organizational Change Interventions. In: Academy of Management Best Papers Proceedings, S. 201–205.

Robotka, F. (1955): Eine Theorie des Genossenschaftswesens. In: Zeitschrift für das gesamte Genossenschaftswesen (ZfgG), 5(2), S. 155–175.

Rogall, H. (2002): Neue Umweltökonomie – Ökologische Ökonomie: Ökonomische und ethische Grundlagen der Nachhaltigkeit, Instrumente zu ihrer Durchsetzung. Opladen: Leske & Budrich.

Rogers, E. (1983): Diffusion of Innovations (3. Aufl.). New York: The Free Press.

Ross, S. (1973): The Economic Theory of Agency: The Principal´s Problem. In: American Economic Review, Papers and Proceedings. 63(2), S. 134–139.

Ruter, R. & Müller Marques-Berger, T. (2003): Corporate Governance und öffentliche Unternehmen. In: Pfitzer, N. & Oser, P. (Hrsg.): Deutscher Corporate Governance Kodex: Ein Handbuch für Entscheidungsträger (1. Aufl.). Stuttgart: Schäffer-Poeschel, S. 437–468.

Saam, N. (2002): Prinzipal, Agenten und Macht: eine machttheoretische Erweiterung der Agenturtheorie und ihre Anwendung auf Interaktionsstrukturen in der Organisationsberatung. Tübingen: Mohr Siebeck.

Sachverständigenrat zur Beurteilung der gesamtwirtschaftlichen Entwicklung (SVR) (Hrsg.) (2015): Zukunftsfähigkeit in den Mittelpunkt. Jahresgutachten 2015/16. November 2015. Paderborn: Bonifatius.

Sachverständigenrat zur Beurteilung der gesamtwirtschaftlichen Entwicklung (SVR) (Hrsg.) (2008): Das deutsche Finanzsystem, Effizienz steigern – Stabilität erhöhen. Expertise im Auftrag der Bundesregierung. Juni 2008. Paderborn: Bonifatius.

Sagie, A. & Koslowsky, M. (2000): Participation and Empowerment in Organizations: Modeling, Effectiveness, and Applications. Thousand Oaks/CA: Sage.

Sander, L. (2008): Public Corporate Governance im Spannungsfeld zwischen Eigentümern und Management öffentlicher Unternehmen. In: Gesellschaft für öffentliche Wirtschaft (Hrsg.): Beiträge zur öffentlichen Wirtschaft. Corporate Governance in der öffentlichen Wirtschaft. Band 27. Berlin 2008, S. 120–127.

Schalkowski, H. & Wendt, S. (2011): Spezifische Corporate-Governance in familiengeführten Privatbanken. In: Zeitschrift für Corporate Governance

(ZCG): Leitung und Überwachung in der Unternehmens- und Prüfungspraxis. 1/2011, S. 13–18.

Scherm, E. & Pietsch, G. (2007): Organisation – Theorie, Gestaltung, Wandel. München u. a.: Oldenburg.

Schlicksupp, H. (1992): Innovation, Kreativität und Ideenfindung. Würzburg: Vogel.

Schmidt, D. (1980): Vor-und Nachteile der öffentlich-rechtlichen Unternehmensform im Kreditwesen. In: Zeitschrift für das gesamte Kreditwesen (ZfgK), 33(23), S. 1103–1108.

Schnell, R., Hill, P. & Esser, E. (2005): Methoden der empirischen Sozialforschung (7. Aufl.). München u. a.: Oldenbourg.

Schön, A. (2001): Innovationscontrolling: Eine Controlling-Konzeption zur effektiven und effizienten Gestaltung innovativer Prozesse in Unternehmen. In: Europäische Hochschulschriften: Reihe 5, Volks- und Betriebswirtschaft. Band 2703. Frankfurt am Main u. a.: Peter Lang. Zugl.: Marburg, Univ., Diss., 2000.

Scholl, W. (2004): Grundkonzepte der Organisation. In: Schuler, H. (Hrsg.): Lehrbuch der Organisationspsychologie (3. Aufl.). Bern: Huber, S. 409–444.

Schoppe, S. (1995): Moderne Theorie der Unternehmung. München u. a.: Oldenbourg.

Schreyögg, G. (2008): Organisation. Grundlagen moderner Organisationsgestaltung (5. Aufl.). Wiesbaden: Gabler.

Schreyögg, G. & Sydow, J. (2009): Verhalten in Organisationen (1. Aufl.). Wiesbaden: Gabler.

Schröder, A. (2003): Beschäftigtenbefragungen. Schriftliche Befragung zur Beteiligung der Mitarbeiter/innen an Modernisierungsprozessen. In: Katenkamp, O., Kopp, R. & Schröder, A. (Hrsg.): Praxishandbuch: Empirische Sozialforschung. Münster u. a.: Lit. S. 221–237.

Schumpeter, J. (1961): Konjunkturzyklen. Eine theoretische, historische und statistische Analyse des kapitalistischen Prozesses. Band 1. Göttingen: Vandenhoeck & Ruprecht.

Schumpeter, J. (1911): Theorie der wirtschaftlichen Entwicklung. Leipzig: Duncker & Humblot.

Schuster, T. & Rüdt von Collenberg, L. (2015): Finanzierung: Finanzberichte, -kennzahlen, – planung. Berlin u. a.: Springer Gabler.

Schweiger, D. & DeNisi, A. (1991): Communication with Employees Following a Merger: A Longitudinal Field Experiment. In: The Academy of Management Journal, 34(1), 110–135.

Seraphim, H.-J. (1958): Wie muss eine wirklichkeitsnahe Theorie das Wesen der Genossenschaften erfassen? In: Zeitschrift für das gesamte Genossenschaftswesen (ZfgG). Organ für Forschung und Praxis genossenschaftlicher Kooperation. Band 8. Stuttgart: Lucius & Lucius, S. 56–69.

Sesselmeier (2008): Sozio-ökonomischer Wandel: Ein Überblick. In: Funk, L. (Hrsg.): Anwendungsorientierte Marktwirtschaftslehre und Neue Politische Ökonomie. Marburg: Metropolis, S. 163–186.

Siekmann, H. (1995): Corporate Governance und öffentlich-rechtliche Unternehmen. Arbeitspapier 7/95, Ruhr-Universität Bochum. Online abrufbar unter: URL: http://www.jura.uni-frankfurt.de/43029310/paper28.pdf

Simon, W. (2003). Change Management – Anatomie eines mehrdeutigen Begriffs. In: ZWF, 3/2003, S. 90–92.

Smith, D. (1988): Entrepreneurial Organizations of the Future. In: Hage J. (Hrsg.): Futures of Organzations: Innovating to Adapt Strategy and Human Resources to Rapid Technological Change. Lexington/MA: Lexington Books, S. 109–122.

Sonntag, K. & Stegmaier, R. (1999): Organisationales Lernen und WIssensmanagement: Beiträge der Organisationsforschung. In: Schöni, W. & Sonntag, K. (Hrsg.): Personalförderung im Unternehmen: Bildung, qualifizierende Arbeit und Netzwerke für das 21. Jahrhundert, Chur u. a.: Rüegger. S. 77–87.

Staehle, W. (1999): Management: Eine verhaltenswissenschaftliche Perspektive (8. Aufl.), überarbeitet von Conrad, P. & Sydow, J. München: Vahlen.

Statistisches Bundesamt (Hrsg.) (2016): Zahl der Erwerbstätigen stieg im Jahr 2015 auf 43 Millionen Personen. Pressemitteilung Nr. 001 vom 04.01.2016. URL: https://www.destatis.de/DE/PresseService/Presse/Pressemitteilungen/2016/01/PD16_001_13321.html (letzter Zugriff am 04.01.2016).

Statistisches Bundesamt (Hrsg.) (2015): 13. koordinierte Bevölkerungsvorausberechnung. Bevölkerung Deutschlands bis 2060. Wiesbaden. URL: https://www.destatis.de/DE/Publikationen/Thematisch/Bevoelkerung/VorausberechnungBevoelkerung/BevoelkerungDeutschland2060Presse5124204159004.pdf?__blob=publicationFile (letzter Zugriff am 04.01.2016).

Stern, T. & Jaberg, H. (2007): Erfolgreiches Innovationsmanagement (3. Aufl.). Wiesbaden: Gabler.

Stewart, G. & Manz, C. (1997): Understanding and Overcoming Supervisor Resistance During the Transition to Employee Empowerment. In: Pasmore, W. & Woodman, R. (Hrsg.): Research in Organizational Change and Development. Vol. 10. Greenwich/CT: JAI Press, S. 169–196.

Stiele, M. (2008): Wettbewerb im Bankensektor: Eine Untersuchung unter besonderer Berücksichtigung des Wettbewerbsverhaltens der Sparkassen. Wiesbaden: Gabler. Zugl.: Marburg, Univ., Diss., 2008.

Stock-Homburg, R. (2007): Nichts ist so konstant wie die Veränderung: ein Überblick über 16 Jahre empirische Change-Management Forschung. In: Zeitschrift für Betriebswirtschaft, 77(7/8), S. 795–861.

Stork, A. (2007): Phänomenologie der Genossenschaften: Definitionen, Typisierung, Klassifikationen. Brockmeier, T. & Fehl, U. (Hrsg.): Volkswirtschaftliche Theorie der Kooperation in Genossenschaften, Marburger Schriften zum Genossenschaftswesen, Band 100. Göttingen: Vandenhoeck & Ruprecht, S. 179–217.

Streitferdt, L. & Kruse, J. (1988): Agency-Probleme und Mitbestimmung in öffentlichen Unternehmen in der Bundesrepublik. In: Lücke, W. (Hrsg.): Betriebswirtschaftliche Steuerungs- und Kontrollprobleme. Wissenschaftliche Tagung des Verbandes der Hochschullehrer für Betriebswirtschaft e. V. an der Universität Göttingen. Wiesbaden u. a.: Gabler, S. 321–340.

Theurl, T. (2004): Die volkswirtschaftliche Bedeutung von Genossenschaften. Referat anlässlich des IRU-Rechtsseminars am 25. November 2003 in Berlin. In: IRU-Courier. 1/2004. Bonn: Internationale Raiffeisen-Union, S. 10 ff.

Theurl, T. & Kring, T. (2002): Governance Strukturen im genossenschaftlichen Finanzverbund: Anforderungen und Konsequenzen ihrer Ausgestaltung, IFG Arbeitspapier, Nr. 27. Münster.

Theurl, T. & Schweinsberg, A. (2004): Neue kooperative Ökonomie: moderne genossenschaftliche Governancestrukturen. Tübingen: Mohr Siebeck.

Thiemann, C. (2008): Rechtsprobleme der Marke Sparkasse. Stuttgart: Kohlhammer. Zugl.: Münster, Univ., Diss., 2008.

Thiemeyer, T. & Cox, H. (Hrsg.) (1990): Instrumentalfunktion öffentlicher Unternehmen: Referate und Diskussionsbeiträge eines Kolloquiums des Wissenschaftlichen Beirats der Gesellschaft für Öffentliche Wirtschaft am 6. und 7. April 1989 an der Universität Göttingen (1. Aufl.). Baden-Baden: Nomos.

Tichy, N. (1983): Managing Strategic Change: Technical, Political and Cultural Dynamics. New York: Wiley.

Tichy, N. (1974): Agents of Planned Social Change: Congruence of Values, Cognitions and Actions. In: Administrative Science Quarterly. 19(2), S. 164–182.

Töpfer, A. (2010): Erfolgreich Forschen (2. Aufl.). Heidelberg u. a.: Springer.

Tolkmitt, V. (2007): Neue Bankbetriebslehre (2. Aufl.). Wiesbaden: Gabler.

Tornatzky, L. & Klein, K. (1982): Innovation Characteristics and Innovation Adoption – Implementation: A Meta-Analysis on Findings. In: IEEE Transactions on Engineering Management, 29(1), S. 28–45.

Totterdell, P., Leach, D., Birdi, K., Clegg, C. & Wall, T. (2002): An Investigation of the Contents and Consequences of Major Organizational Innovations. In: International Journal of Innovation Management, 6(4), S. 343–368.

Trosky, A. (1996): Deutsche Kreditinstitute aus institutionenökonomischer Sicht. In: Duisburger Volkswirtschaftliche Schriften. Band 25. Hamburg: S & W. Zugl.: Duisburg, Univ., Diss., 1996.

Ulich, E. (2001): Arbeitspsychologie (5. Aufl.). Stuttgart: Schaeffer-Poeschel.

Ulrich, P. (2009): Entwicklungsperspektiven der Corporate Governance – Forschung und Praxis in Deutschland. In: WiSt – Wirtschaftswissenschaftliches Studium, 38 (10), S. 530–532.

Ulrich, E., Conrad-Betschart, H. & Baitsch, C. (1989): Arbeitsform mit Zukunft:. Ganzheitlich flexibel statt arbeitsteilig. Bern u. a.: Lang.

Vahs, D. & Brem, A. (2013): Innovationsmanagement (4. Aufl.). Stuttgart: Schäffer-Poeschel.

Vahs, D. & Leiser, W. (2007): Change Management in schwierigen Zeiten. Erfolgsfaktoren und Handlungsempfehlungen für die Gestaltung von Veränderungsprozessen (2. Aufl.). Wiesbaden: Deutscher Universitätsverlag.

Vobruba, G. (2006a): Grundlagen der Soziologie der Arbeitsflexibilität. In: Berliner Journal für Soziologie, 16(1), S. 25–35.

Vobruba, G. (2006b): Zur Soziologie der Arbeitsflexibilität. In: Rehberg, K.-S. (Hrsg.): Deutsche Gesellschaft für Soziologie (DGS) (Hrsg.): Soziale Ungleichheit, kulturelle Unterschiede: Verhandlungen des 32. Kongresses der Deutschen Gesellschaft für Soziologie in München. Teilband 1 und 2 . Frankfurt am Main: Campus, S. 2660–2672.

Volksbanken Raiffeisenbanken (Hrsg.) (2016): Mitgliedschaft – mehr als nur Kunde sein. URL: https://www.vr.de/privatkunden/mitgliedschaft.html (letzter Zugriff: 09.01.2016).

Wabnitz, R. (1978): Das „Change-agent“ Konzept der amerikanischen Organisationsentwicklung: Darstellung und Erörterung der Anwendungsmöglichkeiten in der öffentlichen Verwaltung der Bundesrepublik Deutschland. In: Hochschule für Verwaltungswissenschaften Speyer (Hrsg.): Speyerer Arbeitshefte, Band 29, Speyer.

Wagner, D. (1989): Organisation, Führung und Personalmanagement: Neue Perspektiven durch Flexibilisierung und Individualisierung. Freiburg im Breisgau: Haufe.

Watzlawick, P., Beavin, J. & Jackson, D. (2000): Menschliche Kommunikation: Formen, Störungen, Paradoxien (8. Aufl.). Bern: Hans Huber.

Weber, M. (1921): Wirtschaft und Gesellschaft. Tübingen (1. Aufl.): Mohr Siebeck.

Weber, M. (1956): Wirtschaft und Gesellschaft. Tübingen (4. Aufl.): Mohr Siebeck.

West, M. & Anderson, N. (1996): Innovation in Top Management Teams. In: Journal of Applied Psychology, 81(6), S. 680–693.

West, M. & Farr , J. (1989): Innovation at Work: Psychological Perspectives. In: Social Behaviour, 4(1), S. 15–30.

Weuster, A. (1986): Homo oeconomicus und homo cooperativus in der Genossenschaftsforschung. In: Laurinkari, J. (Hrsg.): Die Prinzipien des Genossenschaftswesens in der Gegenwart. Festschr. für Prof. Dr. Vesa Laakkonen. Veröffentlichungen des Forschungsinstituts für Genossenschaftswesen an der Universität Erlangen-Nürnberg. Nürnberg, S. 218–233.

Williamson, O. (1991): Vergleichende ökonomische Organisationstheorie: Die Analyse diskreter Strukturalternativen. In: Ordelheide, D., Rudolph, B. & Büsselmann, E. (Hrsg.): Betriebswirtschaftslehre und Ökonomische Theorie. Stuttgart, S. 13–49.

Williamson, O. (1985): The Economic Institutions of Capitalism: Firms, Markets, Relational Contracting. New York/NY: Free Press.

Williamson, O. (1975): Markets and Hierarchies: Analysis and Antitrust Implications. A Study in the Economics of Internal Organization. New York/NY: Free Press.

Wilson, J. (1966): Innovation in Organizations: Notes Toward a Theory. In: Thompson, J. (Hrsg.): Approaches to Organizational Design. Pittsburgh, S. 193–218.

Wimmer, R. (2004): OE am Scheideweg. Hat die Organisationsentwicklung ihre Zukunft bereits hinter sich? In: Zeitschrift für OrganisationsEntwicklung, 1/2004, S. 26–39.

Wingendorf, C. (2005): Corporate Governance für Sparkassen: Gesellschaftliche und aufsichtsrechtliche Entwicklungen. In: Müller, S., Jöhnk, T. & Bruns, A. (Hrsg.): Beiträge zum Finanz-, Rechnungs- und Bankwesen. Wiesbaden, S. 287–301.

Wischnevsky, J. & Damanpour, F. (2006): Radical Strategic and Structural Change: Occurrence, Antecedents, and Consequences. Academy of Management Proceedings. S. 1–6.

Witte, E. (1973): Organisation für Innovationsentscheidungen: das Promotoren-Modell. Schriften der Kommission für Wirtschaftlichen und Sozialen Wandel, Band 2. Göttingen: Schwartz.

Wodausch, M. (2007): Corporate Governance in Regionalverbänden der Kreditwirtschaft. In: Schäfer, B. (Hrsg.): Handbuch Regionalbanken (2. Aufl.). Wiesbaden: Gabler. S. 671–686.

Wolf, J. (2005): Organisation, Management und Unternehmensführung. Theorien und Kritik (2. Aufl.). Wiesbaden Gabler.

Woodward, J. (1980): Industrial Organization. Theory and Practice (2. Aufl.). Southampton: Oxford University Press.

Woodward, J. (1965): Industrial Organization. Theory and Practice. Southampton: Oxford University Press.

Woodward, S. & Hendry, C. (2004): Leading and Coping with Change. In: Journal of Change Management, 4(2), S. 155–183.

Zajac, E., Kraatz, M. & Bresser, R. (2000): Modeling the Dynamics of Strategic Fit: A Normative Approach to Strategic Change. In: Strategic Management Journal, 21(4), S. 429–453.

Zaltman, G. & Duncan, R. (1977): Strategies for Planned Change. New York: Wiley.

Zell, H. (2011): Die Grundlagen der Organisation, Lernen und Lehren. Norderstedt: BoD.

Zerche, J., Schmale, I. & Blome-Drees, J. (1998): Einführung in die Genossenschaftslehre. Genossenschaftstheorie und Genossenschaftsmanagement. München u. a.: Oldenbourg.

Anhang: Fragebogen

Frage	Allgemeine Angaben	
1	Zu welchem Sektor gehört Ihr Kreditinstitut?	
	o Sparkassen oder Sparkassen-Finanzgruppe o Genossenschaftsbanken oder Genossenschaftliche FinanzGruppe o Privatbanken o Familiengeführte Privatbanken	
2	Welche Rechtsform hat Ihr Arbeitgeber?	
	o AdöR o eG o AG o GmbH o KG o Sonstige	
3	Anzahl der Mitarbeiter Gesamtbank	
	o 1–99 Mitarbeiter o 100–249 Mitarbeiter o 250–499 Mitarbeiter o 500–749 Mitarbeiter o 750–999 Mitarbeiter o 1000–2999 Mitarbeiter o 3000–10.000 Mitarbeiter o ≥10.000 Mitarbeiter	
4	Ist Ihr Kreditinstitut Zertifikatsträger des Audits Beruf und Familie (Hertie Stiftung)?	
	o ja o nein o weiß nicht	
	Wenn ja, seit welchem Jahr erstmalig?	
5	Ist Ihr Kreditinstitut im Besitz anderweitiger Zertifikate im Bereich Vereinbarkeit von Beruf und Familie?	
	o ja o nein o weiß nicht	
	Wenn ja, welche sind dies?	

	Vereinbarkeit von Beruf und Familie in Ihrem Unternehmen
6	Wann wurde das Thema Demographischer Wandel das erste Mal im Management Ihres Hauses diskutiert/behandelt?
	o Vor 1992 o 1992–1994 o 1995–1998 o 1999–2002 o 2003–2005 o 2006–2009 o 2010–2013 o in 2014 o noch gar nicht

	Bitte kreuzen Sie nachfolgend an, welche Maßnahmen zur Vereinbarkeit von Beruf und Familie in Ihrem Hause für Mitarbeiter bereits angeboten werden und geben Sie an, seit wann dies der Fall ist:			
7	**Regelmäßige KInderbetreuung**	**nein**	**ja**	**wenn ja, Einführung im Jahr:**
	Betriebskindergarten	○	○	
	Belegplätze	○	○	
	Kooperationen mit anderen Unternehmen	○	○	
	Elterninitiativen	○	○	
	Tagespflegepersonen	○	○	
	Familiendienstleister	○	○	
8	**Punktuelle Kinderbetreuung**	**nein**	**ja**	**wenn ja, Einführung im Jahr:**
	Eigene Einrichtung	○	○	
	Notfallplätze lokale Einrichtung	○	○	
	Angebote in Ferienzeiten	○	○	
	Eltern-Kind-Arbeitszimmer	○	○	
	Stillzimmer	○	○	
	Spielecke	○	○	

9	Arbeitszeitgestaltung	nein	ja	wenn ja, Einführung im Jahr:
	Vertrauensarbeitszeit	○	○	
	Gleitzeitmodelle	○	○	
	Lebensarbeitszeitkonten	○	○	
	Teilzeit mit Bezuschussung durch die Bank	○	○	
	Teilzeit ohne Bezuschussung durch die Bank	○	○	
		○	○	
	Teilzeit für Führungskräfte	○	○	
	Unbezahlte Freistellung	○	○	
	Reduktion der Arbeitszeit	○	○	
	Schichtarbeit	○	○	
	Sonderurlaub	○	○	
	Freistellung	○	○	
	Schnupperteilzeit	○	○	
	Heim-/Telearbeit	○	○	
	Jobsharing	○	○	

10	Welche der folgenden Informations- und Kommunikationswege nutzt Ihr Kreditinstitut für den Bereich „Vereinbarkeit von Beruf und Familie"?
	□ Bestandteil von Mitarbeitergesprächen □ Beratungsangebot Personalabteilung □ Imagebroschüre/Flyer/Videos □ Schwarzes Brett/Intranet □ Innerbetriebliche Veranstaltungen □ Seminarangebote/Vortragsreihen □ Beratungsangebote durch Betriebsarzt/Krankenkasse □ Hotline □ Kooperation mit externem Familienservice □ Kooperation mit anderen externen Einrichtung □ Newsletter □ Checklisten

11	Bitte beurteilen Sie die generelle Akzeptanz der Maßnahmen zur "Vereinbarkeit von Beruf und Familie" in Ihrem Hause bei den Mitarbeitern
	o sehr gut o gut o eher weniger gut o schlecht o weiß nicht
	Angebote für männliche Mitarbeiter
12	Zum 01.01.2007 wurden mit dem Elterngeld auch die sogenannten Partnermonate eingeführt. Dabei hat der Partner zu den 12 Monaten Elterngeld des Antragsstellers Anspruch auf 2 weitere Monate. Hat Ihre Bank bereits vor dem Stichtag die Partnermonate (bezahlt oder unbezahlt) für tarifangestellte männliche Mitarbeiter aktiv angeboten?
	o ja o nein o weiß nicht
13	In welchem Jahr wurden die "Partnermonate" von den männlichen Mitarbeitern in Ihrem Kreditinstitut das erste Mal wahrgenommen?
	□ Wahrnehmung eines bankseitigen Angebotes vor dem Stichtag 01.01.2007 □ 2007 □ 2008 □ 2009 □ 2010 □ 2011 □ 2012 □ 2013 □ 2014 □ noch gar nicht □ weiß nicht
14	Wie häufig wird in Ihrem Hause die Elternzeit über die 2-monatigen „Partnermonate" hinaus von männlichen Angestellten wahrgenommen?
	o sehr häufig o eher häufig o eher selten o selten o gar nicht o weiß nicht
15	Welche anderen – besonders innovativen – berufs- und familienspezifischen Angebote gibt es in Ihrem Hause zusätzlich zu den bereits genannten?

	Umsetzung der Maßnahmen in Ihrer Bank
16	Welche Personengruppen haben die Maßnahmen zur „Vereinbarkeit von Beruf und Familie" bis zu Ihrer Einführung maßgeblich unterstützt/gefördert?
	□ Vorstand □ Führungskräfte □ Mitarbeiter □ Personalabteilung □ Betriebsrat □ Vertreter der Politik Sonstige Initiatoren
	Wenn sonstige, welche?
17	Welche Personengruppen haben die Maßnahmen zur „Vereinbarkeit von Beruf und Familie" bis zu Ihrer Implementierung eher erschwert?
	□ Vorstand □ Führungskräfte □ Mitarbeiter □ Personalabteilung □ Betriebsrat □ Vertreter der Politik □ Sonstige Initiatoren
	Wenn sonstige, welche?
18	Von welcher Abteilung werden die Maßnahmen zur „Vereinbarkeit von Beruf und Familie" federführend in Ihrem Hause geplant?
	o Planung durch Stabsabteilungen o dezentrale Planung durch bspw. Projektteams o Betriebsrat o weiß nicht
19	Bitte beschreiben Sie die Hierarchie Ihres Kreditinstitutes (Anzahl der Führungsebenen)
	o 1–3 Hierarchieebenen o 4 Hierarchieebenen o 5 Hierarchieebenen o 6 Hierarchieebenen o 7 Hierarchieebenen o ≥ 8 Hierarchieebenen o weiß nicht

20	Bitte beurteilen Sie Ihr Kreditinstitut hinsichtlich folgender Aussagen:								
			1	2	3	4	5	6	
	In der Bank werden Entscheidungen möglichst auf die unteren Ebenen verlagert	Trifft gar nicht zu	○	○	○	○	○	○	Trifft voll zu
	Die Mitarbeiter nehmen an den Entscheidungsprozessen überstellter Hierarchieebenen aktiv teil	Trifft gar nicht zu	○	○	○	○	○	○	Trifft voll zu
	Die Mitarbeiter treffen Entscheidungen hinsichtlich ihrer Tätigkeiten eigenständig	Trifft gar nicht zu	○	○	○	○	○	○	Trifft voll zu
	Die Gesamtheit aller Aufgaben ist auf viele Teilbereiche in der Bank verteilt	Trifft gar nicht zu	○	○	○	○	○	○	Trifft voll zu
	In der Bank laufen die Prozesse standardisiert ab	Trifft gar nicht zu	○	○	○	○	○	○	Trifft voll zu
	Die Bank hat eine große Anzahl an Arbeitsanweisungen und Normen	Trifft gar nicht zu	○	○	○	○	○	○	Trifft voll zu
	Im Vergleich zu anderen Banken in der gesamten Branche ist die Bank sehr flexibel	Trifft gar nicht zu	○	○	○	○	○	○	Trifft voll zu
	Im Vergleich zu anderen Banken in der gesamten Branche ist die Bank sehr innovativ	Trifft gar nicht zu	○	○	○	○	○	○	Trifft voll zu

	Statistische Angaben
	Bitte beantworten Sie zuletzt noch ein paar statistische Fragen, so Sie die Informationen haben:
21	Prozentualer Anteil der weiblichen Mitarbeiter
22	Prozentualer Anteil der weiblichen Mitarbeiter in Führungspositionen (Personen mit Budget- und/oder Personalverantwortung)
23	Fluktuationsrate im Jahr 2013 bei weiblichen Mitarbeitern
24	Fluktuationsrate im Jahr 2013 bei männlichen Mitarbeitern
	Würden Sie und gerne noch etwas mitteilen?

SOZIALÖKONOMISCHE SCHRIFTEN

Herausgegeben von Professor Dr. Dr. h.c. Bert Rürup und
Professor Dr. Werner Sesselmeier

Band 1 Marietta Jass: Erfolgskontrolle des Abwasserabgabengesetzes. Ein Konzept zur Erfassung der Gesetzeswirkungen verbunden mit einer empirischen Untersuchung in der Papierindustrie. 1990.

Band 2 Frank Schulz-Nieswandt: Stationäre Altenpflege und "Pflegenotstand" in der Bundesrepublik Deutschland. 1990.

Band 3 Helmut Böhme, Alois Peressin (Hrsg.): Sozialraum Europa. Die soziale Dimension des Europäischen Binnenmarktes. 1990.

Band 4 Stephan Ruß: Telekommunikation als Standortfaktor für Klein- und Mittelbetriebe. Telekommunikative Entwicklungstendenzen und regionale Wirtschaftspolitik am Beispiel Hessen. 1991.

Band 5 Reinhard Grünewald: Tertiärisierungsdefizite im Industrieland Bundesrepublik Deutschland. Nachweis und politische Konsequenzen. 1992.

Band 6 Bert Rürup, Uwe H. Schneider (Hrsg.): Umwelt und Technik in den Europäischen Gemeinschaften. Teil I: Die grenzüberschreitende Entsorgung von Abfällen. Bearbeitet von: Thomas Kemmler, Thomas Steinbacher. 1993.

Band 7 Mihai Nedelea: Erfordernisse und Möglichkeiten einer wachstumsorientierten Steuerpolitik in Rumänien. Dargestellt am Beispiel der Textil- und Bekleidungsindustrie. 1995.

Band 8 Andreas Schade: Ganzjährige Beschäftigung in der Bauwirtschaft – Eine Wirkungsanalyse. Analyse und Ansätze für eine Reform der Winterbauförderung. 1995.

Band 9 Frank Schulz-Nieswandt: Ökonomik der Transformation als wirtschafts- und gesellschaftspolitisches Problem. Eine Einführung aus wirtschaftsanthropologischer Sicht. 1996.

Band 10 Werner Sesselmeier, Roland Klopfleisch, Martin Setzer: Mehr Beschäftigung durch eine Negative Einkommensteuer. Zur beschäftigungspolitischen Effektivität und Effizienz eines integrierten Steuer- und Transfersystems. 1996.

Band 11 Sylvia Liebler: Der Einfluß der Unabhängigkeit von Notenbanken auf die Stabilität des Geldwertes. 1996.

Band 12 Werner Sesselmeier: Einkommenstransfers als Instrumente der Beschäftigungspolitik. Negative Einkommensteuer und Lohnsubventionen im Lichte moderner Arbeitsmarkttheorien und der Neuen Institutionenökonomik. 1997.

Band 13 Stefan Lorenz: Der Zusammenhang von Arbeitsgestaltung und Erwerbsleben unter besonderer Berücksichtigung der Erwerbstätigkeiten von Frauen und Älteren. 1997.

Band 14 Volker Ehrlich: Arbeitslosigkeit und zweiter Arbeitsmarkt. Theoretische Grundlagen, Probleme und Erfahrungen. 1997.

Band 15 Philipp Hartmann: Grenzen der Versicherbarkeit. Private Arbeitslosenversicherung. 1998.

Band 16 Martin Setzer, Roland Klopfleisch, Werner Sesselmeier: Langzeitarbeitslose und Erster Arbeitsmarkt. Eine kombinierte Strategie zur Erhöhung der Wiederbeschäftigungschancen. 1999.

Band 17 Dorothea Wenzel: Finanzierung des Gesundheitswesens und Interpersonelle Umverteilung. Mikrosimulationsuntersuchung der Einkommenswirkung von Reformvorschlägen zur GKV-Finanzierung. 1999.

Band 18 Ingo Schroeter: Analyse und Bewertung der intergenerativen Verteilungswirkungen einer Substitution des Umlage- durch das Kapitalstocksverfahren zur Rentenfinanzierung. 1999.

Band 19 Roland Klopfleisch: Fiskalische Konsequenzen der Europäischen Währungsunion. Die Veränderung des Seigniorage und dessen Bedeutung für die nationalen EWU-11 Haushalte. 2000.

Band 20 Klaus Heubeck, Bert Rürup: Finanzierung der Altersversorgung des öffentlichen Dienstes. Probleme und Optionen. 2000.

Band 21 Manon Pigeau: Der Einfluß der Arbeitszeit auf die Erwerbsbeteiligung von Frauen. Empirische Befunde, mikroökonomische Modellierung und politische Konsequenzen. 2002.

Band 22 Carsten Müller: Existenzgründungshilfen als Instrument der Struktur- und Beschäftigungspolitik. 2002.

Band 23 Stefan Lewe: Wachstumseffiziente Unternehmensbesteuerung. 2003.

Band 24 Erscheinen unbestimmt.

Band 25 Alexander Meindel: Intergenerative Verteilungswirkung beim Übergang zu einer nachgelagerten Rentenbesteuerung. 2004.

Band 26 Jochen Gunnar Jagob: Das Äquivalenzprinzip in der Alterssicherung. 2004.

Band 27 Tobias Fehr: Recht des außerbörslichen Aktienhandels vor dem Hintergrund des Rechts des börslichen Aktienhandels. Das Kapitalmarktszenario für kapitalmarktaktive Aktiengesellschaften, deren Unternehmensführungen und aktuelle und potentielle Aktionäre und für Wertpapierdienstleister. 2006.

Band 28 Stefan Fetzer: Zur nachhaltigen Finanzierung des gesetzlichen Gesundheitssystems. 2006.

Band 29 Oliver Ehrentraut: Alterung und Altersvorsorge. Das deutsche Drei-Säulen-System der Alterssicherung vor dem Hintergrund des demografischen Wandels. 2006.

Band 30 Martin Debus: Arbeitsmarkteffekte des demografischen Wandels. 2007.

Band 31 Jens Hujer: Regionalökonomische Effekte von Flughäfen. 2008.

Band 32 Zulia Gubaydullina: Nicht-monetäre Inflationsursachen in Russland. Eine empirische Analyse. 2008.

Band 33 Jasmin Häcker: Die Soziale Pflegeversicherung: Eine Generationenbilanz. 2008.

Band 34 Christina Benita Wilke: German Pension Reform. On Road Towards a Sustainable Multi-Pillar System. 2009.

Band 35 Stefan Pfaffenbach: Nachhaltigkeit in der Gesetzlichen Rentenversicherung – Was leistet die kinderzahlabhängige Rente. 2009.

Band 36 Anabell Kohlmeier: Die Ausweitung des Versichertenkreises der Gesetzlichen Rentenversicherung. Bestimmungsgründe und Verteilungswirkungen. 2009.

Band 37 Matthias Heidler: Reformen der gesetzlichen Rentenversicherung: Politisches Risiko und intergenerative Umverteilung. 2009.

Band 38 Anna Rosinus: Vermögensdekonzentration und Mitarbeiterkapitalbeteiligungsgesetz. 2009.

Band 39 Gabriele Somaggio: Start mit Hindernissen. Eine theoretische und empirische Analyse der Ursachen von Arbeitslosigkeit nach der dualen Berufsausbildung. 2009.

Band 40 Johannes Kalusche: Ausmaß und Stärke der automatischen Stabilisatoren in Deutschland vor dem Hintergrund der jüngsten Steuer- und Sozialreformen. 2010.

Band 41 Nicolas Gatzke: Public Private Partnerships und öffentliche Verschuldung. PPP-Modelle im Licht deutscher und europäischer Verschuldungsregeln und ihre Transparenz in den öffentlichen Haushalten. 2010.

Band 42 Olaf Weddige: Measuring Public Pension Liabilities in the European Union. 2011.

Band 43 Christina Boll: Lohneinbußen von Frauen durch geburtsbedingte Erwerbsunterbrechungen. Der Schattenpreis von Kindern und dessen mögliche Auswirkungen auf weibliche Spezialisierungsentscheidungen im Haushaltszusammenhang. Eine quantitative Analyse auf Basis von SOEP-Daten. 2011.

Band 44 Jörg Schoder: Theorie und Empirie der Alterssicherung in Deutschland. Eine Bestandsaufnahme zu den Versorgungswegen des Drei-Schichten-Modells unter Berücksichtigung regionaler Aspekte. 2011.

Band 45 Robert Arnold / Angelika Oelschläger / Jeanine Staber: Sozialversicherungsbeiträge und Steuern von Selbständigen und Arbeitnehmern im Vergleich. Bestandsaufnahme und Reformvorschläge. 2012.

Band 46 Sebastian Hesse: Input und Output der Gesundheitswirtschaft. Eine Stabilitätsanalyse der Gesundheitswirtschaft in Bezug auf die gesamtwirtschaftliche Bedeutung in den Jahren der Finanz- und Wirtschaftskrise. 2013.

Band 47 Dirk Heeger: Quantitative Analyse der ökonomischen Bedeutung eines Unternehmens. Vor dem Hintergrund neuer Herausforderungen der Industriepolitik. 2013.

Band 48 Tobias Ehrhard: Personalbedarfsprognose im Gesundheits- und Pflegewesen. Eine berufs-, einrichtungs- und regionalspezifische Betrachtung für Deutschland. 2014.

Band 49 Tobias Benz: Ausgabenprojektion, Reformszenarien und Rücklagenbildung der Beamtenversorgung in der Bundesrepublik Deutschland. 2015.

Band 50 Sandra Hofmann: Einfluss nicht-marktlicher Tätigkeiten auf den materiellen Wohlstand und die Einkommensverteilung in Deutschland. 2015.

Band 51 Tanja Leicht: Veränderung und Innovativität in der deutschen Kreditwirtschaft. Eine institutionenökonomische Analyse im Kontext der Vereinbarkeit von Beruf und Familie. 2016.

www.peterlang.com

www.ingramcontent.com/pod-product-compliance
Ingram Content Group UK Ltd.
Pitfield, Milton Keynes, MK11 3LW, UK
UKHW022222051026
15624UKWH00002B/292

9 783631 672778